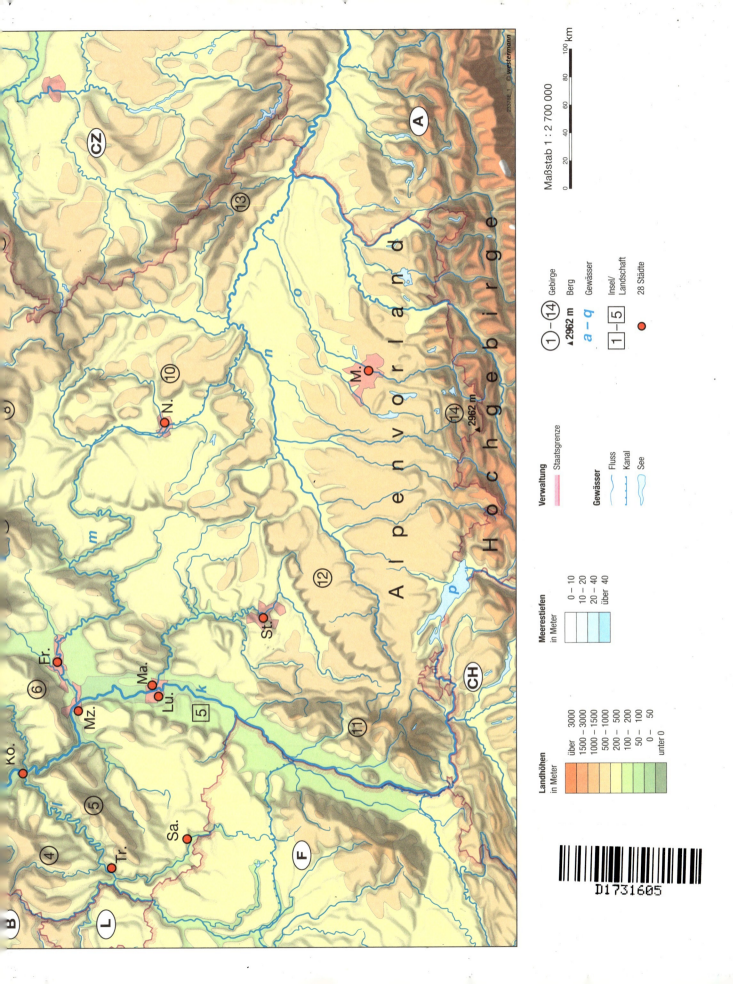

Maßstab 1 : 2 700 000

0   20   40   60   80   100 km

23378E 1   © westermann

CZ
A
13
10
N.
M.
14   ▲2962 m
Alpenvorland
o
n
m
12
St.
Er.
6
Ma.
Mz.
Lu.
5
k
11
Ko.
5
Sa.
Tr.
4
L
F
B
CH
Hochgebirge

① – ⑭   Gebirge
▲2962 m   Berg
a – q   Gewässer
1 – 5   Insel/
         Landschaft
●   28 Städte

Verwaltung
—— Staatsgrenze

Gewässer
〰 Fluss
〰 Kanal
〰 See

Meerestiefen
in Meter
☐ 0 – 10
☐ 10 – 20
☐ 20 – 40
☐ über 40

Landhöhen
in Meter
über 3000
1500 – 3000
1000 – 1500
500 – 1000
200 – 500
100 – 200
50 – 100
0 – 50
unter 0

D1731605

Diercke
Erdkunde

Rheinland-Pfalz

Band 2

Herausgeber:
Wolfgang Latz, Linz (Rhein)

Autorenteam:
Martin Borzner
Erik Elvenich
Hendrik Förster
Peter Gaffga
Norma Kreuzberger
Wolfgang Latz
Rita Liesenfeld
Jens Mayenfels
Lothar Püschel
Winfried Sander
Stefan Schippers
Rita Tekülve

Druck A[1] / Jahr 2016
Alle Drucke der Serie A sind inhaltlich unverändert.

Verlagslektorat: Brigitte Mazzega
Umschlaggestaltung: Thomas Schröder
Herstellung: Yvonne Behnke, Berlin
Druck und Bindung: westermann druck GmbH, Braunschweig

ISBN 978-3-14-**114915**-9

Inhaltsverzeichnis

Verweise auf den Lehrplan
(B): Basis, (V): Vertiefung, (E): Erweiterung, (Z): Zusatz

Bedeutung der Symbole in den Aufgaben

🖎 Wahlaufgabe. Wähle eine der angebotenen Möglichkeiten (A, B, ...) aus.

📱 Zu dieser Aufgabe gibt es eine Hilfe ab Seite 288.

Lernen mit Karten-Codes

Auf vielen Seiten findest du unten einen Hinweis auf www.diercke.de und eine Zahlenkombination. Dies ist ein Karten-Code.

Gib diesen Code unter der Adresse www.diercke.de ein. Dann gelangst du auf eine Kartenseite im Diercke Weltatlas online, die zum Thema auf der Schulbuchseite passt.

Du erhältst Hinweise zu ergänzenden Atlaskarten mit Informationen zu den Karten sowie weiterführende Materialien.

Unterscheide:

Wenn du den Atlas mit der ISBN 978-3-14-**100700**-8 hast, dann gilt für dich dieser Karten-Code:

D1-261
www.diercke.de

Wenn du den Atlas mit der ISBN 978-3-14-**100800**-5 hast, dann gilt für dich dieser Karten-Code:

www.diercke.de
100800-323-12

Verweise auf den Lehrplan
(B): Basis, (V): Vertiefung, (E): Erweiterung, (Z): Zusatz

Bedeutung der Symbole in den Aufgaben
↩ Wahlaufgabe. Wähle eine der angebotenen Möglichkeiten (A, B, ...) aus.
[?] Zu dieser Aufgabe gibt es eine Hilfe ab Seite 288.

Verweise auf den Lehrplan
(B): Basis, (V): Vertiefung, (E): Erweiterung, (Z): Zusatz

Bedeutung der Symbole in den Aufgaben

⬅ Wahlaufgabe. Wähle eine der angebotenen Möglichkeiten (A, B, ...) aus.

◖?◗ Zu dieser Aufgabe gibt es eine Hilfe ab Seite 288.

Unsere natürlichen Lebensgrundlagen

Worin besteht die Einzigartigkeit des blauen Planeten?

Wie wirken die Geofaktoren zusammen, sodass Leben auf der Erde möglich ist?

Welche Rolle übernimmt der Mensch in diesem Gleichgewicht?

*Es gibt Milliarden Himmels-
körper im Weltall. Soweit wir
bislang wissen, ist nur unsere
Erde bewohnt. Was macht
das Leben bei uns möglich?*

9

M1 *Unsere Erde mit ihrer dünnen Atmosphäre (hellblau)*

Die Erde – so viele Menschen und doch allein

Du lebst mit über sieben Milliarden Menschen auf unserer Erde. Das scheint viel, wenn man aber in unser Weltall schaut, so sind wir nur ein schwindend geringer Teil unseres Universums. Soweit wir wissen, sind wir der einzige **Planet**, auf dem es Leben gibt. Doch was macht unseren Planeten so einzigartig?

Viele unterschiedliche Faktoren kommen so günstig zusammen, dass Leben auf der Erde möglich ist. Wie wirken sie? Und welche Rolle übernimmt dabei der Mensch?

Die Erde im Weltall

Im Weltall gibt es über 100 Milliarden Galaxien. Unsere Sonne ist Teil der Milchstraße und unsere Erde ist einer von acht Planeten, die um die Sonne kreisen. Die Entfernung der Erde zur Sonne ist genau so, dass überhaupt Leben entstehen kann. Im Gegensatz zu allen anderen Planeten ist es nicht zu heiß und nicht zu kalt: im Durchschnitt 18 °C (Mars: –55 °C).

Außerdem ist unser Planet groß genug und besitzt damit genug Anziehungskraft, dass sich eine Lufthülle, eine **Atmosphäre**, ausbilden konnte. Sie enthält in großen Mengen das für uns wichtige Gas Sauerstoff.

Galaxie: eine Sternenansammlung im Weltall. Unsere Galaxie heißt Milchstraße oder Galaxis.

Stern: eine glühende Gaskugel, die selbst leuchtet.

Sonne: ein Stern unserer Galaxis.

Planet: Himmelskörper, der die Sonne auf einer Umlaufbahn umkreist. Leuchtet nicht selbst, sondern wird von der Sonne bestrahlt.

Mond: Himmelskörper, der einen Planeten auf einer Umlaufbahn umkreist (Trabant). Er leuchtet nicht selbst.

Die Sonne ist ein Stern unserer Galaxis.

Die Erde ist ein Planet der Sonne.

Der Mond ist ein Trabant der Erde.

M2 *Kleines Himmelslexikon*

Planet	Durchmesser	Trabanten	Abstand zur Sonne
Merkur	4 800 km	–	58 Mio. km
Venus	12 100 km	–	108 Mio. km
Erde	12 760 km	1	150 Mio. km
Mars	6970 km	2	228 Mio. km
Jupiter	143 000 km	16	779 Mio. km
Saturn	120 000 km	17	1 432 Mio. km
Uranus	51 100 km	15	2 884 Mio. km
Neptun	49 500 km	8	4 509 Mio. km

M3 *Die Planeten unseres Sonnensystems*

INFO 1

Licht als Entfernungsmesser

Die Entfernungen im Weltall sind unvorstellbar groß. Um sie bestimmen zu können, wird die Strecke in Lichtjahren gemessen. Ein Lichtjahr ist die Strecke, die ein Lichtstrahl in einem Jahr zurücklegt.

Lichtjahr: 9 500 000 000 000 Kilometer
Lichtsekunde: 300 000 Kilometer

Die etwa 150 Millionen Kilometer von der Sonne bis zur Erde legt das Licht in 8,3 Minuten zurück. Wir sehen also den Zustand der Sonne vor 8,3 Minuten.

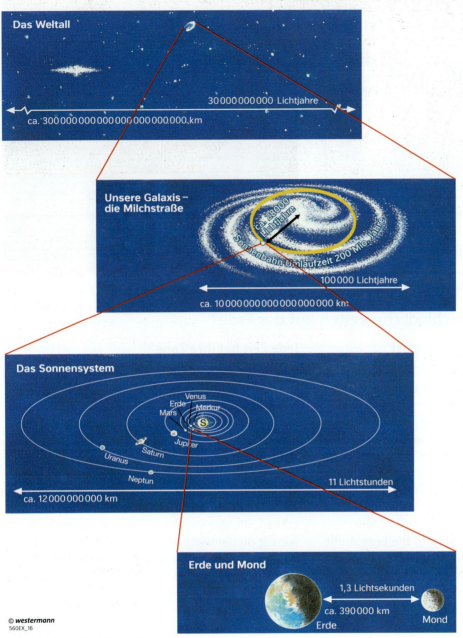

Das Weltall

30 000 000 000 Lichtjahre

ca. 300 000 000 000 000 000 000 000 km

Unsere Galaxis – die Milchstraße

ca. 23000 Lichtjahre

Sonnenbahn Umlaufzeit 200 Mio. Jahre

100 000 Lichtjahre

ca. 10 000 000 000 000 000 000 km

Das Sonnensystem

Venus
Erde · Merkur
Mars
S
Jupiter
Saturn
Uranus
Neptun

11 Lichtstunden

ca. 12 000 000 000 km

© westermann
560EX_16

Erde und Mond

1,3 Lichtsekunden

ca. 390 000 km

Erde · Mond

M4 *Die Erde im Weltall*

INFO 2

Atmosphäre

Die Atmosphäre ist mehrere hundert Kilometer dick. Sie enthält hauptsächlich Stickstoff (77%) und Sauerstoff (21%). Eine dicke Schicht mit Ozongas schützt uns vor lebensbedrohlicher UV-Strahlung. Die Troposphäre ist die „Wetterküche". Sie enthält 80% der Gase und fast den gesamten Wasserdampf der Atmosphäre.

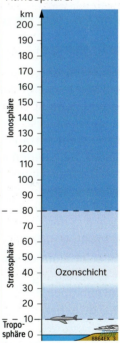

km
200
190
180
170
160
150 Ionosphäre
140
130
120
110
100
90
80
70
60
50 Stratosphäre
40 Ozonschicht
30
20
10 Tropo-
0   sphäre
8864EX_3

Unsere natürlichen Lebensgrundlagen

❶ 👈 **Wähle aus:**
A Zeichne ein Schaubild über die Stellung der Erde im Sonnensystem. Verwende die Begriffe: Planet, Galaxis, Stern, Trabant.
B Schreibe einen Text: „Meine Reise durch die Galaxis".

❷ Unsere Erde ist 8,3 Lichtminuten von der Sonne entfernt. Rechne die Entfernung in Lichtsekunden um.

❸ 💬 Wenn wir unseren Sternenhimmel sehen, schauen wir in die Vergangenheit. Erkläre (Info).

❹ Nenne Faktoren, die unser Leben auf der Erde möglich machen (S. 8 / 9 und Text).

❺ Stellt auf dem Schulhof maßstabsgetreu die Entfernungen der Planeten von der Sonne dar: Neun Schüler für acht Planeten plus Sonne werden gebraucht (1 Mio. km = 1 cm). Berechnet die Abstände nach M3.

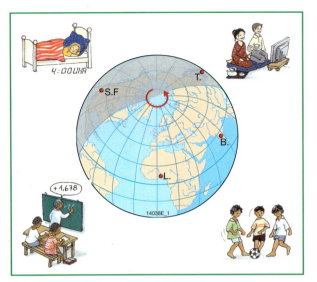

M1 *Zu derselben Zeit auf der Erde*

M3 *Wechsel von Tag und Nacht*

Warum gibt es unterschiedliche Zeiten auf der Erde?

Die Drehung der Erde um sich selbst

Viele Menschen freuen sich, wenn ihr Balkon nach Westen zeigt. So können sie bei schönem Wetter gegen Abend in der Sonne sitzen. Denn wie du weißt, erscheint die Sonne morgens im Osten, steht mittags im Süden und abends im Westen. Bei Sonnenaufgang sieht man die Sonne noch flach am Himmel, erst gegen Mittag fallen die Sonnenstrahlen mit dem höchsten Einfallswinkel auf die Erde. Nach dem Sonnenhöchststand sinkt die Sonne scheinbar am Horizont. Dies erfolgt durch die Erddrehung. Die Erde dreht sich in 24 Stunden einmal um ihre eigene Achse. Diese Bewegung nennt man Erdrotation. Wenn man von oben auf den Nordpol schaut, dreht sich die Erde gegen den Uhrzeigersinn.

Jede Zeit hat ihre Zone

Wenn bei uns die Mittagssonne scheint, ist es in Neuseeland noch tiefe Nacht. Neuseeland liegt nämlich auf der uns entgegengesetzten Seite der Erde. Da die Erde sich in 24 Stunden einmal um sich selbst dreht, wurde die Erde in 24 **Zeitzonen** unterteilt.

Wenn du mit dem Flugzeug in Richtung Westen um die Welt fliegen würdest, müsstest du deine Uhr für jede Zeitzone um eine Stunde zurück stellen. Wieder am Ausgangspunkt angelangt, wärest du demnach einen Tag früher, als du losgeflogen wärest. Das geht natürlich nicht! Aus dem Grund wurde im Pazifischen Ozean eine Grenze gezogen, an der das Datum wechselt. Sie nennt man Datumsgrenze.

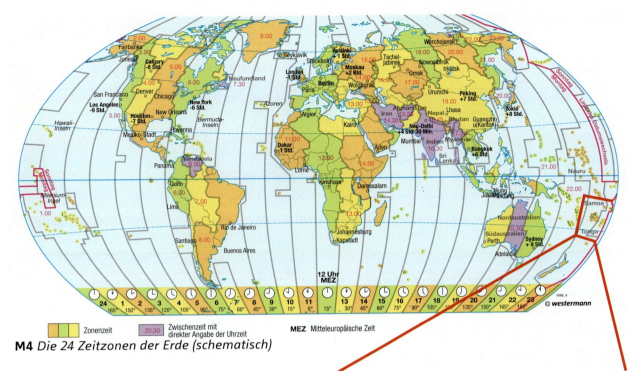

M4 *Die 24 Zeitzonen der Erde (schematisch)*

Zonenzeit | 20.30 Zwischenzeit mit direkter Angabe der Uhrzeit | **MEZ** Mitteleuropäische Zeit

Unsere natürlichen Lebensgrundlagen

Silvester oder schon Neujahr?

Die gleiche Uhrzeit, aber andere Tage: Tonga und Niue in der Südsee liegen auf verschiedenen Seiten der Datumsgrenze. So kommt es zustande, dass man zweimal innerhalb von zwei Tagen ins neue Jahr feiern könnte. Zunächst wird auf Tonga ins neue Jahr gefeiert. Nach dem Neujahrsfrühstück fliegt man nun von Tonga auf die ca. 600 km entfernte Insel Niue und kommt dort an Silvester an. Man hat die Datumsgrenze überflogen. Würde man umgekehrt starten, würde man leider den Jahreswechsel verpassen. Touristen nutzen diese Lage an der Datumsgrenze manchmal auch, um zweimal ihren Geburtstag zu erleben.

M5 *Urlaub an der Datumsgrenze*

Wenn es in Deutschland am Donnerstag, den 31. Dezember, 12:00 Uhr ist, dann ist es …

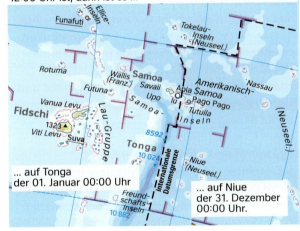

… auf Tonga der 01. Januar 00:00 Uhr

… auf Niue der 31. Dezember 00:00 Uhr.

M6 *Jahreswechsel unter Palmen*

❶ „Die Erde dreht sich, die Sonne bewegt sich nicht." Erkläre mithilfe von M1 und M3 die Erdrotation.

❷ Stelle im Tag-Nacht-Experiment die Erdrotation dar (M2).

❸ Erkläre, warum es auf der Erde eine Datumsgrenze gibt.

❹ 🔙 **Wähle aus:**
A Du hast gehört, dass deine Lieblingsband um 20 Uhr abends in Sydney auftritt. Du willst sie live im Internet mit verfolgen. Um wie viel Uhr musst du am Computer sitzen (M4)?

B Du möchtest mit deiner Cousine in New York telefonieren. Bei dir ist es 15 Uhr. Ermittle, wie viel Uhr es bei deiner Cousine ist (M4).

❺ 🔙 Überlege, ob auf Sardinien in M3 gerade die Sonne auf- oder untergeht.

❻ Du hast im Lotto gewonnen und möchtest daher dieses Jahr zweimal Silvester feiern. Wie machst du das (M5)?

D1-257 www.diercke.de

Wie entstehen die Jahreszeiten?

Anteil an der Erdoberfläche in Prozent	Die Sonnen-strahlen treffen die Erde ...	Tageslänge
5	nicht oder nur im flachen Winkel.	am Nordpol ein halbes Jahr Tag und ein halbes Jahr Nacht
25	in einem flachen bis steilen Winkel.	lange Tage im Sommer, kurze Tage im Winter
40	in einem steilen bis rechten Winkel.	fast immer 12 Stunden Tag und 12 Stunden Nacht
25	in einem flachen bis steilen Winkel.	lange Tage im Sommer, kurze Tage im Winter
5	nicht oder nur im flachen Winkel.	am Südpol ein halbes Jahr Tag und ein halbes Jahr Nacht

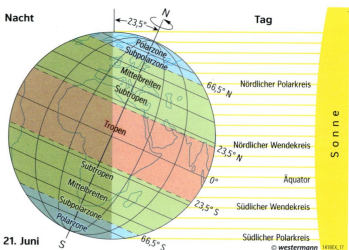

M1 *Beleuchtungszonen der Erde*

Warme Monate – kalte Monate

Im Sommer ist es bei uns warm, im Winter kalt. Im Sommer sind die Tage lang, im Winter nur kurz. Wie kommt das?

Die Erde dreht sich nicht nur um ihre eigene Achse, sie umkreist auch mit einer Geschwindigkeit von 30 Kilometern pro Sekunde um die Sonne – einmal während eines Jahres. Dabei ist die **Erdachse** (die gedachte Linie zwischen Nord und Südpol) gegenüber der Umlaufbahn etwas schräg geneigt.

Dadurch ist im Juni die Nordhalbkugel der Sonne zugewandt und wird stärker erwärmt.

Im Dezember wird die Südhalbkugel stärker erwärmt. So entstehen nicht nur die **Jahreszeiten**, sondern es ändert sich auch der **Zenitstand** der Sonne: Er wandert im Jahresverlauf zwischen den Wendekreisen.

> **Silvester oder schon Neujahr?**
>
> *21. März:* Die Sonne steht senkrecht, im Zenit, über dem Äquator. Nord- und Südhalbkugel werden gleich bestrahlt. Tag und Nacht sind überall gleich lang.
>
> *21. Juni:* Die Sonne steht über dem nördlichen **Wendekreis** (23½° N) im Zenit. Auf der Nordhalbkugel gibt es vielerorts Sonnenwendfeiern. Es ist der längste Tag und die kürzeste Nacht. Nun beginnt die „Wanderung" des Zenitstandes zum südlichen Wendekreis.
>
> *23. September:* Zenitstand der Sonne über dem Äquator.
>
> *21. Dezember:* Die Sonne steht über dem südlichen Wendekreis im Zenit (23½° S). Auf der Südhalbkugel ist Sommer.

M3 *Der Jahreszeitenkalender*

◁ **M2** *Die Erde „steht schief".*

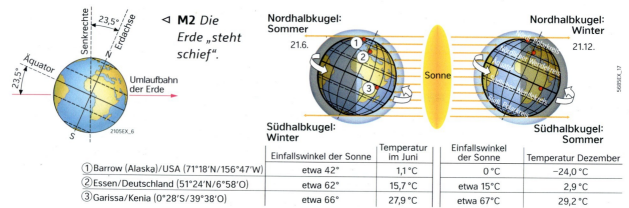

	Einfallswinkel der Sonne	Temperatur im Juni	Einfallswinkel der Sonne	Temperatur Dezember
① Barrow (Alaska)/USA (71°18′N/156°47′W)	etwa 42°	1,1 °C	0 °C	−24,0 °C
② Essen/Deutschland (51°24′N/6°58′O)	etwa 62°	15,7 °C	etwa 15°	2,9 °C
③ Garissa/Kenia (0°28′S/39°38′O)	etwa 66°	27,9 °C	etwa 67°	29,2 °C

M4 *Entstehung der Jahreszeiten; Einfallswinkel und Temperaturen an drei Orten im Vergleich*

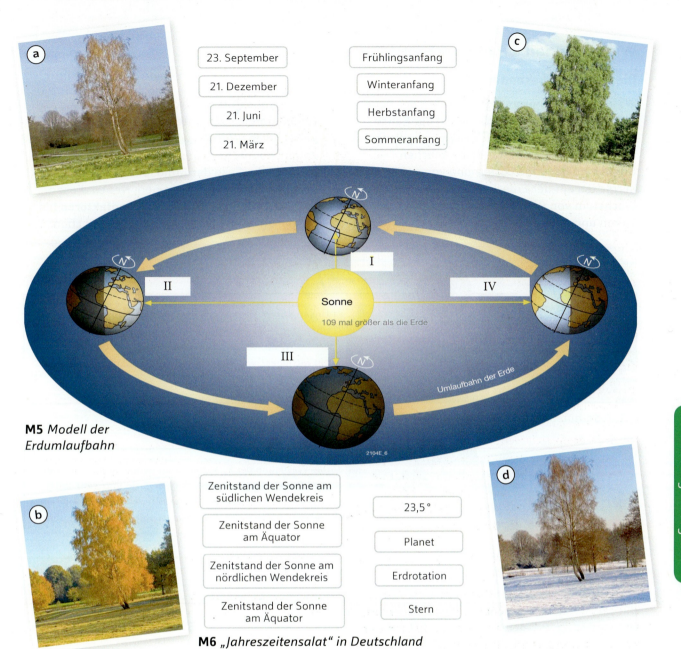

23. September

21. Dezember

21. Juni

21. März

Frühlingsanfang

Winteranfang

Herbstanfang

Sommeranfang

I

II

III

IV

Sonne

109 mal größer als die Erde

Umlaufbahn der Erde

2104E_6

M5 *Modell der Erdumlaufbahn*

Zenitstand der Sonne am südlichen Wendekreis

Zenitstand der Sonne am Äquator

Zenitstand der Sonne am nördlichen Wendekreis

Zenitstand der Sonne am Äquator

23,5°

Planet

Erdrotation

Stern

M6 *„Jahreszeitensalat" in Deutschland*

❶ Arbeite mit dem Modell in M5:
a) Skizziere es kleiner auf der Mitte eines Blattes.
b) Ordne den Phasen I–IV alle Begriffe und Fotos aus M6 zu.
c) Beschreibe das Modell M5 und benutze die genannten Begriffe.

❷ Überlege und schreibe auf: Welche Folgen hätte es, wenn
a) die Erde um 0° geneigt wäre.
b) die Erde um 30° geneigt wäre.
c) es keine Erdrotation gäbe, sondern nur die Wanderung um die Sonne.
d) die Wanderung um die Sonne wie beim Mars 687 Erdentage dauern würde.

❸ Wiederhole den Versuch von S. 12 M2. Stelle diesmal den Globus auf einen Rollwagen. Bewegt den Globus um die Lichtquelle. Beachtet, dass die Erdachse immer dieselbe Stellung beibehält. Beobachtet, welche Teile des Globus der Sonne zugewandt sind. Notiert die Veränderungen.

❹ ◼[?] Beschreibe die unterschiedlichen Beleuchtungszonen der Erde (M1).

❺ Recherchiere mithilfe des Atlas zu jeder Beleuchtungszone fünf Länder, die in ihr liegen (M1).

Wieso können wir auf der Erde leben?

Die Erde – ein besonderer Planet

Was haben das heruntergefalle Heft, der Regen draußen und das Fensteröffnen in der Pause gemeinsam? Alle stehen für Faktoren, die das Leben auf der Erde erst möglich machen. Durch eine günstige Entfernung von der Sonne herrschen auf der Erde Temperaturen, die das Wachstum von Pflanzen sowie das Leben von Tieren und Menschen möglich machen. Und die Anziehungskraft der Erde sorgt dafür, dass alle Gegenstände nach unten, in Richtung des Erdkerns fallen. Würden wir nicht von der Erde angezogen, könnten wir uns nicht auf der Erde bewegen und die Gase der Atmosphäre würden sich in den Weltraum verflüchtigen. Neben diesen Faktoren kommen noch einige **Geofaktoren** hinzu, die unseren Planeten einzigartig machen:

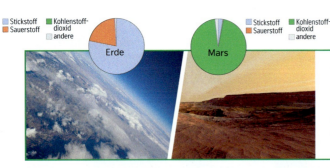

Unser **Klima** wird in der Atmosphäre gebildet. In ihrer untersten Schicht entstehen Temperatur und Niederschlag, Wind, Verdunstung und Bewölkung. Das Klima ist ein wichtiger Geofaktor, der das Leben auf der Erde beeinflusst.

M1 *Zusammensetzung der Atmosphäre im Vergleich*

Das Wachstum der Pflanzen hängt neben dem Klima stark vom **Boden** ab. Dieser ist auf der Erde von sehr unterschiedlicher Qualität. Wüstengebiete, mit teils fehlendem Boden, stehen sehr fruchtbaren Regionen gegenüber. Deutschland verfügt weitestgehend über sehr gute Böden.

M2 *Boden*

Ohne **Wasser** wäre kein Leben auf der Welt möglich. Dabei ist das Wasser sehr ungleich verteilt. In zahlreichen Regionen herrscht Wassermangel, in anderen Wasserüberschuss.

M3 *Wasser*

Das richtige Zusammenspiel von Klima, Boden und Wasser hat Leben auf der Erde entstehen lassen. Die **Vegetation** (Flora, Pflanzenwelt) und die **Fauna** (Tierwelt) haben sich an die jeweiligen Bedingungen angepasst. Pflanzen und Tiere sind die Grundlage unserer Ernährung.

M4 *Vegetation und Fauna*

Unsere natürlichen Lebensgrundlagen

Ein Wirkungsgefüge erstellen

Möchtest du ein Referat halten und weißt nicht, wie du den Inhalt am besten aufbereitest? Willst du Ursachen, Folgen und Zusammenhänge von Sachverhalten einfach und übersichtlich darstellen? Dann hilft dir das Wirkungsgefüge. In einem Wirkungsgefüge reduzierst du den Inhalt auf wenige Schlüsselbegriffe und ordnest ihn logisch an. So werden Ursachen und Folgen sowie der Zusammenhang zwischen den einzelnen Faktoren deutlich. Wirkungsgefüge können unterschiedliche Formen haben. Allen gemein ist, dass sie nicht nur aus einer einfachen Ursache-Folge-Kette bestehen, sondern zahlreiche solcher Ketten verknüpfen. Dadurch lassen sich auch schwierige Sachverhalte darstellen, bei denen mehrere Faktoren aufeinander einwirken.

Fünf Schritte zur Erstellung eines Wirkungsgefüges

1. Thema festlegen

Notiere das Thema des Wirkungsgefüges als Überschrift.

2. Schlüsselbegriffe / Einzelaspekte sammeln

Hierfür markierst du im Text wichtige Begriffe oder stichpunktartige Aussagen. Anschließend notierst du die Begriffe auf kleinen Kärtchen.

3. Aspekte ordnen

Ordne die Kärtchen so, dass logische Folgen entstehen. Überlege hierfür, was Ursache, was Folge ist. Entscheide, mit welchen Begriffen das Wirkungsgefüge beginnen bzw. enden soll. Sind mehrere Gründe für eine Wirkung verantwortlich, so ordne sie nebeneinander an.

4. Wirkungszusammenhänge durch Pfeile / Verbindungslinien aufzeigen

Zeige durch Pfeile und Verbindungslinien die Zusammenhänge auf. Die Pfeile haben immer die Bedeutung: „bewirkt", „hat zur Folge". Du kannst auch mit Farben arbeiten. So kannst du den Pfeilen andere Bedeutungen geben. Erstelle zu den Farben eine Legende.

5. Prüfung der Ergebnisse

Überlege, ob die Kärtchen auch anders gelegt werden könnten. Ist dein Wirkungsgefüge sinnvoll geordnet und übersichtlich? Jetzt kannst du es für dich selbst als Gedankenstütze nutzen oder zur Präsentation.

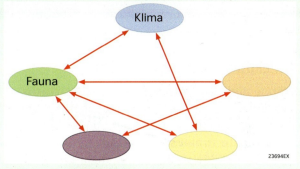

M5 *Die Geofaktoren als unvollständiges Wirkungsgefüge*

M6 *Beispiel eines Wirkungsgefüges*

❶ Zeichne M5 ab und vervollständige es zu einem Wirkungsgefüge der Geofaktoren.

❷ Erstelle ein Wirkungsgefüge, wie es das Beispiel in M6 zeigt.

◀ **Wähle aus:**

A Thema: Auswirkungen des Klimas (z. B. der Temperatur) auf die Geofaktoren.

B Thema: Auswirkungen der Bodenqualität auf die Geofaktoren.

❸ **[?]** Bereite einen Vortrag vor, in dem du die Geofaktoren mithilfe von M5 erklärst.

❹ Nach langem Regen kommt es zu großen Überschwemmungen. Erstelle ein Wirkungsgefüge, in dem du alle Geofaktoren berücksichtigst.

M1 *Die Abendsonne wärmt nur wenig!*

Der Einfluss der Sonne

Wärme und Licht, Wind und Regen, das Wachstum der Pflanzen – das gesamte Leben auf der Erde hängt unmittelbar von der Sonne ab. In jeder Minute strahlt sie auf unseren Planeten 17 Billionen Kilowatt ab. Das ist mehr Energie, als die gesamte Menschheit im Jahr an Elektrizität, zum Heizen, zum Autofahren usw. braucht. Würde zum Beispiel die Sonnenstrahlung um ein Zehntel nachlassen, wäre die Erde bald von einer anderthalb Kilometer dicken Eisschicht bedeckt. Würde die Strahlung um ein Drittel zunehmen, wäre kein Leben möglich.

Doch die Erwärmung zwischen tropischer Zone und Polarzone ist sehr unterschiedlich. Am Äquator kommt dreimal so viel Sonnenenergie auf der Erde an wie an den Polen. Wie kann das sein? Die Sonnenstrahlen müssen auf ihrem Weg zur Erdoberfläche erst die Atmosphäre durchdringen.

In der Atmosphäre wird die Strahlung so stark gedämpft, dass nur noch etwas mehr als die Hälfte davon die Erdoberfläche erreicht. Dabei ist der Weg der Sonnenstrahlen durch die Atmosphäre bis zur Polarzone wesentlich länger als bis zu den Tropen. Somit gelangt an den Polen weniger Strahlungsenergie auf die Erdoberfläche als am Äquator.

Auch die Wirkung der auftreffenden Sonnenstrahlen ist am Äquator und an den Polen sehr unterschiedlich: In den Tropen ist der Einfallswinkel der Strahlen sehr steil; zweimal im Jahr steht die Sonne sogar im Zenit. Die Erdoberfläche wird somit stark erwärmt. In der Polarzone ist der Einfallswinkel dagegen sehr flach. Die Strahlungsenergie muss sich also über eine größere Fläche verteilen und kann diese nicht so stark aufheizen.

Unsere natürlichen Lebensgrundlagen

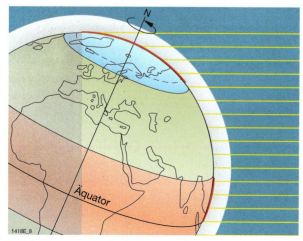

M2 *Die Atmosphäre dämpft die Sonnenstrahlen.*

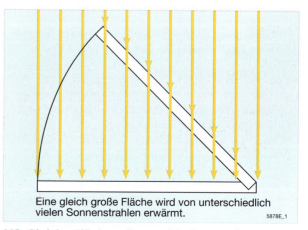

Eine gleich große Fläche wird von unterschiedlich vielen Sonnenstrahlen erwärmt.

M3 *Gleiche Fläche mit verschieden starker Bestrahlung (unterschiedlicher Einfallswinkel)*

Die Temperaturen – von der Polarzone bis zu den Tropen

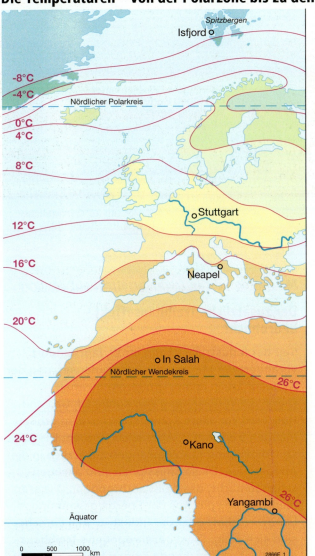

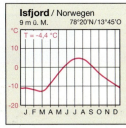

Isfjord / Norwegen
9 m ü. M.   78°20'N/13°45'O
T = –4,4 °C

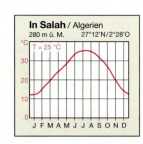

In Salah / Algerien
280 m ü. M.   27°12'N/2°28'O
T = 25 °C

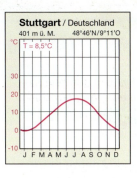

Stuttgart / Deutschland
401 m ü. M.   48°46'N/9°11'O
T = 8,5°C

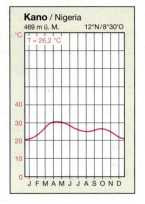

Kano / Nigeria
469 m ü. M.   12°N/8°30'O
T = 26,2 °C

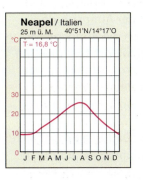

Neapel / Italien
25 m ü. M.   40°51'N/14°17'O
T = 16,8 °C

Yangambi / D.R. Kongo
487 m ü. M.   0°47'N/24°28'O
T = 24,6 °C

M4 *Durchschnittstemperaturen und Temperaturdiagramme*

❶ 🔲 a) Beschreibe die Verteilung der Durchschnittstemperaturen zwischen Pol und Äquator in M4.
b) Ermittle dazu auch die ungefähre Differenz zwischen der höchsten Temperatur und der niedrigsten Temperatur bei den sechs Orten in M4.

❷ ◼◻ **Wähle aus:**
A Miss die Länge der Sonnenstrahlen innerhalb der Atmosphäre in der Polarzone und in der tropischen Zone (M2). Erkläre die Auswirkungen.
B Erläutere: Warum ist es in der Polarzone im Jahresdurchschnitt wesentlich kälter als in den Tropen (M2, M3)?

❸ Erläutere die Situation in M5.

❹ Halte eine Taschenlampe zunächst senkrecht über ein Blatt Papier, dann schräg. Zeichne mit einem Bleistift den Lichtkegel nach. Beobachte die Lichtstärke. Übertrage deine Beobachtungen auf die Einstrahlung der Sonne auf die Erde (M1).

M5 *Auswirkung der Sonneneinstrahlung*

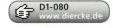

Welche Bedeutung hat der Treibhauseffekt?

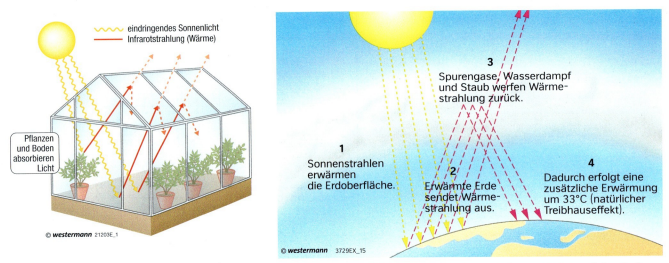

M1 *Entstehung der Wärme in einem Treibhaus*

M3 *Der natürliche Treibhauseffekt auf der Erde*

Der natürliche Treibhauseffekt – lebenswichtig!

Die von der Sonne einstrahlende Energie reicht aus, um die Erde auf -18°C zu erwärmen. Dass wir trotzdem auf der Erde leben können, liegt am **natürlichen Treibhauseffekt** der Atmosphäre. Die Sonnenstrahlen, die durch die Atmosphäre auf die Erde gelangen, werden dort zum größten Teil in Wärmestrahlung (Infrarot-Strahlung) umgewandelt. Diese Wärmestrahlen werden von bestimmten Gasen in der Atmosphäre wieder zur Erde zurückgestrahlt. Sie wirken wie die Scheiben eines Treibhauses. Dadurch erhöht sich die Temperatur auf der Erde um 33 °C auf durchschnittlich +15 °C. Wegen dieser Wirkung bezeichnet man diese Gase auch als **Treibhausgase**.

Der zusätzliche Treibhauseffekt – bedrohlich?

Seit der Industrialisierung im 19. Jahrhundert verändert der Mensch die Zusammensetzung der Atmosphäre in immer größerem Ausmaß. Durch die Verbrennung von Kohle, Öl, Gas und Holz wird vor allem Kohlenstoffdioxid in großen Mengen freigesetzt. Aber auch Methan, Distickstoffdioxid und FCKW gelangen zusätzlich in die Atmosphäre. Diese **Emissionen** sind alle menschengemacht, das heißt anthropogen. Sie stammen zum Beispiel aus der Energiegewinnung, der Landwirtschaft oder der Industrie. Alle Forscher sind sich einig: Dieser **anthropogene Treibhauseffekt** hat weitreichende Folgen für die Temperaturen auf der Erde.

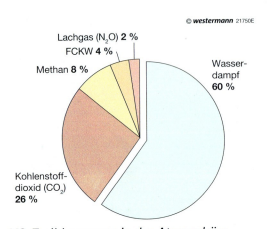

M2 *Treibhausgase in der Atmosphäre*

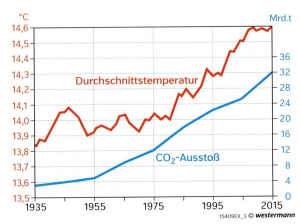

M4 *Entwicklung der CO_2-Emissionen und Entwicklung der Temperaturen auf der Erde*

EXPERIMENT

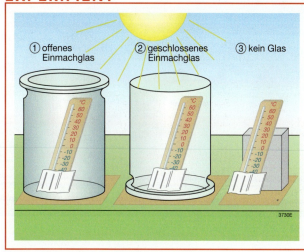

Das brauchst du dazu: zwei Einmachgläser, drei Thermometer, drei feste Unterlagen (z. B. Karton), ein Holzklötzchen, drei Stück weißes Papier

So führst du den Versuch durch:

1. Stelle ein Einmachglas mit der Öffnung nach oben und das andere mit der Öffnung nach unten auf eine Unterlage in die Sonne (siehe Abbildung).

2. Stelle je ein Thermometer in die Gläser hinein. Lehne das dritte Thermometer an das Holzklötzchen an.

3. Decke die Thermometerfühler mit je einem Stück weißem Papier ab.

4. Lies die Temperatur auf den drei Thermometern nach zehn Minuten ab. Vergleiche die Temperaturen.

5. Übertrage deine Ergebnisse auf das „Treibhaus Erde".

M5 *Versuch zum Treibhauseffekt*

◁ **M6** *In den österreichischen Alpen (Silvretta) 1929 und heute*

❶ Beschreibe die Wirkung eines Treibhauses.

❷ Erkläre anhand von M3 den natürlichen Treibhauseffekt.

❸ ◀ **Wähle aus:**
A Beschreibe anhand von M3 den Weg und die Veränderung der Sonnenstrahlen, ausgehend von der Sonne durch die Atmosphäre auf die Erde, zurück als …
B Zeichne ein vereinfachtes, eigenes Schaubild zum natürlichen Treibhauseffekt.

❹ Führe den Versuch M5 durch und schreibe ein kurzes Versuchsprotokoll.

❺ ◀[?] Welche weitreichenden Folgen könnte die Zunahme der Treibhausgase haben? Gehe aus von M4 und M6. Erstelle zu deinen Vermutungen ein Wirkungsgefüge.

M1 *Schmelzende Eisberge vor Grönland*

M3 *Kartoffelanbau in Süd-Grönland*

Herausforderung Klimawandel

Das Klima ändert sich

Die Anzeichen mehren sich: Riesige Eisberge brechen in Arktis und Antarktis ab, die Gletscher in den Hochgebirgen ziehen sich zurück, man kann plötzlich Nutzpflanzen in Gebieten anbauen, die bislang für den Anbau zu kalt waren. Die Durchschnittstemperaturen steigen.
Hitzerekorde und sehr heiße Sommertage hat es schon immer gegeben. Schon immer war das Wetter von Hitze und Kälte geprägt. Aber nun steigt die weltweite Durchschnittstemperatur stetig an. Und mit der Temperatur ändern sich auch andere Elemente des Klimas: die Nieder-schläge, die Luftfeuchtigkeit oder die Winde. Es geht nicht mehr um gutes oder schlechtes Wetter, wir befinden uns in einem **Klimawandel**. Wissenschaftler aller Fachrichtungen beschäftigen sich mit Voraussagen über mögliche Folgen des Klimawandels. Sicher ist: Die Auswirkungen sind auf der Erde sehr unterschiedlich in einigen Gebieten regnet es mehr, in anderen weniger, hier schmelzen die Gletscher, dort nehmen sie zu. Sicher ist daher auch: Das Leben vieler Menschen, vielleicht aller, wird sich durch den Klimawandel ändern. Wir stehen vor großen Aufgaben.

Produzenten von Treibhausgasen		Aktivitäten	Emissionen	in %
	Energieerzeuger und Stromverbraucher	Verbrennung von Energierohstoffen, wie Kohle, Öl und Gas, zur Wärme- und Stromerzeugung	Durch Verbrennung entsteht Kohlenstoffdioxid (CO_2).	50
	Verkehrsteilnehmer	Fahrten mit Kraftfahrzeugen, Flugreisen	Aus Auspuffrohren und Flugzeugdüsen entweicht Kohlenstoffdioxid (CO_2).	
	Landwirte	Düngung der Felder	Zu große Düngemengen werden von Pflanzen nicht mehr aufgenommen. Bakterien wandeln diese in Distickstoffoxid (N_2O) um.	14
	Viehzüchter	Zucht großer Rinderherden	Rindermägen produzieren Methan (CH_4).	
	Reisbauern	Reisanbau	Im Wasser von Reisfeldern setzen Bakterien beim Abbau von Pflanzenabfällen Methan (CH_4) frei.	
	chemische Industrie	Produktion von Kühlmitteln, Treibmitteln für Spraydosen, Schaumstoffen usw.	Fluorchlorkohlenwasserstoffe (FCKW) entweichen in die Atmosphäre.	19
	Holzindustrie	Fällen von Bäumen, Abholzungen	Bäume binden Kohlenstoff. Besonders viel Kohlenstoff ist im tropischen Regenwald gebunden.	17
	Menschen die Brandrodung betreiben	Rodungsfeuer im tropischen Regenwald zur Landgewinnung	Durch Verbrennung wird CO_2 freigesetzt. Der verbrannte Wald kann keinen Kohlenstoff mehr binden.	

21771EX_1
© *westermann*

M2 *Verursacher des anthropogenen Treibhauseffektes*

M4 *Bangladesch – häufige Überschwemmungen*

M7 *Die Malediven – Inselgruppe im Indischen Ozean*

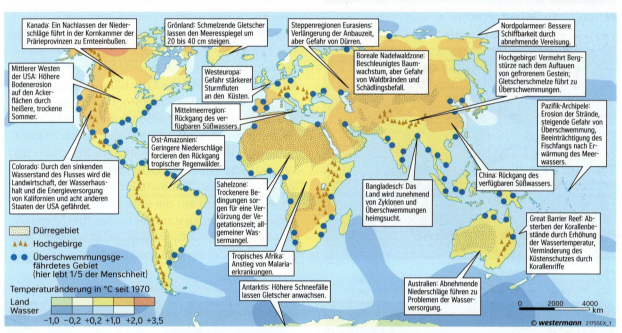

Kanada: Ein Nachlassen der Niederschläge führt in der Kornkammer der Prärieprovinzen zu Ernteeinbußen.

Grönland: Schmelzende Gletscher lassen den Meeresspiegel um 20 bis 40 cm steigen.

Steppenregionen Eurasiens: Verlängerung der Anbauzeit, aber Gefahr von Dürren.

Nordpolarmeer: Bessere Schiffbarkeit durch abnehmende Vereisung.

Mittlerer Westen der USA: Höhere Bodenerosion auf den Ackerflächen durch heißere, trockene Sommer.

Westeuropa: Gefahr stärkerer Sturmfluten an den Küsten.

Boreale Nadelwaldzone: Beschleunigtes Baumwachstum, aber Gefahr von Waldbränden und Schädlingsbefall.

Hochgebirge: Vermehrt Bergstürze nach dem Auftauen von gefrorenem Gestein; Gletscherschmelze führt zu Überschwemmungen.

Mittelmeerregion: Rückgang des verfügbaren Süßwassers.

Ost-Amazonien: Geringere Niederschläge forcieren den Rückgang tropischer Regenwälder.

Pazifik-Archipele: Erosion der Strände, steigende Gefahr von Überschwemmung, Beeinträchtigung des Fischfangs nach Erwärmung des Meerwassers.

Colorado: Durch den sinkenden Wasserstand des Flusses wird die Landwirtschaft, der Wasserhaushalt und die Energieversorgung von Kalifornien und acht anderen Staaten der USA gefährdet.

Sahelzone: Trockenere Bedingungen sorgen für eine Verkürzung der Vegetationszeit; allgemeiner Wassermangel.

Bangladesch: Das Land wird zunehmend von Zyklonen und Überschwemmungen heimgesucht.

China: Rückgang des verfügbaren Süßwassers.

Great Barrier Reef: Absterben der Korallenbestände durch Erhöhung der Wassertemperatur, Verminderung des Küstenschutzes durch Korallenriffe

Tropisches Afrika: Anstieg von Malariaerkrankungen.

Antarktis: Höhere Schneefälle lassen Gletscher anwachsen.

Australien: Abnehmende Niederschläge führen zu Problemen der Wasserversorgung.

▦ Dürregebiet
▲▲▲ Hochgebirge
● ● Überschwemmungsgefährdetes Gebiet (hier lebt 1/5 der Menschheit)

Temperaturänderung in °C seit 1970
Land
Wasser
−1,0 −0,2 +0,2 +1,0 +2,0 +3,5

0   2000   4000 km

© **westermann** 21755EX_1

M5 *Mögliche Auswirkungen des Klimawandels im Laufe des 21. Jahrhunderts*

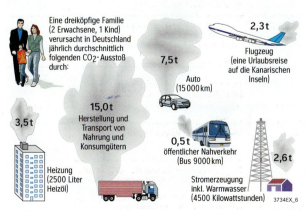

Eine dreiköpfige Familie (2 Erwachsene, 1 Kind) verursacht in Deutschland jährlich durchschnittlich folgenden CO_2-Ausstoß durch:

2,3 t — Flugzeug (eine Urlaubsreise auf die Kanarischen Inseln)

7,5 t — Auto (15 000 km)

3,5 t — Heizung (2500 Liter Heizöl)

15,0 t — Herstellung und Transport von Nahrung und Konsumgütern

0,5 t — öffentlicher Nahverkehr (Bus 9000 km)

2,6 t — Stromerzeugung inkl. Warmwasser (4500 Kilowattstunden)

3734EX_6

M6 *Durchschnittlicher CO_2-Ausstoß einer dreiköpfigen Familie*

❶ Setze die Zahlen von M2 in ein Kreisdiagramm um.

❷ ◀?▶ Nenne aus M5 jeweils ein Beispiel für eine positive und eine negative Folge des Klimawandels für die dort lebenden Menschen. Begründe.

❸ ◀▭ **Wähle aus:**
Erläutere eine mögliche Reaktion auf den Klimawandel
A weltweit;
B für dich persönlich.

Lebensgrundlage Wasser

M1 *Der „Wasserplanet"*

M2 *Die „trockene" Erde*

Woher kommt unser Wasser?

Eigentlich müsste die Erde „Wasserplanet" heißen! Das liegt daran, dass sie zu 71 Prozent von Ozeanen und Meeren bedeckt ist.

Die riesig erscheinenden Wasservorräte der Erde umfassen tatsächlich etwa 1400 Milliarden Kubikmeter Wasser. Davon sind allerdings nur 2,5 Prozent Süßwasser. Das Salzwasser der Ozeane und Meere hat den größten Anteil an der **Ressource** Wasser, nämlich 97,5 Prozent.

Alles Wasser der Erde bildete sich vor ungefähr 4,5 Milliarden Jahren. Es sammelte sich zuerst in großen Urozeanen. Mit der Entwicklung von Meeresorganismen und der Produktion von Sauerstoff begann dann vor etwa 3,4 Milliarden Jahren das Leben auf der Erde. Ohne das Wasser wären keine Lebewesen entstanden.

Alle Wasservorräte der Erde hängen zusammen. Die Sonne treibt wie ein Motor den globalen **Wasserkreislauf** an. Die Sonneneinstrahlung löst die Verdunstung von Wasser aus. Wasserdampf gelangt in die Atmosphäre und wird dort mit den Windströmen über die Erde verteilt. Kühlt der Wasserdampf ab, kondensiert er. Er fällt wieder als Niederschlag auf die Erde zurück. Auf verschiedenen Wegen gerät er in die Oberflächengewässer oder ins Grundwasser. Schließlich fließt alles Wasser in die Ozeane zurück.

M3 *Ohne Bewässerung würde die Reisernte viel geringer ausfallen.*

M4 *Sauberes Trinkwasser ist für Milliarden Menschen keine Selbstverständlichkeit.*

www.diercke.de
100800-251-03   D1-233
www.diercke.de

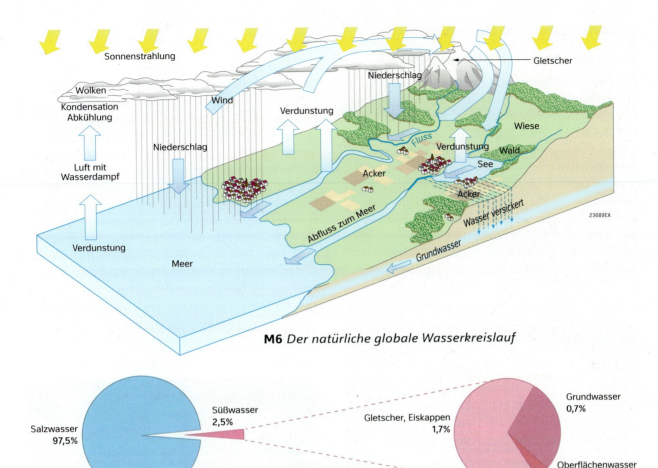

M6 *Der natürliche globale Wasserkreislauf*

Sonnenstrahlung

Gletscher

Wolken

Niederschlag

Kondensation
Abkühlung

Wind

Verdunstung

Wiese

Niederschlag

Fluss

Verdunstung

Wald

Luft mit
Wasserdampf

See

Acker

Verdunstung

Acker

Wasser versickert

Abfluss zum Meer

Grundwasser

Meer

23689EX

M5 *Die Verteilung der globalen Wasservorräte*

Salzwasser
97,5%

Süßwasser
2,5%

Gletscher, Eiskappen
1,7%

Grundwasser
0,7%

Oberflächenwasser
(Seen, Flüsse, ...)
0,1%

23690EX

INFO

Wie entsteht Regen?

Warme Luft kann viel mehr Wasserdampf aufnehmen als kalte. Kühlt nun warme, feuchte Luft ab, dann wird der in der Luft enthaltene Wasserdampf sichtbar: Es bilden sich Wolken aus kleinen Wassertröpfchen. Setzt sich die Abkühlung fort, beginnt es zu regnen.

❶ Vergleiche die M1 und M2.
a) Benenne die Meere und Kontinente der Erde, die du erkennst.
b) Stelle unterschiedliche lebenswichtige Verwendungen des Wassers der Erde in einem Text oder als Mindmap dar.

❷ Experten behaupten: „Das Wasser der Erde ist knapp."
Untersuche die Verteilung der Wasservorräte auf der Erde und begründe diese Auffassung (M5).

❸ ◀❓▶ Verfasse einen erklärenden Text zu den Prozessen im globalen Wasserkreislauf (M6).

❹ ◀▶ **Wähle aus:**
Wissenschaftler streiten sich darüber, wie das Wasser auf die Erde gekommen ist. Wähle eine der beiden Theorien aus und berichte darüber (www.oekosystem-erde.de/html/erde).
A Eiskometeneinschläge haben das Wasser gebracht.
B Das Wasser war ursprünglich in den Gesteinen gebunden.

❺ Erstelle eine kommentierte Fotosammlung zum Thema: „Ohne Wasser kein Leben!"

Lebensgrundlage Boden

Viele Lebewesen in einer Handvoll Boden

Hast du schon einmal mit dem Spaten Erde im Garten umgegraben? Dann hast du wahrscheinlich einen Regenwurm gesehen. Aber die Billionen Bakterien und Pilze, die Tausende Milben, die Hunderte Käfer und andere kleine Lebewesen, die außerdem noch im **Boden** leben, hast du sicherlich nicht entdeckt. In einer Handvoll Erde können mehr Lebewesen sein, als es Menschen auf der Erde gibt. Sie alle sind wichtig, denn nur durch sie kann Boden überhaupt entstehen. Fallen Blätter auf die Erde, beginnt die Arbeit Bodentiere. Springschwänze und Milben fressen die Blätter an, Regenwürmer reißen Stücke heraus, Käfer und andere Lebewesen zerkleinern die Teile. Die Regenwürmer vermischen die Reste mit feinsten Gesteinsteilchen. Mit der Zeit entsteht

fruchtbarer **Humus**, aus dem die Pflanzen ihre Nährstoffe entnehmen können. Abgestorbene Pflanzenreste werden wie die Blätter zerkleinert und umgewandelt. So entwickelt sich der Boden immer weiter.

Böden haben vielfältige Aufgaben. Sie sind nicht nur der Lebensraum der vielen Bodentiere. Ohne fruchtbare Böden könnten die Bauern zum Beispiel keine Nahrungsmittel produzieren. Wenn die Nahrungskette der Bodenlebewesen zerstört wird, kann kein neuer Boden entstehen und der Boden verliert an Fruchtbarkeit. Wird zum Beispiel zu viel Gülle aus der Massentierhaltung auf dem Boden ausgebracht, verkleben die Hohlräume im Boden, die Regenwürmer sterben ab.

INFO 1

Boden

Als Boden bezeichnet man die obere Schicht der Erdoberfläche, die durch die Zerkleinerung und Umwandlung von zum Beispiel Blättern durch Bodenlebewesen entstanden ist.

INFO 2

Humus

Der von Bodenlebewesen zersetzte Teil des Bodens heißt Humus.

M2 *Ein Spatenstich, viele Lebewesen*

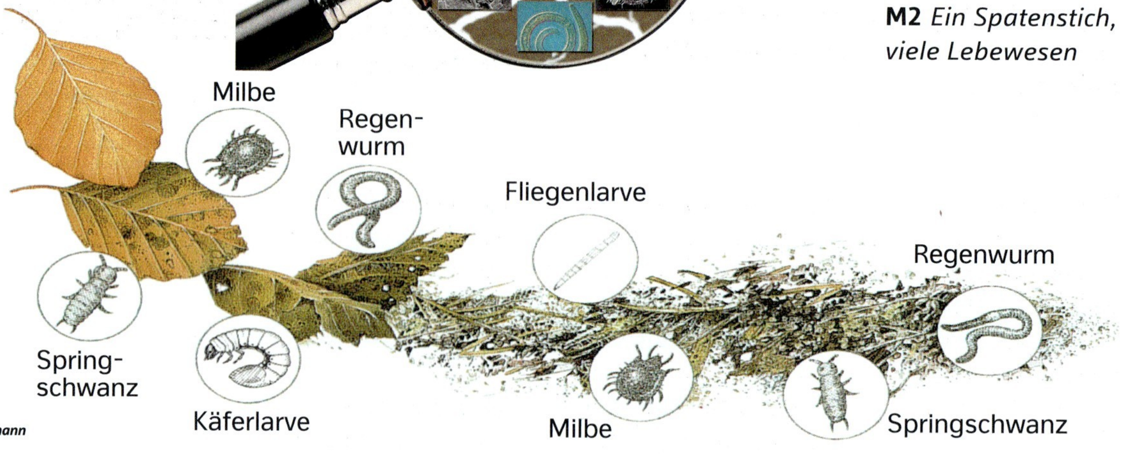

Milbe

Regenwurm

Fliegenlarve

Regenwurm

Springschwanz

Käferlarve

Milbe

Springschwanz

3595EX_2
© westermann

M1 *Aus einem Buchenblatt wird Boden.*

Bakterien	1 000 000 000 000 000
Pilze	1 000 000 000 000
Milben	70 000
Käfer	400
Tausendfüßler	300
Fliegenlarven	250
Ameisen	200
Spinnen	150
Asseln	100
Regenwürmer	100

M3 *Bodenlebewesen in einem Kubikmeter Boden. Ein Kubikmeter ist so groß wie ein Würfel mit der Kantenlänge von einem Meter.*

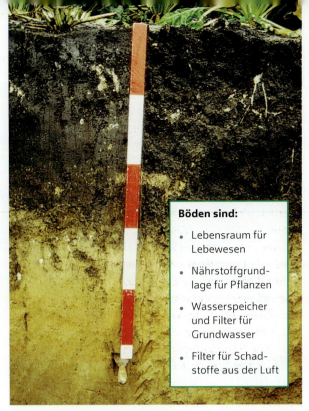

Böden sind:

- Lebensraum für Lebewesen
- Nährstoffgrundlage für Pflanzen
- Wasserspeicher und Filter für Grundwasser
- Filter für Schadstoffe aus der Luft

M5 *Die Bedeutung des Bodens*

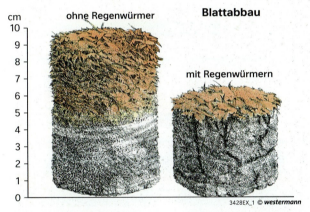

M4 *Das leisten Regenwürmer. Die beiden Säulen aus Erde und Blättern waren vor sechs Monaten gleich hoch.*

M6 *Regenwürmer*

❶ ⊏ Wähle aus:
A Beschreibe die Arbeit der Bodenlebewesen in einem Text (M1, M4).
B Stelle die Arbeit der Bodenlebewesen in einer Zeichnung mit Erklärungen dar.

❷ Erkläre, warum der Boden wichtig ist (M5, Text).

❸ Ohne Regenwürmer würde im Garten nichts wachsen. Nimm Stellung zu dieser Aussage (M1, M4, M6).

❹ Untersucht selbst den Boden in eurem Garten oder im Schulgarten. Grabt ein Stück Erde um und beobachtet (M2).

❺ ⬛?⬛ Erstelle ein Schaubild zur Bedeutung des Bodens.

M1 *Lage der rhein-land-pfälzischen Rheinebene*

Geofaktoren wirken zusammen – in den Mittelbreiten

M2 *In einem Winzerdorf an der Weinstraße*

Unterwegs in der Pfalz

Kartoffeln, Salat, Möhren, Radieschen, Lauch, Spargel, Rosenkohl und über 40 weitere Gemüse-sorten werden in der rheinland-pfälzischen Rheinebene angebaut. Neben dem Gemüse ge-deihen in der Ebene auch andere Sonderkulturen wie Obst, Tabak und Wein. Weintrauben werden aber vor allem an der Weinstraße angebaut.

Die Rheinebene und die Weinstraße werden land-wirtschaftlich intensiv genutzt. Voraussetzung dafür ist das günstige Klima. Der Temperatur kommt dabei eine große Bedeutung zu. Wegen der hohen Sonnenstrahlung ist der Boden manchmal bereits im März so warm, dass die Ge-müsesaison beginnen kann. Der Boden gibt die Wärme an die noch jungen Gemüsepflanzen ab. Sie brauchen Wärme, damit sie schnell wachsen, geerntet und verkauft werden können.

Die Wurzeln versorgen die Pflanzen auch mit Niederschlagswasser, das im Boden versickert, sowie mit Nährstoffen. Fällt zu wenig Nieder-schlag, muss das Gemüse beregnet werden. Das Wasser im Boden sowie in und auf den Blättern der Pflanzen verdunstet durch die Sonnenstrah-lung. Der Wasserdampf beeinflusst wiederum das Klima.

Die Geofaktoren Klima, Boden und die Vegetation wirken zusammen. Sie beeinflussen sich gegen-seitig. Scheint zum Beispiel die Sonne nicht so oft, das heißt, es verändert sich nur ein Geofak-tor, dann hat dies Auswirkungen auf alle anderen Geofaktoren.

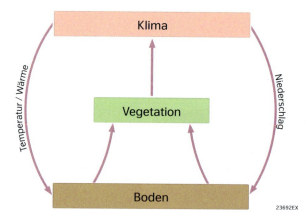

M3 *Wirkungsgefüge der Geofaktoren Klima, Boden und Vegetation (unvollständig)*

M4 *Gemüsefelder in der Rheinebene werden beregnet.*

www.diercke.de
100800-047-04

D1-054
www.diercke.de

„Das Klima ist günstig für den Weinanbau. Die Sonne scheint oft, rund 1700 Stunden im Jahr. Hänge, die nach Süden zeigen, bekommen besonders viel Sonne ab. Die Jahresmitteltemperatur ist mit rund 10 °C ideal. Die Monatsmitteltemperaturen sind nicht zu hoch und nicht zu niedrig. Ein großer Vorteil ist, dass es im Frühjahr nur selten Frost gibt. Dann nämlich treiben die Knospen der Weinreben aus. Wenn sie erfrieren, gibt es keine Trauben an den Weinstöcken.
Die Niederschläge sind nicht hoch, aber der Wein kommt schon mit 600 mm Niederschlag im Jahr aus."

M5 *Winzer Bernhard Koch aus Hainfeld zum Klima an der Weinstraße*

„An der Weinstraße gibt es verschiedene Böden mit unterschiedlichen Eigenschaften. Im sandigen Boden versickern die Niederschläge schnell. Die Weinreben haben aber tiefe Wurzeln und holen sich das Wasser auch aus den tieferen Bodenschichten. Sandige Böden sind allerdings arm an Nährstoffen. Nährstoffreicher sind die Böden aus Kalkstein. Sie enthalten Ton und können viel Wasser speichern. Diese Böden erwärmen sich jedoch nicht so schnell. Am besten ist der lehmige **Lössboden**. Er enthält sehr viele Nährstoffe und ist deshalb sehr fruchtbar. Auch Böden aus Granitgestein sind nährstoffreich. Scheint die Sonne, erwärmen sie sich fast so schnell wie die Lössböden. Sie speichern die Wärme und geben sie auch dann noch an die Rebstöcke ab, wenn die Sonne längst untergegangen ist."

M7 *Winzer Koch zu den Böden an der Weinstraße*

EXPERIMENT

Material:

3 verschiedene Böden (z. B. Sand, Lehm, Ton, Kies)

3 gleich große Blumentöpfe

3 Auffanggläser

3 Messbecher

1 Stoppuhr

Watte oder Filterpapier

Durchführung:

1. Dichtet die Öffnungen im Boden der Blumentöpfe mit Watte oder einem Stück Filterpapier ab.

2. Füllt in jeden Blumentopf bis drei Zentimeter unter den Rand jeweils eine Bodenprobe. Die Böden müssen trocken sein!

3. Gießt gleichzeitig die gleiche Menge Wasser (z. B. 250 mm) in die drei Blumentöpfe. Achtet darauf, dass ihr das Wasser gleichmäßig auf die Böden verteilt.

4. Stoppt die Zeit, nachdem das Wasser eingegossen ist. Wartet fünf Minuten ab.

5. Füllt das Wasser der einzelnen Auffanggefäße jeweils in einen Messbecher.

6. Ermittelt, wie viel Wasser (Milliliter) die verschiedenen Böden gespeichert haben.

M6 *Versuch: Wie viel Wasser können Böden speichern?*

INFO

Lössboden

Löss ist ein feiner, gelblicher Gesteinsstaub. Daraus hat sich der Lössboden entwickelt. Er saugt den Regen wie ein Schwamm auf. Der Boden speichert bis zu 200 Liter Wasser pro Quadratmeter. Die Feuchtigkeit gibt er nach und nach an die Pflanzen ab.

❶ a) Beschreibe das Wirkungsgefüge.
b) 🔲❓ Übertrage M3 auf ein Blatt. Ergänze die Zeichnung mit zusätzlichen Hauptaspekten und Unterpunkten mithilfe des Textes.

❷ 🔲◀ **Wähle aus:**
Berichte über mögliche Auswirkungen des Niederschlags auf die anderen Geofaktoren (M3). Es fällt …

A … viel weniger Niederschlag als im Durchschnitt,
B … viel mehr Niederschlag als im Durchschnitt.

❸ Charakterisiere das Klima an der Weinstraße (M2, M5, Klimadiagramm Seite 31 M7).

❹ a) Führt den Versuch (M6) durch.
b) Erläutert, welche Schlussfolgerungen ihr aufgrund des Versuches zieht (M7).

❺ Stelle dar, welcher Geofaktor für den Weinbau am wichtigsten ist: das Klima oder die Böden?

M1 *Lage des Oberrheinischen Tieflandes*

M3 *Blick auf den östlichen Rand des Pfälzerwaldes, die Haardt*

Warum werden im Oberrheinischen Tiefland so viele verschiedene Nutzpflanzen angebaut?

Im Oberrheinischen Tiefland beginnt der Frühling zwei Wochen früher als im Pfälzerwald. Hier ist es wärmer als in den Mittelgebirgen. In der Rheinebene fallen aber weniger Niederschläge. Die feuchten Luftmassen werden vor allem aus Westen herantransportiert. Sie regnen sich zum großen Teil bereits über dem Pfälzerwald ab. Das Oberrheinische Tiefland liegt in der Klimazone der **Mittelbreiten**. Diese Zone ist geprägt durch ein gemäßigtes Klima. Das Klima und die fruchtbaren Böden sind günstig für die Landwirt-

schaft. Landwirte können hier viele verschiedene und anspruchsvolle Nutzpflanzen wie Weizen, Wein und andere Sonderkulturen anbauen.

INFO

Mittelbreiten

Das Klima in den Mittelbreiten ist gemäßigt. Innerhalb dieser Zone bestehen klimatische Unterschiede. Es gibt Gebiete, die viel wärmer und niederschlagsärmer aber auch viel kühler und niederschlagsreicher sind als das Oberrheinische Tiefland.

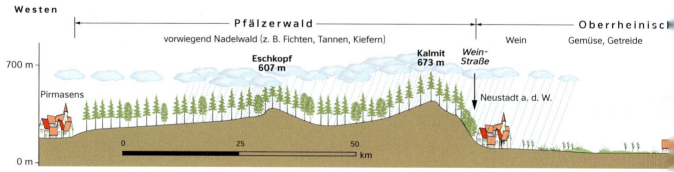

M2 *Profil vom Pfälzerwald bis zum Odenwald (stark vereinfacht)*

❶ Beschreibe die Lage des Oberrheinischen Tieflandes (M1, M2, Atlas).

❷ Ordne das Foto M3 einem Abschnitt im Profil M2 zu. Begründe deine Entscheidung.

❸ 🔙 **Wähle aus:**
A 🗨 Erkläre den Begriff Steigungsregen anhand von M2.
B Erläutere, warum die Sonne am Rhein öfter scheint als im Pfälzerwald (M2).

❹ Vergleiche das Klima von Neustadt an der Weinstraße (M7) mit dem einer anderen Klimastation in M5. (Erläuterung und Beschreibung siehe S. 32 M1 und S. 303)

Unsere natürlichen Lebensgrundlagen

M4 *Ende April im Oberrheinischen Tiefland*

M6 *Ende April im Odenwald*

	J	F	M	A	M	J	J	A	S	O	N	D	Jahr
Pirmasens (westlicher Rand des Pfälzerwaldes), 280 m ü. M., 49°12'N/ 07°35'O													
°C	0,4	1,2	4,0	7,4	11,8	15,0	16,4	15,5	12,7	8,8	4,0	1,3	8,2
mm	75	67	70	63	82	86	71	74	64	73	83	89	897
Mannheim (Rheinebene), 96 m, 49°31'N/ 08°33'O													
°C	1,2	2,5	5,9	9,9	14,4	17,6	19,5	18,8	15,3	10,4	5,2	2,2	10,2
mm	40	40	45	52	75	77	77	59	54	49	52	49	669
Michelstadt (Odenwald), 453 m, 49°43'N/09°06'O													
°C	-1,1	0,3	3,4	7,2	11,6	14,7	16,6	16,4	13,3	8,6	3,1	0,0	7,8
mm	72	53	68	67	95	96	86	84	62	65	80	79	907

M5 *Klimawerte ausgewählter Klimastationen*

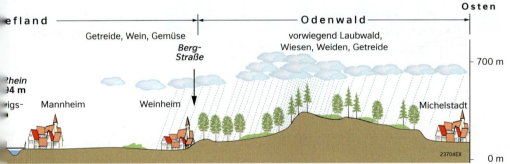

M7 *Klimadiagramm*

5 a) Erstellt Wandzeitungen zur Landwirtschaft
– im Oberrheinischen Tiefland und
– im Odenwald (M3 – M7, Atlas, Internet).

b) Präsentiert und vergleicht eure Arbeitsergebnisse.

6 Erkläre, warum die Rheinebene im Vergleich zu den Mittelgebirgen landwirtschaftlich intensiv genutzt wird (M2 – M7).

7 Gestalte ein Lernplakat zum Oberrheinischen Tiefland.

Klimadiagramme interpretieren

Wie günstig ist das Klima für den Ackerbau?

Das Klima ist ein wichtiger Standortfaktor für die Landwirtschaft. Dies gilt für die Mittelbreiten genauso wie für andere Klimazonen der Erde. Für Landwirte, die Nutzpflanzen anbauen, sind vor allem die Temperatur und die Niederschläge von Bedeutung. Die Vegetation wächst nur dann, wenn es warm genug ist, sie mit genügend Wasser versorgt wird sowie Licht und Luft hat. Die Temperatur ist entscheidend dafür, ob die **Vegetationszeit** (Wachstumszeit der Pflanzen) lang oder kurz ist. Ist das Klima kalt, ist die Vegetationszeit kurz, ist das Klima warm, ist sie lang. Ob die klimatischen Bedingungen günstig oder weniger günstig für den Ackerbau sind, findest du heraus, wenn du ein Klimadiagramm interpretierst.

Temperatur

- Monatsmitteltemperatur mindestens 5 °C

Niederschlag

- Humid (feucht) ist ein Monat, wenn im Vergleich zur Temperatur genügend Niederschlag fällt. Im Klimadiagramm ist dann die Niederschlagssäule höher als die Temperaturkurve.
  In einem humiden Monat sind die Niederschläge höher als die Verdunstung. Deshalb haben die Pflanzen genügend Wasser, um wachsen zu können.

- Arid (trocken) ist ein Monat, wenn im Vergleich zur Temperatur nicht genügend Niederschlag fällt. Im Klimadiagramm ist dann die Niederschlagssäule niedriger als die Temperaturkurve.
  In einem ariden Monat ist die Verdunstung höher als der Niederschlag. Deshalb haben die Pflanzen zu wenig Wasser, um wachsen zu können.

M3 *Klimatische Voraussetzungen für das Pflanzenwachstum*

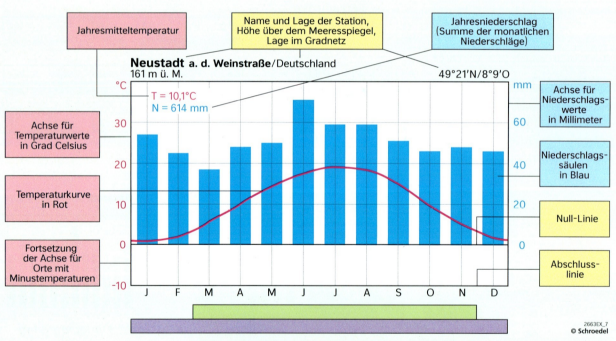

M1 *Klimadiagramm von Neustadt (Die Balken zeigen Vegetationszeit in Grün und humide Monate in Violett.)*

Jahresmitteltemperatur		Jahresniederschlag	
unter -10 °C:	extrem kalt	unter 250 mm:	sehr gering, sehr wenig
-10 °C bis 0 °C:	kalt	250 bis unter 500 mm:	gering, wenig
0 °C bis 12 °C:	weder kalt noch warm	500 bis unter 1000 mm:	weder zu wenig noch zu hoch (mittel)
12 °C bis 24 °C:	warm	1000 bis unter 2000 mm:	hoch, viel
über 24 °C:	sehr warm	2000 mm und mehr:	sehr hoch, sehr viel

M2 *Charakterisierung des Klimas mithilfe von Jahresmitteltemperatur und Jahresniederschlag*

Fünf Schritte zur Interpretation eines Klimadiagramms
(„Klimadiagramme beschreiben" siehe S. 303)

1. Nenne die Monate, in denen Pflanzen wachsen können (Vegetationszeit).
   *Beispiel: I*n Neustadt an der Weinstraße wachsen die Pflanzen von März bis November, weil in diesen Monaten die Mitteltemperatur über 5 °C liegt.

2. Stelle fest, welche Monate eines Jahres humid und welche arid sind (siehe M3).
   Beispiel: In Neustadt an der Weinstraße sind die Monate Januar bis Dezember humid.

3. Fasse die Auswertungsergebnisse zusammen.
   Beispiel: Pflanzenwachstum ist von März bis November möglich, weil es in diesen Monaten warm genug ist. In Neustadt an der Weinstraße sind alle Monate des Jahres humid, d.h. den Pflanzen steht genügend Wasser zur Verfügung.

4. Charakterisiere das Klima.
   Beispiel: Das Klima von Neustadt an der Weinstraße ist weder kalt noch warm. Es ist humid, weil in zwölf Monaten eines Jahres genügend Niederschläge fallen. Die Vegetationszeit dauert neun Monate.

5. Beurteile das Klima.
   Beispiel: Die Jahresmitteltemperatur beträgt 10,1 °C. Das Klima ist nicht zu kalt und nicht zu warm. In einem Jahr fallen im Durchschnitt 614 mm Niederschlag. Der Jahresniederschlag ist weder zu niedrig noch zu hoch. Die Vegetationszeit ist lang. In dieser Zeit steht der Vegetation genügend Wasser für das Wachstum zur Verfügung. Das Klima von Neustadt an der Weinstraße ist günstig für den Ackerbau.

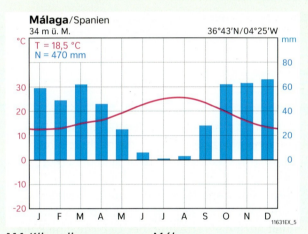

M4 *Klimadiagramm von Málaga*

M6 *Temperatur- und Niederschlagswerte einer Klimastation werden zeichnerisch dargestellt: die Temperaturen als rote Kurve, die Niederschläge als blaue Säulen.* ▷

M5 *Klimadiagramm von Oulu*

❶ Erläutere, warum das Klima für das Wachstum der Vegetation wichtig ist.

❷ ◁ **Wähle aus:**
A Interpretiere das Klimadiagramm M4.
B Interpretiere das Klimadiagramm M5.

❸ a) Zeichne ein Klimadiagramm zu einer Klimastation deiner Wahl (S. 300–301).
b) Interpretiere das Klimadiagramm nach den fünf Schritten.
c) Stelle deine Interpretationsergebnisse der Klasse vor.

Geozonen – Gürtel umspannen die Erde

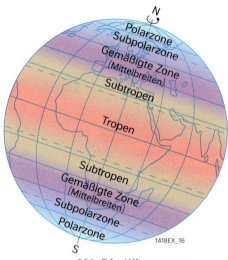

M1 *Die Klimazonen der Erde (Modell)*

In den *Polarzonen* ist es das ganze Jahr über kalt. Es gibt sehr ausgeprägte Jahreszeiten mit großen Temperaturunterschieden. Der wenige Niederschlag fällt als Schnee. Die Polarzonen werden ungefähr von den Polarkreisen und den Polen begrenzt.

Die *Subpolarzone* ist eine Übergangszone

In den *Mittelbreiten (gemäßigte Zonen)* herrschen in der Regel gemäßigte Temperaturen. Es gibt ausgeprägte Jahreszeiten. Das ganze Jahr über fallen Niederschläge, im Winter als Schnee.

Die *Subtropenzone* ist eine Übergangszone.

In der *Tropenzone* ist es das ganze Jahr über warm. Es gibt keine kalten Winter und damit auch keine Jahreszeiten. Weite Gebiete der Tropen werden von Regen- und Trockenzeiten geprägt.
Die Tropenzone wird ungefähr von den Wendekreisen begrenzt.

Gebiete mit ähnlichem Klima

Tropenzone, Mittelbreiten und Polarzone heißen die drei großen **Klimazonen** auf der Erde. In diesen Zonen herrscht jeweils ein ähnliches Klima. Hier gibt es nicht nur ähnliche Temperaturen, sondern auch ähnliche Niederschläge, Windverhältnisse und eine ähnliche Bewölkung. Weil die Klimazonen vor allem durch die unterschiedliche Sonneneinstrahlung geprägt werden, liegen sie wie Gürtel um die Erde.

Die Klimazonen verlaufen aber keineswegs immer genau parallel zu den Breitenkreisen. Oft ragt eine Klimazone weit in die nächste hinein. Die wichtigsten Gründe dafür sind die unterschiedliche Verteilung von Land und Meer sowie warme und kalte Meeresströmungen. Diese beeinflussen auch das Klima der Küsten. Schließlich spielt auch die Verteilung der Gebirge eine Rolle.

Unsere natürlichen Lebensgrundlagen

M2 *Bei 66° N / 40° W*

M3 *Bei 50° N / 7,5° O*

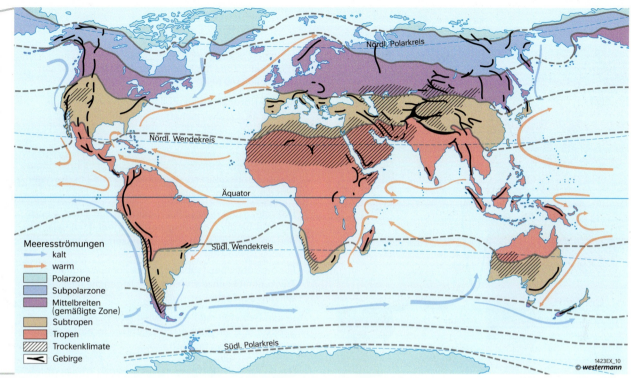

M4 *Die Klimazonen der Erde in ihrer tatsächlichen Verbreitung*

Meeresströmungen
- kalt
- warm

- Polarzone
- Subpolarzone
- Mittelbreiten (gemäßigte Zone)
- Subtropen
- Tropen
- Trockenklimate
- Gebirge

Nördl. Polarkreis
Nördl. Wendekreis
Äquator
Südl. Wendekreis
Südl. Polarkreis

1423EX_10
© **westermann**

❶ Erkläre, warum sich die Klimazonen meist in West-Ost-Richtung, parallel zu den Breitenkreisen erstrecken (M1, M4).

❷ a) 🔲❓ Ermittle mithilfe des Atlas: In welchen Ländern, Kontinenten und Klimazonen (M4) wurden die vier Fotos unten aufgenommen?
b) Suche aus den Klimawerten auf S. 300/301 je eine Klimastation, die zu den Fotos passen könnte.

❸ ◀━ **Wähle aus:**
Auf geht's zu deinem Traumziel!
Suche im Atlas auf einer Weltkarte drei Ziele, wohin du gern einmal reisen würdest.

A Kopiere dir eine Karte der Klimazonen und zeichne die Orte dort ein.

B Versuche mithilfe des Atlas möglichst viel über das Klima an diesem Ort in Erfahrung zu bringen. Schreibe einen Steckbrief.

M5 *Bei 27° N / 02° O*

M6 *Bei 02° S / 65° W*

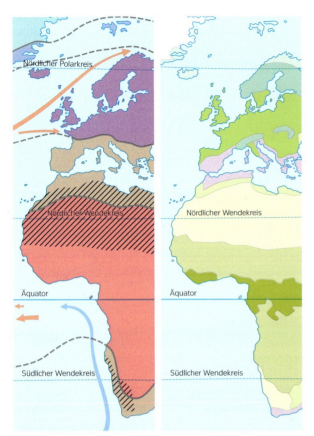

In der kalte Zone liegt die *polare Kältewüste*. Es fällt wenig Niederschlag.

Auf der Nordhalbkugel schließt sich nach Süden die *Tundra* an. Landwirtschaft ist nicht möglich.

In den Mittelbreiten (gemäßigten Zone) mit ihren gemäßigten Temperaturen liegen die *Laub und Mischwälder* und die *Steppen*.

Das ganze Jahr über fallen Niederschläge. Die Zone ist sehr gut für die Landwirtschaft geeignet, zum Beispiel den Anbau von Kartoffeln und Weizen.

Für die Subtropen (supbtropische Zone) ist vor allem Trockenheit kennzeichnend. Hier liegen die meisten *Wüsten* der Erde.

In den Gebieten mit Regenzeiten gibt es *Hartlaubgehölze* (z. B. am Mittelmeer). Landwirtschaft ist oft nur mit Bewässerung möglich.

Der größte Teil der *Savannen* liegt in den Tropen (tropische Zone). Hierist es das ganze Jahr über warm und es fallen sehr hohe Niederschläge. Dies gilt vor allem für den *tropischen Regenwald.* Vielerorts ist dort der Boden unfruchtbar. Dann ist er für die Landwirtschaft nicht geeignet.

M1 *Klima- und Geozonen (Ausschnitt)*

Klima und Vegetation passen zusammen

Die Pflanzenwelt hat sich über Jahrtausende dem jeweiligen Klima in den Klimazonen angepasst. Zum Beispiel sind Kakteen auf Trockenheit spezialisiert und Orchideen auf das ständig feuchtwarme Klima der Regenwälder. Daher gibt es entsprechend den Klimazonen auch verschiedene **Vegetationszonen** auf der Erde.
Auch Nutzpflanzen können auf der Erde immer nur in bestimmten Regionen angebaut werden. Ihre Anbaugrenze wird vor allem bestimmt von den Ansprüchen der Pflanze an Temperatur und Niederschlag. Die Anbaugrenze für Getreide verläuft in Europa zum Beispiel durch Nordfinnland. Nördlich dieser Grenze ist es zu kalt. Das heißt die Vegetationszeit ist für Getreide zu kurz. Es gibt nicht genügend Tage, an denen die Temperaturen und die Niederschläge ausreichen, damit Getreidepflanzen wachsen und erntereif werden können.

Zonen mit ähnlichen Geofaktoren

Was für das Klima und die Vegetation gilt, das gilt für alle Geofaktoren: In den Gebieten, in denen das Klima und die Vegetation ähnlich sind, sind auch Boden, Wasser und Fauna ähnlich. Diese Gebiete bezeichnet man als **Geozonen**. In den einzelnen Geozonen sind damit auch die Lebensbedingungen für die Menschen ähnlich. Daher betreiben zum Beispiel in allen Wüsten der Erde die Menschen Bewässerungsfeldbau. Und auf allen Kontinenten mit tropischen Regenwäldern gibt es Plantagen und auch Brandrodungsfeldbau.

Dennoch: Von Land zu Land unterscheiden sich die Menschen, die dort wohnen, in ihren Gebräuchen, ihrer Religion oder auch in ihrem Wohlstand. Die Oasenstadt Las Vegas ist nur schwer mit den Oasenstädten Alice Springs (Australien) oder Tindouf (Afrika) zu vergleichen.

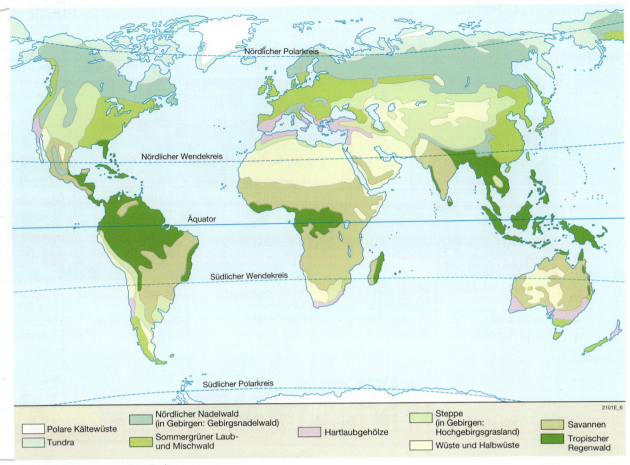

Legend:

- Polare Kältewüste
- Tundra
- Nördlicher Nadelwald (in Gebirgen: Gebirgsnadelwald)
- Sommergrüner Laub- und Mischwald
- Hartlaubgehölze
- Steppe (in Gebirgen: Hochgebirgsgrasland)
- Wüste und Halbwüste
- Savannen
- Tropischer Regenwald

Nördlicher Polarkreis
Nördlicher Wendekreis
Äquator
Südlicher Wendekreis
Südlicher Polarkreis

2101E_6

M2 *Die Geozonen der Erde*

◁ **M3** *In vielen Ländern der Tropen ist die Wurzel der Maniokpflanze (auch Kassava) Grundnahrungsmittel. Die Pflanze verlangt ein warmes, feuchtes Klima mit Temperaturen um 27 °C sowie 500–1000 mm Niederschlag. Sie braucht viel Licht. Dagegen sind ihre Ansprüche an den Boden bescheiden.*

❶ Nenne die Länder der Erde, durch die die Anbaugrenze für Getreide verläuft (Atlas, Karte: Erde – Reale Vegetation und Landnutzung).

❷ [?] Man spricht von Kälte- und von Trockengrenze des Anbaus. Erstelle einen Lexikoneintrag.

❸ Plane einen Flug rund um die Erde. Die Bedingungen sind: Fliege keine großen Umwege (maximal 41 000 km) und überfliege möglichst viele Geozonen (M2).

⟵ **Wähle aus:**

A Starte in den USA.
B Starte in Russland.

Geozonen im Überblick

Klimazonen	Hohe Breiten (kalte Zone)		Mittelbreiten (gemäßigte Zone)		Subtrope
	Polarzone	Subpolarzone	Feuchte Mittelbreiten	Trockene Mittelbreiten	Winterfeuchte Subtrop
Geozonen	**Tundra** Gräser, Krautpflanzen, Zwergsträucher	**nördlicher Nadelwald** Lärchen, Fichten, Moore	**sommergrüner Laub- und Mischwald**	**Steppe** bis übermannshohes Gras	**Hartlaubgehölze der Subtropen** (mediterrane Vegetation)
Vegetation					
Jahreszeiten	ausgeprägte Jahreszeiten				
Jahresdurch-schnitts-temperatur	über 8 Monate Winter	6-8 Monate Winter	milde Winter, warme Sommer	kalte Winter, heiße Sommer	deutliche Temperatu unterschiede zwisch Sommer und Winter
	unter – 10 °C	– 10 °C bis 0 °C	0 °C bis 12 °C		12 °C bis 24
Niederschlag	weniger als 300 mm	weniger als 600 mm	mehr als 600 mm	weniger als 600 mm	400-1000 mm, im Sommer trocken, im Winter Nieder-schlag (Winterregen)
mögliches Wachstum (Vegetationszeit)	weniger als 30 Tage	30-180 Tage	mehr als 180 Tage	weniger als 180 Tage	mehr als 150 Tage
Pflanzen-wachstum einge-schränkt durch	**Kälte**				
Anbau-möglich-keiten	zu kalt, Dauerfrostboden	nur vereinzelt	eine Ernte	eine Ernte, dürregefährdet	z.T. mit Bewässerun (z.T. Versalzung)
Anbau-produkte		häufig Forstwirtschaft	Roggen, Kartoffeln, Mais, Weizen	Weizen, Zuckerrüben, Sonnenblumen	Wein, Oliven, Obst, Zitrusfrüchte, Reis
Viehhaltung	Rentiere (Nomadismus)		Rinder, Schweine	Schafe, Rinder	Schafe, Ziegen

www.diercke.de
100800-254

(Su)btropische Zone)	Tropen (Tropische Zone)				Klimazonen
(Su)btropische Trockengebiete	Sommerfeuchte (wechselfeuchte) Tropen			Immerfeuchte Tropen	
Wüste und Halbwüste	Savannen			tropischer Regenwald	Geozonen
 (ve)getationslos oder (ve)reinzelte Zwerg-(s)träucher, Gräser	Dornstrauchsavanne — kniehohes Gras, Sträucher, vereinzelt Bäume 	Trockensavanne — brusthohes Gras, Bäume 	Feuchtsavanne — mannshohes Gras, Baumgruppen, Wälder 		Vegetation
	keine Jahreszeiten				Jahreszeiten
(de)utliche Temperatur-(un)terschiede zwischen (So)mmer und Winter					
	über 24 °C				Jahresdurch-schnitts-temperatur
(we)niger als 250 mm, (se)hr kurze Regenzeit, (o)ft Dürre	250-500 mm, bis 4 Monate Regenzeit, oft Dürre	500-1000 mm, 4-6 Monate Regenzeit	über 1000 mm, 6-10 Monate Regenzeit	über 1500 mm, ganzjährig feucht	Niederschlag
(we)niger als 60 Tage	weniger als 180 Tage	mehr als 180 Tage	mehr als 300 Tage	ganzjährig	mögliches Wachstum (Vegetationszeit)
Trockenheit					Pflanzen-wachstum einge-schränkt durch
(n)ur mit Bewässerung (z).T. Versalzung)	nur mit Bewässerung (z.T. Versalzung und Desertifikation)	eine Ernte, dürregefährdet	zwei Ernten, z.T. schlechte Böden	ununterbrochen Anbau, z.T. schlechte Böden	Anbau-möglich-keiten
(O)asenkulturen, (B)aumwolle, (R)eis	Reis, Baumwolle	Hirse, Mais, Erdnüsse, Baumwolle	Maniok, Mais, Erdnüsse, Baumwolle	Maniok, Bananen, Kakao, Kaffee, Zuckerrohr, Edelhölzer	Anbau-produkte
(K)amele, (S)chafe	Schafe, Ziegen, Rinder, Kamele (Nomadismus)	Rinder, Schafe	Rinder (nicht Afrika)	Plantagen, Agroforst-wirtschaft, Brand-rodungsfeldbau	Viehhaltung

Trockengrenze des Regenfeldbaus

16080E_1

39

Quer durch alle Geozonen – Spiel

Spur 1:

In New York ließ der Räuber Richy sein Handy mit fünf Bildern zurück, die er auf seiner Flucht aufgenommen hat. Wenn man die Bilder in der Reihenfolge 1–5 den Buchstaben der jeweiligen Aufnahmeorte zuordnet, erhält man den ersten Teil des Aufenthaltsortes.

Dem Täter auf der Spur

Interpol sucht Räuber – Wer kennt den Aufenthaltsort?

In den tropischen Regenwäldern auf Borneo wurde die Wunderpflanze „Eznalfprednuwa" gestohlen. In Verdacht steht ein gewisser Richy, der Interpol schon lange bekannt ist. Der Gangster war an mehreren internationalen Diebstählen beteiligt und hinterlässt an den Tatorten sein Zeichen: einen verknoteten Schnürsenkel. Interpol bittet, bei der Verfolgung des Täters zu helfen!

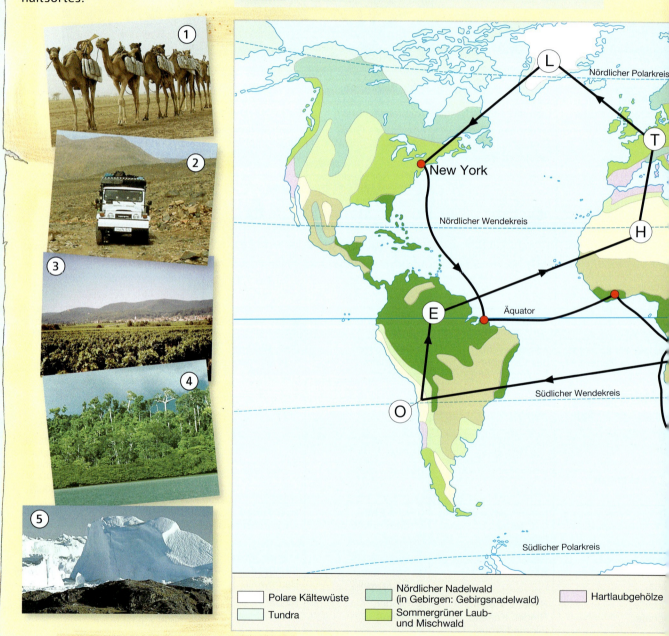

Polare Kältewüste
Tundra
Nördlicher Nadelwald (in Gebirgen: Gebirgsnadelwald)
Sommergrüner Laub- und Mischwald
Hartlaubgehölze

Spur 2:

Interpol konnte folgenden verschlüsselten Funkspruch von Richy an seine Bande empfangen. Es handelt sich um Hafenstädte, die der Gangster bei seiner weiteren Flucht aufgesucht hat. Man findet den zweiten Teil des Aufenthaltsortes, wenn man die ersten Buchstaben der Städte zusammenfügt. (Achtung: Die Städte sind als Punkte in der Karte eingetragen!)

STOP --- MELBE --- STOP --- JADINAB --- STOP --- DANLAU --- STOP --- TAKKALUT --- STOP --- LIDAEDAE --- STOP --- GANASIKA --- STOP

Borneo

	Steppe (in Gebirgen: Hochgebirgsgrasland)
	Wüste und Halbwüste
	Savannen
	Tropischer Regenwald

2101E_7

Spur 3:

Jetzt musst du die folgenden Fragen richtig beantworten bzw. die Sätze richtig ergänzen. Der jeweils angegebene Buchstabe ergibt dann den letzten Teil des Verstecks von Richy.

a) Wodurch wird in der Polarzone das Pflanzenwachstum eingeschränkt? (Umlaut als 1 Buchstabe!) (4. Buchstabe)

b) In welcher Geozone wachsen die abgebildeten Pflanzen? (5. Buchstabe)

c) Welche Geozone zeigt die Abbildung? (5. Buchstabe)

d) In welcher Klimazone ist es am kältesten? (4. Buchstabe)

e) In welcher Klimazone liegen die meisten Fluchtorte von Richy? (6. Buchstabe)

f) Temperatur und Niederschlag sind die Hauptmerkmale des ... (5. Buchstabe)

M1 *Lage von Australien und Neuseeland*

M2 *Landschaften in Australien und Neuseeland*

Australien – Geozonen „auf dem Kopf"

Down under – Hochsommer im Januar

Mit „Down under" bezeichnen die Australier die Lage ihres Kontinents. Und tatsächlich: Von uns aus gesehen liegen Australien und Neuseeland genau auf der anderen Seite der Erde, „tief unter" dem Äquator.

Der Kontinent Australien erstreckt sich über mehrere Geozonen, von der tropischen Zone über die subtropische Zone bis zu den Mittelbreiten. Jedoch gibt es einen großen Unterschied: Hier auf der Südhalbkugel liegen die Tropen im Norden und die Mittelbreiten (gemäßigte Zone) im Süden. Auch die Jahreszeiten sind genau umgekehrt zur Nordhalbkugel. So beginnt der Sommer zum Beispiel am 21. Dezember, wenn die Sonne über dem südlichen Wendekreis im Zenit steht. Doch vieles ist ähnlich wie auf der Nordhalbkugel der Erde. In Neuseeland wird im gemäßigten Klima Ackerbau und Milchwirtschaft betrieben und an der Nordspitze Australiens, in der Nähe des Äquators, gibt es tropischen Regenwald.

M3 *Satellitenbild von Australien und Neuseeland*

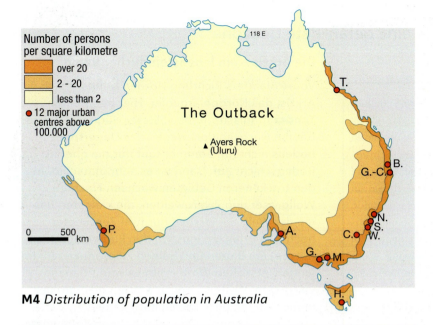

M4 *Distribution of population in Australia*

Number of persons per square kilometre
- over 20
- 2 - 20
- less than 2
- 12 major urban centres above 100.000

The Outback

▲ Ayers Rock (Uluru)

0   500 km

118 E

Where Australians live

Most Australians live in the big cities around the coast. The land in the middle of the continent is called the "Red Heart" or the "Outback". In German this means "Hinterland". It's very dry and hot there. Much of this area is empty desert, but in the parts with enough water, where bushes and grass grow, there are huge sheep, cattle and wheat ranches called "stations". The large, endless deserts in the "Red Heart" of Australia are sparsely populated or completely uninhabited.

One of the most famous places in Australia, which is also to be found in the "Outback", is "Ayers Rock" – a huge, red rock. Every year it is visited by thousands of tourists from all over the world. Due to this high number of visitors there are many luxurious hotels at its base. "Ayers Rock" is a very important, a sacred place, for the Aborigines, who have their own name for it: "Uluru".

vocabulary: *huge*: sehr groß, riesig; *cattle*: Vieh (Rinder);
wheat: Getreide; *sparsely*: geringfügig, kaum;
uninhabited: unbewohnt;
due to this ...: aufgrund dieser ...; *sacred*: geheiligt

M5

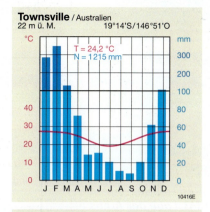

Townsville / Australien
22 m ü. M.   19°14'S/146°51'O
T = 24,2 °C
N = 1215 mm
10416E

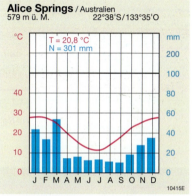

Alice Springs / Australien
579 m ü. M.   22°38'S/133°35'O
T = 20,8 °C
N = 301 mm
10415E

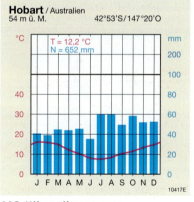

Hobart / Australien
54 m ü. M.   42°53'S/147°20'O
T = 12,2 °C
N = 652 mm
10417E

M6 *Klimadiagramme*

❶ Ermittle mithilfe des Atlas: Zwischen welchen Längen- und Breitengraden liegen Australien und Neuseeland?

❷ In M2 siehst du Bilder aus den Mittelbreiten, aus den subtropischen Trockengebieten und aus den Tropen (siehe S. 35 M4). Ordne zu.

❸ Erkläre, warum es in Australien nach Süden hin immer kälter wird.

❹ Du fährst von Hobart an die Nordspitze Australiens. Liste die Geozonen auf, die du durchquerst (S. 37 M2).

❺ ◼⟨?⟩ Erstelle eine Tabelle, wann in Neuseeland die Jahreszeiten anfangen und wann bei uns. Trage in die Tabelle auch ein, wo die Sonne zu den entsprechenden Zeiten im Zenit steht

M1 *Lage der Arktis*

Arktis – eine gefährdete Geozone

Die Arktis – ein lebensfeindlicher Raum

Vom Polarkreis Richtung Norden befindet sich die Arktis, das Nordpolargebiet. Hier beginnt die **Tundra** (finnisch: „unbewaldeter Hügel"). Höhere Bäume wachsen dort wegen des **Dauerfrostbodens** nicht. Im Sommer taut nur die oberste Bodenschicht auf. Dann ist es sehr matschig. In den trockeneren Gebieten wachsen Flechten, Wollgräser und Zwergweiden, die kleinsten Bäume der Welt. Sie werden nur fünf Zentimeter hoch. Die Pflanzen müssen den kurzen Sommer nutzen, um Blüten und Samen zu produzieren. Im langen, eiskalten Winter gibt es kein Pflanzenwachstum. Weiter nördlich werden die Sommer immer kürzer, bis es schließlich keine Vegetationszeit mehr gibt. Hier in der **polaren Kältewüste** ist der Boden bis zu 300 m tief gefroren. Schnee und Eis bedecken die Küsten und Inseln, auf dem Nordpolarmeer schwimmt eine riesige Eisschicht.

Bis zu einem halben Jahr Nacht – das gibt es in den Polargebieten der Erde. Die Schrägstellung der Erdachse und die Erdrotation sind die Ursache dafür, dass die Sonnenstrahlen die Polargebiete im Winterhalbjahr nicht erreichen. Im Sommerhalbjahr ist es bis zu 24 Stunden am Tag hell.

M4 *Dunkle Winter, helle Sommer*

M2 *In der polaren Kältewüste*

M5 *In der Tundra*

M3 *Klimadiagramm von Narjan-Mar*

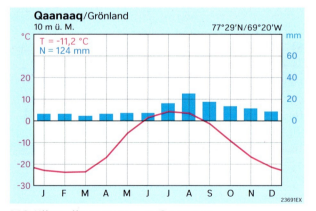

M6 *Klimadiagramm von Qaanaaq*

Die Arktis taut auf

Die steigenden Temperaturen infolge des Klimawandels verändern die Arktis: Das Eis der Arktis
schmilzt. Eine zusätzliche Erwärmung tritt nun
ein, weil die Eismassen nicht mehr die Sonnenstrahlen reflektieren. So beschleunigt sich das
Abschmelzen. Inzwischen sieht man die Folgen.
In Südgrönland können schon Kartoffeln angebaut werden. Die Nord-West-Passage, ein See-
weg vom Atlantischen Ozean zum Pazifischen
Ozean, wird eisfrei und für Schiffe befahrbar.
Auch die Bodenschätze, die gegenwärtig wegen
der dicken Eisschicht noch nicht abgebaut werden können, werden möglicherweise in Zukunft
erreichbar sein.
Aber für die Tierwelt der Arktis haben diese Veränderungen verheerende Auswirkungen. Der Lebensraum der Eisbären zum Beispiel wird immer
kleiner. Sie leben auf dem Meereis am Nordpol.
Schmilzt das Eis, werden sie nicht überleben können. Und andere Tiere sind ebenfalls betroffen.

M8 *Die Arktis ist der Lebensraum der Eisbären.
Sie leben auf dem Eis an den Küsten und auf dem
Meereis rund um den Nordpol. Sie ernähren sich
von Robben.*

Unsere natürlichen
Lebensgrundlagen

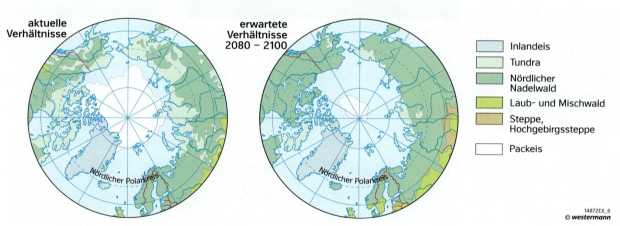

aktuelle
Verhältnisse

erwartete
Verhältnisse
2080 – 2100

Inlandeis	
Tundra	
Nördlicher Nadelwald	
Laub- und Mischwald	
Steppe, Hochgebirgssteppe	
Packeis	

14872EX_6
© *westermann*

M7 *Aktuelle und erwartete Veränderungen in der Arktis*

❶ Vergleiche die Land-
schaft in der polaren Kältewüste und in der Tundra
(M2, M5).

❷ [?] Ordne die Klima-
diagramme begründet
der polaren Kältewüste
bzw. der Tundra zu (M3,
M6).

❸ a) Notiere die Geofak-
toren, die das Leben der
Pflanzen und Tiere der
Arktis beeinflussen
(M3 – M5, Text).
b) Erkläre, warum die
Arktis eine gefährdete
Geozone ist.

❹ ⫷ **Wähle aus:**
A Recherchiere im Internet nach „Nord-West-
Passage". Zeichne eine
Skizze über den Verlauf
dieser Schifffahrtsroute.
B Recherchiere im Internet nach „Dauerfrost-
boden". Suche nach einer
Abbildung, die zeigt, wie
sich das Auftauen der
oberen Bodenschicht im
Sommer auswirkt.

❺ Stelle die Veränderun-
gen der Geofaktoren mit
ihren Ursachen und Aus-
wirkungen in einem Wir-
kungsgefüge dar (Text).

❻ Erstelle eine Collage
zu den Geofaktoren der
Arktis.

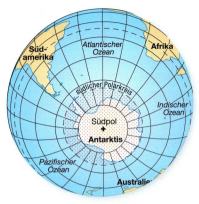

M1 *Lage der Antarktis*

Gefährdete Antarktis – Handeln hilft!

Antarktis – kalt, trocken, windig

Die Antarktis ist der kälteste (–40 bis –90 °C), der trockenste (z. T. weniger Niederschlag als in der Sahara) und der windigste Kontinent (Windgeschwindigkeiten von 250 km/h). Hier gibt es nur die lebensfeindliche polare Kältewüste. Siedlungen existieren nicht, lediglich Forschungsstationen.
Die Antarktis ist aber der Lebensraum vieler Tiere. Zwischen 50° und 60° s.Br. mischt sich das kalte, sauerstoffreiche Wasser des Südpolarmeeres mit den wärmeren Wassermassen der Ozeane. Dies sind ideale Bedingungen für das **Plankton**, mikroskopisch kleine Lebewesen. Davon ernährt sich der **Krill**, ein sechs bis 8 cm großer Krebs. Er ist Nahrungsgrundlage für Fische und auch die Wale (siehe S. 48 M1).

M3 *Plankton*

M5 *Krill*

Der unwirtlich wirkende Lebensraum der Antarktis ist einzigartig. Fast 10000 Arten haben hier ihre Heimat: Hier gibt es zwanzig Wal- und Delfinarten, 120 Fischarten, Robben, Pinguine und Albatrosse.
Die Krill-Biomasse in der Antarktis wird auf etwa 350 Millionen Tonnen geschätzt. Sie ist nicht nur Nahrungsquelle für die Fische, sondern enthält für die Pharmaindustrie verschiedene medizinisch wirksame Substanzen in hoher Konzentration.
Aber der Lebensraum der Antarktis ist sehr empfindlich. Wegen der Kälte laufen alle Vorgänge unvorstellbar langsam ab. Eine weggeworfene Bananenschale braucht 100 Jahre, bis sie vollkommen biologisch abgebaut ist.

M2 *Schon gewusst?*

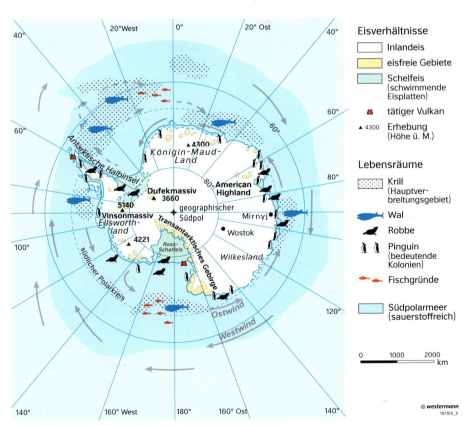

M4 *Lebensraum Antarktis*

www.diercke.de
100800-239-04

D1-221
www.diercke.de

Das Ozonloch über der Antarktis

In der Atmosphäre der Erde befindet sich in ungefähr 20 bis 50 km Höhe die **Ozonschicht** (siehe S. 11). Sie umhüllt die Erde wie ein Schutzschild gegen die UV-Strahlung der Sonne. Seit Anfang der 1980er-Jahre beobachteten Wissenschaftler, dass diese Ozonschicht über der Antarktis, Australien und Neuseeland immer dünner wurde.

Das war der Grund, dass die Gefahr, an Augen- und Hautschäden bis hin zu Hautkrebs zu erkranken, enorm stieg.

Doch es trat eine Wende ein: Das Problem verkleinerte sich. Wie kam es dazu?

Schuld an der Zerstörung der Ozonschicht waren Gase wie das FCKW (Fluorkohlenwasserstoffe). Sie wurden in Spraydosen und als Kühlmittel zum Beispiel in Kühlschränken verwendet. Dann wurde ein Verbot von FCKW erlassen. Langsam nahm der Ozongehalt wieder zu. Allerdings wird es noch einige Zeit dauern, bis sich das Gas in der Ozonschicht vollständig abgebaut hat. Aber das Ozonloch über der Antarktis ist ein Beispiel für eine gelungene Maßnahme unseres Handelns.

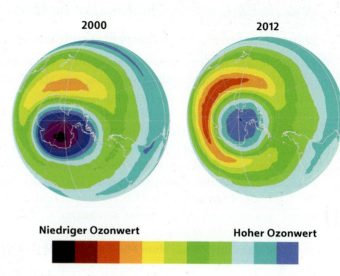

2000   2012

Niedriger Ozonwert   Hoher Ozonwert

M7 *Veränderung des Ozonlochs über der Antarktis*

Was sich für die Wissenschaftler seit Jahren abzeichnet, ist die verblüffende Geschichte einer ausgebliebenen Katastrophe. Galt das Ozonloch nicht einmal als eine der größten Gefahren für Mensch und Landwirtschaft?

Die Katastrophe ist ausgeblieben, über das Ozonloch spricht heute kaum noch jemand. Die Menschheit habe in letzter Minute beherzt eingegriffen.

„Als in den achtziger Jahren die Ozonwerte in den Messungen zurückgingen, glaubten die damaligen Forscher zunächst an Messfehler, doch die Werte verschlechterten sich zusehends. Im September und Oktober verschwand die Ozonschicht über der Antarktis regelmäßig. In diesen Monaten wirken Kälte und Licht auf besondere Art zusammen, das Ozonloch wächst etwa auf die Größe der Antarktis. Dieser Prozess scheint beendet, die Ozonkonzentration ist wieder angestiegen.

Und das ist das Bemerkenswerteste: Nur zwei Jahre nachdem das Ozonloch entdeckt wurde, verständigten sich 46 Staaten im Montreal-Protokoll auf einen verbindlichen, schrittweisen Verzicht von FCKW und andere ozonschädigende Gase. Inzwischen haben sich nahezu alle Staaten angeschlossen, es gelangt kaum noch FCKW in die Atmosphäre.

(Nach: Johannes Pennekamp. In: Süddeutsche Zeitung vom 12.8.2014)

M6 *Bericht über einen großen Erfolg*

❶ 🔲 Beschreibe den Lebensraum der Antarktis (M4).

❷ Die Antarktis muss geschützt werden.
a) Nenne Gründe (M2, Text).
b) Berichte über das bestehende Schutzabkommen (Internet, z. B.: www.wwf.de).

❸ Notiere in einer Tabelle die Namen von mindestens fünf Forschungsstationen in der Antarktis und die Namen der Länder, die diese Forschungsstationen betreiben (Atlas).

❹ Krill könnte in Zukunft auch ein wichtiges Nahrungsmittel für die Menschen werden. Erläutere mögliche Auswirkungen für den Lebensraum Antarktis (M4, Text).

❺ Berichte darüber, warum das Ozonloch über der Antarktis weltweite Bestürzung hervorrief (M7, Text).

❻ a) Das Ozonloch ist ein Beispiel für ein erfolgreiches Handeln der Menschen. Berichte (M6, M7).
b) Aussage eines Wissenschaftlers:
„Alle Geofaktoren wirken zusammen. Eine Störung nur eines Geofaktors hat erhebliche Auswirkungen für unsere natürlichen Lebensgrundlagen."
Nimm Stellung zu dieser Aussage am Beispiel der Antarktis.

❼ Stelle die Gemeinsamkeiten und die Unterschiede zwischen Arktis und Antarktis in zwei Steckbriefen dar (S. 44 – 46, Atlas).

Welche Bedeutung hat das Ökosystem Meer für uns Menschen?

Warum müssen die Meere geschützt werden?

Es trifft immer noch zu, dass die Menschen weit mehr über die Mondoberfläche als über den Meeresboden Bescheid wissen. Deswegen beschäftigen sich Wissenschaftler bereits seit Jahrzehnten sehr intensiv mit der Erforschung der Ozeane. Heute wissen wir, dass über 80 Prozent aller Lebensformen auf der Erde in den Weltmeeren beheimatet sind. In den Ozeanen sind die Pflanzen, die Tiere, der Boden und das Wasser eng miteinander verzahnt und voneinander abhängig. Die Ergebnisse der Meeresforschung zeigen deutlich, dass das **Ökosystem** Meer sehr verletzlich ist.

Der Aufbau der **Nahrungskette** im Meer beginnt mit dem pflanzlichen Plankton (siehe, S. 46 M3). Das pflanzliche Plankton schwebt frei im Wasser. Es nimmt gelöste Nährsalze auf und wandelt sie mithilfe von Sonnenlicht und Sauerstoff in Stärke um. Vom pflanzlichen Plankton ernährt sich das tierische Plankton, das wiederum den nächst höheren Lebewesen der Nahrungskette als Futterquelle dient.

Überfischung der Meere und Schadstoffeinleitungen in die Meere können zu erheblichen Belastungen und Schädigungen des Ökosystems Meer sowie der Nahrungskette im Meer führen. Am Ende der Nahrungskette steht häufig der Mensch. Auch deshalb muss dieses Ökosystem geschützt werden.

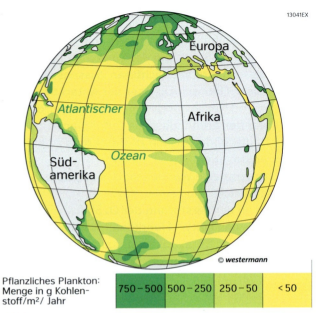

13041EX

© westermann

Pflanzliches Plankton: Menge in g Kohlenstoff/m²/ Jahr	750–500	500–250	250–50	< 50

M2 *Produktionsgebiete von pflanzlichem Plankton*

INFO 1

Ökosystem

Ein Ökosystem ist die Modellvorstellung eines vielfältigen Wirkungsgefüges zwischen biotischen Faktoren (Vegetation, Fauna) und abiotischen Faktoren (Klima, Wasser, Boden). Diese Faktoren stehen in einer Wechselwirkung zueinander. Wenn ein Faktor verändert wird, hat das auch Einfluss auf die anderen Faktoren (siehe auch S. 17).

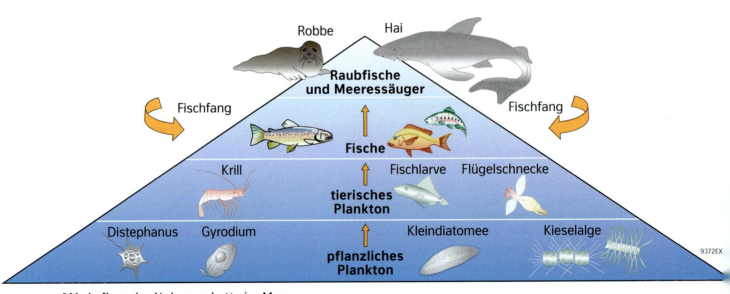

M1 *Aufbau der Nahrungskette im Meer*

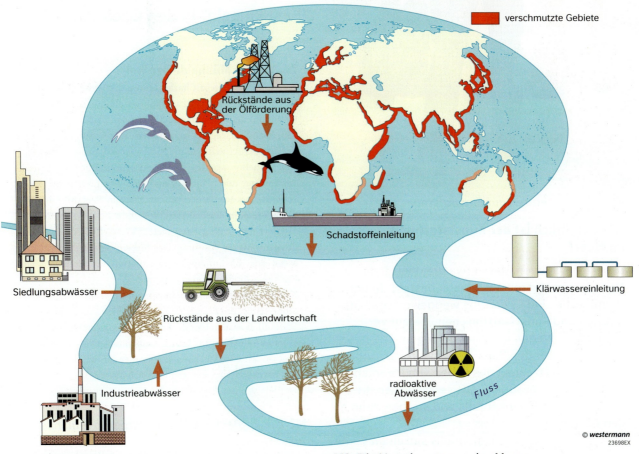

Rückstände aus
der Ölförderung

verschmutzte Gebiete

Schadstoffeinleitung

Siedlungsabwässer

Rückstände aus der Landwirtschaft

Klärwassereinleitung

Industrieabwässer

radioaktive
Abwässer

Fluss

© *westermann*
23698EX

M3 *Die Verschmutzung der Meere*

INFO 2

Algenpest

Vorwiegend in der warmen Jahreszeit setzt die Algenblüte ein. In dieser Zeit entstehen häufig in nährstoffreichem Wasser Algenteppiche, die giftige Stoffe entwickeln können. Dann spricht man von der Algenpest. Gelangen diese Giftstoffe in die Nahrungskreisläufe von Menschen oder Tieren, können diese tödlich auf sie wirken. Ebenso gefährlich sind Faulgase, die an Land von mordernden oder trocknenden Algenteppichen freigesetzt werden.

❶ Beschreibe die Abhängigkeiten, die zwischen den Lebewesen der verschiedenen Stufen der Nahrungskette bestehen (M1).

❷ Stelle die möglichen Auswirkungen auf die Nahrungskette der Ozeane (M1) in einem Ursache-Folge-Schema dar.
(◄▬ **Wähle aus:**
A durch Überfischung;
B durch Schadstoffeinleitung (M3).

❸ a) Erkläre die Bildung von Algenteppichen in verschmutzten küstennahen Gebieten (M2, M3, Info 2).
b) ◀**[?]** Diskutiere mögliche Probleme, die durch häufig auftretende Algenteppiche in den betroffenen Küstenregionen entstehen können.

M1 *Mit Plastiktüten auf Einkaufstour*

Wie gefährlich ist der Kunststoffmüll im Meer?

Experten schätzen, dass etwa drei Viertel des Mülls in den Meeren aus Plastik besteht. In der Hauptsache sind es sorglos weggeworfene Plastiktüten und Kunststoffflaschen, die auf verschiedenen Wegen ins Meer gelangen.

Die schwimmenden Plastikteile bedrohen andauernd in allen Ozeanen das Leben von Meeresbewohnern und Seevögeln. Oft verschlucken die Tiere Teile des Plastikabfalls und sterben dann an den Folgen.

Etwa 70 Prozent des Plastikmülls sinken im Laufe der Zeit auf den Meeresboden. Ungefähr 15 Prozent des Unrats werden an die Strände zurückgetrieben. Die restlichen 15 Prozent des Mülls treiben sichtbar an der Meeresoberfläche. Von dort wird das Treibgut teilweise in die Strudel großer Meeresströmungen mitgerissen und zu riesigen Müllteppichen zusammengeschoben.

Zwischen Hawaii und dem nordamerikanischen Festland schwimmt der „Great Pacific Garbage Patch". Diese weltgrößte „Plastikinsel" im Nordostpazifik hat inzwischen die Größe der Fläche von Mitteleuropa erreicht.

Viele der Kunststoffe sind biologisch nicht abbaubar. Sie werden nach Jahren im Meer zu Mikroplastik-Partikeln zersetzt, die kleiner als 3 mm sind. An Stelle von pflanzlichem Plankton werden sie vom tierischen Plankton als Nahrung aufgenommen und so in die Nahrungskette eingeschleust.

Es gibt aber auch genug Mikroplastik-Partikel, die über das Haushaltsabwasser in die Meere gelangen. Sie stammen beispielsweise von Kosmetikartikeln, wie Zahnpasta oder Peeling-Cremes, denen diese Partikel teilweise zugesetzt sind.

„Plastikinseln" in den Ozeanen

Die größte Müllhalde der Welt

Normalerweise liebt Charles Moore die Weite des Pazifiks. Doch an jenem Tag vor zwölf Jahren, als er gerade mit seiner Crew und dem Katamaran Alguita den dritten Platz in der Transpac-Segelregatta gewonnen hatte, sehnte er sich danach, so schnell wie möglich wieder Land zu sehen. [...] Um schneller wieder daheim zu sein, wählte Moore eine Abkürzung durch die sogenannten Rossbreiten zwischen Hawaii und Nordamerika. Die meisten Seefahrer meiden diese Route, in der fast ständig Windstille herrscht und die Fischern nur wenig Fang bietet. Vielleicht liegt es daran, dass erst Moore erkannte: Das farbenprächtige Funkeln im Meer, das ihn anfangs so faszinierte, stammte nicht von Fischen – sondern von Plastikmüll.

Kunststoffteile aller Größen sah die Crew im Meer treiben. Moore erkannte Einwegrasierer, Flaschen, Verschlüsse und CD-Hüllen in dem Unrat. „Es hört sich unglaublich an, aber es gab um uns herum keinen sauberen Flecken. Egal, wann und wo ich aufs Meer schaute, immer sah ich den Müll um uns herumschwappen", erinnert sich Moore.

(Nach K. Blawat. In: www.sueddeutsche.de, 17.05.2010)

M2 *Die Entdeckung der weltgrößten Müllinsel*

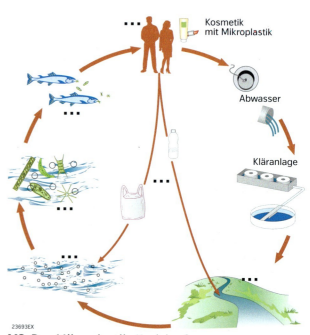

M3 *Der Mikroplastik-Kreislauf*

M4 *Strandsäuberung von Plastikmüll*

M6 *Unter Wasser treibender Plastikmüll*

M7 *Folgen für die Fische*

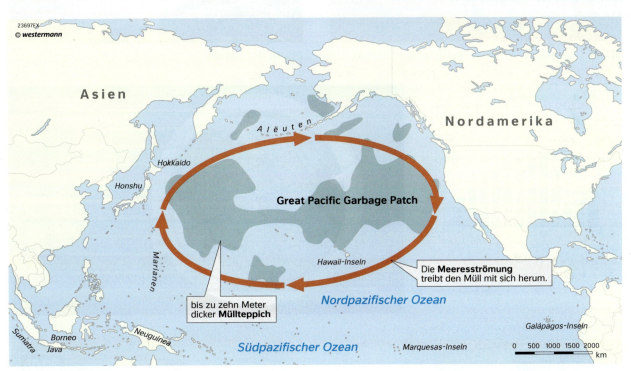

23697EX
© **westermann**

A s i e n

N o r d a m e r i k a

Alëuten

Hokkaido

Honshu

Great Pacific Garbage Patch

Marianen

Hawaii-Inseln

Die **Meeresströmung** treibt den Müll mit sich herum.

bis zu zehn Meter dicker **Müllteppich**

Nordpazifischer Ozean

Sumatra *Borneo* *Neuguinea*
Java

Südpazifischer Ozean

Marquesas-Inseln

Galápagos-Inseln

0 500 1000 1500 2000 km

M5 *Die Lage des Great Pacific Garbage Patch*

❶ Informiere dich im Zeitungstext über die Erlebnisse von Charles Moore. Fertige eine Kartenskizze von seiner Reiseroute an (M2; Atlas, Karte: Erde – Physische Übersicht).

❷ a) Vervollständige die Beschriftung in der Abbildung über den Mikroplastik-Kreislauf (M3).
b) ▇▐?▌ Wissenschaftler bezeichnen den Plastikmüll der Ozeane als „tickende Zeitbomben" für die Menschen. Kommentiere die Aussage in einem Text (M3).

❸ Erörtere, ob ein Verbot von Plastiktragetaschen in Europa mithilft, das Müllproblem der Meere zu lösen (M1, M3, Atlaskarten: Europa – Physische Übersicht und Europa – Gewässer und Küsten).

❹ ▇◀▇ **Wähle aus:**
A Entwickle praktische Vorschläge, wie du im Alltag sinnvoll Plastikmüll vermeiden kannst.
B Stelle verschiedene Methoden vor, die helfen sollen, das Meer vom Müll zu befreien (http://green. wiwo.de/kampf-gegen-muell-im-meer-fuenf-innovative-ideen-fuer-saubere-ozeane/).

Gewusst – gekonnt: Unsere natürlichen Lebensgrundlagen

M1 *Auf Grönland*

M5 *In den Alpen*

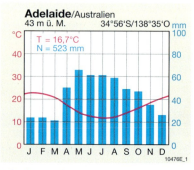

M2 *Klimadiagramm*

M4 *Modell* ▷

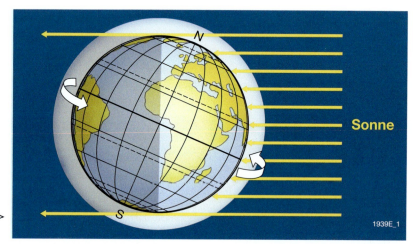

Sonne

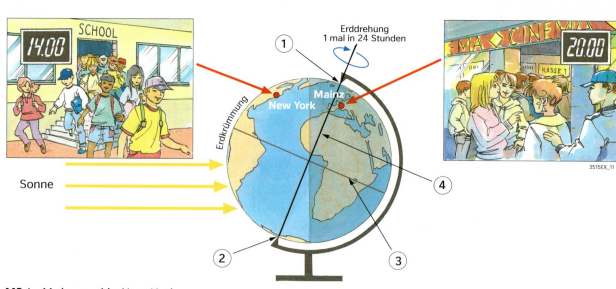

M3 *In Mainz und in New York*

Unsere natürlichen Lebensgrundlagen

Schätze dich selbst nach den Ampelfarben ein.

Hier am Ende des Kapitels findest du Aufgaben, mit denen du nun selbst dein Wissen und deine Fertigkeiten überprüfen kannst. Notiere in deinem Heft oder deiner Mappe die Aufgaben mit den Lösungen. Bei einigen Aufgaben findest du einen Hinweis auf die jeweiligen Seiten im Buch. Dort kannst du nachschlagen, wenn du Hilfe brauchst. Bewerte dich nach jeder Aufgabe selbst mithilfe der Ampelfarben. Zeichne dazu einen Punkt in der entsprechenden Ampelfarbe hinter die Aufgabe in deinem Heft oder deiner Mappe.

Die Aufgabe konnte ich

nicht lösen. Das muss ich noch üben.

mit Hilfe lösen.

ohne Hilfe lösen.

Grundbegriffe
Planet
Atmosphäre
Zeitzone
Erdachse
Jahreszeit
Zenitstand
Wendekreis
Geofaktor
natürlicher Treibhauseffekt
Treibhausgas
Emission
anthropogener Treibhauseffekt
Klimawandel
Ressource
Wasserkreislauf
Boden
Humus
Lössboden
Mittelbreiten
Vegetationszeit
Klimazone
Vegetationszone
Geozone
Tundra
Dauerfrostboden
polare Kältewüste
Plankton
Krill
Ozonschicht
Ökosystem
Nahrungskette

Was sind Kompetenzen?

Mit der Erarbeitung des Kapitels erwirbst du Kompetenzen. Das Wort „Kompetenz" heißt übersetzt „zu etwas fähig sein".

Fachkompetenz bedeutet, dass du die Fachinhalte und die Grundbegriffe gelernt und dir eingeprägt hast.

Methodenkompetenz bedeutet, dass du weißt, wie du bestimmte Methoden, zum Beispiel das Auswerten von Karten, richtig einsetzt und anwendest.

Kommunikationskompetenz bedeutet, dass du dich mit anderen über die Fachinhalte austauschen und Ergebnisse korrekt präsentieren kannst.

Urteilskompetenz bedeutet, dass du Sachaussagen und Meinungen unterscheiden und Darstellungen von Sachverhalten beurteilen kannst.

Fachkompetenz

1 Erläutere das Zusammenwirken der Geofaktoren am Beispiel von M1.
(Schülerbuch Seiten 16 und 22)

2 **a)** In San Francisco ist es 4:00 Uhr. Ermittle mithilfe einer Zeitzonen-Karte, wie spät es in Lagos, Mumbai (Bombay) und Tokio ist.

b) Notiere die Tageszeit in Deutschland zu diesem Zeitpunkt.
(Schülerbuch Seiten 12–13)

3 Der Boden hat eine große Bedeutung für das Leben auf der Erde. Erkläre.
(Schülerbuch Seiten 26–27)

4 Schildere die Gefahren, die durch den Klimawandel verursacht werden.
(Schülerbuch Seiten 22–23 und 44–45)

Methodenkompetenz

5 Schon fast zwei Monate hat es nicht geregnet. Die Trockenheit hat Auswirkungen. Erstelle ein Wirkungsgefüge, in dem du alle Geofaktoren berücksichtigst.
(Schülerbuch Seiten 16–17)

6 Stelle den natürlichen globalen Wasserkreislauf in einem Wirkungsgefüge dar.
(Schülerbuch Seiten 25 und 16–17)

7 Skizziere ein Modell von der Stellung der Erde zur Sonne im Südsommer (M4).
(Schülerbuch Seiten 14–15)

Kommunikationskompetenz

8 Beschreibe und erkläre die in M3 dargestellte Situation. Verwende Fachbegriffe.
(Schülerbuch Seiten 12–13)

9 Notiere die fehlende Beschriftung in M3.
(Schülerbuch Seite 14)

10 Interpretiere das Klimadiagramm (M2).
(Schülerbuch Seiten 32–33)

11 Erläutere, was mithilfe des Modells M4 dargestellt werden soll.
(Schülerbuch Seiten 14–15 und 18)

Urteilskompetenz

12 **a)** Vergleiche die Abbildungen in M5 und beschreibe die Veränderungen.

b) Erläutere die Ursachen der Veränderungen.

c) Beurteile die Folgen.
(Schülerbuch Seiten 20–21)

Endogene Naturkräfte verändern Räume

Wo liegen die für Menschen gefährlichen Räume der Erde?

Welche Potenziale und Risiken sind mit den Naturkräften des Erdinneren verbunden?

Wie leben die Menschen mit ihnen?

Ausbruch des Vulkans Eyjafjallajökull auf der Insel Island im Jahr 2010. In einer Sekunde schleuderte der Vulkan bis zu 20 Tonnen Asche in die Atmosphäre. Was weißt du schon über Vulkane und mögliche Folgen von Vulkanausbrüchen?

M1 *Lage des Ätna in Italien*

M3 *Ausbruch des Vulkans Ätna auf der Insel Sizilien/Italien. In der Stadt Catania (rechts) leben 315 000 Menschen.*

Vulkane – Fluch oder Segen?

Wenn die Erde Feuer spuckt

Catania/Sizilien, 28. Januar: Über dem **Vulkan** Ätna steht eine bedrohliche, grauschwarze Wolke aus Rauch und Staub. Aus dem Inneren des Vulkans ist ein dumpfes, unheimliches Grollen zu hören. Immer häufiger ist der Tremor des Berges (ital. „tremare": „zittern") deutlich zu spüren. Vulkanforscher warnen vor einem Ausbruch.

Catania/Sizilien, 3. Februar: Die Wissenschaftler haben die Signale des Ätna richtig gedeutet. Magma steigt im Innern des Vulkans auf und reißt Gesteinsbrocken im Schlot mit sich. Der 1100 °C heiße Gesteinsbrei bahnt sich einen Weg bis an die Erdoberfläche. Dort tritt er als Lava aus einem Krater aus und fließt zähflüssig zu Tal. Aus dem Krater schießen bis zu 400 m hohe Feuerfontänen. Lavafetzen und Gesteinsbrocken fliegen wie Geschosse durch die Luft. Ein Ascheregen geht nieder und bedeckt die Landschaft zentimeterhoch.

Dieses Mal richtete der Vulkanausbruch keine größeren Schäden an.

Der Ätna ist der höchste und aktivste Vulkan Europas. In den letzten fünf Jahren ist er über 30-mal ausgebrochen. Deshalb leert sich die Magmakammer immer wieder. Im Innern des Vulkans baut sich kein solch hoher Druck auf, dass bei einem Ausbruch die Spitze des Ätna weggesprengt würde. Dennoch: In der Vergangenheit haben Lavaströme zum Beispiel mehrere Dörfer, ja sogar die Stadt Catania im Jahr 1669, sowie Straßen und Skilifte zerstört. Auch der Flughafen in Catania musste mehrmals gesperrt werden, weil Vulkanasche Starts und Landungen unmöglich machte. Das Zerstörungspotenzial des Ätna ist groß. In seiner Umgebung leben 900 000 Menschen.

Der Ätna stößt am Gipfel pro Sekunde 86 kg CO_2 in die Atmosphäre. Das entspricht dem CO_2-Ausstoß von 2263 Pkws pro Sekunde bei einer Durchschnittsgeschwindigkeit von 100 km/h.

M2 *Erstaunlich!*

M4 *Schnitt durch den Ätna (links) und Bodennutzung (rechts)*

Endogene Naturkräfte verändern Räume

Der Ätna bricht immer wieder aus und richtet Schäden an. Dennoch leben an den Hängen des Vulkans Menschen. Landwirte bewirtschaften dort seit Generationen ihre Felder. Warum?

Das dunkle Lavagestein und die fahlgraue Asche, die der Ätna ausspuckt, enthalten große Mengen wichtiger Mineralien, die die Pflanzen zum Wachstum brauchen. Aus dem Gestein und der Asche wird im Laufe der Jahre durch **Verwitterung** fruchtbarer Boden. Er erwärmt sich schnell wenn die Sonne scheint und enthält viele Nährstoffe wie Phosphor, Kalium und Calcium. Der Boden speichert die Niederschläge gut, sodass die Pflanzen genügend Wasser haben und die Nährstoffe über die Wurzeln aufnehmen können. Die dicht besiedelten Vulkanhänge werden landwirtschaftlich intensiv genutzt.

M5 *Menschen leben und wirtschaften am Ätna.*

M7 *Der Bauer Alfio Borzi gehört zu den Leidtragenden eines Ätna-Ausbruchs. Die Hälfte seiner Felder und Obstgärten hat die Lava begraben.*

„Mongibello", „Berg der Berge", so nennen die Italiener respektvoll den Vulkan Ätna. Er wird jedes Jahr von rund 300 000 Urlaubern und zusätzlich von noch mehr Tagesausflüglern besucht. Ein Teil davon wandert durch die hügelige Vulkanlandschaft. Andere wiederum machen Trekkingtouren in die Gipfelregion des Ätna. Diese darf nur mit einem ortskundigen Führer betreten werden, der die Gefahren des Vulkans genau kennt. Auch geführte Touren mit Geländewagen werden angeboten.

M6 *Tourismus am Ätna*

❶ Beschreibe die Lage des Vulkans Ätna (M1, Atlas).

❷ ◀━ **Wähle aus:**
A Berichte über einen Ausbruch des Ätna und die Folgen (M3, M7, Internet).
B Berichte, wie Magma sich den Weg vom Erdinneren bis zur Erdoberfläche bahnen kann (M4).

❸ 💬 Erstelle eine Kausalkette zu M4/M5.

❹ Vulkanausbruch, gute Böden, Lavastrom, Anbau von Nutzpflanzen, Abkühlung, Zerstörungen. Schreibe jeden Begriff auf einen Zettel. Lege die Zettel auf ein DIN-A4-Blatt. Stelle Zusammenhänge zwischen den Begriffen mit Pfeilen dar. Formuliere eine Überschrift und präsentiere dein Arbeitsergebnis.

Endogene Naturkräfte verändern Räume

bis zu 7 Monate Schnee

Skilifte

Steinbruch

Felder von Bauer Borzi

nicht genutztes Land

ald

Wein

Gemüse

Felder (z.B. Weizen)

Gemüse

Felder

Autobahn

Flugplatz

Catania

Campingplatz

Vulkane – zwei verschiedene Typen

Vulkankrater – Pforten ins Innere der Erde

Nur wenige Vulkane der Erde sind so gut erforscht wie der Ätna. Wissenschaftler haben das Alter der Gesteinsschichten untersucht und herausgefunden, dass der Ätna bereits vor rund 500 000 Jahren entstanden ist. Sein innerer Aufbau gleicht einem Sandwich. Schichten von zähflüssiger, längst erkalteter Lava und Vulkanasche, die so hart geworden ist wie Beton, wechseln sich ab (siehe S. 56/57). Der Ätna ist ein **Schichtvulkan**. Seine Hänge sind steil. Der größte aktive Vulkan der Erde, der Mauna Loa auf Hawaii (S. 79), ist ein **Schildvulkan**. Seine Hänge sind Gegensatz zum Ätna ganz flach. Aus seinem Krater quillt nur dünnflüssige Lava. Sie verteilt sich auf einer sehr großen Fläche bevor sie erstarrt. Deshalb hat der Mauna Loa einen Durchmesser von über 300 Kilometer (Zum Vergleich: Ätna rund 30 km). Beide Vulkantypen haben jedoch eines gemeinsam: Ihr ‚Herz‘, die Magmakammer, liegt so tief in der Erde, dass sie für uns Menschen nicht zugänglich ist. Selbst mit der bisher tiefsten Bohrung gelang es, bloß 12 262 m in die **Lithosphäre** der Erde vorzudringen. Die Bohrung war nicht mehr als ein kleiner „Nadelstich" in die Erde.

Ein Drittel der weltweit 600 aktiven Vulkane wird überwacht. Seismografen, die rund um einen Vulkan aufgestellt werden, messen seinen „Pulsschlag", den Tremor. Nimmt das Zittern zu, steigt Magma im Erdinneren auf. Vorsicht ist auch geboten, wenn sich die Hänge eines Vulkans aufwölben und seine Oberflächentemperatur ansteigt. Dies lässt sich mithilfe von Satelliten feststellen. Tiere scheinen einen bevorstehenden Vulkanausbruch zu spüren. Am Ätna wurden deshalb Ziegen GPS-Halsbänder angelegt, weil sie nach Aussagen von Einheimischen fliehen, bevor der Vulkan ausbricht. Trotz all dieser Maßnahmen lässt sich nicht genau vorhersagen, ob und wann ein Vulkan ausbricht.

M2 *Überwacht am Boden und aus der Luft*

1 a) Zeichne einen Querschnitt durch einen Schildvulkan (Text).
b) Vergleiche den inneren Aufbau eines Schildvulkans mit dem eines Schichtvulkans.

2 Wähle aus:
A Erörtere, ob sich ein Vulkanausbruch vorhersagen lässt (M2).
B Erkläre die Bedeutung des Schalenbaus der Erde für die Entstehung von Vulkanen (M1).

Endogene Naturkräfte verändern Räume

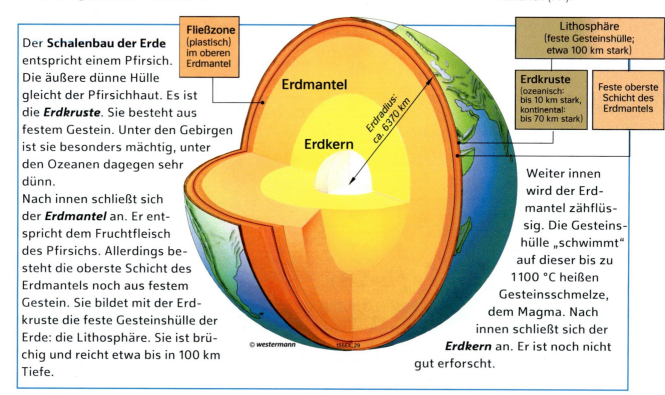

Der **Schalenbau der Erde** entspricht einem Pfirsich. Die äußere dünne Hülle gleicht der Pfirsichhaut. Es ist die *Erdkruste*. Sie besteht aus festem Gestein. Unter den Gebirgen ist sie besonders mächtig, unter den Ozeanen dagegen sehr dünn.
Nach innen schließt sich der *Erdmantel* an. Er entspricht dem Fruchtfleisch des Pfirsichs. Allerdings besteht die oberste Schicht des Erdmantels noch aus festem Gestein. Sie bildet mit der Erdkruste die feste Gesteinshülle der Erde: die Lithosphäre. Sie ist brüchig und reicht etwa bis in 100 km Tiefe.

Fließzone (plastisch) im oberen Erdmantel

Erdmantel

Erdradius: ca. 6370 km

Erdkern

Lithosphäre (feste Gesteinshülle; etwa 100 km stark)

Erdkruste (ozeanisch: bis 10 km stark, kontinental: bis 70 km stark)

Feste oberste Schicht des Erdmantels

Weiter innen wird der Erdmantel zähflüssig. Die Gesteinshülle „schwimmt" auf dieser bis zu 1100 °C heißen Gesteinsschmelze, dem Magma. Nach innen schließt sich der *Erdkern* an. Er ist noch nicht gut erforscht.

© westermann   155EX_29

M1 *Schalenbau der Erde*

Ein Vulkanmodell bauen

M3 *Aus Styropor entsteht die Grundform.*

M4 *Aus Gips entsteht die Oberfläche.*

So geht ihr vor:

Das brauchst du:

- Styroporplatten
  50 x 100 cm
  (1 x 2 cm Stärke
  als Grundplatte,
  3 x 5 cm Stärke
  als Vulkanform)
- Styroporkleber,
  Styroporschneider,
  Federmesser,
  Formsäge
- 2 kg Gips, Filzstifte,
  Deckfarben,
  verschiedene Pinsel
- Eimer, Wasser, Papier,
  dünne Holzspieße

- Zerschneidet 5 cm dicke Styroporplatten in folgende Stücke: 2 x 50 x 70 cm; 2 x 30 x 50 cm; je einmal 40 x 60 cm, 20 x 30 cm, 10 x 10 cm.
- Schichtet die Stücke nach der Größe zu einem Berg auf.
- Halbiert Platten zum Aufklappen des später fertiggestellten „Vulkans".
- Verklebt die Schichten miteinander.

**1. Schritt
Bearbeiten des
Styropors**

- Schneidet die Stufenkanten der zusammengeschobenen Hälften mit dem Federmesser ab.
- Rührt 2 kg Gips mit 1,5 l Wasser in einem Eimer an.
- Formt mit dem Gipsbrei die „Hänge" des „Vulkans" glatt. Die Hälften dürfen dabei nicht zusammenkleben.

**2. Schritt:
Oberfläche formen**

- Bemalt nach dem Trocknen des Gipses das Modell innen und außen: z. B. Rot für Lava; Rotgelb für Magma; Grün für Wald, Wiesen, Gärten; Braun für Ackerbau; Grau für Ascheschichten.

**3. Schritt:
Anmalen des
Modells**

- Stellt Fähnchen aus Papier und Holzspießen her.
- Beschriftet die Fähnchen.
- Steckt die Holzspieße mit Fähnchen an die richtige Stelle des Modells.

**4. Schritt:
Beschriften des
Modells**

M5 *Das Modell wird bemalt.*

M6 *Die Vulkanteile erhalten beschriftete Fähnchen.*

M1 *Der Vulkan Pico del Teide auf Teneriffa (Screenshot aus dem „Diercke Globus Online")*

Rundflüge über Vulkaninseln und Krater

Ätna, Vesuv, Cotopaxi, Mount St. Helens – immer wieder hört man gespannt von den „schlafenden Monstern". Immer wieder liest man von glühenden Lavaströmen, die Dörfer verschütten, und von abenteuerlichen Exkursionen zu den Kratern. Wäre es nicht einmal spannend, selbst eine Exkursion zu einem Vulkankrater zu machen und selbst einen Vulkan zu besteigen? Und das völlig ungefährlich! Mithilfe des Internets kannst du das.

Auf diesen Seiten erfährst du, wie du mit dem Flugzeug jeden Vulkan der Erde umfliegen oder an Expeditionen auf Vulkane selbst teilnehmen kannst – natürlich virtuell.

Diercke Globus – ein virtueller Globus

Der „Diercke Globus Online" bietet dir die Möglichkeit, jeden Ort aus maximal 12800 km Höhe zu betrachten. Du kannst dir dabei die Namen von Städten, Gebirgen und Flüssen anzeigen oder einfach eine Karte aus dem Atlas einblenden lassen.

Besonders spektakulär ist es jedoch, die Krater, Schluchten und Gebirge dreidimensional zu sehen. Dies kannst du dir auf dem Bildschirm einstellen. Dabei kannst du auch die Höhenunterschiede deutlicher machen, du kannst sie „überhöhen". Das heißt, du lässt die Berge zweimal, dreimal oder fünfmal so hoch erscheinen.

In einem Flugmodus kannst du dann über die Landschaften fliegen, Berge umrunden oder in Schluchten hinabschauen. Probiere es einmal aus!

Um den Diercke Globus benutzen zu können, rufst du auf: www.diercke.de. Dann kannst du das Zugangsprogramm kostenlos herunterladen.
Als Kennwort gibst du die Zahlen des Online-Schlüssels ein, die vorn in deinem Diercke Weltatlas eingedruckt sind.

Das kannst du tun:

- über jeden Ort der Erde fliegen und den Flug speichern: in Senkrecht- und in Schrägansichten;
- die Höhe auswählen: von 15 km bis 12800 km;
- vom Satellitenbild auf Kartendarstellung umschalten;
- Informationen zuschalten (Verkehrswege, Namen);
- Tages und Jahreszeiten simulieren;

und vieles mehr ...

M2 *die Erde aus 12800 km Höhe (Screenshot aus dem „Diercke Globus Online")*

PRAXIS

M3 *Eine von vier virtuellen Wanderungen auf den Vulkan Stromboli*

Hinauf zu den Kratern

Stromboli ist eine kleine Vulkaninsel im Norden des Ätna. Sie gibt ihren Namen einer Internet-Seite, auf der alle interessanten Informationen über Vulkane weltweit erreicht werden können: Seiten von Wissenschaftlern, von Fotoreportern, von Erdbebenmessstationen usw.
„Stromboli online" wird von vulkanbegeisterten Lehrkräften und Vulkanologen betrieben. Jedes Jahr erscheinen neue Informationen.
Zu mehreren Vulkanen kannst du virtuelle Exkursionen unternehmen.

INFO

Virtuelle Exkursion
Im Internet sind zu vielen interessanten Orten der Erde Materialien (Fotos, Karten, Berichte) zusammengestellt, mit deren Hilfe man sehr gut eine Wanderung oder eine Bergbesteigung nachvollziehen kann.

INTERNET

www.swisseduc.ch/stromboli/index-de.html

Klicke auf „Virtuelle Exkursionen", dann kannst du direkt losmarschieren.

Du hast die Wahl zwischen den Vulkanen Stromboli, Ätna, Vesuv, Mount St. Helens (USA), Kilauea (Hawaii), Tongariro (Neuseeland), Kamtschatka (Russland) und anderen.

◁ **M4** *Bei der Erforschung des Ätna kannst du wählen zwischen zwei Besteigungen im Winter, einer im Herbst und einer Fahrt mit der Bahn um den Berg.*

❶ Besteige virtuell einen Berg deiner Wahl (M3). Berichte, was du gesehen hast. Gliedere deinen Bericht nach zunehmender Höhe.

M1 *Kurz nach dem Erdbeben vom 12. Januar 2010 auf Haiti*

Unruhige Erde

Vulkanausbrüche und Erdbeben

Immer wieder brechen Vulkane aus und über hundert Mal pro Jahr kommt es auf der Welt zu größeren **Erdbeben**. Vulkanausbrüche und Erdbeben werden durch Naturkräfte im Erdinneren verursacht, den sogenannten **endogenen Kräften**. Sie treten in verschiedenen Gebieten der Erde gehäuft auf. Dort muss die Gesteinshülle brüchig sein und Schwachstellen haben. Das lässt vermuten, dass die Lithosphäre keine feste Schale ist.

Über Naturereignisse wie Vulkanausbrüche und Erdbeben wird in Zeitungen, im Radio, im Fernsehen und im Internet berichtet. Sie werden dann zu einer **Naturkatastrophe**, wenn durch ein Naturereignis verheerende Schäden angerichtet werden. Häufig gibt es zahlreiche Verletzte und Menschen kommen ums Leben. Naturkatastrophen treffen die Menschen meistens unvorbereitet. Oft sind sie nur schwer vorherzusagen.

M3 *Wie aus einem Naturereignis eine Naturkatastrophe wird.*

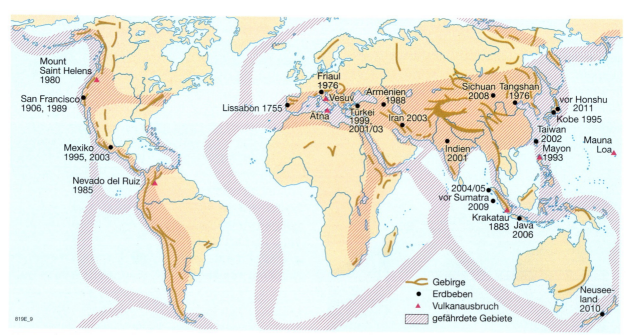

M2 *Durch Vulkanausbrüche und Erdbeben gefährdete Gebiete der Erde*

www.diercke.de
100800-242-03

D1-224
www.diercke.de

M4 *Ausbruch des Merapi im Jahr 2010*

„Merapi" nennen die Einheimischen auf der dicht besiedelten Insel Java (Indonesien) einen der rund 30 aktiven
Vulkane. „Merapi" heißt übersetzt „Feuerberg". Dieser
Schichtvulkan ist in den letzten 400 Jahren häufig ausgebrochen, zuletzt im Oktober und im November 2010.
Damals wurden 26 Dörfer vollkommen zerstört. Es gab
324 Tote, über 400 Verletzte und zahlreiche Vermisste,
deren genaue Zahl nicht bekannt ist. 390 000 Menschen
wurden in Notunterkünften untergebracht.

M5 *Merapi – der Feuerberg*

Datum	Ort/Gebiet	Ursache	Opfer
24.08.79	Pompeji/Italien	Ausbruch des Vesuvs	ca. 10 000 Tote
01.11.1755	Lissabon/Portugal	Erdbeben	ca. 42 000 Tote
27.08.1883	Krakatau/Indonesien	Explosion des Krakataus	ca. 36 000 Tote
15.06.1896	Honshu/Japan	Seebeben mit Flutwelle	ca. 27 000 Tote
17.04.1906	San Francisco/USA	Erdbeben	ca. 1 000 Tote
27.07.1976	Tangshan/China	Erdbeben	ca. 240 000 Tote
13.11.1985	Nord-Anden/Kolumbien	Ausbruch des Nevado del Ruiz	ca. 23 000 Tote
07.12.1988	Armenien	Erdbeben	ca. 25 000 Tote
17.01.1995	Kobe, Osaka/Japan	Erdbeben	ca. 5 500 Tote
17.08.1999	Türkei	Erdbeben	ca. 20 000 Tote
26.01.2001	Indien	Erdbeben	ca. 100 000 Tote
26.12.2003	Iran	Erdbeben	ca. 36 000 Tote
26.12.2004	vor Sumatra	Seebeben mit Flutwelle	ca. 230 000 Tote
27.05.2006	Java/Indonesien	Erdbeben	ca. 5 000 Tote
12.05.2008	Sichuan/China	Erdbeben	ca. 80 000 Tote
30.09.2009	vor Sumatra	Seebeben mit Flutwelle	ca. 3 000 Tote

M6 *Vulkanausbrüche und Erdbeben (Auswahl)*

„Ich hatte tief geschlafen, als ich durch ein lautes Grollen
wach wurde. Als dann noch mein Bett anfing zu rütteln,
wusste ich sofort, dass der Merapi ausbricht. Mein Mann
und ich zogen schnell unsere Jacken über und holten die
wichtigsten Dokumente wie die Personalausweise aus
der Schublade des Küchentisches. Wir steckten ein paar
Tücher ein, um uns vor dem vulkanischen Staub und den
Gasen schützen zu können.

Als wir aus unserem Haus eilten, sah ich eine riesige
Rauchwolke über dem Merapi stehen. Überall hörten wir
panisch schreiende Menschen. Auch sie flüchteten vor
dem Merapi. Wir alle liefen um unser Leben.

Nach etwa zehn Minuten erreichten wir die Notunterkunft
mitten im Dorf. Dort hatten bereits die meisten Dorfbe-
wohner in Zelten Schutz gesucht. Wir hatten Angst. Erst
in den frühen Morgenstunden kam der Merapi wieder zur
Ruhe. Die Nacht kam uns vor wie eine Ewigkeit.

Als es hell wurde, trauten wir unseren Augen nicht. Die
Häuser, Straßen und Felder waren mit einer zehn Zentimeter hohen dicken grauen Ascheschicht bedeckt. Das
ganze Dorf lag unter einer schwarzen, dichten Wolke. Die
Sonne war verdunkelt. Es war ungewöhnlich heiß. Auf
den Weiden sahen wir totes Vieh, das erstickt oder verbrannt war."

M7 *Bericht einer Augenzeugin zum Ausbruch des
Vulkans Merapi*

❶ Erläutere den Unter-
schied zwischen einem
Naturereignis und einer
Naturkatastrophe (M3).

❷ 🔁 **Wähle aus:**
A ⬛[?] Berichte über die
Auswirkungen des Erdbe-
bens in Haiti (M1, Inter-
net).
B Bei einem Vulkanausbruch können wenige
Minuten über Leben und
Tod entscheiden. Belege
diese Aussage an Bei-
spielen (M4, M5, M7).

❸ Erstelle eine Liste mit
den Namen der Kontinen-
te und Staaten, in denen

sich Erdbeben und Vul-
kanausbrüche häufen
(M2, Atlas).

❹ Überprüfe, ob sich die
Vulkanausbrüche und
Erdbeben (M6), das Erd-
beben in Haiti und der
Vulkanausbruch des
Merapi in den gefährde-
ten Gebieten der Erde
ereignet haben (M2,
Atlas).

❺ Arbeitet in Kleingrup-
pen. Sammelt Informatio-
nen über Erdbeben und
Vulkanausbrüche in
jüngster Zeit und erarbeitet dazu Wandzeitungen.

Die Gesteinshülle der Erde – ein Puzzle in Bewegung

M1 *Im Nordosten Afrikas öffneten sich 2005 Hunderte von Erdspalten. Die Erde sank in nur einem Monat auf einer Länge von 60 km bis zu 100 m ab. Es entstand ein breiter Grabenbruch. Magma stieg aus dem Erdinneren auf. Meeresboden bildete sich. Wissenschaftler vermuten, dass es nur noch ein paar 100 000 Jahre dauern wird, bis das Rote Meer in diesen Grabenbruch vordringt und ein Meeresarm entsteht.*

Gebirge gibt es auch im Meer

Unglaublich: Am Boden der Ozeane verlaufen bis zu 4000 m hohe Gebirgsketten. Diese haben in der Mitte eine tiefe Spalte (Rift Valley) aus der zähflüssige Lava quillt. Sie lagert sich auf beiden Seiten der **mittelozeanischen Rücken** ab. Dadurch bildet sich ständig neuer Ozeanboden. Das Alter des Ozeanbodens nimmt mit zunehmender Entfernung von den Rift Valleys zu.

Die Lithosphäre besteht aus Erdplatten, die sich bewegen. Der Fachbegriff dafür lautet **Platten- tektonik**.

Der Antriebsmotor für das Driften der Erdplatten sind Wärmeströme (Konvektionsströme). An den mittelozeanischen Rücken driften die Erdplatten auseinander. An den **Subduktionszonen** (Ab- tauchzonen) versinken Teile der Lithosphäre im Erdmantel: Im Sog der absinkenden Plattenteile entstehen Tiefseegräben. An den Subduktions- zonen kommt es zu Vulkanausbrüchen und Erd- beben. Gesteinsschichten werden zusammenge- schoben und zu Gebirgen aufgefaltet.

Endogene Naturkräfte verändern Räume

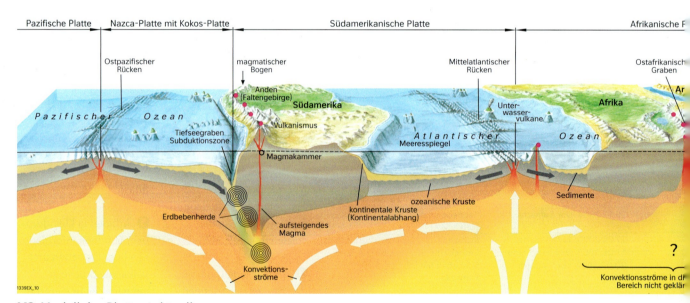

M2 *Modell der Plattentektonik*

www.diercke.de
100800-242-02

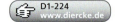
D1-224
www.diercke.de

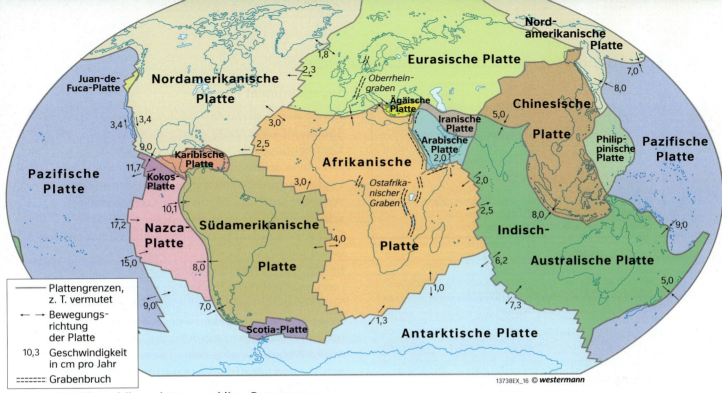

M3 *Lithosphärenplatten und ihre Bewegungen*

Legend:
- Plattengrenzen, z. T. vermutet
- ←→ Bewegungsrichtung der Platte
- 10,3 Geschwindigkeit in cm pro Jahr
- ══════ Grabenbruch

Platten genannt in der Karte:
Juan-de-Fuca-Platte, Nordamerikanische Platte, Eurasische Platte, Nordamerikanische Platte, Chinesische Platte, Philippinische Platte, Pazifische Platte, Oberrheingraben, Ägäische Platte, Iranische Platte, Arabische Platte, Pazifische Platte, Karibische Platte, Kokos-Platte, Afrikanische Platte, Nazca-Platte, Südamerikanische Platte, Ostafrikanischer Graben, Indisch-Australische Platte, Scotia-Platte, Antarktische Platte

13738EX_16 © westermann

INFO

Plattentektonik

Tektonik ist die Lehre vom Aufbau der Lithosphäre (Erdkruste und oberer fester Teil des Erdmantels). Die Plattentektonik beschäftigt sich mit den Bewegungen der Lithosphärenplatten.

M4 *Auf Island (Mittelozeanischer Rücken)*

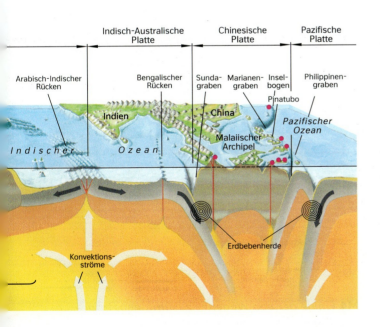

❶ Erläutere, wie die mittelozeanischen Rücken entstanden sind (Text, M2).

❷ 🖼[?] Die höchsten Gipfel der mittelozeanischen Rücken ragen als Inseln aus dem Meer heraus. Überprüfe diese Aussage am Beispiel des Mittelatlantischen Rückens (M2, M4, Atlas).

❸ ◀ Wähle aus:

A Nenne jeweils zwei Beispiele, wo Platten auseinanderdriften und wo sie sich aufeinander zubewegen (M1, M3).
B Ermittle die Erdplatten, die sich am schnellsten bewegen (M3).

❹ Mithilfe der Plattentektonik können wir erklären, warum es zu Vulkanausbrüchen, Erdbeben und Grabenbrüchen kommt (M1, M2, Atlas). Begründe.

Eine Theorie setzt sich durch: Kontinente wandern!

Nicht immer waren die Kontinente der Erde so angeordnet wie heute. Ihre Lage verändert sich. Alfred Wegener war der erste, der dies vermutete. Er stellte eine Theorie zur Drift der Kontinente auf – lange bevor es die Theorie der Plattentektonik gab.

M1 *Alfred Wegener (1880–1930)*

Die erste Idee der Kontinentverschiebungen kam mir im Jahre 1910 bei der Betrachtung der Weltkarte unter dem Eindruck von der Kongruenz[1] der atlantischen Küsten. Ich ließ sie aber unbeachtet, weil ich sie für unwahrscheinlich hielt. 1911 wurde ich mit den mir bis dahin unbekannten paläontologischen[2] Ergebnissen über die frühere Landverbindung zwischen Brasilien und Afrika [...] bekannt.

[1] Übereinstimmung; [2] Paläontologie ist die Wissenschaft von den Pflanzen und Tieren vergangener Erdzeiten.

(Nach Alfred Wegener: Die Entstehung der Kontinente und Ozeane. Braunschweig 1929, S. 9)

M2 *Auszug aus einem Buch von Alfred Wegener*

Superkontinent Pangäa

Alfred Wegener war fest davon überzeugt, dass Südamerika mit Afrika einst eine einheitliche Kontinentalscholle bildeten. Diese Scholle sei in zwei Teile zerbrochen und die Teile hätten sich im Laufe von Jahrmillionen immer weiter entfernt. Wegener stelle die Theorie der **Kontinentalverschiebung** auf. Er studierte wissenschaftliche Bücher und Aufsätze zur Geographie, Geologie und Biologie, um Beweise für seine Vermutung zu finden. Seiner Meinung nach musste es vor mehreren hundert Millionen Jahren einen einzigen Superkontinent gegeben haben, der von einem riesigen Ozean umgeben war. Er nannte ihn Pangäa, das heißt „ganze Erde".

Alfred Wegener stellte seine Theorie bei Vorträgen vor und veröffentlichte darüber mehrere Bücher. Trotz der vielen Beweise, die er zusammentrug, wurde seine Theorie bis in die 1950er-Jahre hinein von Wissenschaftlern nicht anerkannt. Wegener wurde belächelt und sogar verspottet.

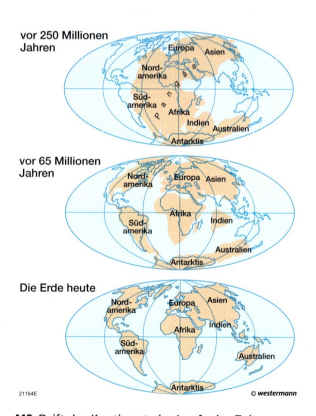

M3 *Drift der Kontinente im Laufe der Zeit*

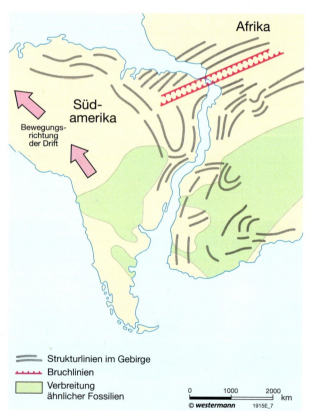

M4 *Einige der von Wegener zusammengetragenen Beweise für eine Kontinentaldrift*

1. Idee

Zuerst entwickelt man aufgrund von Beobachtungen eine Idee.
Beispiel: Die Umrisse der Kontinente Afrika und Südamerika ...

2. Theorie

Dann stellt man eine Theorie auf, mit der die Beobachtungen erklärt werden können.
Beispiel: Südamerika und Afrika hingen früher zusammen. ...

3. Vermutungen (Hypothesen)

Danach stellt man Vermutungen an, mit denen die Theorie erklärt werden kann.
Beispiel: Die Kontinente Afrika und Südamerika müssen auseinandergebrochen und ...

4. Beweise

Man sucht nach Beweisen, mit denen die Vermutungen überprüft werden können.
Beispiel: Wenn die Kontinente Afrika und Südamerika einmal ein Kontinent waren, dann muss ...

5. Überprüfung der Theorie

Aufgrund der zusammengetragenen Beweise wird die Theorie überprüft. Ist sie falsch oder ist sie richtig?

M5 *So entsteht eine Theorie.*

Im Januar 1912 trafen sich im Senckenbergmuseum in Frankfurt am Main die Geologen Deutschlands zu ihrer jährlichen Hauptversammlung.

Auch der Meteorologe und Geowissenschaftler Alfred Wegener hielt einen Vortrag mit dem Titel: Neue Ideen über die Herausbildung der Großformen der Erde: „Im Folgenden soll ein erster roher Versuch gemacht werden, die Großformen unserer Erdoberfläche, das heißt die Kontinente und die Ozeane, durch ein einziges umfassendes Prinzip zu deuten, nämlich durch das Prinzip der Beweglichkeit der Kontinente."

Im Saal wurde es unruhig. Die Geologen trauten ihren Ohren nicht. Jeder von ihnen hatte im Studium gelernt, dass Kontinente und Ozeane seit Urzeiten fest und unverrückbar ihren Platz einnehmen. Wie kommt dieser junge Meteorologe auf die Idee zu behaupten, dass sich die Kontinente bewegen?

Kaum hatte Wegener geendet, brach sich der Unmut Bahn: „Fantasiegebilde! Bloße Gedankenspielerei! Völliger Blödsinn!"

(Nach einer Radiosendung)

M7 *Wegener stellt seine völlig neue Idee vor.*

Einem angeborenen Zwang folgend, schwimmt die an der Küste Brasiliens lebende grüne Meeresschildkröte jährlich durch einen Teil des Atlantiks, um ihre Eier an den Stränden der Insel Ascension abzulegen. Dieses Verhaltensmuster wurde wahrscheinlich vor 100 Millionen Jahren in das genetische Programm der Meeresschildkröten aufgenommen. Meeresschildkröten legen ihre Eier oft auf vorgelagerten Inseln ab, um sie vor räuberischen Bewohnern des Festlandes zu schützen, und es ist wahrscheinlich, dass die Vorfahren dieser Meeresschildkröten zur Eiablage eine vorgelagerte Insel aufsuchten.

Im Verlauf von Jahrmillionen mussten die Tiere immer weitere Strecken durchschwimmen, um ihre Brutgebiete zu erreichen, da sich ihre Heimat an der brasilianischen Küste langsam, aber stetig entfernte. Heute trennen sie mehr als 1500 km Ozean von ihren ehemaligen Zufluchtsorten.

M6 *Das Geheimnis der grünen Meeresschildkröte*

❶ Zeichne die Umrisse von Afrika und Südamerika auf Transparentpapier (Atlas). Schneide sie aus. Beschreibe mithilfe der „Puzzle-Teile" die Drift der Kontinente (M3).

❷ 🔄 **Wähle aus:**
A „Wie die Zeilen einer zerrissenen Buchseite über die Bruchstelle fortlaufen, so lassen sich beiderseits des Atlantiks gleichartige Gesteinsarten und Gebirgsbildungen finden." (Alfred Wegener 1912)
Erläutere (M4).
B Begründe den heute mehr als 1500 km langen Weg der grünen Meeresschildkröte zur Eiablage (M6).

❸ a) Vollziehe die Überlegungen von Alfred Wegener zu seiner Theorie nach. Schreibe dazu die Beispiel-Sätze in M5 ab und ergänze die fehlenden Textstellen (M2–M4).
b) 🔲❓ Vergleiche die Theorie von Wegener mit der Theorie der Plattentektonik. Was konnte Wegener erklären und was nicht (M4, Text und S. 64 M2, S. 65 M3)?

M1 *Lage von Kalifornien*

M3 *San-Andreas-Spalte in Kalifornien*

Wie kann man in Erdbebenregionen (über)leben?

Leben an einer Schwächezone der Erde

Die Menschen in Kalifornien (USA) leben an einer der gefährlichsten Schwächezonen der Erde. Dort driften seit Millionen von Jahren an der San-And-reas-Spalte die Nordamerikanische und Pazifische Platte aneinander vorbei. Da die Plattengrenzen nicht glatt sondern rau sind, verhaken sich die Platten immer mal wieder. Dann baut sich nach und nach eine immer größere Spannung auf. Wird sie zu groß, lösen sich die Platten plötzlich mit einem Ruck voneinander und rütteln die Erde kräftig durch. Die Erde bebt. Dabei werden ungeheure Kräfte frei. Die meisten Erdbeben verursachen keine oder nur geringe Schäden. Andere dagegen haben katastrophale Folgen. In Kalifornien ereignen sich rund 10 000 Erdbeben im Jahr.

Forscher des US Geological Survey (Geologischer Dienst der USA) wollen herausfinden, was sich vor, während und nach einem Erdbeben im Erdinneren abspielt. Dazu wurde in Parkfield (M2) eine 3987 m tiefe Bohrung niedergebracht. Sie reicht bis mitten in die Schwächezone an der San-Andreas-Spalte. Im Inneren dieser „Erdbebenmaschine" wurden verschiedene Messinstrumente installiert: Seismometer zum Beispiel, die jede noch so kleine Erschütterung der Erde registrieren.
Die ersten Messergebnisse zeigen, dass wir noch längst nicht alles über Erdbeben wissen. Erstmals in der Geschichte der Erdbebenforschung wurden Signale aus etwa 20 bis 40 km Tiefe aufgezeichnet, die identisch mit dem Tremor eines Vulkans sind. Aber um den Ort Parkfield kommt kein Magma vor.

M4 *Erdbebenforschung an der San-Andreas-Spalte*

M2 *Modell der Plattenverschiebung in Kalifornien. Dort haben sich die Nordamerikanische und Pazifische Platte in den letzten 140 Millionen Jahren um 560 km gegeneinander verschoben. In zehn Millionen Jahren wird die Stadt Los Angeles benachbart zu San Francisco liegen.*

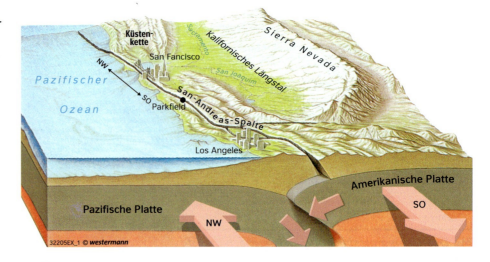

www.diercke.de
100800-207-02

D1-191
www.diercke.de

M5 *In San Francisco 1906 nach dem Erdbeben*

M8 *Obstplantage in Kalifornien*

Warten auf „The Big One", das große Beben

Am 25. August 2014 brachte ein Erdbeben der Stärke 6,0 auf der **Richter-Skala** den Boden der Stadt San Francisco zum Schwanken. Es gab lediglich 170 Verletzte und keine größeren Sachschäden (z. B. an Häusern).

„Die 800 000 Einwohner von San Francisco haben noch einmal Glück gehabt." Die Erdbebenforscherin Jane Fullhouse ist davon überzeugt, dass Kalifornien in den nächsten 30 Jahren von einem sehr starken Erbeben erschüttert wird. Sie befürchtet, dass dieses Beben solch verheerende Folgen haben wird wie das Erdbeben von Los Angeles im Jahr 1906. Das Erdbeben wird kommen, aber ich weiß nicht genau in welchem Jahr", sagt Frau Fullhouse. „The Big One" wird dieses gefürchtete Beben genannt.

Die von dem US-Amerikaner Charles Richter 1935 entwickelte Skala ist nach oben offen. Jede Stufe entspricht einem zehnmal stärken Erdbeben.

Stärke 3–4: geringe Erschütterungen (vergleichbar mit einem vorbeifahrenden Lkw);

Stärke 5–6: Möbel verrutschen; Gläser klirren; leichte Schäden an Häusern (z. B. Risse im Putz);

Stärke 7–8: Hauser schwanken, nur wenige bleiben stehen; Spalten im Boden reißen auf; Versorgungsleitungen (Strom, Wasser, Gas) brechen; viele Tote und Verletzte;

Stärke 8 und höher: Verwüstungen und Zerstörungen (z. B. Eisenbahngleise, Brücken); alle Gebäude unbewohnbar; sehr viele Tote und Verletzte.

M7 *Stufen der Richter-Skala (Auswahl) und ihre Folgen*

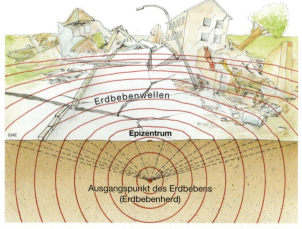

M6 *Ausbreitung von Erdbebenwellen (nicht maßstabsgetreu)*

❶ Ermittle, mit welcher Geschwindigkeit die Erdplatten in Kalifornien jedes Jahr aneinander vorbeidriften (Seite 65 M3).

❷ Arbeite heraus, welche Groß- und Millionenstädte entlang der San-Andreas-Spalte durch Erdbeben bedroht sind (M2, Atlas).

❸ **Wähle aus:**
A Informiere dich im Internet über das Erdbeben in San Francisco im Jahr 1906 (M5). Berichte.
B Erläutere die Ausbreitung von Erdbebenwellen (M6).

❹ Gestalte ein Informationsblatt für Kalifornien-Reisende zur San-Andreas-Spalte (M1–M8).

69

Kalifornien – vorbereitet auf „The Big One"?

In Kalifornien wird es bis zum Jahr 2038 mit 99,7-prozentiger Wahrscheinlichkeit zu einem Erdbeben der Stärke 6,7 oder mehr kommen. Erdbebenforscher des US Geological Survey sagen dies voraus. Die entscheidende Frage, wann dies geschieht, können sie allerdings nicht beantworten.

Erdbeben sind nicht zu verhindern, aber man kann sich auf den Ernstfall mit Schutzmaßnahmen vorbereiten. Zum Beispiel wurde 2012 in San Francisco ein Erdbeben-Frühwarnsystem eingerichtet, das später auf ganz Kalifornien ausgeweitet wurde. Es löst Sekunden nach einer ersten starken Erderschütterung Alarm aus. Bevor die zerstörerischen Erdbebenwellen das Epizentrum erreichen, werden alle Brücken für den Verkehr gesperrt und Nahverkehrszüge auf Tempo 40 km/h abgebremst.

Über das Internet kann sich die Bevölkerung in Kalifornien seit 2015 darüber informieren, wie hoch das Erdbebenrisiko in den einzelnen Gebieten des US-Bundesstaates in den nächsten 24 Stunden ist. Die Daten werden stündlich aktualisiert.

Jedes Jahr finden Katastrophenschutzübungen statt, an denen rund zehn von 39 Millionen Kaliforniern teilnehmen. Dabei wird das richtige Verhalten bei einem starken Erdbeben trainiert. Zu den Schutzmaßnahmen gehören auch Bauvorschriften, die verhindern, dass Gebäude bei einem schweren Erdbeben wie ein Kartenhaus zusammenfallen.

1. Sekunde: Ein leises Grollen.

3. Sekunde: Die Erde bebt. Glasfronten bersten. Häuserwände brechen ein.

6. Sekunde: Hochhäuser schwanken hin und her.

8. Sekunde: Die obere Fahrbahn einer Schnellstraße stürzt auf einer Länge von 1200 m ein.

12. Sekunde: Der Strom fällt aus. Schreiende Menschen stecken in Fahrstühlen. U-Bahnzüge stecken fest.

16. Sekunde: Gasleitungen platzen und verursachen Brände. Mehrere Stadtteile und ein Industriegebiet stehen in Flammen. Menschen rennen um ihr Leben.

20. Sekunde: Urplötzlich Stille: Todesstille.

M2 *Aus einem Protokoll über ein Erdbeben in San Francisco*

DROP down onto your hands and knees (before the earthquake knocks your down).

COVER your head and neck (and your entire body if possible) under a sturdy table or desk.

HOLD ON to your shelter (or to your head and neck) until the shaking drops.

If you are outside, crawl towards open space if you can.

M3 *Ratschläge zum Verhalten bei einem Erdbeben aus einer kalifornischen Broschüre*

- Beschädigte Gebäude nur mit Schutzhelm und gemeinsam mit Rettungskräften betreten.
- Regale fest an der Zimmerwand verankern.
- Kopf und Gesicht mit verschränkten Armen schützen.
- Verwundeten Personen helfen und erste Hilfe leisten.
- Schwere Gegenstände nur unten in Regalen aufbewahren.
- Im Haus bleiben, solange die Erde bebt.
- Keine schweren Möbel und Regale in die Nähe von Ausgängen stellen.
- Heizung abschalten, Gashahn zudrehen.

M4 *Aus einem Merkblatt für die Bevölkerung in erdbebengefährdeten Gebieten der Erde*

M1 *Bestandteile eines Überlebenspäckchens*

Erdbebensicher bauen

„Wie muss ein Haus gebaut werden, damit es bei einem schweren Erdbeben nicht einstürzt?"

„Ein Haus sollte auf Pfeilern stehen. Aber diese Pfeiler dürfen nicht fest im Boden verankert sein. Sie würden bei einem Erdbeben auseinanderbrechen. Dann stürzt das Haus zusammen. Die Pfeiler müssen auf Schwingungsdämpfern stehen. Diese bestehen aus Hartgummi-Federn. Sie funktionieren wie Stoßdämpfer an einem Fahrrad oder an einem Auto. Erschütterungen können dadurch abgefangen werden."

„Kann eine Familie so ein Haus bezahlen?"
„Ein solches Haus ist teuer. Aber Sicherheit kostet eben Geld."

„Gibt es keine anderen erdbebensicheren Häuser?"
„Es wurden bereits Häuser getestet, die nur aus Sperrholzbrettern gebaut wurden. Die Häuser wurden auf einen Erdbebensimulator gestellt. Das ist ein Gerät, das die Häuser durchrüttelt wie ein richtiges Erdbeben. Es wurde festgestellt, dass die Holzhäuser den Erschütterungen Stand hielten und kaum beschädigt wurden."

M5 *Aus einem Interview mit der Erdbebenforscherin Jane Fulhouse*

M7 *Holzhaus auf einem Erdbebensimulator*

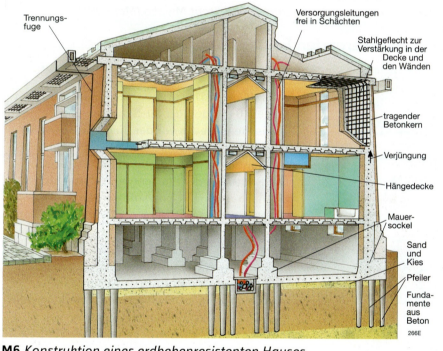

Trennungsfuge

Versorgungsleitungen frei in Schächten

Stahlgeflecht zur Verstärkung in der Decke und den Wänden

tragender Betonkern

Verjüngung

Hängedecke

Mauersockel

Sand und Kies

Pfeiler

Fundamente aus Beton

266E

M6 *Konstruktion eines erdbebenresistenten Hauses*

M8 *Schwingungsdämpfer*

❶ Nenne mögliche Folgen eines Erdbebens für das Leben und Wirtschaften der Menschen in San Francisco (M2).

❷ Arbeite die deiner Meinung nach fünf wichtigsten Verhaltensregeln bei einem Erdbeben heraus (M3, M4).

❸ ◀ **Wähle aus:**
A Charakterisiere die Bauweise von erbebenresistenten Häusern (M6–M8).
B Erläutere was eine Familie zu beachten hat, wenn sie in San Francisco ein Haus baut (M5–M8).

❹ a) Stelle dar, warum das Überlebenspäckchen M1 nach einer Naturkatastrophe wichtig ist.
b) Diskutiert in der Klasse darüber, ob in dem Päckchen etwas fehlt oder überflüssig ist.

❺ ◀?▶ Verfasse einen Leserbrief zur Textüberschrift.

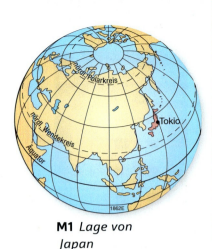

M1 *Lage von Japan*

M3 *Ein Tsunami erreicht die japanische Stadt Miyako (März 2011).*

Tsunami – Riesenwelle mit verheerenden Folgen

A–D Erdplatten

 Bewegungsrichtung und -geschwindigkeit der Platten in mm/Jahr

▲▲▲ Plattengrenze mit Subduktion

– – – vermutete Plattengrenze

◎ Epizentrum des Bebens

▨ Vom Beben und Tsunami schwer betroffene Gebiete

M2 *Japan – Tsunami 2011*

Höhe des Tsunami

— über 10 m
— 6 bis 10 m
— unter 6 m

0 _____ 500 km

31868EX © **westermann**

Nach dem Beben kam die haushohe Welle

Am 11. März 2011 erschütterte ein **Seebeben** der Stärke 9,0 auf der Richter-Skala den Boden des Pazifischen Ozeans vor der Küste Japans. Dort schiebt sich die Pazifische Platte jedes Jahr etwa eine Handbreit weiter unter die Nordamerikanische Platte. An der Plattengrenze hatte sich deshalb nach und nach eine solch große Spannung aufgebaut, dass sich die beiden ineinander verhakten Platten plötzlich ruckartig voneinander lösten. Dabei schnellte die Nordamerikanische Platte mehrere Meter in die Höhe und verursachte einen **Tsunami**.

Innerhalb weniger Sekunden wurden die gewaltigen Wassermassen über dem Zentrum des Bebens in ca. 40 km Tiefe hochgehoben. Von diesem Wasserberg breiteten sich flache, kaum einen Meter hohe Wellen im Pazifischen Ozean nach allen Seiten hin aus.

Die Flutwelle erreichte schon nach zehn Minuten einen flacheren Küstenabschnitt. Hier wurde sie durch den Meeresboden abgebremst. Dahinter rollten die nächsten Wellen heran und stauten sich auf. Es entstand schließlich eine an manchen Stellen bis zu 38 Meter hohe Riesenwelle. Der Tsunami überrollte die Küste und drang kilometerweit ins Landesinnere vor. Er überflutete eine Fläche von 560 km² (zum Vergleich: Mainz rund 100 km²).

Flache Welle
Auf dem offenen Meer steigt die langgezogene Welle weniger als einen Meter hoch und ist an der Oberfläche kaum zu bemerken.
Meerestiefe: 4000 m
Länge der Welle: 213 km
Geschwindigkeit: 713 km/h

Anstieg
Gerät die Tsunamiwelle in flacher werdendes Gewässer, wird sie abgebremst und staut sich auf. Ihre Höhe nimmt dabei zu.
Meerestiefe: 200 m
Länge der Welle: 48 km
Geschwindigkeit: 159 km/h

Tödliche Wirkung
Die Wassermassen ergießen sich weit in das Landesinnere und reißen alles mit sich.

Flutwelle
An der Küste steigt die Wasserfront zehn Meter hoch und entlädt so ihre zerstörerische Energie.
Meerestiefe: 10 m
Länge der Welle: 10,6 km
Geschwindigkeit: 36 km/h

Erdbeben der Stärke 9
Die Lithosphärenplatten bewegen sich mit gewaltiger Wucht von unten gegen das Wasser.

M4 *Entstehung und Ausbreitung eines Tsunamis*

INFO

Tsunami

Der Begriff „Tsunami" heißt übersetzt „Große Welle im Hafen". Geprägt haben ihn japanische Fischer. Als sie vom Fischfang in ihren Heimathafen zurückkehrten, fanden sie den Ort verwüstet vor, obwohl sie zuvor auf dem Meer keine größeren Wellen bemerkt hatten. Ein Tsunami ist eine am Meeresboden durch ein Erdbeben (Seebeben), einen Vulkanausbruch oder Erdrutsch ausgelöste Welle im Meer.

Material:
Aquarium (mindestens 30 cm breit, 60 cm lang und 34 cm hoch), Schnur, ein Backstein, Wasser

Durchführung:
Aquarium etwa 15 cm hoch mit Wasser füllen. Schnur am Backstein befestigen. Backstein an einer Seite des Aquariums vorsichtig auf den Boden setzen.

Abwarten bis das Wasser ruhig ist, dann den Backstein mit der Schnur ruckartig nach oben ziehen.

M6 *Versuch*

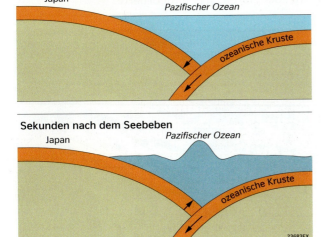

Sekunden vor dem Seebeben
Japan
Pazifischer Ozean
ozeanische Kruste

Sekunden nach dem Seebeben
Japan
Pazifischer Ozean
ozeanische Kruste

M5 *Entstehung des Tsunamis am 11. März 2011 (schematische Darstellung)*

❶ 🗨 Erläutere, warum vor allem die Ostküste Japans durch Tsunamis gefährdet ist (M2, Atlas).

❷ 🡐 **Wähle aus:**
A Berichte darüber, wie der Tsunami im März 2011 entstanden ist (Text, M2 – M5).
B Erkläre, warum sich die zunächst flachen Wellen eines Tsunami an der Küste zu einer Riesenwelle auftürmen (M3, M4).

❸ Arbeite heraus, welche Länder der Erde durch Tsunamis gefährdet sind (Atlas).

M1 *Der Ort Yuriage bei Sendai vor und nach dem Seebeben*

Katastrophale Folgen für die Menschen

Das schwere Seebeben und der Tsunami richteten Schäden in Höhe von rund 170 Milliarden Euro an. Häfen wurden von der Tsunamiwelle überrollt und beschädigt, Dörfer und Städte an der dicht besiedelten Ostküste Japans verwüstet, Fabriken, Straßen- und Eisenbahnverbindungen zerstört. Fünf Wochen lang konnte kein Flugzeug auf dem Flughafen der Stadt Sendai starten oder landen. Wasser-, Strom-, Gas- und Erdölleitungen waren unterbrochen. Die weltweit größte Automobilfirma der Welt, Toyota, konnte fünf Wochen lang kein Auto produzieren.

Die Naturkatastrophe hat sich nicht nur auf die Wirtschaft Japans ausgewirkt. So musste zum Beispiel auch in den Opel-Werken in Eisenach (Thüringen/Deutschland) und Saragossa (Spanien) die Pkw-Produktion eingestellt werden. Autoteile, die in Japan hergestellt wurden, und auch andere Erzeugnisse, wie Computer-Chips, Handys oder Fotokopierer, konnten von heute auf morgen nicht mehr geliefert werden. Die Produktion zahlreicher japanischer Waren brach zusammen. Im Jahr 2011 exportierte Japan zum ersten Mal nach über 30 Jahren weniger Waren, als es importierte.

- 17 051 Tote
- 2942 Vermisste
- 1574 Schwerverletzte
- 7127 Leichtverletzte
- 129 227 vollkommen zerstörte Wohnhäuser
- 5582 zerstörte Schulen
- 726 zerstörte Brücken
- 1350 zerstörte Schiffe

M2 *Folgen des Tsunamis 2011 in Japan (Auswahl)*

Seit heute gibt es wieder Strom, aber kein Wasser. Die Menschen stehen Schlange vor den Geschäften. Die meisten Regale sind leer. Jeder Kunde bekommt maximal sechs Flaschen Wasser. An der Tankstelle bekommt jeder nur sieben Liter Benzin.

M3 *Augenzeugenbericht aus der Provinz Tschuchiura, 200 km südlich von Sendai*

M4 *Eine Folge des Tsunamis*

74

Atomkraftwerk Fukushima außer Kontrolle

Durch das Seebeben wurde das Atomkraftwerk Fukushima 1 so schwer beschädigt, dass die äußere Hülle von mehreren Atomreaktoren Risse bekam. Wasser, das die Brennstäbe in den Reaktoren kühlte, lief aus. Die Temperatur in den Atomreaktoren stieg an. Anschließend setze die anrollende Tsunami-Welle die Stromversorgung außer Kraft. Auch die Notkühlung für die Reaktoren fiel aus.

Danach nahm die Katastrophe einen Verlauf, den vorher niemand für möglich gehalten hatte. Es kam zu einer Kernschmelze, dem schlimmsten Atomunfall, den es gibt. Vier von sechs Reaktoren explodierten, radioaktive Gase gelangten in die Luft, radioaktives Wasser aus den Reaktoren lief ins Meer. Auch das Grundwasser wurde verseucht. Fachleute schätzen, dass erst in etwa 30 bis 40 Jahren die Ruinen des Atomkraftwerkes beseitigt werden können; zu hoch ist in der Umgebung von Fukushima 1 immer noch die Radioaktivität.

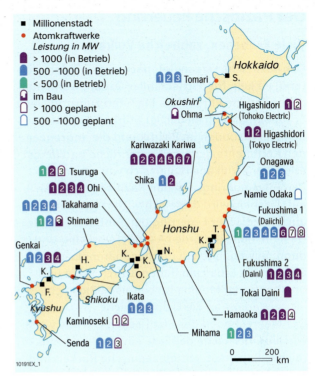

M7 *Atomkraftwerke in Japan*

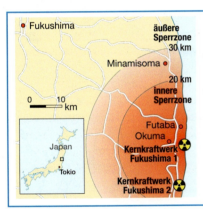

M5 *Notstand rund um Fukushima*

Nach der Naturkatastrophe erklärte die japanische Regierung den Notstand. 80 000 Menschen, die in der inneren Sperrzone um das Atomkraftwerk Fukushima 1 wohnten, mussten ihre Häuser sofort verlassen und wurden in Notunterkünften (z. B. Sporthallen, Containern) untergebracht. Die Stadt Okuma, in der früher 11 000 Einwohner lebten, ist heute eine Geisterstadt.

In der äußeren Sperrzone wurde 13 000 Einwohnern empfohlen, das Gebiet zu verlassen. Wegen der Strahlengefahr sollten Türen und Fenster geschlossen bleiben. 2015 lebten noch rund 230 000 Menschen in Notunterkünften, einige wenige bei Verwandten und Freunden. Nur 10 bis 20 Prozent wollen in ihre ehemaligen Dörfer und Städte zurückkehren.

Ungeachtet der mit der Atomkraft verbundenen Risiken setzt die japanische Regierung weiterhin auf die Atomenergie. 2015 wurde das Atomkraftwerk Senda auf der japanischen Insel Kyushu (M7) erneut in Betrieb genommen – „aus wirtschaftlichen Gründen", wie die japanische Regierung beteuert. 2030 will Japan wieder etwa ein Fünftel seiner Energie aus Atomkraft gewinnen. Strom könnte auch mit Kohle in Wärmekraftwerken erzeugt werden, doch Japan muss Kohle importieren. In Zukunft soll mehr Strom mit erneuerbaren Energien erzeugt werden.

M6 *Strom aus Atomkraftwerken*

❶ ⬅ **Wähle aus:**
A Beschreibe die Folgen der Naturkatastrophe an Beispielen (M1–M4).
B Stelle die Folgen der Katastrophe für die Menschen im Raum Fukushima und die aktuelle Situation dar (M5, Internet).

❷ Erstelle eine Kausalkette von der Entstehung bis zu den Folgen eines Tsunamis (S. 72 – 75).

❸ Nach der Atomkatastrophe von Fukushima beschloss die deutsche Regierung den Ausstieg aus der Atomkraft. Berichte (Internet).

❹ ⟨?⟩ Schreibe einen Zeitungsbericht zum Tsunami von 2011 (M1–M7).

Der Pazifische Feuerring

Viele Erdbeben, zahlreiche Vulkane

Der Pazifische Ozean (lat. pacificus: Frieden stiftend) ist kein friedlicher, stiller Ozean, wenn man die endogenen Kräfte als Maßstab zugrunde legt. Erdbeben unterschiedlicher Stärke erschüttern den Meeresboden im Pazifik und die angrenzenden Kontinente. Jederzeit gefährliche und längst erloschene Vulkane reihen sich wie an einer Perlenschnur rings um den Pazifischen Ozean auf. Deshalb wird diese Schwächezone der Erde auch **Pazifischer Feuerring** genannt. Dort ist die Gesteinshülle der Erde besonders brüchig und dünn. Bewegungen der Lithosphärenplatten bringen die Erde zum Beben. Durch Risse und Spalten findet Magma verhältnismäßig leicht einen Weg bis an die Erdoberfläche.

Der Meeresboden des Pazifischen Ozeans weist wie die Oberfläche der Erde ein abwechslungsreiches Relief auf. Mittelozeanische Rücken und Tiefseegräben an den Subduktionszonen der Lithosphärenplatten sowie Tiefseebecken gliedern den Meeresboden. Das Relief am Boden des Pazifischen Ozeans ähnelt dem der kontinentalen Landmassen, die über dem Meeresspiegel liegen.

M2 *Der Pazifische Feuerring*

M1 *Am 18. Mai 1980 explodierte der Schichtvulkan Mount Saint Helens (USA). Als sich die Aschewolke über seinem Gipfel verzog, wurde die Wucht der Explosion sichtbar. Statt 3220 m war der Vulkan nur noch 2549 m hoch.*

Station	Verlagerung pro Jahr und Richtung
Osterinsel (Chile)	7 cm nach Nordosten
Galapagos (Ecuador)	5 cm nach Osten
Melbourne (Australien)	6 cm nach Norden
Hawaii (USA)	6 cm nach Nordwesten
Singapur (Singapur)	4 cm nach Südosten

M3 *Forschungsstationen und ihre Verlagerung durch die Plattentektonik*

www.diercke.de
100800-242-03

D1-224
www.diercke.de

Legende:

- ▲ Vulkan
- ▲ große Vulkantätigkeit
- ○ Erdbeben
- ◎ größeres Erdbeben (Auswahl)
- ⏜⏜⏜ Subduktionszone
- Ⱶ Mittelozeanischer Rücken
- ■ Forschungsstationen
- ● größte Meerestiefe der Welt
- ⇨ Bewegungsrichtung der Platten
- ⇨ Platte taucht ab (Tiefseegraben)
- ⇦⇨ Platten bewegen sich aufeinander zu
- ►◄ Platten verschieben sich gegeneinander

0 1000 2000 km

20163EX_6a
© westermann

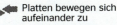

20163EX_6
© westermann

Ort/Land	Jahr	Stärke (Richter-Skala)
San Francisco (USA)	1906	7,8
Valdivia (Chile)	1960	9,5
Anchorage (USA)	1964	9,2
Kobe (Japan)	1995	7,2
Fukushima (Japan)	2011	9,0
Illapel (Chile)	2015	8,3

M4 *Schwere Erdbeben entlang des Pazifischen Feuerrings (Auswahl)*

Ein Seebeben der Stärke 8,3 auf der Richter-Skala erschütterte am 16. September 2015 die Stadt Illapel (Chile) und die nicht weit entfernt liegenden Städte La Serena und Coquimbo. Das Beben forderte nur wenige Todesopfer, richtete aber erhebliche Sachschäden an. Auch in der Stadt Mendoza in Argentinien stürzten Häuser ein.

Das Seebeben löste einen Tsunami aus. Die Bevölkerung von Illapel, La Serena und Coquimbo wurde davor gewarnt, sich an der Küste aufzuhalten.

Eine Million Menschen wurden evakuiert und in Sicherheit gebracht. In Peru, Neuseeland, Tahiti, Französisch-Polynesien und in den US-Bundesstaaten Hawaii und Kalifornien wurde Tsunamialarm ausgelöst.

M5 *Erdbeben in Chile 2015*

❶ Nenne je ein Beispiel für die Bewegungsrichtungen der Erdplatten in M2.

❷ Ordne die Forschungsstationen in M3 den Erdplatten zu (M2).

❸ Bestimme die Namen der Vulkane mit Höhenangabe in M2 (Atlas).

❹ ◀ **Wähle aus:**

A Seebeben wirken sich nicht nur am Epizentrum des Bebens aus. Erläutere (M5).

B Zeichne eine Kartenskizze von der betroffenen Region beim Erdbeben 2015 in Chile (M5, Atlas).

❺ ⬛❓ Beschreibe das Relief des Meeresbodens im Pazifischen Ozean (M2, Atlas).

❻ „Der Pazifische Feuerring ist ein Pulverfass." Nimm zu dieser Aussage Stellung.

Hot-Spots – Brennpunkte der Erde

M1 *Die Hawaii-Inseln, auch ein Surfer-Paradies (Lage siehe S. 76/77 M2)*

(Lage siehe S. 76/77 M2)

Schildvulkane entstehen wie am Fließband

Mitten im Pazifischen Ozean liegen die Hawaii-Inseln. Sie sind vulkanischen Ursprungs und auf manchen Inseln, wie auf der größten Insel Hawaii, gibt es aktive Vulkane. Lange Zeit wurde darüber gerätselt, warum ausgerechnet dort Vulkane entstehen konnten. Denn erloschene und aktive Vulkane treten normalerweise nur an den Plattengrenzen wie am Pazifischen Feuerring auf. Die Hawaii-Inseln liegen jedoch inmitten der Pazifischen Platte. Gibt es dafür eine Erklärung? Wissenschaftler sind der Meinung, dass sich tief unter dem Meeresboden des Pazifischen Ozeans ein **Hot Spot** befindet, ein heißer Fleck. Er ist im unteren Erdmantel verankert und durchtrennt die darüber liegende feste Gesteinshülle wie ein Schweißbrenner. Aus dem Hot Spot steigen schubweise dünnflüssige, riesige Magmamassen im Abstand von mehreren Millionen Jahren auf

und treten am Meeresboden aus. Die Lava breitet sich wie Brei großflächig aus. Es entstehen flache Schildvulkane, die aus zahlreichen Lavadecken aufgebaut sind.

Die meisten Schildvulkane produzieren nicht genug Lava und bleiben für immer untermeerische Vulkane, sogenannte Seamounts. Bei anderen ist der Nachschub von Magma jedoch so stark und beständig, dass sie sich zu mächtigen Vulkanen entwickelt haben und als Inseln aus dem Meer herausragen.

Da die Pazifische Platte über den Hot Spot mit einer Geschwindigkeit von 9,6 Zentimetern pro Jahr hinweggleitet, entstehen immer wieder neue Schildvulkane am Meeresboden. Sie werden geradezu wie am Fließband „produziert" und bilden eine Vulkankette. Reißt der Kontakt zum Hot Spot ab, erlischt ein Vulkan.

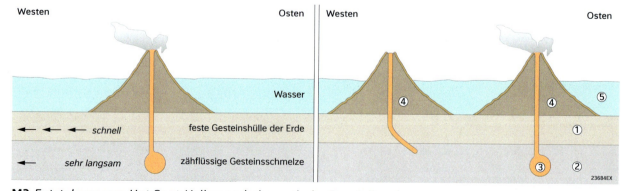

M2 *Entstehung von Hot Spot-Vulkanen (schematische Darstellung)*

78
www.diercke.de
100800-242-03

D1-224
www.diercke.de

Die Lavamenge des Vulkans Mauna Loa (80 000 km³) würde ausreichen, um die gesamte Schweiz mit einer einen Kilometer dicken Schicht zu bedecken.

M3 *Der Mauna Loa auf der Insel Hawaii. Im Vordergrund steht ein Observatorium.*

Endogene Naturkräfte
verändern Räume

Die Kette der Vulkaninseln und Seamounts von Hawaii setzt sich mit einem Knick nach Norden in einem Tiefseerücken fort. (Auf der Atlas-Karte „Indischer und Pazifischer Ozean – Physische Übersicht" ist der Rücken gut zu erkennen.) Er endet zwischen den Inselketten der Kurilen im Westen und der Aleuten im Osten.

Wissenschaftler erklären diesen Knick damit, dass sich die Bewegungsrichtung der Pazifischen Platte im Laufe der Erdgeschichte verändert hat. Der Hot Spot unter Hawaii hat sich immer an der gleichen Stelle befunden. Die Erdplatte muss deshalb über längere Zeit von Süden nach Norden gedriftet sein.

Andere Forscher erklären diesen Knick damit, dass sich die Lage des Hot Spots im Laufe der Erdgeschichte verändert hat. Der Hot Spot ist von Norden nach Süden gewandert und hat dabei den Tiefseerücken geschaffen. Dann erst ist der Hot Spot zum Stillstand gekommen. Seitdem verharrt er an seiner heutigen Position. Die Pazifische Platte hat sich immer in die gleiche Richtung bewegt.

M4 *Eine Beobachtung – zwei Theorien*

Zu den ältesten Vulkanen des Hawaii-Rückens zählen die Midway-Inseln; sie sind über 27 Millionen Jahre alt. Dann werden die Inseln immer jünger bis zu den Hawaii-Inseln, die „nur" etwa 400 000 Jahre alt sind.

Loihi heißt der jüngste Vulkan, der am Meeresboden 35 km südöstlich der Insel Hawaii entstanden ist. Sein Gipfel reicht bis 975 m unter den Meeresspiegel. Noch ist der Loihi ein Seamount. Wächst der Schildvulkan so schnell weiter wie bisher, wird er sich in 50 000 Jahren als vorläufig letztes Glied in die Kette der Hawaii-Inseln einreihen.

M5 *„Nachwuchs" kündigt sich an.*

❶ ◄ **Wähle aus:**
A Beschreibe den Unterschied zwischen einer Vulkaninsel und einem Seamount (M1, M5, Text).
B Zeichne eine Skizze einer Vulkaninsel und eines Seamounts.

❷ a) Ordne den Zahlen 1 – 5 in M2 folgende Begriffe zu:
Meer, unterer Erdmantel, Seamount, Hot-Spot, Vulkan, Erdkruste.
Hinweis: Ein Begriff passt nicht.

b) Erkläre, wie die Vulkaninseln von Hawaii entstanden sind (M2, Text).

❸ „Anhand der Lage und des Alters der Hawaii-Inseln lässt sich beweisen, in welche Richtung sich die Pazifische Platte bewegt." Begründe diese Aussage eines Vulkanologen (M5, Text, Atlas).

❹ [?] Überprüfe, welche dieser Inseln / Inselgruppen und Berge / Gebirge Hot Spot-Vulkane sind:
Kapverden, Tahiti, Kerguelen, Vesuv, Osterinsel, Elbrus, Tibesti
(Atlas, Karte: Erde – Erdbeben und Vulkanismus).

❺ Schreibe einen Beitrag für einen Reiseführer über die Hot Spot-Vulkane von Hawaii.

79

M1 *Lage des Laacher Sees*

Vulkanausbrüche in Rheinland-Pfalz?

M2 *Laacher See mit dem Kloster Maria Laach*

Vulkan ausgebrochen – in Rheinland-Pfalz!

Mit einer schier unglaublichen Explosion ist in Rheinland-Pfalz ein Vulkan ausgebrochen. Asche, die aus dem Vulkankrater 20 km hoch in die Atmosphäre geschleudert wird, hat den Flugverkehr zum Erliegen gebracht. Meterhohe Ascheschichten haben die Landschaft unter sich begraben. An der Einmündung des Brohlbachs in den Rhein staut sich der Fluss. Aschestromablagerungen verhindern, dass der Rhein wie gewohnt abfließt. Das Neuwieder Becken steht unter Wasser. In den Städten Neuwied und Andernach ragen nur noch die Kirchtürme und die höchsten Gebäude aus dem Wasser.
Es ist eine Frage der Zeit, bis der Damm bei Brohl-Lützing bricht. Der Druck des aufgestauten Wassers wird immer größer. Eine zehn Meter hohe Flutwelle wird die Stadt Bonn überfluten. Feuerwehrleute haben 20 000 Einwohner bereits vorsorglich evakuiert und in Sporthallen untergebracht.

Ein solches Ereignis fand vor 12 900 Jahren in der Eifel statt. Der Laacher-See-Vulkan brach aus. Damals gab es natürlich noch keine Dörfer und Städte. In der Umgebung des Vulkans lebten einzelne Menschengruppen, die keine festen Behausungen hatten und noch Jäger und Sammler waren. Wahrscheinlich ist kein Mensch beim Vulkanausbruch ums Leben gekommen, denn es wurden in der Region um den Laacher See beim Abbau von Bims keine menschlichen Überreste gefunden.

Ein **Maar** entsteht, wenn glühende Magma bis dicht unter die Erdoberfläche aufsteigt und in geringen Tiefen mit Wasser in Berührung kommt. Dann verdampft das Wasser innerhalb weniger Sekunden (1 Liter Wasser ergibt etwa 1500 Liter Wasserdampf!). Es entwickelt sich ein ungeheurer Druck, der sich explosionsartig entlädt. Ein Krater wird aus der Erdoberfläche herausgesprengt. Gesteinstrümmer und Asche lagern sich rings um den Krater ab. In der Tiefe des runden Explosionstrichters dichtet Vulkangestein und Vulkanasche den Trichter ab. Er füllt sich nach und nach mit Wasser aus Niederschlägen.

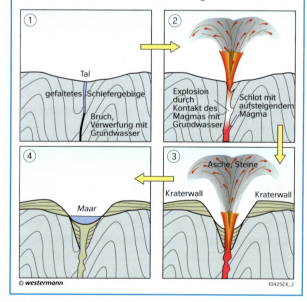

M3 *So entsteht ein Maar.*

www.diercke.de
100800-053-03

D1-049
www.diercke.de

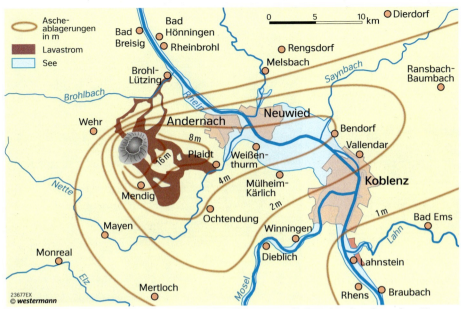

M4 *Der Ausbruch des Laacher-See-Vulkans, projiziert in eine heutige Karte*

INTERNET

www.eifel.info
www.geopark-vulkaneifel.de
www.maria-laach.de
www.lavadome.de
www.maarmuseum.de

Aus Lava und vulkanischen Aschen entstanden wertvolle Rohstoffe, die abgebaut werden.

- Basalt: dunkles Gestein, aus gasreichem, hochexplosivem Magma, das in der Luft schlagartig erstarrte. Eigenschaften: schwer, hart, witterungsbeständig. Verwendung: Straßenbelag, Bodenplatten, Bausteine, Straßen- und Eisenbahnbau

- Bims: helles Gestein, aus gasreichem, hochexplosivem Magma entstanden, das in der Luft schlagartig erstarrte. Eigenschaften: porös, sehr leicht, schwimmt auf Wasser, raue Oberfläche, isoliert gut. Verwendung: Mauersteine, Gartenmauern, Hornhautsteine.

- Tuff: helles Gestein, das aus Vulkanasche entstand. Eigenschaften: leicht, speichert Wärme gut, leicht zu bearbeiten. Verwendung: Fassadenverkleidungen, Beton, Zement.

M5 *Vulkanische Rohstoffe*

M6 *Verwendungsmöglichkeiten vulkanischer Rohstoffe*

❶ Erläutere die Entstehung des Laacher Sees (M2, M3).

❷ 🔲 Plant einen Tagesausflug in die Eifel, um das Thema Vulkanismus anschaulich zu erarbeiten (Atlas, Internet).

❸ ◀ **Wähle aus:**
A Recherchiere, welche Rohstoffe für die Produktion von stone-washed Jeans, Pflastersteinen und Pflanzkübel verwendet werden (M6, Internet).
B Stelle die wirtschaftliche Bedeutung vulkanischer Rohstoffe dar (M5).

❹ Zeichne eine Kartenskizze mit den jungen Vulkangebieten Deutschlands (Atlas).

❺ Entwickelt Evakuierungspläne für den Fall, dass der Laacher See-Vulkan nochmals ausbrechen sollte (Text, M4). Arbeitet in Kleingruppen. Präsentiert eure Arbeitsergebnisse.

81

M1 *Der Kaltwassergeysir von Andernach schleudert sechs bis acht Minuten lang eine bis zu 60 m hohe Wasserfontäne in die Luft. Dieses Ereignis wiederholt sich etwa alle zwei Stunden. In Andernach ist das Innere der Erde noch nicht zur Ruhe gekommen.*

M2 *Am Laacher See – Kohlenstoffdioxid tritt am Ostufer des Sees aus.*

INTERNET

www.zdf.de
ZDF mediathek: Der Eifelvulkan (15:46 Min.)

Wo es brodelt und sprudelt – in der Eifel

Etwa alle 30 Minuten fängt das Wasser des Wallenborn bei Daun an zu „brubbeln", wie die Einheimischen sagen. An der Wasseroberfläche sind immer mehr Gasbläschen zu sehen. Dann wirft der Wallenborn eine bis zu vier Meter hohe Wassersäule aus und schäumt danach fünf Minuten lang auf. Langsam geht der Wasserstand wieder zurück. Dann verhält sich der Wallenborn wieder ruhig, so als ob nichts geschehen wäre. Ist dieses Naturschauspiel ein Zeichen dafür, dass der Vulkanismus in der Eifel immer noch nicht zur Ruhe gekommen ist? Könnte dort jederzeit ein neuer Vulkan entstehen? Besteht die Gefahr, dass der Laacher See-Vulkan wie vor 12 900 Jahren wieder ausbricht und Tausende von Menschen rechtzeitig in Sicherheit gebracht werden müssen? Er verhält sich zur Zeit weitgehend ruhig, wird aber nicht überwacht. Mit diesen Fragen beschäftigt sich die **Geologie**. Geologen überwachen auch die vulkanischen Aktivitäten.

Könnte sich ein Vulkanausbruch wie am Laacher See in der Eifel jederzeit, also auch heute, morgen oder übermorgen ereignen?

Ja, das ist möglich. Die Eifel ist seit mindestens 600 000 Jahren vulkanisch aktiv gewesen. Der letzte Ausbruch eines Vulkans ereignete sich vor etwa 11 000 Jahren. Der Vulkanismus in der Eifel ist nicht erloschen, sondern er ruht.

Welche Hinweise gibt es, dass der Vulkanismus in der Eifel noch nicht erloschen ist?

An verschiedenen Stellen tritt Kohlenstoffdioxid an der Erdoberfläche aus. Das zeigt eine erhöhte Aktivität im Untergrund an. Geophysiker haben herausgefunden, dass unter der Eifel eine gewaltige, schlauchförmige Zone existiert, die vermutlich mehr als 1000 °C heiß ist. Bei diesen Temperaturen kann Gestein schmelzen und aufsteigen. Erreicht dieses Magma die Oberfläche, entsteht ein Vulkan.
Die Eifel liegt westlich des Rheingrabens[1], der in ständiger Bewegung ist. In dieser Erdbebenregion kann Magma in Rissen im Gestein des Untergrundes bis an die Erdoberfläche aufsteigen. Dies fördert die Wahrscheinlichkeit von zukünftigen Vulkanausbrüchen.

Wie viele Menschen wären gefährdet, wenn der Laacher See-Vulkan erneut ausbricht?

Rund 100 000 Menschen um den Laacher See müssten evakuiert werden. Aber es gibt bislang keinen Notfallplan.

[1] siehe Info Seite 84

M3 *Interview mit dem Vulkanexperten Dr. Eduard Harms vom Naturkundemuseum Karlsruhe*

Die Erdzeitalter

23670EX

4550 Mio.
Entstehung
der Erde

4510 Mio.
Entstehung
des Mondes

4470 Mio.
älteste
Mondgesteine

4000 Mio.
älteste Gesteine
der kontinentalen
Erdkruste

3825 Mio.
ältestes
vulkanisches Gestein

4000

2700 Mio.
beginnender Anstieg des
Sauerstoffgehalts in der Atmosphäre

3400 Mio.
ältestes Fossil
(Bakterien)

3000

2500 Mio.
Bildung der
Kontinente
weitgehend
abgeschlossen

1900 Mio.
ältester Vulkan der Erde

2000

530 Mio.
älteste Gesteine
des Rheinischen
Schiefergebirges

542 – 488 Mio.
Leitfossilien: Trilobiten (Dreilapper)
bis 70 cm groß

1500

1000

542 Mio.

500

252 Mio.

65 Mio.

Gegenwart

ca. 230 Mio.
Pangäa zerbricht

0,6 Mio.
Beginn des
„jungen"
Vulkanismus
in der Eifel

0,2 Mio.
erste Menschen

200 – 65 Mio. Leitfossilien: Ammoniten
(Kopffüßer) bis 180 cm groß

Erdzeitalter
- Erdfrühzeit
- Erdaltertum
- Erdmittelalter
- Erdneuzeit

M4 *Erdzeitalter der Erdgeschichte*

Die **Erdzeitalter** sind die wichtigsten Zeitabschnitte in der Entwicklungsgeschichte der Erde. Sie umfassen jeweils einen Zeitraum von vielen Jahrmillionen. Wir leben in der Erdneuzeit, genauer gesagt im Holozän, der jüngsten Epoche des Quartärs.

Würde man die rund fünf Milliarden Jahre seit Entstehung der Erde mit einem Tag verglei- chen, dann wäre um 0 Uhr die Erde entstanden, um 21:00 Uhr hätten sich erste Quallen und Schnecken im Meer gebildet, um 22:48 Uhr hätte die Zeit der Saurier begonnen – für 50 Minuten. Erst um 23:49 Uhr bevölkern erste Menschen die Erde in der Steinzeit. Um 24:00 Uhr leben über sieben Milliarden Menschen auf der Erde. Einer davon bist du!

Was wird die nächste Sekunde bringen?

M5 *Die Erdgeschichte*

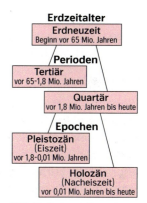

Erdzeitalter

Erdneuzeit
Beginn vor 65 Mio. Jahren

Perioden

Tertiär
vor 65-1,8 Mio. Jahren

Quartär
vor 1,8 Mio. Jahren bis heute

Epochen

Pleistozän
(Eiszeit)
vor 1,8-0,01 Mio. Jahren

Holozän
(Nacheiszeit)
vor 0,01 Mio. Jahren bis heute

M6 *Erdneuzeit – Untergliederung des Erdzeitalters*

Endogene Naturkräfte verändern Räume

❶ a) Beschreibe M1.
b) 🔲**[?]** Erläutere mögli- che Zusammenhänge zwischen M1, M2 und dem Eifel-Vulkanismus.

❷ „Die Aussage, der Eifel-Vulkanismus sei definitiv erloschen, ist falsch." (Hans-Ulrich Schmincke, Vulkanologe). Nimm zu dieser Aussage mithilfe M1–M3 Stellung.

❸ Prüfe, ob folgende Aussagen richtig sind (M4 – M6):
– Der Superkontinent Pangäa zerbrach im Erdmittelalter.
– Wir leben in der Nach- eiszeit.
– Die Erdneuzeit begann vor 1 Milliarde Jahren.

❹ a) 🔲 **Wähle aus:**
A Gestaltet eine Zeituhr zur Erdgeschichte.
B Gestaltet einen Jahres- kalender zur Erdge- schichte.
Beginnt jeweils mit der Entstehung der Erde (M4).
b) Präsentiert eure Arbeitsergebnisse.

M1 *Lage des Ober-
rheingrabens*

Mittelgebirge wandern – mitten in Deutschland

◁ **M3** *Blick in
den Ober-
rheingraben*

Baden an der Schwarzwaldküste

Wissenschaftler, die sich mit den Bewegungen
der Lithosphäre beschäftigen, haben festgestellt,
dass die Mittelgebirge am Rand des Oberrheingrabens um 0,6 mm pro Jahr auseinander wandern: der Pfälzerwald und die Vogesen im Westen sowie der Odenwald und der Schwarzwald im
Osten. Es ist sogar wahrscheinlich, dass die Lithosphäre dort, wo heute der Rhein fließt, einmal
ganz auseinanderreißen wird. Es würde ein Meer
entstehen, das so breit wäre wie das Rote Meer.
Allerdings dürften noch viele Millionen Jahre ver-
gehen, ehe man an der Schwarzwaldküste baden
und mit dem Schiff über ein Meer zu den Vogesen
übersetzen kann.
Zerbricht die Eurasische Platte am Rheingraben,
zerbricht der Kontinent Europa in zwei Teile. Eine
Tagesreise von den Städten Trier oder Kaiserslautern aus nach Stuttgart wäre ungleich zeitauf-
wendiger als heute.

> Die Städte Mainz, Frankfurt am Main, Ludwigshafen,
> Straßburg und Basel sind vom Meer verschluckt. Reise-
> büros bieten Tauchkurse zum Mainzer Dom und zum
> Straßburger Münster an. In Freiburg im Breisgau erholen
> sich im Sommer Tausende von Menschen an der Meeres-
> küste. Von dort setzen Passagiere mit einer Fähre vom
> deutschen an das französische Ufer über. Die Fahrt dau-
> ert fünf Stunden. Heidelberg hat sich zu einem der größ-
> ten Binnenhäfen Deutschlands entwickelt ...

M2 *Zukunftsvision*

INFO

Rheingraben

Der Rheingraben verläuft von Basel bis Mainz und
setzt sich von dort nach Nordwesten über das Neuwieder Becken bis zur Nordsee fort.
Der Oberrheingraben ist ein Teil des Rheingrabens.

In jeder Richtung beweglich

Die Bewegungen der Gesteinspakete am Oberrhein sind vielfältig. Die Mittelgebirge auf beiden
Seiten des Oberrheingrabens heben sich und
driften gleichzeitig auseinander. Das Gebiet zwischen den Randgebirgen sinkt dagegen um etwa
0,7 mm pro Jahr ein. Dies geschieht seit Beginn
der Erdneuzeit vor rund 65 Mio. Jahren. Die älteren und jüngeren Gesteinspakete sinken trep-
penförmig an „Verwerfungen" ab, das heißt entlang von tiefen Rissen, Spalten und Bruchlinien in
der Lithosphäre. Sie wurden dabei in kleinere Ge-
steinsblöcke (Bruchschollen) zerlegt.
Darüber hinaus verschieben sich die beiden Seiten des Oberrheingrabens gegeneinander. Der
westliche Block des Grabens mit dem Pfälzerwald und den Vogesen bewegt sich nach Süden,
der östliche Block mit dem Odenwald und dem
Schwarzwald nach Norden (M7) – ähnlich wie die
Pazifische und Nordamerikanische Platte an der
San Andreas Spalte in Kalifornien.
Die Lithosphäre am Oberrheingraben ist nicht
stabil. Magma kann deshalb entlang von Verwerfungen in der Gesteinshülle der Erde leicht aufsteigen.

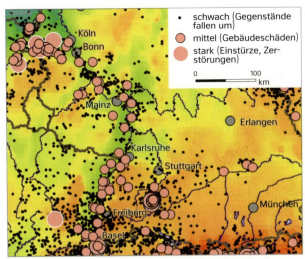

Legende:
- · schwach (Gegenstände fallen um)
- ● mittel (Gebäudeschäden)
- ● stark (Einstürze, Zerstörungen)

0 ____ 100 km

M4 *Erdbeben in Deutschland (1973 – 2013)*

Schwere Erdbeben am Oberrheingraben werden vor allem durch Bewegungen der Bruchschollen im Graben selbst verursacht. Das stärkste Erdbeben mit einer Stärke zwischen 6,2 und 6,7 auf der Richter-Skala ereignete sich am 18. Oktober 1356 in Basel. Damals kamen mindestens 300 von den 7000 Einwohnern der Stadt ums Leben.

Ein derart starkes Beben ist seither nicht mehr aufgetreten. Dennoch besteht die Gefahr, dass sich ein schweres Beben wie das von Basel wiederholt. Ein solches Naturereignis könnte in der dicht besiedelten und wirtschaftlich intensiv genutzten Landschaft am Oberrhein leicht zu einer Naturkatastrophe werden. Die meisten der zahlreichen Beben sind jedoch so schwach, dass sie von den Menschen oft gar nicht wahrgenommen werden.

M6 *Immer wieder zittert die Erde.*

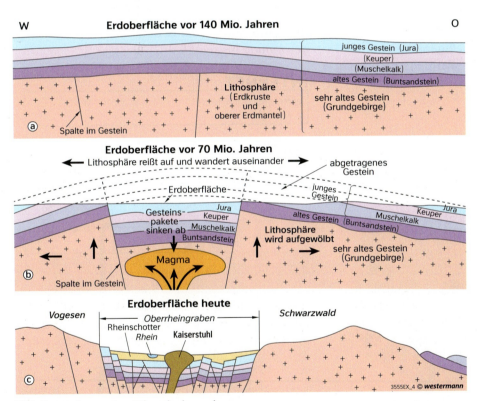

W — Erdoberfläche vor 140 Mio. Jahren — O

junges Gestein (Jura)
(Keuper)
(Muschelkalk)
altes Gestein (Buntsandstein)

Lithosphäre (Erdkruste und oberer Erdmantel)

sehr altes Gestein (Grundgebirge)

ⓐ Spalte im Gestein

Erdoberfläche vor 70 Mio. Jahren
← Lithosphäre reißt auf und wandert auseinander →

abgetragenes Gestein
Erdoberfläche
junges Gestein

Gesteinspakete sinken ab
Jura
Keuper
Muschelkalk
Buntsandstein

altes Gestein (Buntsandstein)
Muschelkalk
Keuper
Jura

Lithosphäre wird aufgewölbt
sehr altes Gestein (Grundgebirge)

Magma

ⓑ Spalte im Gestein

Erdoberfläche heute
Vogesen — Oberrheingraben — Schwarzwald
Rheinschotter
Rhein
Kaiserstuhl

ⓒ

3555EX_4 © *westermann*

M5 *Entstehung des Oberrheingrabens*

INTERNET

Informationen zu den jüngsten Erdbeben am Oberrheingraben findest du auf der Homepage des Landesamtes für Geologie und Bergbau Rheinland-Pfalz:
www.lgb-rlp.de/erdbeben.html

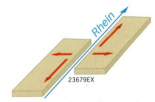

Rhein

23679EX

M7 *Verschiebungen am Oberrheingraben (Schema)*

❶ Beschreibe, warum sehr altes Gestein, aus dem der Schwarzwald und die Vogesen aufgebaut sind, im Oberrheingraben erst in 2000 – 4000 m Tiefe vorkommt (Text, M5).

❷ 🔁 **Wähle aus:**
A Erkläre die Entstehung des Vulkans Kaiserstuhl (M5).
B Stelle dar, warum es am Oberrheingraben zu Erdbeben kommt (M1, M3, M4, M6, M7).

❸ 📖❓ a) Erarbeite, aus welchem Gestein der Pfälzerwald besteht (Atlas).
b) Ermittle das Erdzeitalter, aus dem das Gestein stammt (Atlas, Kartenthema: Deutschland – Naturraum).

❹ Entwickle eine Zukunftsvision für das rheinland-pfälzische Gebiet am Oberrheingraben (M2, Atlas). Begründe deine Vorstellungen und präsentiere sie.

Nutzung der Erdwärme – im Oberrheingraben

Kraftwerk Erde

Unter dem Oberrheingraben schlummert eine schier unerschöpfliche Energiequelle: die **Geothermie** (Erdwärme). Hier herrschen an manchen Stellen 3-mal so hohe Temperaturen wie in anderen Gebieten Deutschlands. Ursache hierfür sind Wärmeströme, die aus dem Erdinneren entlang von Verwerfungen in der Lithosphäre aufsteigen und sich ausbreiten. Die Geothermie ist eine erneuerbare Energie. Sie ist witterungsunabhängig und steht etwa im Vergleich zur Wind- und Sonnenenergie immer zur Verfügung.

Im Oberrheingraben, wo die Lithosphäre zum Teil nur 25 km mächtig ist, wird diese Energiequelle genutzt. Zum Beispiel wurden Geothermie-Kraftwerke in Bruchsal (Baden-Württemberg) 2007, in Landau (Rheinland-Pfalz) 2009 und im benachbarten Insheim 2012 in Betrieb genommen. Die Nutzung der Geothermie ist allerdings kostspielig und mit Risiken verbunden.

Tiefe Geothermie (in 3000 bis 7000 m Tiefe)
Hydrothermale Geothermie: Heiße Wasservorräte im Erdinneren werden durch eine Bohrung angezapft und an die Erdoberfläche befördert. Das abgekühlte Wasser wird wieder in die Tiefe gepumpt; dort erhitzt es sich erneut.

Hot-Dry-Rock-Verfahren: Wasser wird mit hohem Druck in heißes Gestein gepresst, sodass sich im Gestein Spalten und Klüfte bilden. Das Wasser erhitzt sich und wird an die Erdoberfläche befördert.

Verwendung: Stromerzeugung, Fernwärme

Oberflächennahe Geothermie (bis in 400 m Tiefe)
Erdwärmekollektoren werden horizontal verlegt und Erdwärmesonden in die Erde niedergebracht.

Verwendung: Heizung, Warmwasserzubereitung

M2 *Möglichkeiten der geothermischen Energiegewinnung (Auswahl)*

INTERNET

www.geothermie.de   www.geotis.de
www.lgb-rlp.de

Legende:
- 50 – <90 °C
- 90 – <130 °C
- 130 – <150 °C
- 150 – 180 °C

Kiel, Schwerin, Berlin, Hannover, Magdeburg, Düsseldorf, Köln, Leipzig, Desden, Erfurt, Frankfurt, Mainz, Landau, Bruchsal, Insheim, Stuttgart, München

0   100   200 km

© westermann 23703EX

M1 *Deutschland: Temperaturen in 3000 m Tiefe*

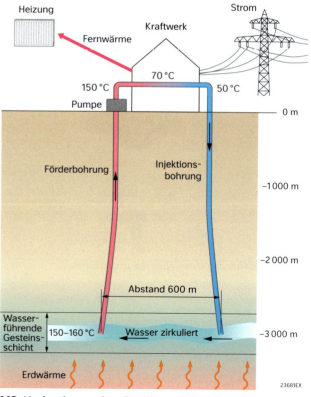

Heizung — Fernwärme — Kraftwerk — Strom

150 °C — 70 °C — 50 °C

Pumpe

0 m

Förderbohrung — Injektionsbohrung

−1 000 m

−2 000 m

Abstand 600 m

Wasserführende Gesteinsschicht — 150–160 °C — Wasser zirkuliert — −3 000 m

Erdwärme

23681EX

M3 *Hydrothermales Geothermiekraftwerk (schematische Darstellung)*

M4 *Bürgerinnen* ▷
und Bürger pro-
testieren.

In Landau wurde 155–160°C heißes Wasser aus einer Gesteinsschicht (Muschelkalk, siehe S. 85 M5) in rund 3000 m Tiefe angezapft. Die Fördermenge von 70 bis 80 Litern Wasser pro Sekunde hätte genügt, um 6000 Haushalte mit Strom und 300 Haushalte mit Fernwärme zu versorgen. Das Geothermiewerk Landau ist aber nicht mehr in Betrieb. Warum? Ein Erdbeben der Stärke 2,7 auf der Richter-Skala erschütterte am 15. August 2009 das gesamte Stadtgebiet von Landau und richtete Schäden an. Hauseigentümer meldeten Risse an den Außenwänden von Häusern und in Wohnräumen, auch

ein Aquarium ging zu Bruch. Der Bebenherd lag in 2,8 km Tiefe und damit im Tiefbereich der geothermischen Energiegewinnung. Experten halten es für sehr wahrscheinlich, dass ein Zusammenhang zwischen dem Erdbeben und der Nutzung der Erdwärme besteht. Seit Inbetriebnahme des Geothermiewerkes hat auch die Zahl der nicht spürbaren Erdbeben zugenommen. Der Stadtrat von Landau forderte 2015 sogar die Stilllegung des Geothermiewerkes. Zu groß seien die damit verbundenen Risiken, die von der Bevölkerung nicht mehr akzeptiert werden.

M5 *Immer wieder zittert die Erde.*

① Die Erde erwärmt kaltes Wasser, das durch Kollektor oder Sonde strömt, ein wenig.

② Eine Wärmepumpe entzieht dem Wasser die Wärme und verdichtet sie zu höheren Temperaturen. Wärmepumpen beruhen auf einem ähnlichen Prinzip wie Kühlschränke.

③ Die Erdwärme wird gespeichert und steht zum Heizen und zur Warmwasserbereitung zur Verfügung.

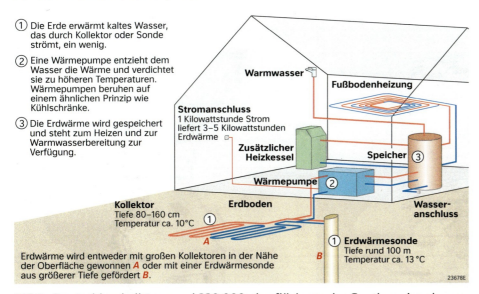

Erdwärme wird entweder mit großen Kollektoren in der Nähe der Oberfläche gewonnen *A* oder mit einer Erdwärmesonde aus größerer Tiefe gefördert *B*.

M6 *In Deutschland gibt es rund 320 000 oberflächennahe Geothermieanlagen.*

In Deutschland macht der Anteil der tiefen Geothermie an der Energieversorgung rund 0,5 % aus. Trotz einiger erfolgreicher Projekte befindet sich die geothermische Stromgewinnung im Vergleich zu anderen europäischen Ländern noch im Forschungs- und Entwicklungsstadium. Die Nutzung der Geothermie wird von der deutschen Regierung gefördert.

M7 *Tiefe Geothermie in Deutschland*

❶ Erläutere, warum die Geothermie gerade im Oberrheingraben genutzt werden kann (M1).

❷ 🔁 **Wähle aus:**
A Beschreibe die Funktionsweise eines hydrothermalen Geothermiekraftwerkes (M3).
B Arbeite heraus, wie eine oberflächennahe Geothermieanlage funktioniert (M6).

❸ 🗨️? Fertige eine schematische Zeichnung zum Hot-Dry-Rock-Verfahren an (M2).

❹ Stell dir vor, du lebst in einem Ort im Oberrheingraben. Man will ein Geothermie-Kraftwerk bauen (M1 – M7). Gestalte einen Handzettel aus deiner Sicht.

Gewusst – gekonnt: Endogene Naturkräfte verändern Räume

M1 *Am Ätna*

M4 *Geothermiekraftwerk Landau*

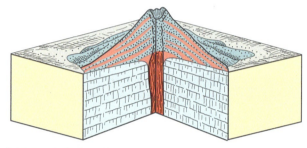

M2 *Zwei Vulkantypen*

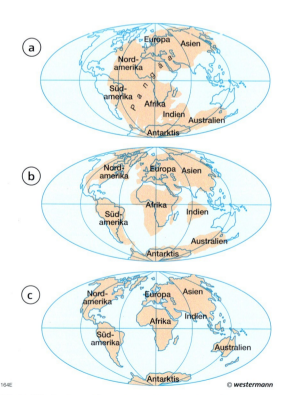

M3 *Drift der Kontinente im Laufe der Zeit*

21164E

© westermann

M5 *Karte der Plattentektonik (Ausschnitt)*

20163EX_6

© westermann

M6 *Plattentektonik*

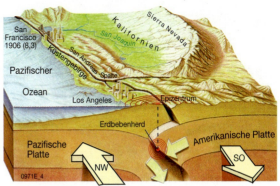

M7 *Kalifornien*

Schätze dich selbst mit dem **Ampelsystem** ein, das auf Seite 53 erklärt ist. Die Erläuterung der **Kompetenzen** findest du ebenfalls auf Seite 53.

Grundbegriffe

Vulkan

Verwitterung

Schichtvulkan

Schildvulkan

Lithosphäre

Schalenbau der Erde

Erdbeben

endogene Kraft

Naturkatastrophe

mittelozeanischer Rücken

Plattentektonik

Subduktionszone

Kontinentalverschiebung

Richter-Skala

Seebeben

Tsunami

Pazifischer Feuerring

Hot Spot

Maar

Geologie

Erdzeitalter

Geothermie

Fachkompetenz

1 Benenne und erkläre die abgebildeten Vulkantypen (M2). *(Schülerbuch Seiten 56 und 78)*

2 Beschreibe die Folgen eines Vulkanausbruchs am Beispiel des Ätna. *(Schülerbuch Seiten 56–57)*

3 Erkläre die Vorgänge, die in den beiden Abbildungen in M6 dargestellt sind. *(Schülerbuch Seiten 64–65)*

4 a) Ein Tsunami ist die Auswirkung von endogenen Kräften. Erkläre.

b) Schildere die Folgen eines Tsunamis für die Menschen in den betroffenen Gebieten. *(Schülerbuch Seiten 72–73)*

5 Beschreibe, wie in Landau endogene Kräfte genutzt werden (M4). *(Schülerbuch Seiten 86–87)*

Methodenkompetenz

6 Zeichne eine Skizze vom Schalenbau der Erde. Beschrifte sie. *(Schülerbuch Seite 58)*

7 Ordne die Querschnitte in M6 räumlich ein (M5). Begründe deine Zuordnung. *(Schülerbuch Seiten 64–65 und 76–77)*

8 Stelle die Entstehung von Maaren in einer Skizze dar. *(Schülerbuch Seite 80)*

Kommunikationskompetenz

9 Wähle mindestens fünf Grundbegriffe aus der Liste, erkläre sie und wende sie in einem Beispiel an.

10 a) Beschreibe die Veränderungen der Landmassen, die im Modell dargestellt sind (M3).

b) Ordne die Phasen der Kontinentalverschiebung zeitlich ein (M3). *(Schülerbuch Seiten 66–67)*

Urteilskompetenz

11 Endogene Kräfte sind ein Risiko, aber auch ein Segen für die Menschen. Erläutere mithilfe von M1. *(Schülerbuch Seiten 56–57)*

12 Erkläre aus der Perspektive eines Einwohners von San Francisco, inwiefern das Leben dort ein Risiko darstellt (M7). *(Schülerbuch Seiten 68–71)*

13 Auf den Hügeln in Kalifornien befinden sich Messstationen, die die Bewegungen der Erdplatten messen. Diese Messungen tragen zum Katastrophenschutz bei. Stell dir vor, es wird für die kommende Woche ein schweres Erdbeben in San Francisco erwartet. Gewissheit hat man aber nicht. Der Bürgermeister überlegt, ob er die Bevölkerung evakuieren soll. Versetze dich in seine Lage und notiere deine Überlegungen. *(Schülerbuch Seiten 70–71)*

Exogene Naturkräfte verändern Räume

*Welche Landschaftsformen schaffen Naturkräfte,
die von außen auf die Erde einwirken?*

Welche Chancen und Risiken ergeben sich für den Menschen?

Wie geht der Mensch damit um?

Das Bild zeigt einen Ausschnitt aus dem Tal der Ardèche (Frankreich). Die Ardèche ist ein rechter Nebenfluss der Rhône und mündet rund 40 Kilometer nördlich von Avignon in die Rhône. Wie hat der Fluss die Landschaft geformt? Nenne Beispiele für die formende Kraft des Wassers aus deinem Heimatraum.

Exogene Kräfte formen die Erde von außen

Wie verändern exogene Kräfte die Erdoberfläche?

Wind, Sonne, Wasser und Eis formen die Erdoberfläche. Sie sind **exogene Kräfte**. Sie wirken von außen auf die Erdoberfläche ein: entweder plötzlich, etwa bei Überschwemmungen, oder für das menschliche Auge unmerklich langsam in Tausenden oder gar Millionen von Jahren. Veränderungen der Erdoberfläche zeigen sich sowohl an kleinen Formen (z. B. Erosionsrinnen auf einem Acker nach starken Regenfällen) als auch an großen Formen (z. B. Dünen in der Wüste).

Bäche und Flüsse schaffen flache oder tief eingeschnittene **Täler** und Meere steile oder flache Küsten. Gletscher haben die Täler in den Alpen ausgehobelt und geformt. Starker Wind wirbelt Milliarden kleinster Bodenteilchen auf, wirkt dann wie ein Sandstrahlgebläse und formt Felsen, die wie Pilze aussehen.

Die Veränderung der Erdoberfläche erfolgt so: Verwitterung zersetzt das Gestein. Dann beginnt die **Erosion** (Abtragung) des verwitterten Materials, zum Beispiel Boden, oder des Gesteins, das zum Beispiel durch Frost zerkleinert wurde. Das erodierte Material wird transportiert und anderswo abgelagert. Die Ablagerung nennt man **Sedimentation**.

M2 *Exogene Kräfte*

M3 *Kalksteinfigur am Dresdener Zwinger*

M1 *Exogene Kräfte haben die Nordseeinsel Helgoland geformt.*

Die „Lange Anna" ist das Wahrzeichen der Insel Helgoland. Ihr haben exogene Kräfte so stark zugesetzt, dass der 47 m hohe, isoliert dastehende Felsen aus Buntsandstein einsturzgefährdet ist. Die Brandung des Meeres hat den Felssockel unterspült. Der Buntsandstein ist porös und bröckelt immer mehr ab. Vor allem die hellen Schichten sind nicht so fest wie die roten und deshalb besonders anfällig gegen die Verwitterung.

Starke Winde blasen lose Sandkörner aus den Felswänden fort. Feuchtigkeit, die in das Gestein eindringt und im Winter zu Eis gefriert, sprengt Felsbrocken ab. Es ist nur noch eine Frage der Zeit, bis der rund 27 000 t schwere Felsen durch die Erosion des Wassers und des Windes sowie durch die Frostsprengung in sich zusammenbricht.

Bis 1860 war die „Lange Anna" über eine natürliche Felsbrücke mit Helgoland verbunden. Diese Verbindung wurde damals jedoch durch eine Sturmflut zerstört.

M4 *Oberflächenformen der Erde: durch Wasser, Sonne, Eis und Wind geschaffen*

EXPERIMENT

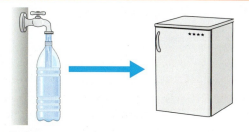

Material:
– eine leere Plastikflasche
– Wasser
– Gefrierschrank oder Gefrierfach im Kühlschrank

Durchführung:
Miss den Umfang einer leeren Plastikflasche.
Fülle die Plastikflasche bis an die obere Kante mit Wasser. Schraube sie zu und lege sie in einen Gefrierschrank.
Nimm die Flasche nach einem Tag heraus und miss wieder den Umfang.

M5 *Versuch zur Frostsprengung*

❶ Erläutere anhand von Beispielen, wie exogene Kräfte die Erdoberfläche formen (Text, M2).

❷ Stelle dar, wie exogene Kräfte die Umgebung deines Wohnortes geformt haben.

❸ **Wähle aus:**
A Exogene Kräfte sind dafür verantwortlich, wenn die „Lange Anna" einmal in sich zusammenstürzt. Erkläre (M1).
B Führe den Versuch (M5) durch. Ziehe Schlussfolgerungen in Bezug auf die Verwitterung des Buntsandsteinfelsens „Lange Anna" (Text).

❹ a) Ordne M3 sowie die Fotos A–F in M4 den exogenen Kräften zu (M2).
b) Erstelle eine Mindmap zum Thema „Exogene Kräfte und Oberflächenformen der Erde" (M2–M4).

❺ Gestaltet Wandzeitungen zur Wirkung der exogenen Kräfte auf die Erdoberfläche (M1–M4, Internet).

Der Rhein – von der Quelle bis zur Mündung

Ein Fluss – verschiedene Talformen

Das Wasser des Rheins ist von der Quelle bis in die Nordsee 31 Tage lang unterwegs. Auf dieser 1230 km langen Strecke hat der **Fluss** durch Erosion und Sedimentation unterschiedliche Talformen geschaffen (M2 – M4, siehe S. 96 M3).

Der Rhein hat sich in seinem *Oberlauf* tief eingeschnitten. Am Alpenrhein und am Hochrhein sind Schluchten und V-förmige Kerbtäler entstanden. Hier gibt es auch Stromschnellen und Wasserfälle.

Im oberen Teil des *Mittellaufs* fließt der Rhein durch die Oberrheinische Tiefebene. Hier zwischen Basel und Bingen gräbt sich der Fluss kaum ein. Vielmehr kommt es immer wieder zu Kies- und Sandablagerungen. Und wenn die Menschen nicht das Ufer des Rheins befestigt hätten, würde er Flussschlingen und Inseln bilden (siehe Seite 100).

Im Mittelrheintal hat sich der Fluss über Zehntausende von Jahren in das Rheinische Schiefergebirge gegraben. Steil ragen die Talwände rechts und links des Flusses empor.

Im *Unterlauf* gibt es kaum noch Erosion, die Sedimentation überwiegt. Hier fließt der Rhein fast eben und langsam bis zu seiner Mündung in die Nordsee.

M2 *Der Rhein bei Emmerich*

M3 *Der Rhein bei Kaub*

M4 *Der Rhein bei Flims*

Exogene Kräfte verändern Räume

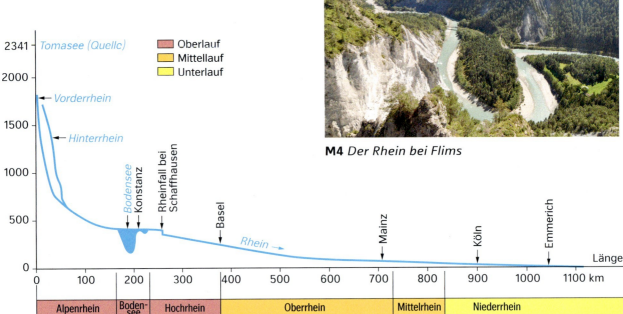

M1 *Rhein – Längsprofil*

Legende:
- Oberlauf
- Mittellauf
- Unterlauf

Tomasee (Quelle), Vorderrhein, Hinterrhein, Bodensee, Konstanz, Rheinfall bei Schaffhausen, Basel, Rhein →, Mainz, Köln, Emmerich, Länge

Alpenrhein, Bodensee, Hochrhein, Oberrhein, Mittelrhein, Niederrhein

www.diercke.de
100800-026

D1-018
www.diercke.de

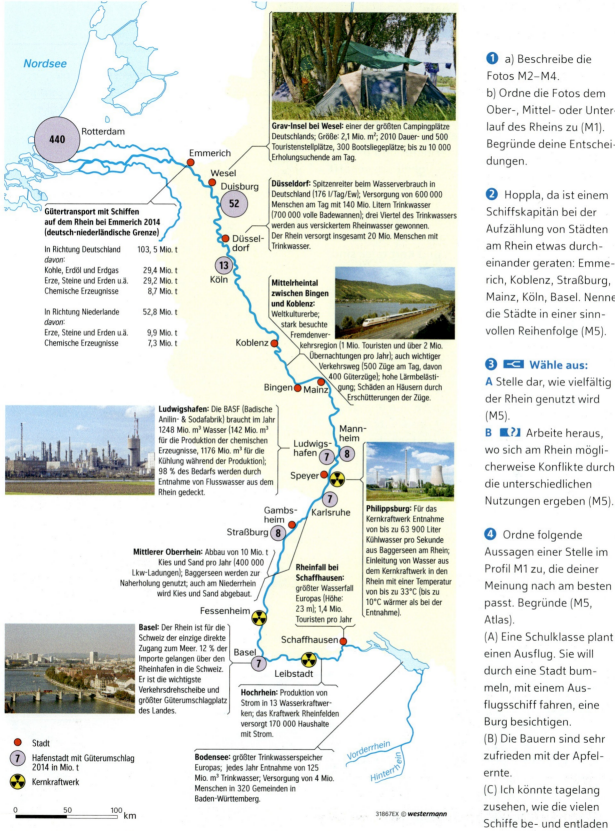

Nordsee

Rotterdam **440**

Emmerich

Wesel

Duisburg **52**

Gütertransport mit Schiffen auf dem Rhein bei Emmerich 2014 (deutsch-niederländische Grenze)

In Richtung Deutschland 103,5 Mio. t
davon:
Kohle, Erdöl und Erdgas 29,4 Mio. t
Erze, Steine und Erden u.ä. 29,2 Mio. t
Chemische Erzeugnisse 8,7 Mio. t

In Richtung Niederlande 52,8 Mio. t
davon:
Erze, Steine und Erden u.ä. 9,9 Mio. t
Chemische Erzeugnisse 7,3 Mio. t

Düsseldorf

Köln **13**

Grav-Insel bei Wesel: einer der größten Campingplätze Deutschlands; Größe: 2,1 Mio. m²; 2010 Dauer- und 500 Touristenstellplätze, 300 Bootsliegeplätze; bis zu 10 000 Erholungsuchende am Tag.

Düsseldorf: Spitzenreiter beim Wasserverbrauch in Deutschland (176 l/Tag/Ew); Versorgung von 600 000 Menschen am Tag mit 140 Mio. Litern Trinkwasser (700 000 volle Badewannen); drei Viertel des Trinkwassers werden aus versickertem Rheinwasser gewonnen. Der Rhein versorgt insgesamt 20 Mio. Menschen mit Trinkwasser.

Mittelrheintal zwischen Bingen und Koblenz: Weltkulturerbe; stark besuchte Fremdenverkehrsregion (1 Mio. Touristen und über 2 Mio. Übernachtungen pro Jahr); auch wichtiger Verkehrsweg (500 Züge am Tag, davon 400 Güterzüge); hohe Lärmbelästigung; Schäden an Häusern durch Erschütterungen der Züge.

Koblenz

Bingen Mainz

Mann-heim

Ludwigs-hafen **7** **8**

Speyer

Ludwigshafen: Die BASF (Badische Anilin- & Sodafabrik) braucht im Jahr 1248 Mio. m³ Wasser (142 Mio. m³ für die Produktion der chemischen Erzeugnisse, 1176 Mio. m³ für die Kühlung während der Produktion); 98 % des Bedarfs werden durch Entnahme von Flusswasser aus dem Rhein gedeckt.

Philippsburg: Für das Kernkraftwerk Entnahme von bis zu 63 900 Liter Kühlwasser pro Sekunde aus Baggerseen am Rhein; Einleitung von Wasser aus dem Kernkraftwerk in den Rhein mit einer Temperatur von bis zu 33°C (bis zu 10°C wärmer als bei der Entnahme).

Gambs-heim **7**
Karlsruhe

Straßburg **8**

Mittlerer Oberrhein: Abbau von 10 Mio. t Kies und Sand pro Jahr (400 000 Lkw-Ladungen); Baggerseen werden zur Naherholung genutzt; auch am Niederrhein wird Kies und Sand abgebaut.

Rheinfall bei Schaffhausen: größter Wasserfall Europas (Höhe: 23 m); 1,4 Mio. Touristen pro Jahr

Fessenheim

Schaffhausen

Basel: Der Rhein ist für die Schweiz der einzige direkte Zugang zum Meer. 12 % der Importe gelangen über den Rheinhafen in die Schweiz. Er ist die wichtigste Verkehrsdrehscheibe und größter Güterumschlagplatz des Landes.

Basel **7**
Leibstadt

Hochrhein: Produktion von Strom in 13 Wasserkraftwerken; das Kraftwerk Rheinfelden versorgt 170 000 Haushalte mit Strom.

Bodensee: größter Trinkwasserspeicher Europas; jedes Jahr Entnahme von 125 Mio. m³ Trinkwasser; Versorgung von 4 Mio. Menschen in 320 Gemeinden in Baden-Württemberg.

Vorderrhein

Hinterrhein

● Stadt
⑦ Hafenstadt mit Güterumschlag 2014 in Mio. t
☢ Kernkraftwerk

0 50 100 km

31867EX © *westermann*

M5 *Der Rhein – vielfältig genutzt (Nutzungen in Auswahl)*

---

1 a) Beschreibe die Fotos M2–M4.
b) Ordne die Fotos dem Ober-, Mittel- oder Unterlauf des Rheins zu (M1). Begründe deine Entscheidungen.

2 Hoppla, da ist einem Schiffskapitän bei der Aufzählung von Städten am Rhein etwas durcheinander geraten: Emmerich, Koblenz, Straßburg, Mainz, Köln, Basel. Nenne die Städte in einer sinnvollen Reihenfolge (M5).

3 ◄ **Wähle aus:**
A Stelle dar, wie vielfältig der Rhein genutzt wird (M5).
B Arbeite heraus, wo sich am Rhein möglicherweise Konflikte durch die unterschiedlichen Nutzungen ergeben (M5).

4 Ordne folgende Aussagen einer Stelle im Profil M1 zu, die deiner Meinung nach am besten passt. Begründe (M5, Atlas).
(A) Eine Schulklasse plant einen Ausflug. Sie will durch eine Stadt bummeln, mit einem Ausflugsschiff fahren, eine Burg besichtigen.
(B) Die Bauern sind sehr zufrieden mit der Apfelernte.
(C) Ich könnte tagelang zusehen, wie die vielen Schiffe be- und entladen werden.

Warum sind die Täler am Rhein so verschieden?

Die Erosionskraft eines Flusses wie des Rheins hängt ab von der Beschaffenheit des Flussbetts (z. B. hartes Gestein oder Sand), von seiner Wassermenge und vor allem von der Fließgeschwindigkeit. Fließt ein Fluss schnell, kommt es verstärkt zur Erosion: die mitgeführten Steine reiben am Flussbett, sodass es immer tiefer und breiter wird. Nimmt die Fließgeschwindigkeit ab, schafft der Fluss es nicht mehr, Steine und Sand zu transportieren, es kommt zur Sedimentation.

Im Oberlauf hat sich der schnell fließende Rhein tief in das harte Gestein gegraben. Schluchten mit fast senkrechten Wänden und Kerbtäler sind entstanden.

In der Oberrheinischen Tiefebene hat der Rhein Sand, Kies und Geröll zu einem breiten Sohlental aufgeschüttet. Bei geringerem Gefälle gibt es nur wenig Erosion.

Im Rheinischen Schiefergebirge ist die Erosionskraft des Flusses wieder so stark, dass er eine tiefe Schlucht graben kann. Die steilen Felswände und die Felsen, die an vielen Stellen aus dem Wasser ragen, zeigen, wie hart das Gestein ist. Nördlich von Köln fließt der Rhein fast eben dahin. Das Gefälle ist gering, sodass sehr viel Material abgelagert wird. Ein Tal ist kaum noch zu erkennen. Auf seinem Weg zur Nordsee bildet der Fluss zahlreiche **Mäander**.

INFO

Mäander

Am **Gleithang** (Mäander-Innenseite) ist die Strömung eines Flusses sehr gering. Der Stromstrich, in dem die höchste Fließgeschwindigkeit vorherrscht, ist weit entfernt. Deshalb kommt es hier zur Sedimentation. Am **Prallhang** (Mäander-Außenseite) sorgt der Stromstrich für Erosion. Durch andauernde Seitenerosion und Sedimentation verlagert sich der Mäander ständig.

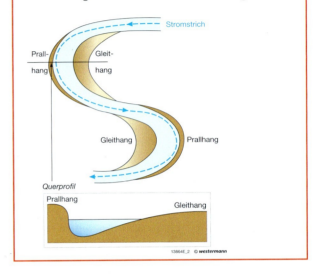

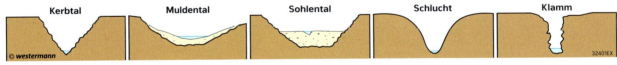

M1 *Talformen*

M2 *Zwei verschiedene Talformen*

www.diercke.de
100800-026

D1-018
www.diercke.de

Versuche zur formenden Kraft des Wassers

EXPERIMENT

Versuch zur Erosion

Material:
– eine kleine Gießkannen mit Wasser
– sechs gleich dicke Steine oder Hölzer zum Unterlegen
– drei Tabletts (50 x 30 cm) aus Kunststoff oder Holz
– Blumenerde, Baumrinde von Fichten
– einige Tütchen Kressesamen

Durchführung:
Bildet drei Gruppen. Die erste Gruppe belegt ihr Tablett gleichmäßig mit einer etwa 2 cm dicken Schicht Erde und sät Kressesamen ein.
Die zweite Gruppe belegt ihr Tablett etwa 2 cm dick mit Erde und drückt diese sehr fest an.
Die dritte Gruppe belegt ihr Tablett ebenfalls 2 cm dick mit Erde und legt Holzrinde darüber.
Nach etwa drei Tagen ist die Kresse 2 cm hoch gewachsen. Nun geht es draußen weiter.
Die Tabletts werden mit ihrer kurzen Seite jeweils auf große Steine gelegt, sodass sie eine Schräge bilden. Achtung: Die Erde darf nicht rutschen!
Dann begießen die Gruppen die Tabletts zunächst mit mäßigem „Regen" aus der Gießkanne. Anschließend simulieren sie einen Starkregen. Beschreibt, was ihr feststellt. Sucht nach Gründen.

EXPERIMENT

Versuch zu Talformen

Material:
Sand und eine große Gießkanne mit Wasser

Durchführung:
Schüttet Sand zu einem großen Hügel auf. „Beregnet" ihn auf unterschiedlichen Seiten verschieden stark. Berichtet über die verschiedenen Talformen, die entstanden sind. Begründet.

INTERNET

Tipps für weitere Versuche zu Fließgewässern findet ihr unter: www.aktion-blau-plus.rlp.de
Stichwort: Wassererlebniskoffer

EXPERIMENT

Versuch zu Mäandern

Material:
– eine Platte mit glatter Oberfläche (z. B. Glas)
– eine Platte mit leicht rauer Oberfläche (z. B. Holz)
– etwas gefärbtes Wasser (z. B. mit Tinte)
– eine Ballon-Pipette

Durchführung:
Die beiden Platten in gleicher Neigung positionieren und jeweils die gleiche Menge gefärbtes Wasser aus der Pipette auf die Platten tropfen lassen, Neigung sowie Wassermenge verändern.
Beschreibt, was ihr feststellt. Sucht nach Gründen.

Die Bundesanstalt für Gewässerkunde machte einen Forschungsversuch. Mitarbeiter schütteten 28 000 t Granitgestein als Grobschotter in den Rhein – und zwar bei Rheinkilometer 334.
Spezialschiffe begaben sich nach einiger Zeit flussabwärts an verschiedene Stellen des Rheins. Dort sammelten sie einen Teil der Steine wieder ein.

a) Granitstein bei Rheinkilometer 339
b) Granitstein bei Rheinkilometer 354

M3 *Ein Forschungsversuch zur Erosion im Rhein*

❶ Beschreibe, wie sich das Rheintal in seinem Lauf verändert und was die Ursachen dafür sind (Text, M1, M2, Info).

❷ ◀▢ **Wähle aus:**
A Ordne die Bilder in M2 und das Foto S. 93 M4 D den Talformen zu.
B Erläutere die Entstehung der Talformen in M1.

❸ Kennst du Talformen aus M1 in deinem eigenen Umfeld? Nenne Beispiele.

❹ Die Granitsteine haben sich bei dem wissenschaftlichen Versuch verändert (M3). Beschreibe und erkläre.

M1 *Die Luft drückt unterschiedlich je nach Höhe auf das Gerät und zeigt digital die (ungefähre) Höhe an*

Entfernung	Höhe
0 m	100 m
100 m	170 m
300 m	230 m
400 m	260 m
500 m	280 m
600 m	300 m
700 m	340 m
800 m	390 m
900 m	440 m
1000 m	510 m

M2 *Mit dem Höhenmesser ermittelte Daten für einen Berglauf*

INFO

Höhenprofil
Ein Höhenprofil ist ein gezeichneter Längsschnitt durch ein Gelände.
Es zeigt die Höhen, das Gefälle und die Steigung auf einer bestimmten Strecke, zum Beispiel auf einem Rad- oder Wanderweg.

Ein Höhenprofil zeichnen

Vorbereitung für einen Berglauf

Ein Sportlehrer bereitet einen 1000 Meter langen Berglauf vor und ermittelt mit einem Höhenmesser den Anstieg der Strecke (M2). Dann lässt er nach den Daten von den Schülerinnen und Schülern ein Höhenprofil zeichnen.

M3 *Beginn eines Höhenprofils nach den Daten in M2*

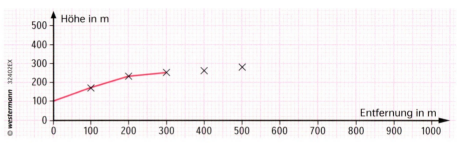

In vier Schritten ein Höhenprofil zeichnen

Wanderkarten enthalten Höhenlinien, physische Atlaskarten dagegen Höhenschichten, die durch Höhenlinien begrenzt sind.
Mithilfe der Höhenlinien lässt sich ein Höhenprofil zeichnen.

1. Profillinie festlegen (M4)
Überlege dir, zwischen welchen Punkten der Karte du das Profil zeichnen willst. Markiere die beiden Punkte A und B durch Kreuze und verbinde sie durch eine gerade Linie (Bleistift).

2. Höhenangaben aus der Karte entnehmen (M4)
Lege an deine Profillinie A – B einen Papierstreifen an. Zeichne darauf zunächst die Endpunkte im richtigen Abstand ein. Achtung: Der Papierstreifen darf nicht verrutschen! Übernimm nun die Höhen aus der Karte auf den Papierstreifen: Wo eine Höhenlinie die Profillinie schneidet, ist das Gelände gerade so hoch, wie die Höhenlinie anzeigt. Beachte: Gibt es viele Höhenlinien, nur die dicker gezeichneten berücksichtigen!

3. Achsen zeichnen und Maßstab festlegen (M4)
Zeichne auf Millimeterpapier eine waagerechte Entfernungs- und eine senkrechte Höhenachse (wie in M3). Die Maßstabsleiste der Karte zeigt dir, wie du die beiden Achsen einteilen musst.

4. Die Profillinie in das Achsenkreuz eintragen M5)
Lege den Papierstreifen mit den Höhenangaben unter die waagerechte Achse. Zeichne nun die Kreuze der Profillinie: Gehe von jeder Höhenangabe auf dem Papierstreifen genau senkrecht nach oben. Die zugehörige Höhe liest du auf der senkrechten Achse ab und trägst sie ein. Zuletzt verbindest du die Kreuze zu einer Linie: Das Höhenprofil ist fertig!

METHODE

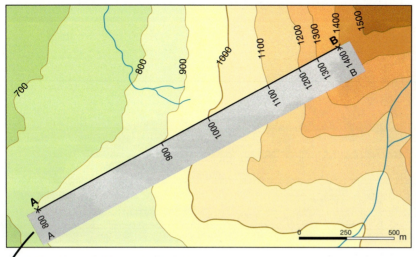

M4 *Höhenlinien auf einer Karte*

M7 *Bei der Arbeit mit Karten*

8735E

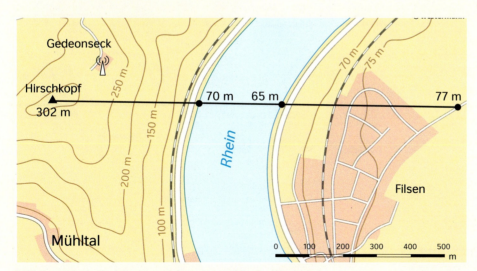

M5 *Höhenprofil, gezeichnet nach M4*

M6 *Der Rhein bei Boppard (topographische Karte)*

1 a) Übertrage das Höhenprofil M3 in deine Mappe oder dein Heft und vervollständige es mithilfe der Tabelle M2.
b) Stelle die Vorteile und die Nachteile von Tabelle (M2) und Höhenprofil (Zeichnung M3) gegenüber.

2 Dein Atlas enthält mehrere Höhenprofile. Suche zwei davon und beschreibe jeweils die Inhalte.

3 ❰?❱ Fertige nach M6 ein Höhenprofil auf Millimeterpapier entlang der eingezeichneten Profillinie an. Gehe nach den Schritten 2 bis 4 in der Anleitung vor.

4 Besorge dir eine Wanderkarte mit Höhenlinien aus deiner Region. Lege Start und Ziel einer Wanderung fest. Zeichne ein Höhenprofil (M4, M5).

METHODE 🖉

Der Rhein – Flussbegradigung und die Folgen

M1 *Auszug aus einer Urkunde 1747 über zwei Gemeinden nahe Karlsruhe*

M3 *Am Oberrhein um 1800 (Gemälde von Peter Birmann)*

Der Rhein – „wild" und unberechenbar

Noch bis Anfang des 19. Jahrhunderts war der Oberrhein ein „wilder" Fluss. Er verlagerte immer wieder sein Flussbett. Bei **Hochwasser** trat der Rhein über die Ufer und überschwemmte die bis zu vier Kilometer breite Flussaue. Dörfer waren mehrere Wochen lang von der Außenwelt abgeschnitten. Wiesen, Weiden und Felder wurden überflutet. Die Wassermassen unterspülten die Ufer und rissen Teile davon weg.

Nach einem Hochwasser floss das Wasser nur langsam ab. Das sumpfige Überschwemmungsgebiet war ein idealer Brutplatz für Stechmücken. Die Fieberkrankheit Malaria und Seuchen breiteten sich aus.

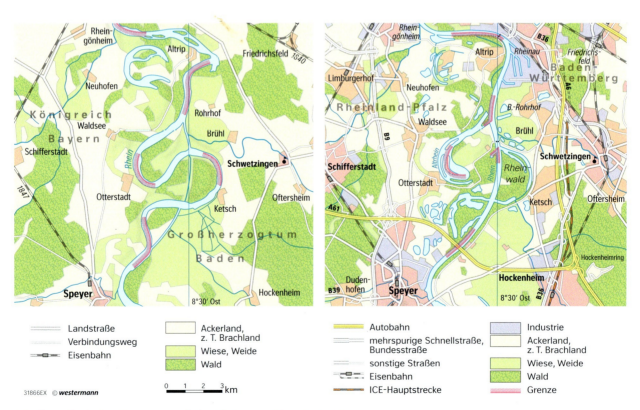

Landstraße	Ackerland, z. T. Brachland
Verbindungsweg	Wiese, Weide
Eisenbahn	Wald

0 1 2 3 km

31866EX © **westermann**

Autobahn	Industrie
mehrspurige Schnellstraße, Bundesstraße	Ackerland, z. T. Brachland
sonstige Straßen	Wiese, Weide
Eisenbahn	Wald
ICE-Hauptstrecke	Grenze

M2 *Der Rhein bei Speyer um 1850 (links) und heute (rechts)*

Exogene Kräfte verändern Räume

D1-043
www.diercke.de

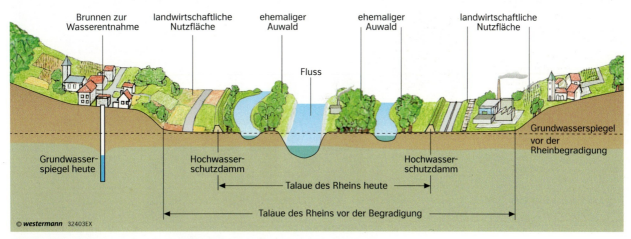

Brunnen zur Wasserentnahme · landwirtschaftliche Nutzfläche · ehemaliger Auwald · ehemaliger Auwald · landwirtschaftliche Nutzfläche

Fluss

Grundwasserspiegel vor der Rheinbegradigung

Grundwasserspiegel heute · Hochwasserschutzdamm · Hochwasserschutzdamm

Talaue des Rheins heute

Talaue des Rheins vor der Begradigung

© westermann 32403EX

M4 *Veränderungen durch die Rheinbegradigung*

Der „wilde" Rhein wird gezähmt

Der Wasserbauingenieur Johann Gottfried Tulla (geb. 1770, gest. 1828) hatte sich das Ziel gesetzt, die entlang des Rheins gelegenen Dörfer vor Hochwasser zu schützen. Zusätzlich sollten in der Flussaue neue landwirtschaftliche Flächen für die wachsende Bevölkerung gewonnen werden.
Die Pläne von Tulla wurden in den Jahren 1817 bis 1874 umgesetzt. Für den Rhein wurde ein neues, nur noch 200 bis 250 m breites Flussbett geschaffen und damit der Flusslauf begradigt. Außerdem wurden Mäander des Rheins durchstochen. Durch die Begradigung verkürzte sich die Länge des Flusses zum Beispiel zwischen Basel und Worms um rund 80 km.
Die Einengung des ehemals „wilden" Flusses blieb nicht ohne Folgen. Das Wasser floss nun schneller ab als zuvor. Für die Strecke von Basel bis Worms brauchte der Rhein jetzt nur noch 24 Stunden anstatt 64 Stunden. Aufgrund der höheren Fließgeschwindigkeit tiefte sich der Rhein stärker in sein neues Flussbett ein. Dadurch sank der Grundwasserspiegel um mehrere Meter ab. Altrheinarme trockneten aus und verlandeten. Auf ehemals sumpfigen Flächen in der Rheinaue konnte nun Ackerbau betrieben werden. Allerdings starb ein Teil der Auenwälder mit ihrer einzigartigen Pflanzenwelt ab. Tiere verloren ihren Lebensraum. Die in früheren Zeiten häufige Fieberkrankheit Malaria trat nicht mehr auf. Hochwasser gab es immer noch, doch die Dörfer in der Talaue und entlang des Rheins blieben vor Überschwemmungen weitgehend verschont.

M5 *Auenwald*

❶ Beschreibe, wie die Landschaft am Oberrhein vor der Begradigung ausgesehen hat (M3).

❷ Um 1800: Bauer Gundolf lebt mit seiner Familie in einem Dorf am Rhein. Er macht sich Sorgen, ob er seine Familie auf Dauer ernähren kann. Erläutere (M1, M3).

❸ 🔀 **Wähle aus:**
A ⬛❓ Vergleiche die Länge des Rheins (km) zwischen Speyer und Altrip vor und nach der Begradigung (M2).

B Charakterisiere die Flächennutzung im Bereich der Talaue um 1850 und heute.

❹ Lege eine Tabelle an mit den Überschriften „Vor der Rheinbegradigung" und „Nach der Rheinbegradigung". Liste in der Tabelle Vor- und Nachteile auf (Text, M3–M5).

❺ Fertige eine Kausalkette zur Begradigung des Rheins und den Folgen an (Text).

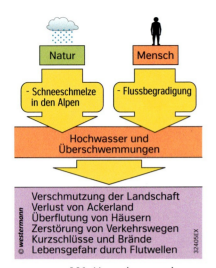

M1 *Ursachen und Folgen von Hochwasser am Rhein*

Natur → - Schneeschmelze in den Alpen

Mensch → - Flussbegradigung

Hochwasser und Überschwemmungen

Verschmutzung der Landschaft
Verlust von Ackerland
Überflutung von Häusern
Zerstörung von Verkehrswegen
Kurzschlüsse und Brände
Lebensgefahr durch Flutwellen

M3 *Innenstadt von St. Goar während des Hochwassers im Juni 2013*

Exogene Kräfte verändern Räume

Niederschläge in Liter/m²

☐ 2 – <10   ☐ 20 – <50   ☐ 100 und mehr
☐ 10 – <20   ☐ 50 – <100

Zum Vergleich: Durchschnittliche Niederschläge im Monat Juni (Liter/m²): Friedrichshafen 112, Karlsruhe 84.

M2 *Einzugsgebiet des Rheins (199 000 km²) mit Niederschlagsmengen vom 30.05. – 2.06.2013*

Bedroht durch Hochwasser

Am Rhein gibt es immer wieder Hochwasser, das große Schäden anrichtet. Ein Hochwasser wird sowohl durch die Natur als auch durch den Menschen verursacht.

Eine natürliche Ursache des Hochwassers am Rhein ist die Schneeschmelze in den Alpen. Deshalb führt der Rhein im Frühjahr und Sommer mehr Wasser als im Winter. Nach extremen Wetterereignissen, wie einem starken Dauerregen oder einem Gewitter, schwellen die Flüsse an und treten über die Ufer. Häufig muss der Schiffsverkehr eingestellt werden.

Auch der Mensch trägt dazu bei, dass es zu Hochwasser kommt. So wurden in der Rheinaue beispielsweise auf ehemals landwirtschaftlich genutzten Flächen Fabriken errichtet sowie asphaltierte Straßen und Parkplätze gebaut. Damit fand eine **Bodenversiegelung** statt, die die Hochwassergefahr erhöht hat. Niederschläge versickern auf den versiegelten Flächen nicht. Stattdessen fließt das Wasser über die Kanalisation direkt in den Rhein.

Das Risiko, dass es bei Hochwasser zu Überschwemmungen kommt, ist entlang des dicht besiedelten Rheins gestiegen. Gefährdet sind nicht nur die Städte und Dörfer am Oberrhein. Gefahr droht auch den Gemeinden am Mittel- und Niederrhein seitdem das Hochwasser durch die Rheinbegradigung schneller abfließt.

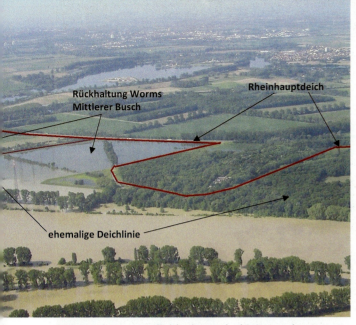

Rückhaltung Worms
Mittlerer Busch

Rheinhauptdeich

ehemalige Deichlinie

M4 *Hochwasserrückhaltung bei Worms im Juni 2013*

Was wird getan, um sich vor Hochwasser zu schützen?

Die deutsche Regierung, die Regierungen der Bundesländer, die an den Rhein angrenzen, sowie der Schweiz und Frankreich haben Maßnahmen zum **Hochwasserschutz** ergriffen. Ziel ist es, die Menschen, die am Rhein wohnen, vor Hochwasser zu schützen und Hochwasserschäden so gering wie möglich zu halten.

Zum Beispiel wurden im Rahmen des „Integrierten Rheinprogramms" sogenannte Polder entlang des Oberrheins geschaffen, die bei einem Hochwasser geflutet werden können. Auf diesen Flächen wird Wasser solange „geparkt", das heißt zurückgehalten, bis das Hochwasser zurückgeht. Erst dann wird das Wasser wieder in den Rhein geleitet. Dadurch steigt die Hochwasserspitze (Scheitelwelle) nicht so hoch an.

Aus Gründen des Hochwasserschutzes wurden am Rhein auch Deiche zurückverlegt, sodass dem Fluss größere Überflutungsflächen zur Verfügung stehen (M4).

Außerdem dient die **Renaturierung** von Flüssen und Bächen dem Hochwasserschutz. Begradigte Bäche zum Beispiel sollen wieder wie früher in einem natürlichen, unbefestigten und windungsreichen Bachbett dahinfließen. Für die Renaturierung gibt allein das Land Rheinland-Pfalz im Rahmen des Programmes „Aktion Blau Plus" jedes Jahr rund 20 Mio. € aus.

Das Rhein-Hochwasser vom Juni 2013 richtete Schäden in Höhe von rund 90 Mio. € an. Größere Schäden konnten vermieden werden, weil
- in der Schweiz der Wasserspiegel mehrerer Seen (Bieler See, Murtener See, Neuenburger See) ab dem 25. Mai 2013 abgesenkt wurde. Dadurch wurde Rückhalteraum für die vom Wetterdienst vorhergesagten hohen Niederschläge geschaffen.
- am Oberrhein ab dem 2. Juni 2013 mehrere Polder geflutet wurden (z. B. Daxlander Au bei Karlsruhe, Worms Mittlerer Busch und Bürgerweide, Ingelheim, Erstein/Frankreich).

Durch diese Hochwasserschutz-Maßnahmen konnten insgesamt 53 Mio. m³ Wasser zurückgehalten und damit der Hochwasserwelle entzogen werden.

M5 *Maßnahmen zum Hochwasserschutz am Rhein im Juni 2013*

Rhein-pegel	Scheitelwasserstand (in cm)	
	gemessen mit Rückhaltungen	berechnet ohne Rückhaltungen
Maxau	869	893
Speyer	834	863
Worms	708	723
Mainz	682	693
Koblenz	635	645
Köln	765	776

M6 *Auswirkung der Hochwasserschutz-Maßnahmen im Juni 2013*

1 Übertrage M1 in dein Heft oder deine Mappe. Ergänze das Schaubild mithilfe des Textes S. 102, M2 und M3.

2 Erläutere den Zusammenhang zwischen der Hochwassergefahr am Rhein und den Maßnahmen (Text, M4 – M6).

3 **[?]** Stelle an einem Beispiel Ziele der Renaturierung vor (Internet/Suchbegriff: Aktion Blau Plus).

4 **Wähle aus:**
A Gestaltet Plakate zum Hochwasser am Rhein im Juni 2013 (M1 bis M6, Internet).
B Erstellt Wandzeitungen zum sogenannten Jahrhundert-Hochwasser am Rhein 1995.

M1 *Lage von Fisch-beck in Deutschland*

M2 *Das Dorf Fischbeck bei Magdeburg versinkt nach einem Deichbruch in den Fluten der Elbe (Juni 2013).*

Hochwasser in den Medien

Wer profitiert von der Katastrophe?

Katastrophen wie das Hochwasser sind die Sternstunden der Medien. Ob Gefahrenzonen, Sperrungen oder Evakuationsempfehlungen: Zeitnah sich zuspitzende Ereignisse werden konkret beschrieben. [...]

Medien [...] sind Wirtschaftsunternehmen. Mit Opfergeschichten, Chaos-Bildern und Superlativen lässt sich eben auch Kasse machen [...]. Die Sender jagen ihre Redakteure in die Luft (per Hubschrauber) oder schicken sie in die Fluten (per Schnellboot) – plötzlich kann keine Recherche teuer genug sein.

(Petra Sorge. In: www.cicero.de; 21.05.2015)

M3 *Medien – nicht uneigennützig*

	Normal	August 2002	Juni 2013
Elbe in Dresden	1,96 m	9,40 m	6,96 m
Elbe in Magdeburg	1,46 m	6,72 m	7,46 m
Donau in Passau	4,95 m	10,79 m	12,66 m

M4 *Wasserstände an Elbe und Donau*

Die Vergessenen von Fischbeck

Bundesstraße 188, aus Richtung Tangermünde [nach Fischbeck an der Elbe]. Bis zur Hüfte im Wasser, schiebt eine Frau ihr Fahrrad. [...]

Schritt für Schritt kämpft sich die Frau durch die Flut vorwärts. „Ich muss nach Fischbeck", ruft sie herüber. „Sehen, wie es meiner Katze geht." Seit der Elbdeich bei Fischbeck brach, ist ihr Heimatort auf dem Landweg kaum noch zu erreichen – Fischbeck ist von der Außenwelt abgeschlossen. Die Frau mit dem Fahrrad, hüfthoch im Wasser, ist ein Sinnbild für die Dramatik des Elbehochwassers.

Der Deichbruch vor knapp zwei Wochen ließ eine ganze Region im nördlichen Sachsen-Anhalt untergehen. Zeitweise standen 250 Quadratkilometer Land unter Wasser. Während Krisenstäbe in der Landeshauptstadt Magdeburg oder in Halle den Notstand ausriefen, wurden auch Dörfer wie Jederitz, Kuhlhausen, Kamern und Schönhausen evakuiert. In 14 Kommunen fehlt der Strom noch immer komplett, in vielen anderen bleiben die meisten Straßen nachts dunkel. Einwohner warten bei Verwandten, Freunden oder in Notquartieren, dass das Wasser abfließt. Die Bundeswehr versenkte mehrere Lastkähne, um einen Deichbruch zu verschließen. [...]

(Björn Menzel. In: www.zeit.de; 20.06.2013)

M5 *Hochwasser an der Elbe*

„Oh Gott, ich hoffe, es bleibt stehen"

Der Passauer Journalist Hubert Denk in den Fluten

In Passau herrscht blankes Entsetzen. Egal, wie routiniert die Passauer im Umgang mit den Fluten bisher gewesen sein mögen – diese Katastrophe sprengt alle Dimensionen. Das Jahrhunderthochwasser von 2002? Die Flut von 1954? Vergessen. In der Dreiflüssestadt steht das Wasser so hoch wie seit 1501 nicht mehr. Und es steigt weiter.

„Mein Haus ist Baujahr 1870, und es war noch nie überflutet", sagt der Journalist Hubert Denk. „Und jetzt habe ich einen überfluteten Keller und den Fluss vorm Fenster. Wenn der Pegel weiter steigt, drückt's das Wasser hier durch die Bodenbretter."

Seine Stimme überschlägt sich beim Reden. Er hat eine katastrophale Nacht hinter sich. „Ich habe drei Stunden geschlafen." [...]

Die Stadtwerke Passau haben die Trinkwasser-Versorgung eingestellt: Das Hochwasser könnte die Brunnen verschmutzen. Ein Krisenstab arbeitet mit Hochdruck an einer Lösung. Günther Loibl lehnt müde und erschöpft an der Hauswand. Seit Stunden droht der 45-Jährige, den Kampf um seine Gaststätte, sein Lebenswerk, zu verlieren. „Toiletten und Kühlraum sind schon überschwemmt", sagt der Gastwirt. „Es fehlen nur noch wenige Zentimeter bis zum Schankraum." Die Feuerwehr pumpt und pumpt – insgesamt 600 Einsatzkräfte und 120 Bundeswehrsoldaten sind in Passau im Einsatz. „Was die hier leisten, ist brutal", sagt Loibl. „Die versuchen, jeden Zentimeter zu retten." In vielen anderen Fällen sind die Helfer aber auch machtlos: Mehrere Geschäfte in der Innenstadt musste die Feuerwehr aufgeben, weil die Schaufensterscheiben unter dem Druck des Wassers zerborsten sind.

(Annette Zoch. In: www.abendzeitung-muenchen.de; 10.06.2015)

M6 *Hochwasser in Passau an der Donau*

- **Räumliche Orientierung**
  Wird deutlich, welches Gebiet/welche Region von der Hochwasserkatastrophe betroffen ist (z.B. Namen von Flüssen, Ortsnamen)?
  Ist eine Karte des Katastrophengebietes beigefügt?

- **Sachlichkeit**
  Ist die Überschrift/der Text sachlich oder reißerisch formuliert?
  Wird über Ursachen, Verlauf und Folgen der Katastrophe sowie Hilfsmaßnahmen berichtet?
  Kommen vom Hochwasser betroffene Menschen zu Wort? Werden Dinge bewertet?
  Gibt der Autor eine eigene Meinung wieder?
  Ist der Text vertrauenswürdig (Quelle beachten)?

- **Emotionalität**
  Welche Gefühle soll der Zeitungsartikel beim Leser wecken (z.B. Neugier, Betroffenheit, Mitgefühl, Angst)?

M7 *Kriterien zur Beurteilung von Berichten über Naturkatastrophen in Zeitungen*

❶ a) Analysiert in Kleingruppen die Zeitungsartikel M5 und M6 nach den in M7 genannten Kriterien.
b) Arbeitet die Kernaussagen der Texte heraus.
c) Präsentiert eure Arbeitsergebnisse.

❷ a) Schaut euch einen Film zum Hochwasser 2013 an der Elbe oder an der Donau an (Internet/Suchbegriff):
– Hochwasser an der Elbe; ARD Mittagsmagazin (2:43 Min.)
– Jahrtausendflut in Passau; YouTube (2:54 Min.)

b) Bewertet den Film nach den vorgegebenen Kriterien (M7). Ergänzt oder verändert gegebenenfalls den Kriterienkatalog.

❸ [?] Nimm Stellung zu der Aussage in M3: „Katastrophen wie das Hochwasser sind Sternstunden der Medien."

❹ Erläutere, welche Gebiete in Deutschland hochwassergefährdet sind (M2, M4 – M6, Atlas).

M1 *Lage von Las Vegas und dem Colorado River in den USA*

Lebensader für Millionen – der Colorado River

M3 *„Entdeckungsreise" im Schlauchboot auf dem Colorado River*

Exogene Kräfte verändern Räume

Wie konnte aus einem mächtigen Strom ein kleines Rinnsal werden?

Der mächtige Colorado River im Südwesten der USA fließt durch einen Trockenraum. Regen gibt es hier nur selten. Dennoch sorgt der Fluss dafür, dass diese Wüstenregion nutzbar ist. Mit seiner Kraft schuf der Fluss einst den weltberühmten Grand Canyon (S. 108 M1). Heute mündet der Colorado River nach 2333 Kilometern als Rinnsal in den Golf von Kalifornien.

Zitronen und Orangen, Gemüse, Getreide und Baumwolle – alles wächst prächtig im heißen Klima Arizonas und Südost-Kaliforniens. Aber nicht nur entlang des Colorado wird intensive Landwirtschaft betrieben. Über Kanäle und Pipelines werden auch entferntere Regionen mit dem Wasser des Flusses bewässert. Die Landwirtschaft ist in den USA mit 80 Prozent der mit Abstand größte Wasserverbraucher.

Einfamilienhäuser mit üppig grünen Gärten und riesigen Swimmingpools, große Golfplätze und die glitzernde Großstadt Las Vegas – das alles ist nur mit dem Wasser des Colorado möglich. Im Durchschnitt verbraucht jeder Bewohner des 1,8 Millionen Einwohner umfassenden Ballungsraumes Las Vegas 1100 Liter Wasser am Tag (zum Vergleich Deutschland: 120 Liter). Die Stadt liegt mitten in der Wüste von Nevada. Die Menschen haben sich hier im warmen und trockenen Südwesten der USA ein künstliches Paradies geschaffen. Ohne Stauseen und Fernwasserleitungen wäre das nicht möglich gewesen.

M2 *Wassershow vor einem Hotel in Las Vegas*

M4 *Tourismus auf dem Lake Mead*

D1-226
www.diercke.de

M5 *Intensive Landwirtschaft in Nevada*

Kinder toben kreischend im Wasser, andere fahren Wasserski. Am Kai stehen Touristen Schlange für eine Fahrt auf dem Schaufelraddampfer. Nichts scheint die Urlaubsidylle zu trüben, hier am Lake Mead. Es ist der größte Stausee Amerikas. Doch der Schein trügt.

Anhaltende Dürre hat den Wasserspiegel des Lake Mead in den letzten zehn Jahren viele Meter fallen lassen. Die Größe des Sees hat sich um mehr als die Hälfte verringert. Der Lake Mead ist durch den Bau des Hoover-Damms entstanden, dem größten Staudamm der USA. Als Präsident Roosevelt ihn 1935 einweihte, war man sich sicher, die Wasserprobleme des Südwestens gelöst zu haben. Aber der Colorado River ist hinter dem Staudamm heute nur noch ein kleines Rinnsal.

„Wenn der Wasserpegel um weitere 14 Meter fällt, dann müssen wir die Turbinen und damit die Stromversorgung einstellen", sagt eine junge Rangerin. „Das wäre für Arizona, Nevada und Kalifornien eine Katastrophe."

Mittlerweile denkt man darüber nach, den Wassermangel durch Entsalzung von Meerwasser zu beheben, was jedoch ungeheure Mengen an Energie kosten würde. Eine andere Idee sieht vor, eine 2200 km lange Wasserpipeline vom Oberen See im Norden der USA in den trockenen Südwesten zu bauen.

Sparbemühungen gibt es aber auch. Die großen Wassershows in den Hotels von Las Vegas nutzen einen Kreislauf, um das Wasser wieder zu verwenden. Computer steuern heute die Rasensprenganlagen vor den Parkanlagen. Sogar eine „Wasserpolizei" gibt es schon: Rasensprengen ist Privathaushalten nur noch einmal pro Woche erlaubt. Ebenso Autowaschen.

M6 *Dem Südwesten der USA geht das Wasser aus.*

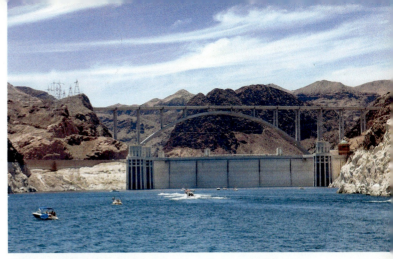

M7 *Der Hoover-Damm staut den Colorado River zum Lake Mead auf.*

Die vielfältigen Nutzungsmöglichkeiten des Colorado River (USA)

Strom-gewinnung	Tourismus	Landwirt-schaft	Privat-haushalte
...	...	...	...
...	...	...	...

M8 *Beginn einer Tabelle*

❶ Ermittle, durch welche Vegetationszone der Colorado hauptsächlich fließt (Atlas: Karte: Erde – Potenzielle natürliche Vegetation).

❷ ◁ **Wähle aus:**
A Beschreibe den Verlauf des Colorado von der Quelle bis zur Mündung. Teile auf in: Oberlauf, Mittellauf und Unterlauf. Nenne auch die Städte, die am Fluss liegen (Atlas: Karte: Vereinigte Staaten von Amerika (USA), Kanada – Physische Karte).
B Zeichne eine Kartenskizze mit dem Flusslauf des Colorado, den Stauseen, dem Grand Canyon und Städten in der Umgebung (Atlas: Karte: Vereinigte Staaten von Amerika (USA), Kanada – Physische Karte).

❸ a) Ergänze M8, indem du die folgenden Begriffe zuordnest:
Rafting, Klettern, Staudämme (Hoover-Damm), Helikopterrundflüge, Schiffsausflüge, Wasserkraftwerke, Bewässerung der Landwirtschaft, Baden, Wassershows, Autowaschanlagen, Bewässerung von Grünflächen, Swimmingpools, Stauseen (Lake Mead, Lake Powell).
b) Markiere die Begriffe in Rot, die zu Wassermangel im Colorado führen.

❹ ⬛ Gib den drei Abschnitten im Text auf S. 106 Überschriften.

❺ Diskutiert über Möglichkeiten, den Wassermangel im Südwesten der USA abzuschaffen (M6).

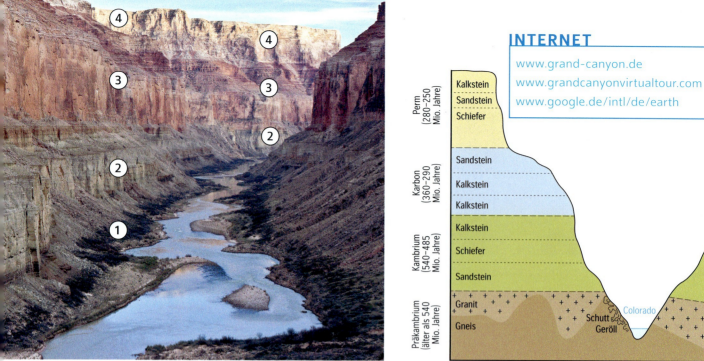

M1 *1,5 Milliarden Jahre Erdgeschichte im Grand Canyon und im geologischen Profil (rechts)*

INTERNET

www.grand-canyon.de
www.grandcanyonvirtualtour.com
www.google.de/intl/de/earth

Wie wurde der Colorado River zum „Fenster in die Erdgeschichte"?

Beeindruckend sind die Täler, die der Colorado River in das Gestein gegraben hat. Damit der bis zu 1,8 km tiefe und 450 km lange Grand Canyon entstehen konnte, benötigte der Colorado River weiche Gesteine wie Sand- oder Kalksteine. Sie gaben der Kraft des Wassers leicht nach und konnten leicht erodiert werden. Härtere Gesteinsschichten blieben stehen und bildeten nahezu senkrechte Wände. So entstanden die berühmten treppenartigen Hänge, die das Tal des Grand Canyon kennzeichnen.

Bis vor etwa fünf bis sechs Millionen Jahren war das Colorado-Plateau eine flache Wüste aus Sandstein. Doch dann formten Schmelzwasserströme erste Rinnen in das Land. Es entstanden Klammtäler. Mit einer Tiefe von 100 bis über 200 Meter pro einer Million Jahre grub sich der Colorado ein.

Längst steht dieses Naturdenkmal mit seinem einzigartigen Ökosystem unter besonderem Schutz. 1919 wurde der Grand Canyon von den Vereinigten Staaten zum Nationalpark gekürt. Seit 1979 gehört der Grand Canyon zum Welterbe der UNESCO.

Jährlich bestaunen über fünf Millionen Besucher den Grand Canyon.

1 Außer den Talformen auf S. 96 M1 gibt es auch die spezielle Talform des „Canyon".
◄ Wähle aus:
A [?] Erkläre, wie das Wasser den Grand Canyon geformt hat (Text, M1).
B Entwirf den Querschnitt eines Canyon in Ergänzung zu den Talformen auf S. 96 M2.

2 a) Ordne die Zahlen in M1 den Erdzeitaltern im geologischen Profil zu.
b) Begründe, weshalb die ältesten Gesteine nur an einigen Stellen zu sehen sind.

3 Das gesamte Tal ist etwa 1000 m tief. Finde heraus, wie viel Meter jede der vier Erdzeitalter-Schichten mächtig ist (M1).

4 Verfolge in Google Earth (Street View) eine Rafting-Tour durch den Grand Canyon. Beschreibe deine Eindrücke.

5 Finde die Namen in der Übungskarte M2 mithilfe des Atlas.

6 Beantworte in M2 die Fragen zu den Fotos a) bis i) mithilfe von Atlas und Internet.

Nordamerika

i) Skyline von Anchorage: Auf welchem Längengrad liegt die Stadt?

a) Niagarafälle: Welche beiden Seen verbinden sie?

h) Vancouver: In welchem Staat liegt die Stadt?

b) Geysir im Yellowstone Nationalpark: In welchem US-Bundesstaat liegt der Park?

g) Golden Gate Bridge: Zu welcher Stadt gehört sie?

f) Schriftzug Hollywood – Wahrzeichen von welcher Stadt?

c) Hauptsitz der Vereinten Nationen (UNO): In welcher Stadt liegt er?

e) French Quarter in New Orleans: An welchem Fluss liegt die Stadt?

d) Walt Disney World Resort: Auf welcher Halbinsel liegt es?

17131E_1

① – ②   Gebirge
a – d   Flüsse
A – E   Ozeane, Meeresteile, See
1 – 4   Inseln, Halbinseln
● 1–16   Städte
1 – 2   Länder
——   Staatsgrenze

0   400   800   1200   1600   2000
km

M2 *Übungskarte Nordamerika*

ORIENTIERUNG

109

M1 *Tornado im US-Bundesstaat Kansas 2012*

Fast 40 Tote nach verheerender Tornadoserie

Topeka – Viele Tote, mehr als 200 Verletzte und kilometerweite Trümmerfelder: In den letzten drei Tagen haben Tornados erneut eine gigantische Schneise der Verwüstung in den mittleren und südlichen US-Bundesstaaten von Illinois bis Texas geschlagen. Nach Fernsehberichten kamen über 30 Menschen ums Leben.

„Es sieht aus, als wäre eine Bombe explodiert und hätte alles in Stücke gerissen", berichtete der Gouverneur von Kansas nach einem Besuch der betroffenen Ortschaften. Die Stürme wirbelten Autos und sogar Schulbusse wie Spielzeug umher.

Meteorologen weisen darauf hin, dass die Häufung derart vieler Tornados im September ungewöhnlich ist. Normalerweise sind Mai und Juni die Monate mit den meisten Stürmen.

M2 *Zeitungsmeldung im September 2012*

Was macht Tornados so gefährlich?

Immer wieder werden ganze Landstriche in den mittleren und südlichen Bundesstaaten der USA durch **Tornados** zerstört. Betroffen sind vor allem die Menschen in der sogenannten Tornado Alley (M5). Dort bilden sich Tornados besonders häufig und sind sehr heftig.

In den USA werden etwa 1200 Tornados pro Jahr registriert, die Hälfte davon in der Tornado Alley. Allerdings können überall auf der Erde Tornados entstehen. Allein in Deutschland gab es 2014 50 bestätigte Tornados und mehr als 220 Verdachtsfälle.

Die Auswirkungen dieser Wirbelstürme sind davon abhängig, ob und wo der Luftwirbel den Boden erreicht. Über unbewohntem Gebiet wird oft Ackerboden abgetragen und es werden Bäume entwurzelt. Trifft ein Tornado hingegen auf bewohntes Gebiet, so entstehen bis zu einem Kilometer breite Schneisen völliger Verwüstung. Tornados können nur wenige Sekunden bis zu einer Stunde dauern.

Tornados entstehen oft über großen Festlandsflächen.

(1) Über dem Erdboden befindet sich feuchtwarme Luft. Diese ist relativ leicht und steigt schnell auf.

(2) Der Wasserdampf kondensiert in der Höhe und setzt Wärme frei. Dabei bilden sich ambossförmige, riesige Gewitterwolken.

(3) Die feuchtwarme Luft trifft auf trockene kalte Luft in der Höhe. Dabei entstehen heftige Windwirbel.

(4) Die kalte Luft stürzt als Fallwind nach unten.

(5) Gleichzeitig strömt neue feuchtwarme Luft spiralförmig nach oben. Dabei wird die Drehbewegung immer schneller. Es bildet sich ein Tornadorüssel mit einer Windgeschwindigkeit von 500 km/h und mehr.

Die in Nord-Süd-Richtung verlaufenden Gebirgszüge Rocky Mountains und Appalachen begünstigen dieses Zusammentreffen der Luftmassen in der Mitte der USA („Tornado Alley").

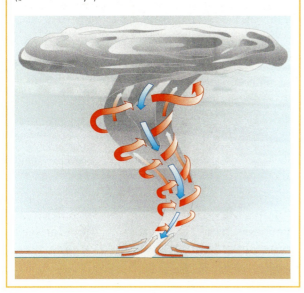

M3 *Die Entstehung von Tornados*

Region	Bezeichnung der Wirbelstürme
Weltweit	Tornado (außertropischer Sturm), in den USA auch Twister
USA und Atlantischer Ozean	Hurrikan (tropischer Sturm)
Ost- und Südostasien	Taifun (tropischer Sturm)
Indischer Ozean und südlicher Pazifischer Ozean	Zyklon (tropischer Sturm)
Australien	Willy-Willy (tropischer Sturm)

M4 *Bezeichnungen für Wirbelstürme*

M5 *Lage der „Tornado Alley" in den USA*

M6 *Zerstörungen nach einem Tornado im US-Bundesstaat Texas 2015*

❶ a) Benenne diejenigen US-Bundesstaaten, die im Bereich der „Tornado Alley" liegen. (M5; Atlas, Karte: Vereinigte Staaten von Amerika (USA), Kanada – Physische Karte).
b) Begründe, weshalb gerade in dieser Region der USA so oft Tornados entstehen können (M3; Atlas, Karte: Nord- und Mittelamerika – Klima: Temperaturen im Juli).

❷ Übertrage die Zeichnung in M3 in dein Heft oder deine Mappe. Trage die Zahlen (1) bis (5) entsprechend der Beschreibung an der richtigen Stelle ein.

❸ ◼⟨?⟩ Geh auf die Internetseite: www.tornadoliste.de.
a) Ermittle, wo es in Rheinland-Pfalz im letzten Jahr „bestätigte" Tornados gab.
b) Trage diese Orte in eine Rheinland-Pfalz-Karte ein. Präsentiere sie der Klasse.
c) Überprüfe, ob du in einer Region mit hoher Tornadogefahr lebst.

Wenn Wind Land zerstört

Als „Dust Bowl" (Staubschüssel) erlangte die Region der mittleren Great Plains (USA) in den 1930er-Jahren traurige Berühmtheit. Weiße Siedler kamen in der zweiten Hälfte des 19. Jahrhunderts in die Region. Viele von ihnen wurden Bauern (Farmer). Nach der Rodung des Präriegrases für den Weizenanbau hatten einige Dürrejahre katastrophale Folgen. **Sandstürme** fegten tagelang über die großen Ebenen und verdunkelten den Himmel. Ernten wurden vernichtet. Durch Winderosion wurde wertvoller Ackerboden abgetragen.

Der starke Wind transportierte unzählige Sandkörnchen und wirkte wie Schleifpapier. Zurück blieb eine Art Mondlandschaft (M2). Dieses für jede landwirtschaftliche Nutzung unbrauchbare Land wird seitdem „Badlands" genannt. Mehr als 600 000 Landarbeiter und Farmer litten damals Hunger und mussten ihren Besitz aufgeben. Viele verließen die Great Plains. Die 1930er-Jahre blieben nicht die letzten Trockenjahre in dieser Region. Aber auch in vielen anderen Teilen der Erde gibt es Sandstürme und Badlands.

M1 *Herankommender Sandsturm*

M2 *Badlands im US-Bundesstaat Oklahoma*

Verheerender Sandsturm in Mecklenburg-Vorpommern kein Einzelfall

11.04.2011 Ein Sandsturm auf der A19 südlich von Rostock löste eine Massenkarambolage mit acht Toten und 131 Verletzten aus. Beiderseits der Autobahn befanden sich weiträumig Felder. Sie lagen brach. Zum Zeitpunkt des Unfalls waren sie sehr trocken, da es seit vielen Tagen nicht mehr geregnet hatte. Sturm wirbelte den Ackerboden vor sich her. Fahrer, die auf der Autobahn unterwegs waren, berichteten, dass sie plötzlich nichts mehr auf der Straße sehen konnten. Alles war in ein tiefes Grau gehüllt. Solche Sandstürme sind auch in Deutschland keine Einzelfälle. Im März 1998 ereignete sich auf der A63 in Rheinland-Pfalz zwischen Wörrstadt und Biebelnheim eine ähnliche Massenkarambolage nach einem Sandsturm. Starker Wind wirbelte von angrenzenden, staubtrockenen Feldern Ackerboden auf. Es gab zahlreiche Verletzte.

M3 *Zeitungsmeldung*

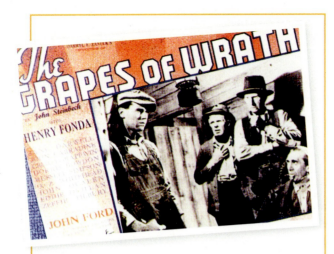

The Grapes of Wrath (Früchte des Zorns)

Der amerikanische Film von John Ford aus dem Jahr 1940 hat zwei Oscars erhalten. Er beruht auf dem gleichnamigen Roman vom John Steinbeck.

Erzählt wird die Geschichte von Tom Joad. Er kommt zurück auf die Farm seiner Eltern in Dust Bowl, Oklahoma. Durch extreme Dürre, Sandstürme und die Ausbeutung der Großgrundbesitzer wird die Familie vertrieben. Sie wandert voller Hoffnung auf ein besseres Leben nach Kalifornien aus. ...

M4 *Zwei Oscars für „Früchte des Zorns"*

INFO

Hoodoos

Hoodoos kommen in Trockengebieten vor, zum Beispiel im Westen der USA. Es sind bis zu 45 m hohe Felssäulen. Ihre Spitze ziert oft ein abgesetzter Fels. Daher wirken sie teilweise wie riesige Pilze aus Stein.

Starke Sonneneinstrahlung hat zu Rissen im Gestein geführt. Wind und Regen haben große Mengen von lockerem, nicht durch Pflanzen befestigem Gesteinsmaterial abgetragen und tiefe Erosionsrinnen geschaffen, bis schließlich einzelne Hoodoos entstanden sind.

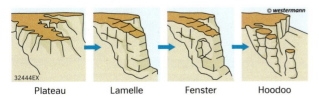

Plateau — Lamelle — Fenster — Hoodoo

M5 *Entstehung von Hoodoos (Schema)*

M6 *Lage der „Dust Bowl-Region" in den USA*

M7 *Hoodoos – entstanden auch durch Wind*

❶ **[?]** Vergleiche die Lage der Tornado Alley (S. 111 M5) mit der Dust Bowl-Region (M6).

❷ **Wähle aus:**
A Entwirf ein Informationsblatt zum Thema „Sandstürme" mit ihren Ursachen und Auswirkungen.
B Gestalte ein Portfolio zu einem aktuellen Sturmereignis (Internet). Gehe auf die Lage des Sturms, seine Ausdehnung und Dauer ein. Mache Angaben zu Schäden. Welche Ursachen könnte der Sturm gehabt haben?

❸ Erläutere mithilfe der Info und M5, wie der Hoodoo in M7 entstanden ist. Nutze folgende Fachbegriffe: exogene Kräfte, Winderosion, harte und weiche Gesteinsschichten, Sonneneinstrahlung, Temperaturunterschiede, Wassererosion.

❹ Schaut euch gemeinsam „Früchte des Zorns" an. Beschreibt eure Gedanken und Empfindungen (M4).

M1 *Lage der Schwäbischen Alb in Deutschland*

M3 *In einer Tropfsteinhöhle*

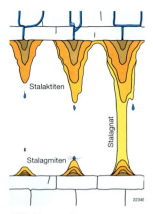

M5 *Entstehung von Tropfsteinen*

Karstformen

Steter Tropfen höhlt den Stein

Die Schwäbische Alb ist ein Gebirge aus Kalkstein. Hier findet man Oberflächenformen, die nur im Kalkstein vorkommen: die Formen des **Karst**. Das Wort Karst geht auf den Namen des Gebirges Karst in Slowenien und Kroatien zurück, das ebenfalls aus Kalkstein besteht.

Kalkstein und Niederschläge sind die Voraussetzung für die Entstehung von Karst, denn nur dann tritt eine **Lösungsverwitterung** ein. Wasser löst Kalkstein auf.

Wegen seiner Risse und Spalten ist Kalkstein sehr wasserdurchlässig. Deshalb sammelt sich hier das Regenwasser nicht in Flüssen und Seen, sondern versickert schnell in die Tiefe. Im Untergrund löst das Wasser den Kalkstein langsam auf. Es bilden sich Höhlen. Stürzen die Höhlen ein, werden die Bruchstellen an der Oberfläche als *Dolinen* (Einsturztrichter) sichtbar.

In den Höhlen bilden sich durch herunter tropfendes Wasser **Tropfsteine**. *Stalagtiten* wachsen von der Decke herunter, *Stalagmiten* wachsen vom Boden in die Höhe.

Das versickerte Wasser sammelt sich unterirdisch auf wasserundurchlässigen Gesteinsschichten und fließt mit der Schwerkraft ab. Am Gebirgsrand tritt es in Karstquellen wieder zutage.

M2 *Fließschema zur Entstehung einer Doline*

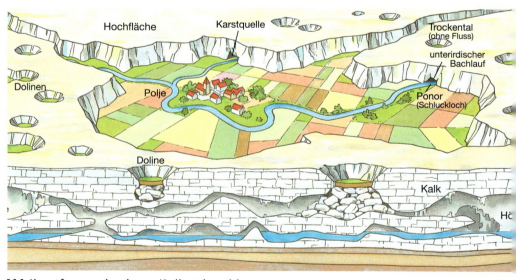

M4 *Karstformen in einem Kalksteingebirge*

114

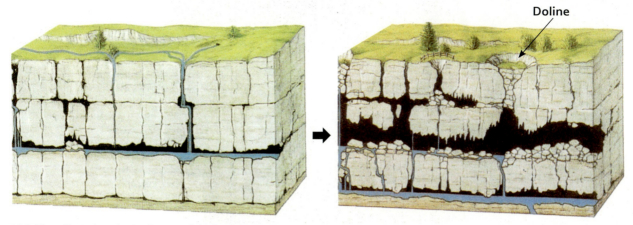

M6 *Eine Karstlandschaft entwickelt sich.*

Eine der bekanntesten Karsterscheinungen in der Schwäbischen Alb ist der Blautopf bei Blaubeuren. Das ist eine der bekanntesten Karstquellen in Deutschland.

Der Blautopf ist der Endpunkt eines unterirdischen Höhlensystems. Hier sammelt sich das Wasser, das in einem Umkreis von 180 km² versickert. Bei Hochwasser treten an der Quelle mehr als 20 000 Liter Wasser pro Sekunde aus. Den Namen bekam die Karstquelle wegen des blauen Wassers.

Es gibt zahlreiche Legenden, die über den Blautopf erzählt werden. Eine dieser Geschichten ist die von der „Schönen Lau".

M7 *Der Blautopf bei Blaubeuren*

❶ Liste alle im Text genannten Karstformen auf und beschreibe sie (M3 – M7).

❷ ◀▦ **Wähle aus:**
A Erkläre in kurzen Texten, wie die Karstformen entstehen.
B Erkläre, wie die Karstformen entstehen, indem du jeweils ein Fließschema wie in M2 anfertigst.

❸ Beschreibe die Tropfsteinhöhle in M3.

❹ ◀❓▶ Der Wasserstand im Blautopf bei Blaubeuren ändert sich. Erkläre warum (M7).

❺ Recherchiere im Internet die Sage von der „Schönen Lau". Gib eine Inhaltsangabe.

❻ Wasser war für die Bewohner der Schwäbischen Alb bis vor 100 Jahren sehr kostbar. Es gab noch keine Wasserpumpen und Wasserleitungen. Versetze dich in die Lage eines Bewohners der Schwäbischen Alb und schildere das Problem.

❼ a) Beschreibe die Lage des Gebirges, das den Karstformen den Namen gab (Atlas).
b) Recherchiere den Namen Karst und notiere die Bedeutung des Namens (Internet).

115

◁ **M1** *Der Backenstein in Sachsen-Anhalt – ein Findling von 4,10 m Breite und 3,20 m Höhe*

Vorstoß der Inlandeisgletscher nach Süden

Zeit v. Chr.	nördl. Breite
	54° 53° 52° 51° 50°

10 000 — Warmzeit

50 000 — Weichsel-eiszeit *(Alpen: Würm)*

100 000 / 115 000 / 130 000 — Warmzeit

150 000 — Saale-eiszeit *(Alpen: Riß)*

200 000

230 000 / 250 000 — Warmzeit

300 000 — Elster-eiszeit *(Alpen: Mindel)*

350 000 / 370 000 — Warmzeit

6301E_1

M2 *Wechsel von Eiszeiten und Warm-zeiten* ▷

Von Gletschern geprägt: Norddeutschland

Die Entstehung der Gletscher im Norddeutschen Tiefland

Norddeutschland ist Eiszeitland. 90 Prozent der Landoberfläche Schleswig-Holsteins, Nieder-sachsens und Mecklenburg-Vorpommerns sind eiszeitlicher Herkunft. Ohne die Sedimente der beiden letzten **Eiszeiten** bestände Schleswig-Holstein nur aus einer Anzahl kleiner Inseln in einer vereinigten Nord- und Ostsee.

Als sich vor etwa 120 000 Jahren das Klima im Norden Europas um 6 °C bis 10 °C abkühlte, schneite es kräftig in den langen Wintern und taute wenig in den kurzen Sommern. So wuchsen die **Gletscher** in Skandinavien auf bis zu 5 000 m Höhe an. Durch den hohen Eigendruck dieser Gletscher schoben sich die Eismassen langsam nach Süden und erreichten nach etwa 1500 km das Norddeutsche Tiefland. Hier brachten wär-mere Temperaturen das nur noch 300–500 m mächtige Eis zum Schmelzen. Das mitgeführte Gestein (Geschiebe) wurde auf dem Weg dorthin zerkleinert, abgerundet und zuletzt als gewaltige Schuttmasse abgelagert. Häufige Klimaschwan-kungen ließen die Gletscher wachsen oder schrumpfen. Es entstand eine Landschaft mit Tälern, Seen, steilen Hügeln und flachwelligen Ebenen, in der Tone, Sand, Kies, gröberes Geschiebe sowie tonnenschwere **Findlinge** in unmittelbarer Nähe zueinander lagen.

Zeugen der Eiszeit

Die enormen Kräfte des Eises haben bis heute ihre Spuren hinterlassen. Das von den Gletschern vor sich her geschobene Gesteinsmaterial wird *Endmoräne* genannt. Unter dem Eis abgelagerte Sedimente heißen *Grundmoräne*. Die Schmelz-wässer der Gletscher haben vor den Endmo-ränenwällen Schuttfächer abgelagert, die *Sander*. Gewaltige Wassermassen strömten aus den schmelzenden Gletschern und vereinigten sich zu breiten *Urstromtälern*, in denen heute Elbe oder Weser fließen. Die typische Abfolge der aus der Eiszeit stammenden Landschaftselemente wird als **glaziale Serie** bezeichnet.

Vor dem Eis breitete sich eine Tundra ähnliche Landschaft mit Gräsern, Moosen und Flechten aus. Kalte Fallwinde von den Gletschern trans-portierten feinen Gesteinsstaub und lagerten ihn in den heutigen Börden ab. Dieser *Löss* ist Aus-gangsmaterial für sehr fruchtbare Böden.

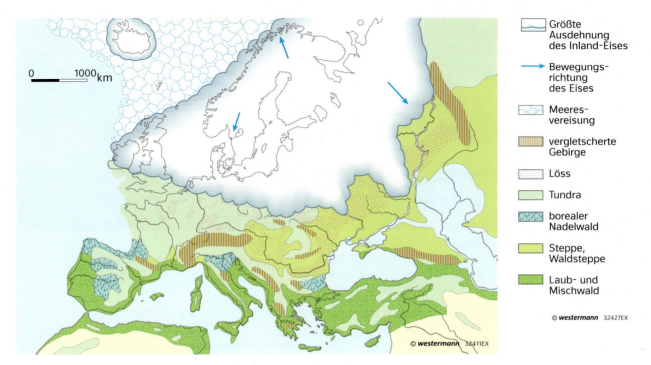

M3 *Europa während der letzten Eiszeit (Weichseleiszeit)*

Legende:
- Größte Ausdehnung des Inland-Eises
- Bewegungsrichtung des Eises
- Meeresvereisung
- vergletscherte Gebirge
- Löss
- Tundra
- borealer Nadelwald
- Steppe, Waldsteppe
- Laub- und Mischwald

© *westermann* 32427EX

© *westermann* 32411EX

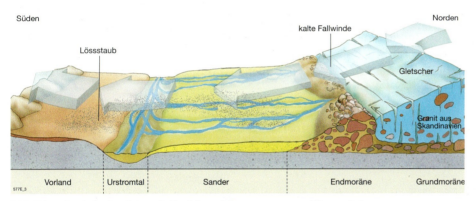

M4 *Die glaziale Serie und die Lössablagerungen während der letzten Eiszeit*

Süden — Lössstaub — kalte Fallwinde — Norden — Gletscher — Granit aus Skandinavien

Vorland | Urstromtal | Sander | Endmoräne | Grundmoräne

577E_3

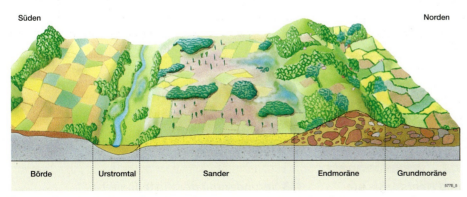

M5 *Die Landschaften der glazialen Serie und der Lössablagerungen heute*

Süden — Norden

Börde | Urstromtal | Sander | Endmoräne | Grundmoräne

577E_5

❶ „Norddeutschland ist Eiszeitland".
a) Erkläre, wie die Landschaft entstanden ist.
b) Beschreibe die Ausdehnung des Inlandeises in der letzten Eiszeit (M3).

❷ Wähle aus:
A Zeichne eine Mindmap, die die Landschaftselemente der glazialen Serie und des Vorlandes im Detail darstellt.
B Beschreibe mithilfe von M4 den dargestellten Naturraum zur Zeit der letzten Eiszeit.

❸ Betrachte M4 und M5. Lege eine Tabelle an, mit der du die verschiedenen glazialen Naturräume von der Grundmoräne bis zur Börde anhand bestimmter Merkmale unterscheiden kannst.

Die Küsten an Nord- und Ostsee und ihr Schutz

M1 *Boddenküste mit Binnensee bei Heiligenhafen an der Ostsee (siehe M3)*

Von welchen Kräften werden die Küsten geformt?

An der Nordsee herrscht das Wechselspiel der Gezeiten. Bei Flut transportieren die Wellen lockeres Material in den Strandbereich der flachen Wattenküste und lagern es dort zu Strandwällen ab, die sich später zu *Dünen* entwickeln können. An steilen Felswänden, wie auf der Insel Sylt, findet man **Kliffs**. Brandungswellen sorgen dafür, dass die Wände im unteren Bereich abgetragen werden. Darüber können vom Abbruch bedrohte Felsüberhänge entstehen.

An der Ostsee sind die Gezeiten weniger spürbar. Sande, die an bestimmten Stellen des Meeres über den Wasserspiegel hinausragen, werden von der Meeresbrandung abgetragen und von der Meeresströmung in west-östliche Richtung transportiert. Vor ruhigen Buchten wird das Material zu Sandbänken abgelagert. Aus diesen können zuerst *Sandhaken* und später *Nehrungen* geformt werden.
Aber auch hier gibt es Steilküsten mit Kliffs.

M2 *Entstehung einer Haff- und Nehrungsküste (Ostsee)*

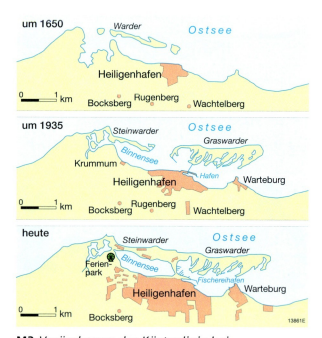

M3 *Veränderung der Küstenlinie bei Heiligenhafen (Ostsee)*

www.diercke.de
100800-033-04

D1-028
www.diercke.de

INFO 1

Haff- und Nehrungsküste

Haffs entstehen, wenn Nehrungen durch Sandverfrachtungen den flachen Buchten vorgelagert werden. Flüsse, die ins Meer münden, sorgen dafür, dass die Haffs zum Meer geöffnet bleiben.

INFO 2

Boddenküste

Die ursprünglich breiten, zerlappten Buchten („Bodden") an dieser Küste sind durch Überflutung der eiszeitlichen Grundmoräne entstanden. Heute sind die Bodden teilweise durch Sandbrücken geschlossen, ihre Gewässer vom Meer abgeriegelt.

M8 *Schild an der Ostsee*

M4 *Steilküste an der Ostsee (Rügen)*

M6 *Flachküste an der Nordsee (Ameland)*

Wind, Wellen

abgerutschtes Ufermaterial

mittleres Hochwasser

Brandungshohlkehle

mittleres Niedrigwasser

Kliff

8906EX_2

M5 *Entstehung einer Steil-/Kliffküste*

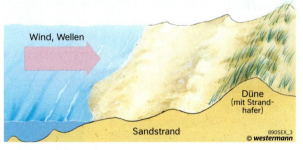

Wind, Wellen

Düne (mit Strandhafer)

Sandstrand

8905EX_3

© westermann

M7 *Entstehung einer Flachküste*

1 a) 🔊 Der Ort Heiligenhafen profitiert von seiner speziellen Küstenlage (M1). Beschreibe den vielfältigen Nutzen, die Bewohner und Fremde daraus ziehen können.

b) Schreibe einen Informationstext für Touristen, der die Entwicklung der Küstenlinie vor Heiligenhafen erklärt. (M1, M3).

2 ✂ Wähle aus:

A Beschreibe Touristen, die das Warnschild M8 sehen, was an dieser Küste geschieht (M4, M5).

B Zeichne ein Warnschild, das den Touristen dabei helfen kann, sich vor möglichen Gefahren an einer Flachküste zu schützen (M6, M7).

M1 *Sturmflutgefahr an der Nordsee bei Nordwestwind*

17.02.1164: Julianen-flut
Einbruch des Jadebusens, 20000 Tote.

16.01.1362
Große Mannsdränke:
Einbruch des Dollart, 100000 Tote

16.10.1364
Zweite Große Manns-dränke:
Zerstörung der Insel Nord-strand, 9000 Tote

6./17.02.1962: Hamburger Sturmflut:
Zahlreiche Deichbrüche, 315 Tote

M3 *Schwere Sturm-fluten an der deutschen Nordseeküste* ▷

Küstenschutz – notwendig an der Nordseeküste!

Sobald ein sehr starker Nord-West-Sturm vor der Nordseeküste mit dem Hochwasser der Flut zusammentrifft, herrscht die Gefahr einer **Sturmflut**. Vor allem bei besonders starken Sturmfluten hoffen die Menschen, dass die **Deiche** standhalten und sie so vor drohenden Überflutungen geschützt sind.

Etwa 1000 n. Chr. begannen die Menschen mit dem Deichbau an der Nordseeküste. Zuvor bauten sie ihre Häuser auf Warften. Auf solch künstlich errichteten Erdhügeln wohnen die Bewohner der nordfriesischen Halligen auch heute noch. Ist „Landunter" ragen ihre Siedlungen wie Inseln aus dem Meer heraus.

Im Laufe der Jahrhunderte wurden die Deiche ständig verbessert und erhöht. Zuletzt geschah dies ganz erheblich nach der verheerenden Sturmflut, die im Jahr 1962 die Küsten der Deutschen Bucht und ganz besonders die Stadt Hamburg getroffen hat.

Bei Sturmflut steigt der Meeresspiegel zwei bis drei Meter höher als normal. Die Deiche sind einem hohen Wasserdruck ausgesetzt und können brechen.

Das Meerwasser wird in die Mündungsbereiche der Flüsse hineingetrieben. Es kommt zu einem gefährlichen Rückstau des Flusswassers ins Hinterland.

M4 *Mögliche Folgen bei Sturmflut an der Nordsee*

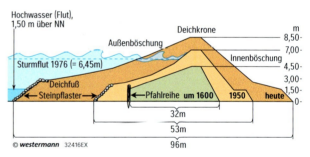

M5 *Deichprofile von 1600 bis heute*

M2 *Hallig Hooge: Niedrigwasser, Hochwasser und Sturmflut (Landunter)*

M6 *Sturmflutwehr in der Oosterschelde (Niederlande)*

M8 *Lage der Schutzprojekte in den Niederlanden*

Ungefähr ein Viertel der Fläche der Niederlande liegt unterhalb des Meeresspiegels. Deshalb kam es hier früher bereits bei mittleren Sturmfluten zu katastrophalen Überflutungen.

Im Jahr 1953 ereignete sich eine schwere Sturmflut. Dämme brachen und über die Mündungsarme der Flüsse drang Meerwasser ins Hinterland ein. Die Flut kostete etwa 2000 Menschen das Leben. Über 200 000 Hektar Land wurden überschwemmt.

Da beschloss die niederländische Regierung zum Schutz der Küste das „Delta-Projekt". Innerhalb von sieben Jahren wurden über 3000 km Dämme und Deiche gebaut. Ehemalige Buchten wurden abgeriegelt. Aus den Gewässern hinter den Dämmen wurden, wie beim „Zuidersee-Projekt", teilweise Süßwasserseen. Nun aber protestierten Küstenfischer und Austernzüchter, denn sie hatten ihre Nutzungsgebiete verloren. Deshalb wurde die Oosterschelde mit einem Sturmflutwehr versehen. Das Wehr, das im Notfall innerhalb einer Stunde geschlossen werden kann, bleibt sonst zum Meer hin offen.

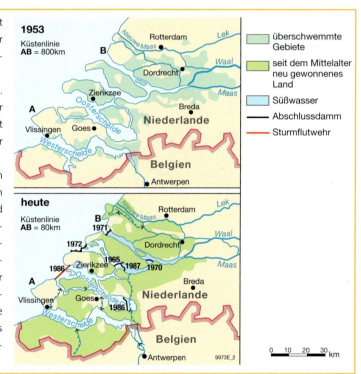

M7 *Das „Delta-Projekt"*

1 a) Neuere Studien zeigen, dass der Meeresspiegel seit der letzten Eiszeit kontinuierlich ansteigt. Erkläre, welche Gebiete an der Nordseeküste heute und in Zukunft besonders gefährdet sind (M1, M2, M7).

b) **[?]** Formuliere überzeugende Argumente, die deutlich machen, warum die Nordsee-Inseln und die Halligen erhalten werden müssen (M1, M2, M4, M8).

2 **Wähle aus:**

A Orientiere dich im Atlas (Karte: Erde – Naturrisiken und Verwundbarkeit) über besonders gefährdete Küstengebiete der Erde. Berichte jeweils über die Hintergründe der Naturrisiken.

B Fasse in einem Text die Veränderungen beim Deichbau seit 1600 zusammen. Erkläre die Maßnahmen (M5).

Gewusst – gekonnt: Exogene Naturkräfte verändern Räume

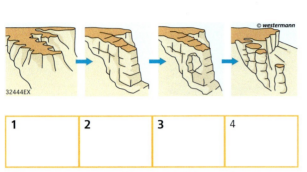

1	2	3	4

M1 *Entstehung von Hoodoos (Schema)*

M4 *Hoodoos*

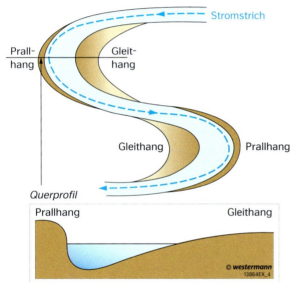

M2 *Flussmäander (Schema)*

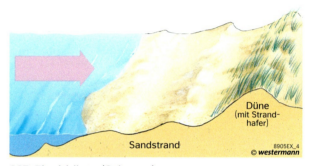

M5 *Flachküste (Schema)*

M6 *Talformen (Schema)*

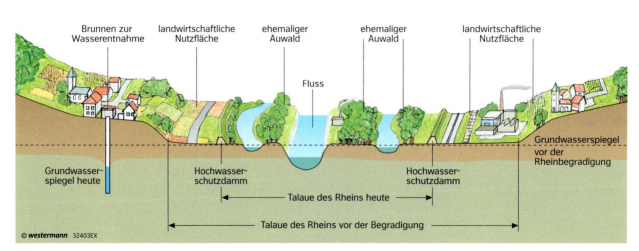

M3 *Querschnitt durch das Rheintal am Oberrhein*

Hochwasser an Rhein und Main

Nach den starken Regenfällen der vergangenen Tage zwingt das Hochwasser des Mains die Schiffsführer zu einer Betriebspause. Auch der Rhein ist vielerorts über die Ufer getreten. Für Sonntagabend rechnete das Hochwassermeldezentrum Mainz hier ebenfalls mit der Einstellung der Schifffahrt. Schon zuvor mussten Schiffsführer langsamer und weiter entfernt vom Ufer fahren, wie ein Sprecher sagte. „Den Scheitel erwarten wir erst am 4. Juni (Dienstag). Bis dahin werden die Pegelstände weiter steigen", ergänzte er. Somit werde es noch mehr Überschwemmungen am Mittelrhein geben. Auf dem Main war die Schifffahrt bereits am Sonntag nach Auskunft des Hessischen Landesamts für Umwelt und Geologie (HLUG) eingestellt worden.

Im Rheingau schwappte der Rhein teils auf die ufernahe Bundesstraße 42, berichtete die Polizei. Mit möglichen Umleitungen durch die Weinberge wurde gerechnet. An einem Wallufer Parkplatz stand am Sonntagmorgen eine Reihe von Autos im Wasser. Mehrere davon kamen an den Haken eines Abschleppwagens, weil die Polizei die auswärtigen Besitzer nicht schnell genug finden konnte. Auf überschwemmten Uferwiesen der Wiesbadener Stadtteile Biebrich und Schierstein drehten Schwäne und Enten ihre Runden. Manche Uferstraßen wurden gesperrt.

(Nach: Frankfurter Neue Presse, 02.06.2013: www.fnp.de/rhein-main/Hochwasser-an-Rhein-und-Main;art801,532257)

M7 *Bericht über das Hochwasser am Rhein 2013*

Schätze dich selbst mit dem **Ampelsystem** ein, das auf Seite 53 erklärt ist. Die Erläuterung der **Kompetenzen** findest du ebenfalls auf Seite 53.

Grundbegriffe
exogene Kraft
Tal
Erosion
Sedimentation
Fluss
Mäander
Gleithang
Prallhang
Hochwasser
Bodenversiegelung
Hochwasserschutz
Renaturierung
Tornado
Sandsturm
Karst
Lösungsverwitterung
Tropfstein
Eiszeit
Gletscher
Findling
glaziale Serie
Kliff
Sturmflut
Deich

Fachkompetenz

1 Erkläre, welche exogene Kraft bei der Entstehung von Hoodoos wirkt (M1, M4). *(Schülerbuch Seite 113)*

2 An der Entstehung einer Flachküste mit Dünen sind zwei exogene Kräfte beteiligt (M5). Erkläre. *(Schülerbuch Seite 119)*

3 Stelle die Auswirkungen von Tornados dar. *(Schülerbuch Seiten 110–111)*

4 a) Erläutere die Veränderung der Flusslandschaft am Oberrhein (M3).

b) Stelle Nutzen und Schaden dieser Veränderung in einer Tabelle dar. *(Schülerbuch Seiten 100–103)*

Methodenkompetenz

5 Erläutere, wie mithilfe eines Versuchs die Mäanderbildung (M2) erklärt werden kann. Notiere dazu das benötigte Material und beschreibe die Durchführung. *(Schülerbuch Seite 97)*

6 Beschreibe die Landschaft in M4. Nutze auch Bildelemente zur Darstellung von Größenverhältnissen. *(Schülerbuch Seite 113)*

Urteilskompetenz

7 Beurteile den Bericht über das Hochwasser am Rhein 2013 (M7). *(Schülerbuch Seiten 102–103 und 105)*

Kommunikationskompetenz

8 Wähle mindestens fünf Grundbegriffe aus der Liste, erkläre sie und wende sie in einem Beispiel an.

9 Beschreibe die Entstehung der beiden in M6 dargestellten Talformen. *(Schülerbuch Seite 96)*

10 a) Ordne den Abbildungen in M1 die richtigen Fachbegriffe zu (1–4).

b) Beschreibe die Entstehung von Hoodoos mithilfe des Schemas (M1). *(Schülerbuch Seite 113)*

11 Beschreibe die im Schaubild dargestellte Nutzung der Flusslandschaft (M3). *(Schülerbuch Seiten 100–101)*

Grenzen der Raumnutzung

Warum und wie nutzt der Mensch besonders verwundbare Räume?

Welche Folgen für die Umwelt, die Wirtschaft und die Menschen sind damit verbunden?

Wie sehen zukunftsfähige Handlungsweisen aus?

Über Kilometer tragen Frauen Brennholz in ihr Dorf am
Rand der Wüste.
Kannst du dir vorstellen, warum hier Menschen wohnen?

M1 *Die Savannen in Afrika*

Legende:
- Feuchtsavanne
- Trockensavanne
- Dornstrauchsavanne
- Sahelzone

M3 *Nomaden im Sahel*

Im Sahel – Wandern, um zu überleben

Der Regen bestimmt den Jahresverlauf

In den **Savannen** gibt es keine Jahreszeiten. Das Leben wird von **Regenzeit** und **Trockenzeit** bestimmt. Nach einigen Monaten Trockenzeit kommt von Süden der ersehnte Regen. Er lässt das Gras sprießen und füllt die Wasserlöcher. Für die **Nomaden** beginnt dann die Wanderschaft. Sie ziehen dem Regen nach Norden hinterher und lassen ihre Kamele, Rinder und Ziegen die frisch ergrünte Savanne abweiden. Wenn alles abgegrast ist, ziehen sie mit ihren Herden weiter bis an den Rand der Wüste. Endet die Regenzeit, dann ziehen sie wieder zurück nach Süden.

So haben sie sich den extremen klimatischen Bedingungen in der Dornstrauchsavanne am Rand der Wüste angepasst. Ackerbau kann man hier nicht betreiben. Es gibt zu viele **aride** Monate. Niederschlag fällt innerhalb weniger Wochen, und dann sind es oft nur kurze Starkregen. In manchen Jahren bleibt die Regenzeit ganz aus oder sie dauert viel länger als gewohnt.
Dieser hohen **Niederschlagsvariabilität** passen sich die Nomaden an: In Jahren der **Dürre** bleiben sie eher in der feuchten Trockensavanne, in regenreichen Jahren wandern sie bis in die Wüste hinein, wenn dann auch dort Gras sprießt.

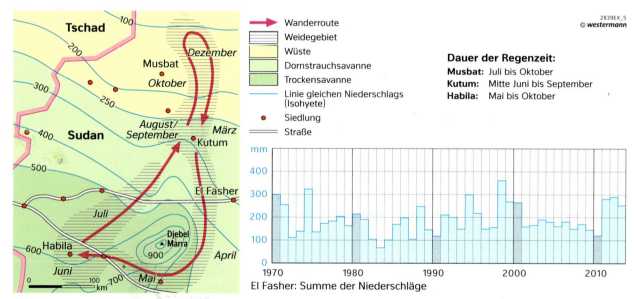

Legende:
- Wanderroute
- Weidegebiet
- Wüste
- Dornstrauchsavanne
- Trockensavanne
- Linie gleichen Niederschlags (Isohyete)
- Siedlung
- Straße

Dauer der Regenzeit:
Musbat: Juli bis Oktober
Kutum: Mitte Juni bis September
Habila: Mai bis Oktober

El Fasher: Summe der Niederschläge

M2 *Die Niederschläge und die Wanderung der Nomaden vom Stamm der Rezeigat im Sahel*

Grenzen der Raumnutzng

15098EX_3

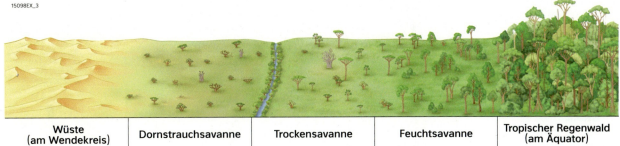

Wüste (am Wendekreis)	Dornstrauchsavanne	Trockensavanne	Feuchtsavanne	Tropischer Regenwald (am Äquator)
Jahresniederschläge unter 250 mm	Jahresniederschläge 250–500 mm	Jahresniederschläge 500–1000 mm	Jahresniederschläge 1000–1500 mm	Jahresniederschläge über 1500 mm
ganzjährig arid ganzjährig große Trockenheit, nur selten kurze kräftige Gewitter	2–4 humide Monate Regenzeit	4–6 humide Monate Regenzeit	6–10 humide Monate Regenzeit	ganzjährig humid ganzjährig hohe Niederschläge

M4 *Die Geozonen in den Tropen*

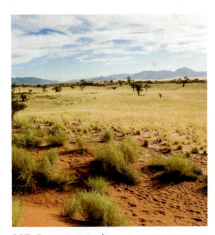

M5 *Dornstrauchsavanne*

M7 *Trockensavanne*

M8 *Feuchtsavanne*

Bis zu vier Monate ohne Trinkwasser leben, in Zelten, ohne Strom, ohne Waschgelegenheit, mitten in der Wüste – das ist für uns kaum vorstellbar!

Für die Nomaden im Sudan, ist das selbstverständlich. Sie kennen die Natur ganz genau. Und immer, wenn es eine besonders lang anhaltende Regenzeit gab, wissen sie sicher: Hunderte Kilometer von ihrem Stammesgebiet entfernt, mitten in der Wüste, auf über 1000 Meter Höhe ist frisches Gras gewachsen. Dann machen sich die jüngeren Männer des Stammes auf und treiben die Kamele dorthin. Diesen reicht die Feuchtigkeit der Pflanzen. Die Menschen trinken die Milch der Tiere.

Die Frauen und Kinder bleiben an den Wasserstellen in der Savanne zurück und hüten die Rinder, Schafe und Ziegen.

M6 *Rekordverdächtig: Nomaden im Sahel*

INFO

Sahel

„Sahel" heißt das Gebiet am Südrand der Sahara, das sich über mehrere Staaten und Tausende Kilometer erstreckt. Die Bezeichnung kommt aus dem Arabischen und bedeutet „Ufer", „Küste". Die Dornstrauchsavannen des Sahel sind die wichtigsten Weidegebiete der Nomaden.

❶ 【?】 Beschreibe den Zusammenhang zwischen Klima und Vegetation in den Savannen (M4, M5, M7, M8).

❷ „Die Nomaden haben sich den extremen Bedingungen angepasst". Erkläre (M2, M6).

❸ 【◄━】 **Wähle aus:**
Nenne in der Sahelzone (M1, Atlas)
A fünf Staaten;
B fünf Städte.

Wie entstehen Regen- und Trockenzeit?

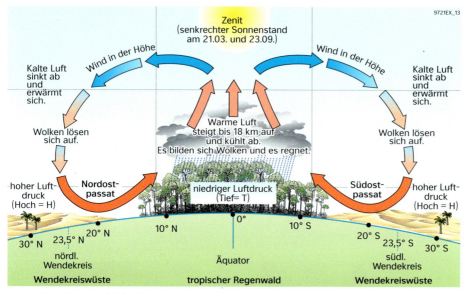

M1 *Die Klimaverhältnisse während des Zenitstandes der Sonne*

Timbuktu/ Mali
259 m ü.M.   16°43'N/3°0'W
T = 28,6 °C
N = 208 mm

Kano/ Nigeria
470 m ü.M.   12°3'N/8°32'O
T = 26,2 °C
N = 873 mm

Bouaké/ Côte d'Ivoire
369 m ü.M.   7°42'N/5°0'W
T = 26,7 °C
N = 1210 mm

M3 *Klimadiagramme der Savannen*

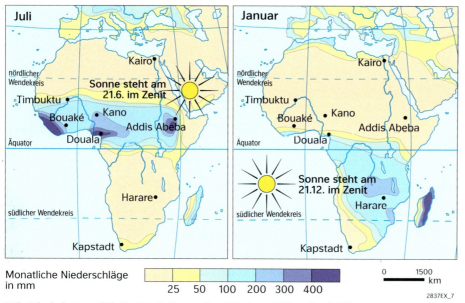

Monatliche Niederschläge in mm
25 50 100 200 300 400

0   1500 km

M2 *Die jahreszeitliche Verteilung der Niederschläge in Afrika*

Wandernde Regengebiete

Zweimal jährlich steht die Sonne in den Tropen im Zenit. Dann ist durch die starke Einstrahlung und Hitze die Verdunstung so groß, dass gewaltige Mengen feuchter Luft aufsteigen, dabei abkühlen und dann wieder abregnen.

Diese Niederschläge wandern mit dem Zenitstand der Sonne. Die Regenzeit folgt ebenfalls dem Zenitstand der Sonne.

❶ Beschreibe die Wind- und Niederschlagsverhältnisse in den Tropen (M1).

❷ Erkläre den Zusammenhang von Sonnenstand und Höhe des Niederschlags (M2).

❸ 🔲❓ Begründe, warum die Länge der Regenzeiten zum Wendekreis hin abnimmt.

Nutzbares Land – heiß begehrt

M4 *Regenfeldbau und Wanderung der Nomaden in den Savannen Afrikas (Beispiele)*

Nomaden- oder Bauernland?

Jenseits der Trockengrenze des Regenfeldbaus gibt es mehr **humide** Monate. Daher gibt es dort auch Bauerndörfer. Die Menschen bauen Erdnüsse und Baumwolle zum Verkauf und als Grundnahrungsmittel Hirse an. Dies ist eine anspruchslose Getreideart, die wenig Niederschlag benötigt und sehr gut Hitze verträgt. In den letzten 40 Jahren hat sich jedoch die Bevölkerung im Sahel mehr als verdreifacht und auch die Zahl der Nutztiere vervielfacht. So kommt es vor allem in Dürrejahren immer wieder vor, dass die Nomaden mit ihren Herden auf der Suche nach Weiden in die Gebiete der Ackerbauern ziehen. Dabei kommt es zu Konflikten.

❹ Beschreibe anhand von M4 die Lage eines Gebietes, in dem es zu Auseinandersetzungen zwischen Nomaden und Bauern kommen könnte.

❺ Erstelle eine Abbildung, in der du eine Übersicht über die natürliche Ausstattung und die Nutzung der Savannenzonen gibst.

◁▭ **Wähle aus:**

A eine Tabelle;
B eine Kartenskizze.

1. Schritt: Vorbereitung

Erarbeitet euch einen Überblick über die Sahelzone. Wertet dazu die entsprechenden Lehrbuchseiten aus.

2. Schritt: Durchführung

- Jede / jeder von euch wählt sich eine Person aus, die sie / er spielen möchte.
- Lest die Sprechblasentexte genau durch und findet Argumente, die ihr in die Diskussion einbringen möchtet.
- *Gruppenarbeit:* Alle Schülerinnen und Schüler mit gleicher Rolle arbeiten gemeinsam an einem Standpunkt, den jede Vertreterin / jeder Vertreter der Gruppe einzeln in der Runde verteidigen muss. Überlegt euch gute Begründungen.
- An der Diskussionsrunde nimmt je eine Vertreterin / ein Vertreter pro Gruppe teil und versucht nun, die Diskussion durch gute Argumente voranzubringen.

Moderatorin / Moderator

Die Moderatorin / der Moderator führt in das Thema ein, stellt die einzelnen Personen vor und leitet die Diskussion. Sie / er macht Zeitvorgaben zum Ablauf und achtet auf die Einhaltung der besprochenen Gesprächsregeln. Nach einer angemessenen Problemdiskussion fasst sie / er die Ergebnisse zusammen.

3. Schritt: Auswertung

Die Beobachterinnen und Beobachter beraten sich nach dem Spiel. Dann besprechen sie mit allen beteiligten Personen den Diskussionsverlauf.

PRAXIS

Nutzungskonflikte – ein Rollenspiel

Am Beispiel der Diskussion zwischen einem Bauern, einem Nomaden und einem Berater erfahrt ihr Argumente der betroffenen Bevölkerungsgruppen. Greift die Argumente auf auf und führt zum Thema „Nutzungskonflikte im Sahel" ein Rollenspiel durch.

> *Der Boden ist leider nicht so lange nutzbar. Die Erträge werden immer geringer. Früher konnte ich fünf Jahre auf einem Feld arbeiten und nach ca. 20 Jahren kam ich wieder zur gleichen Fläche zurück. Das ist heute undenkbar. In Dürrezeiten wird es noch schlimmer.*

> *Meine Herde umfasst 20 Kamele, 20 Rinder, 20 Ziegen und 15 Schafe. Ich möchte sie noch weiter vergrößern. Aber das Leben wird immer schwieriger. Die Brunnen sind weit entfernt und versiegen. Ich habe keine Weidefläche mehr für mein Vieh.*

> *Die Tiefbrunnen sind in der Regenzeit nur für die Menschen da.*

> *Sicher, doch wir brauchen Wasser für unsere Familie und das Vieh. Meine Familie besteht aus 6 Mitgliedern. Wir benötigen 150 l Wasser täglich, die Ziegen und Schafe brauchen 15 l und die Esel etwa 30 l.*

> *Wir brauchen dieses Land, um die Ernährung der Bevölkerung zu sichern. An das Anlegen von Vorräten ist kaum noch zu denken. Eure Herden werden auch immer größer. Warum müsst ihr sie ständig erweitern?*

Was du als Moderatorin/ Moderator in der Diskussion beachten solltest

Du

- bist unbeteiligte/er Dritte / Dritter,
- lässt alle Meinungen zu,
- verbündest dich nicht mit den Diskutierenden,
- beruhigst die Runde,
- bevorzugst oder benachteiligst niemanden,
- fasst die Ergebnisse zusammen,
- versuchst, Zukunftsaussichten vorzustellen.

Beobachterin /Beobachter

Als Beobachter/Beobachterin kann man durch Fragen am aktuellen Geschehen teilnehmen.

Die Beobachter schätzen zudem die Leistung der einzelnen Schülerinnen und Schüler ein. Dabei kommt es darauf an, ob die Argumente gut durchdacht und logisch sind, die Darstellung überzeugend, sprachlich und mimisch passend ist, die Rolle also gut gespielt wurde.

Checkliste für die Beobachterin / den Beobachter:

- Schauen sich die Gesprächspartner an?
- Ist die Rede verständlich?
- Dürfen die Gesprächspartner ausreden?
- Werden die Argumente der Gesprächspartner beachtet?
- Bleiben alle Teilnehmerinnen und Teilnehmer beim vorgegebenen Thema?
- Werden andere Meinungen akzeptiert?

PRAXIS

Der Sahel – leicht verwundbar

M1 *Arbeiten auf einem Erdnussfeld in Mali*

Immer stärker genutzt

Über Jahrhunderte trieben die Nomaden ihre Herden über die Savannen und die Ackerbauern bewirtschafteten die feuchteren Gebiete jenseits der Trockengrenze. – Das Ökosystem blieb intakt.

Doch in den letzten Jahrzehnten hat sich vieles geändert: Die Bevölkerungszahl nahm zu und damit auch die Nachfrage nach Fleisch, Milch und Getreide. So wuchs auch der Bedarf an Ackerland und die Zahl der Tiere in den Herden. Um die wachsende Bevölkerung und die gestiegene Zahl an Tieren auch mit Wasser versorgen zu können, wurden vielerorts mit ausländischer Hilfe Tiefbrunnen gegraben, die auch in Dürrezeiten eine sichere Wasserversorgung ermög-

M3 *Von weit her muss das Holz für Hütten, Zäune und als Brennmaterial herangefahren werden.*

lichen. Das wiederum verleitete einige Nomadenstämme dazu, ihre Herden noch weiter zu vergrößern – denn mehr Tiere bedeuten mehr Ansehen und auf dem Markt höhere Gewinne.

	Bevölkerung (in Mio.)		Rinder (in Mio.)		Ziegen und Schafe (in Mio.)	
	1975	2015	1975	2013	1975	2013
Burkina Faso	6,1	17,9	2,5	8,8	4,2	22,1
Mali	5,8	16,3	3,9	10,0	10,0	32,8
Niger	4,6	19,3	3,3	10,2	11,0	24,2
Senegal	4,1	15,0	2,4	3,4	3,2	11,2

M4 *Sahel-Staaten: Bevölkerungszahlen und Zahlen der Viehbestände*

M2 *Herde am Wasserloch*

Grenzen der Raumnutzng

M5 *Überweidetes Trockengebiet in Mali*

Das Ökosystem wird geschädigt

Zunehmend nehmen die Savannen Schaden: Zu viele Tiere beweiden die weiten Ebenen. Oft ist nicht genügend Zeit, dass das Gras nachwachsen könnte. So nehmen die Wurzeln Schaden und schnell entstehen durch diese **Überweidung** vegetationslose Flächen, deren schutzloser Boden durch Wind und Wasser leicht erodiert werden kann.

Die Ackerbauern rücken gleichzeitig weiter in die Dornstrauchsavanne vor. In feuchteren Jahren bauen sie ihre Feldfrüchte in Gebieten an, die für Ackerbau eigentlich gar nicht geeignet sind.

Sträucher und kleine Bäume fallen dem zunehmenden Bedarf an Brenn- und Bauholz zum Opfer.

So wird das leicht verletzliche Ökosystem der Savannen zerstört: Die Vegetation wird entfernt, die Windstärke und die Temperaturen erhöhen sich, der Boden erodiert. Wegen der Übernutzung durch die Menschen kommt es zu einer Ausbreitung wüstenhafter Bedingungen, zur **Desertifikation**.

weniger Futter für das einzelne Tier

weniger Wanderbewegung

Zerstörung des Bodens und der Pflanzendecke

Absenkung des Grundwassers

große Herden

Desertifikation

Anlage von Tiefbrunnen mit Motorpumpen

Überweidung um die Wasserstellen

große Wasserentnahme

Bäume vertrocknen, sterben ab

2768EX_1

M6 *Eine Ursache der Desertifikation*

❶ Setzte die Tabelle M4 in ein Diagramm um.

❷ a) Erstelle aus den Begriffen in M6 ein Wirkungsgefüge zum Thema Übernutzung und Desertifikation.
b) [?] In diesem Wirkungsgefüge gibt es auch einen Teufelskreis …

❸ Diskutiere mit einer Mitschülerin oder einem Mitschüler, welche Maßnahmen man ergreifen könnte, um die Desertifikation zu stoppen.
◄ **Wähle aus:**
A bei den Menschen;
B im Naturraum.

M1 *Während der Dürrekatastrophe 2011*

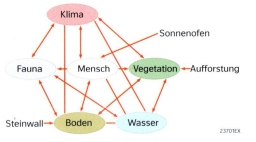

M3 *Aufforstung mit der Senegal-Akazie*

Kampf der Desertifikation!

Katastrophen zwingen zum Handeln

Wegen der Desertifikation werden die nutzbaren Acker- und Weideflächen immer geringer. In Dürrezeiten kommt es dann immer wieder zur Katastrophen. Zehntausende Tiere sterben. Sie verhungern oder verdursten. Lange Flüchtlingstrecks ziehen in die Städte und in Lager, in denen Katastrophenhelfer aus aller Welt Wasser und Nahrungsmittel verteilen.
Oft wird dann der Ruf laut, dass die Desertifikation unbedingt gestoppt werden muss.
In einigen Gebieten sieht man schon Erfolge.

Maßnahmen gegen Desertifikation

Auf dieser Doppelseite erfährst du etwas über Maßnahmen gegen Desertifikation. Beschreibe anhand des Öko-system-Modells genau, wie sich die Maßnahmen, von einem Geofaktor ausgehend, auf die anderen Geofaktoren auswirken.

Klima
Sonnenofen
Fauna — Mensch — Vegetation — Aufforstung
Steinwall → Boden — Wasser

23701EX

M4 *Auswirkungen von Einzelmaßnahmen*

INTERNET

Informationen erhältst unter den Stichwörtern: „Aufforstung", „Grüne Mauer", „Senegal-Akazie".

M2 *Staubsturm, verbunden mit Winderosion*

Nachhaltige Nutzung – ist das möglich?

Welche Strategien gibt es?

Frau Dr. M. Boukaré ist Agraringenieurin und bei der Regierung in Mali angestellte Agrarberaterin.

„Frau Boukaré ist denn eine nachhaltige Nutzung des Sahel überhaupt noch möglich?"
„Ja! Aber das ist eine große Aufgabe. Um dieses Ziel zu erreichen, muss sich ja nicht nur im ökologischen, sondern auch im wirtschaftlichen und sozialen Bereich einiges ändern."

„Nennen Sie uns doch bitte einige Beispiele."
„Nun, die **Tragfähigkeit** der Dornstrauchsavanne ist völlig überlastet. Dort, wo eigentlich sieben Rinder auf einem Hektar weiden dürften, weiden nun 10 oder gar 14. Um die Überweidung zu stoppen, muss die Größe der Herden beschränkt werden."

„Aber die Tiere werden doch auch als Lebensunterhalt für die größer gewordenen Familien benötigt."
„Deswegen müssen wir zum einen das Bevölkerungswachstum verringern und zum anderen Arbeitsplätze außerhalb der Landwirtschaft schaffen."

Bau von Steinwällen

Der Erfolg der Arbeit

M4 *Gegen die Erosion*

M5 *Sonnenofen statt Holzfeuer*

„Ist das denn so einfach möglich?"
„Nein, einfach ist das nicht. Voraussetzung ist eine bessere Schulbildung für Kinder und Jugendliche und auch Beratung für die Erwachsenen. Die Menschen müssen die Zusammenhänge verstehen, damit sie lernen, das leicht verwundbare Ökosystem im Sahel zu schützen. Es ist ja schließlich ihre Lebensgrundlage."

„Was gibt es denn für konkrete Maßnahmen?"
„Die Nomaden müssten sich genau absprechen, wann sie ihre Tiere wohin treiben, also einen geregelten Weidewechsel vornehmen, damit die Weiden nicht überbeansprucht werden.
Die Menschen müssten die ökologische Funktion der Büsche und Bäume verstehen oder lernen, wie Erosion entsteht und wie man sie durch **Aufforstung** verringern kann."

„Das sind große Herausforderungen. Wie ist das denn zu schaffen?"
„Das Knowhow ist vorhanden. Wie immer mangelt es jedoch an Geld, zum Beispiel zum Betrieb von Bildungszentren oder zum Kauf von Solaranlagen. Da hoffen wir auch auf Hilfe aus dem Ausland."

❶ 🔲⁇ Beschreibe die Wirkungsweise einer Maßnahme gegen die Desertifikation.

❷ Begründe, wie die Maßnahmen gegen die Desertifikation nachhaltig das Leben im Sahel sichern.
◀ **Wähle aus:**
A Erstelle ein Wirkungsgefüge.
B Zeichne ein Lernplakat.

Am Nil – Wasser bedeutet Leben

Der Staudamm – Fluch oder Segen?

Ägypten besteht zu 97 Prozent aus Wüste. Für die Landwirtschaft nutzbar ist – neben einigen Oasen – nur die **Flussoase** des Nils. Hier leben auch 99 Prozent der Bevölkerung Ägyptens. Die Fellachen (Bauern) nutzen dieses Land in der Flussoase intensiv. Wegen der hohen Temperaturen und der guten Bewässerungsmöglichkeiten erreicht die **Bewässerungslandwirtschaft** hohe Ernteerträge.

Der Boden am Nilufer ist sehr fruchtbar. Er wurde über Jahrtausende vom Nil angespült. Jedes Jahr im Spätsommer, wenn im Einzugsgebiet des Flusses die Regenzeit herrschte, wurden die Uferbereiche vom braunen, schlammigen Nilwasser überschwemmt. Wenn das Wasser abgelaufen war, blieben die Äcker mit Schlamm bedeckt, der die Bodenfruchtbarkeit erhielt. An der Mündung bildeten die Schlammablagerungen das große, fruchtbare **Delta**. Es wuchs immer weiter ins Mittelmeer hinein.

So war es seit Jahrtausenden – bis zum Bau des Assuan-Staudamms.

Der 1971 fertiggestellte Damm zählt zu den umstrittensten Bauprojekten der Erde. Denn neben zahlreichen Vorteilen brachte er auch schwerwiegende Nachteile.

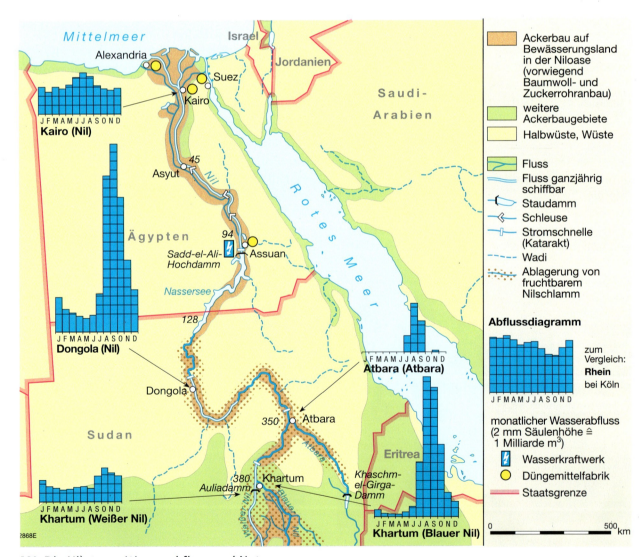

M1 *Die Niloase – Wasserabfluss und Nutzung*

D1-136
www.diercke.de

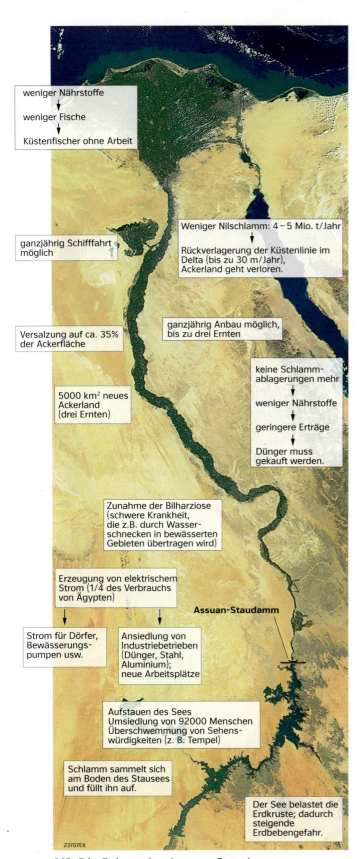

weniger Nährstoffe
↓
weniger Fische
↓
Küstenfischer ohne Arbeit

ganzjährig Schifffahrt
möglich

Weniger Nilschlamm: 4–5 Mio. t/Jahr
↓
Rückverlagerung der Küstenlinie im Delta (bis zu 30 m/Jahr), Ackerland geht verloren.

Versalzung auf ca. 35% der Ackerfläche

ganzjährig Anbau möglich, bis zu drei Ernten

keine Schlammablagerungen mehr
↓
weniger Nährstoffe
↓
geringere Erträge
↓
Dünger muss gekauft werden.

5000 km² neues Ackerland (drei Ernten)

Zunahme der Bilharziose (schwere Krankheit, die z.B. durch Wasserschnecken in bewässerten Gebieten übertragen wird)

Erzeugung von elektrischem Strom (1/4 des Verbrauchs von Ägypten)

Assuan-Staudamm

Strom für Dörfer, Bewässerungspumpen usw.

Ansiedlung von Industriebetrieben (Dünger, Stahl, Aluminium); neue Arbeitsplätze

Aufstauen des Sees Umsiedlung von 92000 Menschen Überschwemmung von Sehenswürdigkeiten (z. B. Tempel)

Schlamm sammelt sich am Boden des Stausees und füllt ihn auf.

Der See belastet die Erdkruste; dadurch steigende Erdbebengefahr.

23707EX

M2 *Die Folgen des Assuan-Staudamms*

Jahr	Bevölkerung (in Mio.)	BF (in ha/Ew.)
1800	3	0,53
1960	28	0,09
1980	44	0,06
2000	67	0,05
2015	85	0,03

M3 *Bevölkerung und Bewässerungsfläche (BF) in Ägypten*

M5 *Der Nil in Afrika*

M4 *Bewässerung der Felder mit Nilwasser*

❶ Beschreibe die Veränderung des Wasserabflusses durch den Assuan-Hochdamm.

❷ Stelle die Folgen des Assuan-Hochdammes in einem Wirkungsgefüge dar.

◄ **Wähle aus:**

A Unterscheide nach Auswirkungen vor und hinter dem Damm.
B Unterscheide nach positiven und negativen Auswirkungen.

Bewässerungsarm

M1 *Felder mit Karussellbewässerung in der Libyschen Wüste*

Bewässerung – sehr aufwendig

Genügend Wasser, ganzjährig! Das war über Jahrhunderte der Traum aller Bauern in den ariden Gebieten der Erde. Durch den Bau von Tiefbrunnen und Staudämmen verbunden mit starken Motorpumpen ist dieser Traum vielerorts Wirklichkeit geworden. So können die Bauern nun mehrfach ernten und die Feldfrüchte gedeihen besser. Sie betreiben nicht mehr nur Subsistenz, sondern können viele Produkte auf dem Markt verkaufen. Dies ist auch dringend nötig, um die wachsende Bevölkerung zu ernähren. Doch die Bewässerung in ariden Gebieten birgt eine große Gefahr:

Durch die hohe **Verdunstung** kommt es schnell zur **Bodenversalzung**. Der Boden ist dann unfruchtbar.

Neben den Bewässerungskanälen müssen auch Entwässerungskanäle anlegt und dann die Felder regelmäßig durchspült werden. Nur so kann man der Bodenversalzung entgegenwirken. Für viele Menschen ist es schwer zu verstehen, dass man das kostbare Wasser wieder einfach ablaufen lässt.

Mit modernen, aber sehr teuren Bewässerungssystemen kann man sowohl Wasser sparen als auch die Versalzung verhindern. Bei der Tröpfchenbewässerung werden zum Beispiel Schläuche an den Pflanzen vorbeigelegt.

Die spektakulärsten Anlagen sind sicherlich die Felder die durch Beregnungsarme regelmäßig mit einer genau angepassten Menge Wasser versorgt werden – Man nennt sie „Augen der Wüste".

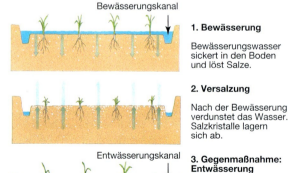

Bewässerungskanal

1. Bewässerung

Bewässerungswasser sickert in den Boden und löst Salze.

2. Versalzung

Nach der Bewässerung verdunstet das Wasser. Salzkristalle lagern sich ab.

Entwässerungskanal

3. Gegenmaßnahme: Entwässerung

Die Salzkristalle werden in den Entwässerungsgraben gespült und von dort abgeleitet.

Entwässerung   816E_2

M2 *Bodenversalzung und Gegenmaßnahme*

❶ ◁ **Wähle aus:**
A Erkläre, wie es zur Bodenversalzung kommt (M2).
B Erkläre mögliche Gegenmaßnahmen gegen die Bodenversalzung (M1, M2).

❷ a) Finde die Namen in der Übungskarte M3 mithilfe des Atlas.
b) Beantworte die Fragen zu den Fotos a) bis h) (Atlas, Internet).

Afrika

a) Oase Tinerhir (Marokko).
   An welchen Meeren liegt
   das Land?

b) Sandsturm in der Sahara.
   Nenne drei Sahara-Staaten.

c) Viehzüchter bei Asmara.
   In welchem Land leben sie?

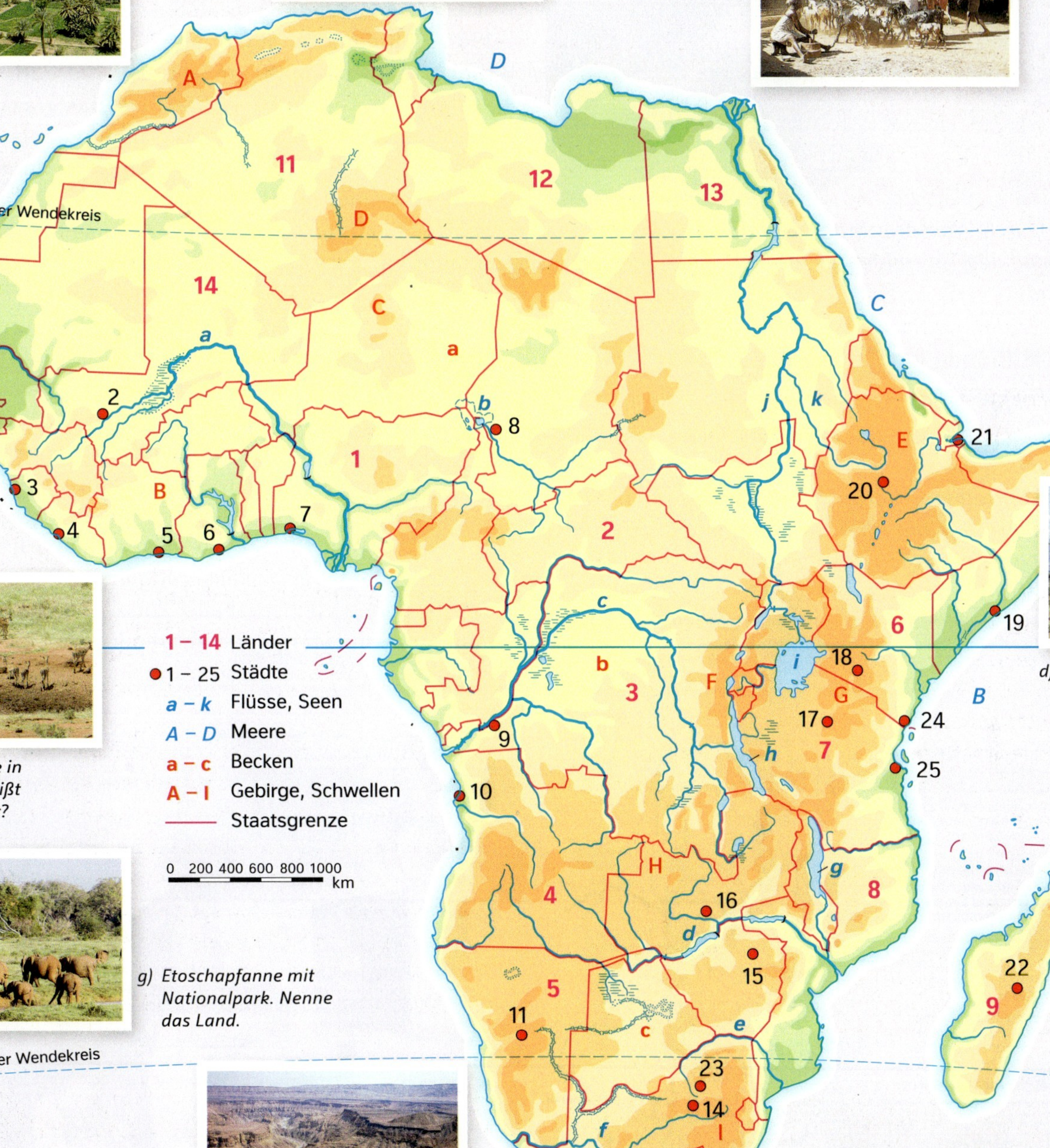

d) Kilimand-
   scharo.
   Wie hoch
   ist der
   Berg?

h) In der Savanne in
   Ghana. Wie heißt
   die Hauptstadt?

g) Etoschapfanne mit
   Nationalpark. Nenne
   das Land.

f) Wüste Namib. Beschreibe
   ihre Lage (Ozean, Land).

e) Landschaft auf Madagaskar.
   Welchen Namen hat die
   Hauptstadt des Landes?

Nördlicher Wendekreis — 23,5°

Südlicher Wendekreis — 23,5°

1 – 14 Länder
1 – 25 Städte
a – k Flüsse, Seen
A – D Meere
a – c Becken
A – I Gebirge, Schwellen
Staatsgrenze

0 200 400 600 800 1000
km

ORIENTIERUNG

M3 Übungskarte Afrika

6958EX_22
© westermann

D1-131
www.diercke.de

www.diercke.de
100800-147

139

Kampf ums Wasser?

M1 *Durch Wasserentnahme sinkt der Wasserspiegel des Toten Meeres jährlich um einen Meter.*

Für Millionen das Thema der Zukunft

„Ich befasse mich seit 30 Jahren mit diesem Thema und ich kann versichern, dass die globale Erwärmung die Entwicklung beschleunigt: Das östliche Mittelmeer trocknet aus; es wird zur Wüste. Als Hydrologe bin ich davon überzeugt, dass Wasser in dieser Region das beherrschende Thema des 21. Jahrhunderts sein wird."

(Hüseyin Gökcekus, Professor an der Nahostuniversität in Nordzypern)

Die östliche Mittelmeerregion zählen zu den wasserärmsten Gebieten der Welt. Die Staatsfläche Israels besteht zu 60 Prozent aus Wüste.

Seit seiner Gründung im Jahr 1948 war für den Staat Israel die Frage nach einer ausreichenden Wasserversorgung von existenzieller Bedeutung. 1964 stellte der Staat die „Nationale Wasserleitung" fertig, ein 6500 km langes Versorgungssystem aus Kanälen und Pipelines, das Wasser vom See Genezareth zur Versorgung Israels abzweigt. Jordanien und Syrien reagierten darauf, indem sie Quellflüsse des Jordan auf ihr Staatsgebiet umleiteten. Dies führte zu Auseinandersetzungen, die 1967 im Sechstagekrieg mündeten. In seinem Verlauf konnten die Israelis zwei lebenswichtige Wassereinzugsgebiete besetzen: große Teile des Jordans sowie die Grundwasservorkommen des Westjordanlandes. Seitdem bezieht Israel mehr als die Hälfte seines Wasserbedarfs aus Regionen, die außerhalb seiner international anerkannten Grenzen liegen.

In Israel ist man sich dieser Problematik bewusst: Zahlreiche Innovationen zu Wassereinsparungen (z. B. die Tröpfchenbewässerung in der Landwirtschaft) gehen von Israel aus. Zudem versucht man, gemeinsam mit den angrenzenden Staaten Projekte zur Wasserversorgung durchzuführen.

M2 *Wasserversorgung in Israel*

M3 *Bau einer Wasserpipeline*

www.diercke.de
100800-179-06

D1-161
www.diercke.de

Norden Israels

Das Regenwasser wird zum Teil in über- und unterirdischen Becken gespeichert und über die 1964 fertiggestellte „Nationale Wasserleitung" (National Water Carrier) in den Süden Israels transportiert.

Westjordanland (Westbank)

Region mit rund 2 Mio. Einwohnern, davon etwa 230 000 jüdische Siedler in rund 200 Siedlungen.
Israelis sichern sich aufgrund ihrer militärischen und wirtschaftlichen Macht mehr Wasser als die Palästinenser. In vielen palästinensischen Dörfern ist die Wasserversorgung völlig unzureichend. Gründung einer palästinensischen Wasserbehörde, die das von Israelis zugestandene Wasser verteilt.

Jordantal

Verständigung über eine gemeinsame Nutzung des Grundwassers zwischen Israel und Jordanien.

Süden Israels

Unzureichendes Wasserangebot aus Regenwasser. Wasserverlust bei Wassertransport aus dem Norden Israels; mit staatlichem Geld bereitgestelltes Wasser für die Landwirtschaft ermöglicht die Bewässerung der Wüste; Selbstversorgung mit landwirtschaftlichen Produkten.

M4 *Streitpunkt Wasser*

Quellflüsse des Jordan

Grenzüberschreitende Gewässer. Anlage von Stauseen und Verständigung der Nachbarstaaten über gemeinsame Nutzung des Wassers.

See Genezareth

(Süßwasserspeicher)
Wasser wird fast ausschließlich von den Israelis verbraucht; drei Viertel des einfließenden Jordanwassers werden über die „Nationale Wasserleitung" in den Süden Israels gepumpt. Dramatische Absenkung des Wasserspiegels.

Yarmuk

Wasseraufteilung zwischen Syrien, Jordanien und Israel; gemeinsame Aufstau- und Speichermaßnahmen.

Jordan

Ökologisch belastetes Rinnsal. Fehlendes Wasser für Bewässerung in Jordanien. Vertrag (1994) zwischen Israel und Jordanien über die dem Fluss zu entnehmende Wassermenge.

Totes Meer

Wegen des geringen Wasserzuflusses Versalzung und Senkung des Grundwasserspiegels bei hoher Verdunstung. Abkommen zwischen Israelis, Jordaniern und den Palästinensern gegen Austrocknen des Toten Meeres.

M6 *Länder im Nahen Osten*

❶ Beschreibe die Wasserversorgung Israels und ihre Probleme (M2 – M4).

❷ Beurteile du die Maßnahmen zur Wassergewinnung (M5). Können sie ein Schritt zum Frieden in der Region sein?

❸ Große Probleme gibt es auch an Euphrat und Tigris, weil die Bevölkerungszahl steigt.

Wähle aus:

A Berichte über die Niederschlagsverhältnisse, den Wasserbedarf und die Wasserverfügbarkeit (Atlas, Karte: Türkei – Euphrat und Tigris: Wassernutzung).

B [?] Recherchiere und berichte über das Südostanatolienprojekt der Türkei und die Folgen für die Anrainerstaaten (Internet).

Eine Wasserleitung vom Roten Meer soll das Tote Meer vor dem Austrocknen retten. Darauf haben sich Israel, Jordanien und die Palästinensische Autonomiebehörde geeinigt.

Der größte Teil des Meerwassers wird zunächst in eine Entsalzungsanlage geleitet, die Eilat und Südjordanien mit Trinkwasser versorgt. Das übrige Salzwasser wird dann ins Tote Meer geleitet. Im Gegenzug wird Israel die Palästinenser und Jordanien mit Wasser aus dem See Genezareth versorgen.

Daneben wurden mehrere große Entsalzungsanlagen gebaut, aus denen seit 2015 etwa die Hälfte des Trinkwasserbedarfs gedeckt wird.

M5 *Wasser für das Tote Meer*

Grenzen der Raumnutzung

Ein See wird zur Wüste – der Aralsee

M1 *Lage des Aralsees*

M2 *In der Wüste Aralkum: Kamele ersetzen Schiffe als Transportmittel.*

Vom Aralsee zur Aralkum („kum": „Wüste")

Die unheimliche Schrumpfung des Aralsees: Der Aralsee ist zum ersten Mal seit 600 Jahren komplett ausgetrocknet.

(Süddeutsche.de; 03.10.2014)

Diese Nachricht über den ehemals viertgrößten See der Welt kam nicht unerwartet. Denn der Aralsee ist ein Binnensee inmitten eines Wüstengebietes. Er liegt auf dem Gebiet der Staaten Usbekistan und Kasachstan. Als Binnensee ist der Aralsee auf seine Zuflüsse, Amudarja und Syrdarja, angewiesen. Bleiben diese aus, verlandet der See.

Doch welche Ursachen haben zu dem Schwinden des Aralsees beigetragen? Welche unterschiedlichen Nutzungsansprüche existieren? Welche Folgen resultieren aus dem Schwinden des Sees? Auf dieser Seite lernst du Grundlagen zu der Aralsee-Krise kennen. Auf den Folgeseiten erfährst du, wie du tiefergehend recherchieren kannst, um ein Referat halten zu können.

a) In Usbekistan wird ein 1 ha großes Baumwollfeld im Jahr mit etwa 15 000 m³ Wasser bewässert. Ein Großteil des Wassers verdunstet, doch die darin gelösten Salze bleiben übrig. Daraus ergibt sich eine Salzablagerung von etwa 1,5 Tonnen.

b) Die Böden um den Aralsee sind durch jahrzehntelange Monokultur ausgelaugt. Um den Ertrag zu sichern, müssen die Bauern regelmäßig stark düngen (41,6 kg/ha Dünger in Usbekistan; zum Vergleich: 7 kg/ha in Europa).

c) In den 1950er-Jahren wollte die damalige Sowjetunion den Baumwoll- und Reisanbau ausdehnen, um nicht länger vom Ausland abhängig zu sein.

d) Das Bewässerungssystem ist veraltet. Etwa drei Viertel des Wassers versickert auf dem Weg zu den Baumwollfeldern.

M4 *Nutzungskonflikte*

Nutzung für die Herstellung von Kleidung.

Ansprüche der Baumwollpflanze:

- 200 Tage Temperaturen größer 20 °C,
- Bis zu 29 m³ Wasserbedarf (bei Bewässerungsanbau) zur Herstellung von 1 kg Baumwolle

M3 *Baumwolle*

M5 *Klimadiagramm* ▷

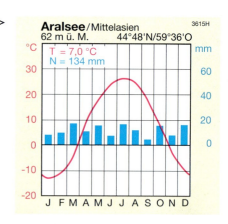

www.diercke.de
100800-173-04

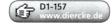

D1-157
www.diercke.de

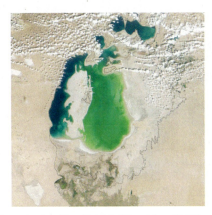

M6 *Aralsee 2000 (Umrisse 1960)*

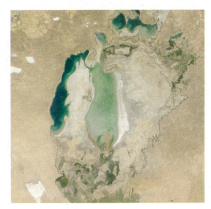

M9 *Aralsee 2005*

M10 *Aralsee 2012*

M7 *Das Aralseegebiet*

Der Aralsee ist ein Paradies für Fischer. Die Fischfabrik von Muinak gehört zu den größten in der damaligen Sowjetunion. Sie verarbeitet 25 000 Tonnen Fisch pro Jahr. Auf den Märkten werden angeboten: Kartoffeln, Gemüse, Kürbisse und Wassermelonen, Eier und Fleisch.

M11 *Der Aralsee 1950*

Jahr	Fläche (km²)	Spiegelhöhe (m)	Salzgehalt (g/l)²⁾ %	Wasserzufluss (km³/Jahr)	Fischfang (t)
1960	68 000	53	5	56	43 000
1970	60 900	51	11	37	17 000
1980	51 400	45	17	11	0
1990	38 817	39	30	6	0
2000	28 187	35	45	3	0
2020¹⁾	19 200	31	70	2	0

M8 *Daten zum Wasserhaushalt und Fischfang*
¹⁾*Prognose;* ²⁾ *zum Vergleich: Nordsee 30-40g/l*

Der Versalzung des Wassers sind alle etwa 20 Fischarten des Sees zum Opfer gefallen. Wo früher Fischkutter zum Fang ausfuhren, ziehen jetzt Kamele durch den Wüstensand.
Wie wird die Entwicklung weitergehen?

M12 *Der Aralsee 2012*

1 Kennzeichne die naturgeographischen Voraussetzungen für das Leben und Wirtschaften in der Aralseeregion. Gehe speziell auf Klima, Boden/Relief und die Vegetation ein. Nutze auch den Atlas.

2 Wähle aus:
A Analysiere die Veränderungen in den Satellitenbildern M6, M9, M10.
B Untersuche den Aralsee digital (Diercke Globus Online, siehe auch S. 60). Notiere deine Erkenntnisse.

3 Beurteile die Informationen in M4 und M8
a) aus der Sicht eines Fischers am Aralsee;
b) aus der Sicht eines Baumwollplantagenbesitzers;
c) aus der Sicht eines Politikers in Usbekistan.

4 Für etwa 65 Millionen Dollar wurde am Syrdarja der Kok-Aral-Damm gebaut, der einen neuen ,Kleinen Aralsee' aufstauen soll (M7, M10). Begründe die Notwendigkeit dieses Bauvorhabens.

Recherchieren und ein Referat präsentieren

1. Schritt:	2. Schritt:	3. Schritt:	4. Schritt:
Festlegung des Themas / der Leit-frage	a) Suche nach Informationen / Recherche b) Bearbeitung des Themas Ich beachte immer die Leitfrage.	a) Ausarbeitung des Referats b) Ausarbeitung der Präsen-tation	Vortragen der erstellten Präsentation
Leitfrage		Diese beiden Schritte findest du auf der nächsten Doppelseite.	

M1 *Ein Referat: So gehe ich vor!*

Auf die Vorbereitung kommt es an: Richtig Material sammeln!

Wie gut dein Referat wird, hängt vor allem von der Recherche ab. Neben der Art der Präsentation und dem persönlichen Auftreten steht der Inhalt im Vordergrund.

Für eine gute Materialsammlung muss das Thema deines Referats eng gefasst sein, da du sonst viel zu viel Material erhältst. Ein gutes Thema wäre zum Beispiel „Der Kok-Aral-Damm: Eine Lösung der Aralsee-Krise?". Dagegen wäre „Der Aralsee" ein schlechtes Thema. Es ist sinnvoll, eine Leitfrage oder Problemstellung zu formulieren.

Für deine Materialsammlung stehen dir viele Quellen zur Verfügung. Überprüfe, wo in deiner Nähe eine Bibliothek ist, in der du nach Büchern und Zeitschriften suchen kannst. Vielleicht hat deine Schule auch ein Selbstlernzentrum mit einer Bibliothek. Natürlich kannst du auch Materialien aus dem Internet verwenden (siehe rechts). Hast du das Material erfolgreich gesammelt, musst du streng nach deinem genauen Thema auswählen. Alle Passagen, die nicht zu deiner Leitfrage passen, legst du beiseite.

Unterschiedliche Landschaftszonen – unterschiedliche Referatsthemen

Die Grenzen der Raumnutzung hast du an unterschiedlichen Beispielen kennengelernt. Durch ein Referat kannst du die Aralsee-Problematik intensiver aufarbeiten. Ausgehend von den Seiten 142/143 kannst du vertiefend recherchieren. Das genaue Thema deines Referats kannst du selbst verfassen. Mögliche Themen sind zum Beispiel:

- Die Veränderung des Aralsees im Kartenbild.
- Der Kok-Aral-Damm: Eine Lösung der Aralseekrise?
- Lässt sich der See wieder füllen? Kanäle als Lösungsansatz der Aralseekrise.
- Die Rolle des Baumwollanbaus bei der Aralseekrise.
- Salztolerante Pflanzen gegen fortschreitende Desertifikation am Aralsee.

M2 *Themenvorschläge*

M3 *Darauf solltest du achten!*

METHODE

M4 *Internet-Suchmaschinen*

Das w(orld)w(ide)w(eb) durchforsten – erfolgreich im Internet suchen

Das World Wide Web steht nicht nur für weltweite Vernetzung, sondern auch für Milliarden Internetseiten zu den unterschiedlichsten Themen. Damit die Recherche nicht zu einem planlosen und nicht enden wollenden Surfen durch das Internet wird, gibt es leistungsfähige Internet-Suchmaschinen, in die du Stichwörter eingeben kannst.

Doch auch die Suche mit Internet-Suchmaschinen kann dir zu viele Ergebnisse liefern. Ein paar Tipps helfen dir bei deiner Internet-Recherche:

Gib dein Thema, das du suchst, so genau wie möglich an, damit die Zahl der Suchergebnisse gering ausfällt; zum Beispiel Suchbegriff Aralsee: Suchergebnis 271 000, Kok-Aral-Damm: Suchergebnis 71 600. Suchbegriffe, die aus mehreren Wörtern bestehen, kannst du in Anführungszeichen setzen. Dadurch werden nur Internet-Seiten gesucht, in denen genau diese Wortfolge in dieser Schreibweise vorkommt. So ergibt zum Beispiel der Suchbegriff „Kok-Aral-Damm" 305 Suchergebnisse.

Ein kostenloses Internet-Lexikon ist z. B. Wikipedia. Begriffe kannst du ins Suchfeld eingeben. Hier kann allerdings jeder Artikel schreiben, kommentieren und bewerten. Dadurch können Inhalte auch fehlerhaft sein. Es darf jeder Inhalte mit Angabe der Quellen und der Autoren kostenfrei kopieren.

Solche Internet-Lexika eignen sich besonders als Startpunkt, aber nicht als alleinige Recherche.

M5 *Internet-Lexika*

❶ Suche mithilfe eines Internet-Lexikons (M5) mindestens fünf Grundbegriffe aus dem letzten Kapitel. Notiere dir knappe Erklärungen.

❷ Beschreibe die Faktoren, die für einen guten Vortrag entscheidend sind. (M3)

❸ Finde mithilfe von Internet-Suchmaschinen zehn Internet-Seiten, auf denen Aspekte eines Kapitelthemas dieses Buches gezeigt werden. Notiere dir die Links und beschreibe, was du siehst.

❹ Formuliere ein Referatsthema mit Leitfrage zur Aralsee-Problematik.

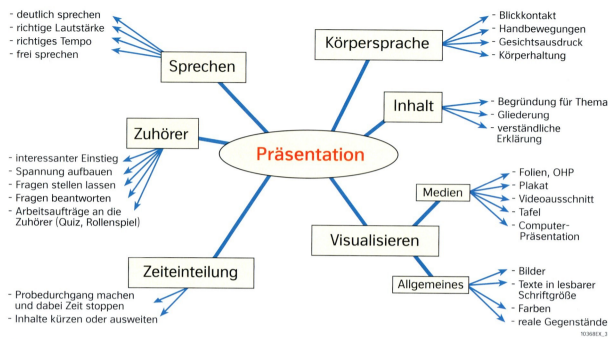

M1 *Was muss ich bei einer Präsentation beachten?*

Durchführung: Das Referat halten

Nachdem du die Materialien für dein Referatsthema recherchiert und durchgearbeitet hast, musst du dir überlegen, wie du deinen Vortrag gestalten möchtest. M1 zeigt dir, wie viele verschiedene Aspekte für eine erfolgreiche Präsentation wichtig sind.

Es reicht nicht aus, nur das Referat vorzutragen, denn es ist für dein Publikum schwierig, nur durch Zuhören das Thema inhaltlich zu verstehen. Du weckst Interesse, wenn du die Inhalte anschaulich machst und Bilder oder Diagramme zeigst und erklärst. Dadurch erfassen deine Mitschülerinnen und Mitschüler das Referat nicht nur akustisch, sondern auch visuell. So können sie sich mehr merken.

Fünf Tipps für einen guten Vortrag

1. Überprüfe vor Beginn, ob alle benötigten Materialien an der richtigen Stelle liegen und ob die technischen Medien funktionieren.

2. Trage möglichst frei vor. Zur Sicherheit kannst du ab und zu auf deinen Stichwortzetteln nachschauen. Sprich deutlich und schau deine Zuhörer an.

3. Lampenfieber hat jeder. Durch eine aufrechte Körperhaltung strahlst du aber Sicherheit aus.

4. Sprich ruhig und stelle die Gliederung deines Vortrags vor. Zwischendurch kannst du auf die Gliederung erneut verweisen.

5. Visualisiere deinen Vortrag mit Materialien.

Für den Vortrag ist es sinnvoll, dass du dir Stichwortzettel erstellst. Diese dienen der Erinnerung und zum Abrufen von Wissen. Sie helfen dir, deinen Vortrag zu gliedern.

Beachte dabei:
- DIN A5-Karteikarten verwenden (handlich und fest).
- Nur die Vorderseite beschreiben.
- Lesbar und groß schreiben.
- Nur Stichworte, keine ganzen Sätze bilden.
- Zahlen und Grundbegriffe notieren (du musst sie nicht auswendig wissen).
- Immer nur einen Gliederungspunkt deines Vortrages pro Stichwortzettel schreiben.
- Zeitangaben oder Regie-Anweisungen (z. B. Folie XY auflegen) in einer anderen Farbe aufschreiben.

M2 *Tipps für einen guten Stichwortzettel*

METHODE

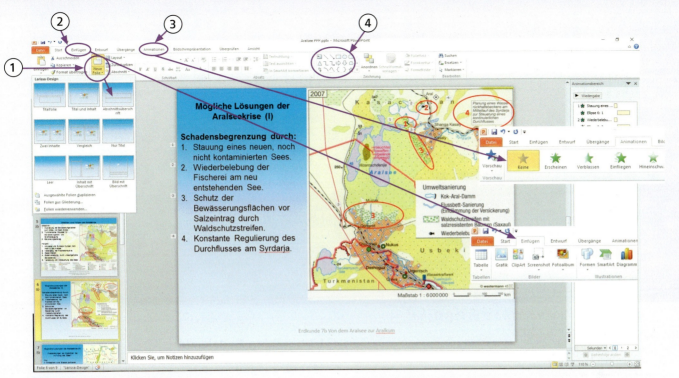

M3 *Auszüge aus PowerPoint*

Eine Computer-Präsentation erstellen

Es gibt verschiedene Computerprogramme, die es möglich machen, deinen Vortrag geschickt zu veranschaulichen, zum Beispiel PowerPoint oder Impress (Open Office). Mithilfe dieser Programme kannst du (Computer-) Folien erstellen, die mit einem Beamer präsentiert werden. Ein solches Programm ist ein gutes Hilfsmittel, um durch dein Referat zu führen.

Vorsicht! ⚠

- Solche Programme können zu „Zeitfressern" werden (zu viele Animationen usw.).

- Eine PowerPoint-Präsentation schützt nicht vor sachlich schlechtem Inhalt.

- Du kannst nicht schnell zwischen Themenaspekten wechseln. Dadurch kannst du schwer flexibel auf Einwürfe reagieren.

- Überlade die Seiten nicht. Achte auf große Schrift. Die Textmenge sollte sehr gering sein.

- Gestalte den Hintergrund nicht zu dunkel, dafür aber für alle Seiten einheitlich.

- Die Präsentation ist kein Ablese-Skript, sondern soll deine gesprochenen Worte lediglich unterstützen.

M4 *Zu beachten bei der Computerarbeit*

Vier Schritte zu einer Präsentation

1. Neue Folie wählen:
Eine Folie ist eine Bildschirmseite deiner Präsentation. Hier kannst du das Grundlayout für deine Folie auswählen. Wähle aus, ob du Bild, Text oder Diagramm darstellen willst. Natürlich kannst du das bestehende Layout noch verändern.

2. Einfügen von Bildern/Grafiken/Texten:
Hast du bei deiner Materialsuche gute Bilder oder Grafiken gefunden, so kannst du diese in PowerPoint einfügen. Bei „Einfügen" – „Grafik" – [...] kannst du auf den Computerspeicher zugreifen. Die eingefügten Objekte kannst du auf der Folie verschieben, in der Größe verändern usw. Unter diesem Button kannst du auch eigene Diagramme erstellen.

3. Benutzerdefinierte Animation:
Hier kannst du entscheiden, was, wann, wie auf der Folie erscheinen soll. So kannst du die Folien besser auf deinen Vortrag abstimmen. Aber Vorsicht: Zu viel Animation lenkt ab und ist auf Dauer langweilig.

4. Autoformen:
Über die Autoformen kannst du zum Beispiel Wichtiges durch Pfeile hervorheben.

Leben und Wirtschaften an der Kältegrenze

M1 *Der boreale Nadelwald in Russland*

Syktywkar/Russland
96 m ü. M.
61°40'N/55°51'O
T = 0,5 °C
N = 541 mm

M2 *Klimadiagramm aus der Taiga*
(zum Vergleich mit der Tundra siehe S. 44 M4)

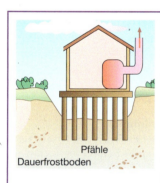

Pfähle
Dauerfrostboden

Der Dauerfrostboden taut im Sommer an der Oberfläche auf. Deshalb stehen fast alle Gebäude auf Stahlbetonpfählen. Mit Spezialmaschinen werden sie zehn Meter tief in den Boden gerammt. Die kalte Luft muss unter dem Haus zirkulieren können, damit der Boden nicht auftaut und das Haus in eine Schräglage kommt oder sogar absinkt. Beim Bau einer Straße muss wegen des Dauerfrostbodens ein mächtiges Schotterbett aufgeschüttet werden.

M3 *Sicheres Bauen auf Dauerfrostboden*

Im borealen Nadelwald

Moore, ausgedehnte Wasserflächen und vor allem endlose Fichten- und Kiefernwälder: die Geozone des **borealen Nadelwaldes** findet sich allein auf der Nordhalbkugel und zieht sich über Europa, Asien und Nordamerika um die ganze Erde. Im Norden wird sie durch die Tundra begrenzt. Die borealen Nadelwälder sind artenarm und bestehen im Wesentlichen aus Fichten, Tannen, Kiefern und Lärchen. Die Bäume wachsen aufgrund des rauen Klimas sehr langsam, können aber bis zu 300 Jahren alt werden und liefern so besonders hochwertiges Holz.

Leben und Wirtschaften an der **Kältegrenze** sind nur unter größten Einschränkungen möglich. Die Temperaturen erreichen im wärmsten Monat des Jahres zwar durchaus mehr als 10 °C, können im Winter aber auch einige Monate unter -25 °C abfallen. Mehr als ein halbes Jahr lang herrscht eine geschlossene Schneedecke vor. Der Dauerfrostboden ist hart wie Stein oder Stahlbeton und reicht bis zu 1000 Meter Tiefe. Im Sommer kann er oberflächlich auftauen; es entstehen dann ausgedehnte Sumpfflächen.

Der Bau von Gebäuden, Brücken, Straßen oder auch Pipelines stellt die Ingenieure damit vor große Herausforderungen. Dies umso mehr, als dass sich aufgrund des Klimawandels die Vegetationszonen nach Norden verschieben. So könnte zum Beispiel die gesamte Verkehrsinfrastruktur durch die fortschreitende Erwärmung instabil werden.

M4 *Vegetationszonen Russlands*

Legend:
- Polare Kältewüste
- Tundra
- Borealer Nadelwald (Taiga)
- Sommergrüner Laub- und Mischwald
- Steppe
- Halbwüste und Wüste
- Siedlungsraum der Chanten
- nährstoffarme Böden
- Städte
- Grenze Russlands

M5 *Die Chanten in Westsibirien*

Die Chanten – Nomaden des Nordens

Die Chanten bei Surgut sind ein Volk von Rentierzüchtern und bilden eine der 26 Bevölkerungsgruppen, die ursprünglich den Norden Russlands besiedelten. Als Halbnomaden des asiatischen borealen Nadelwaldes, der Taiga, ziehen sie in den Sommermonaten mit ihren Herden zu den Weidegründen an der Kältegrenze. Dort leben sie in einem spitz zulaufenden Rundzelt aus Tierhäuten über Holzstangen. Dies ermöglicht einen schnellen Wohnplatzwechsel durch die Leichtigkeit der verwendeten Materialien.

In der kalten Jahreszeit ziehen die Chanten mit ihren Herden weiter nach Süden, wo die Tiere in der Nähe der festen Wintersiedlungen aus massiven Holzhäusern gehalten werden.

Das Leben der Chanten ist wie das der Nomaden in der Sahelzone von diesem Jahresrhythmus geprägt. Allerdings führen immer weniger Menschen diese traditionelle Lebensweise, da in vielen Gebieten wegen der Förderung von Erdöl und Erdgas keine Rentierherden mehr gehalten werden können.

❶ Lege eine Tabelle mit drei Spalten an, in die du die Merkmale der Geozone des borealen Nadelwaldes einträgst. Unterscheide: klimatische Grundlagen, Vegetation und menschliche Aktivitäten (Text, M1– M3, M5).

❷ Beschreibe die räumliche Lage der Taiga anhand von M4.

❸ 🔙 **Wähle aus:**

A Stell dir vor, du würdest als Kind bei den Chanten leben. Schreibe einen Tagebucheintrag, was du in einer Woche im Sommer oder Winter erlebt hast.

B Verfasse ein Interview mit einem Rentierzüchter. Versuche dabei herauszustellen, wie schwierig der Alltag der Chanten heute ist.

M1 *Sibirien*

M2 *Erdgasförderung in Sibirien*

Wohlstand durch Erdgas?

Sibirien gilt trotz eisiger Kälte, Hitze- und Dürreperioden wegen seines Rohstoffreichtums als Schatzkammer Russlands. Allein aus der Region um die Stadt Novy Urengoi östlich des Urals und nur 60 Kilometer vom Polarkreis entfernt stammen etwa 74 Prozent allen russischen Erdgases. Einzelne Felder des begehrten Rohstoffes nehmen hier eine Fläche von 1100 km² ein, was etwa 40 Prozent der Fläche des Saarlandes entspricht. Nach einer fast zehntägigen Reise erreicht das Erdgas über die „Nord Stream-Pipeline" am Grunde der Ostsee eine Übernahmestation bei Greifswald.

Fast 40 Prozent der Erdgasimporte Deutschlands kommen mittlerweile aus Russland. Selbst im Nordpolarmeer werden in großem Umfang Erdöl und Erdgas gefördert.

In den Siedlungen der Förderregionen sorgt das Erdgas für Wohlstand. Die Häuser sind oft neu gebaut oder frisch renoviert, die Straßen in einem guten Zustand. Das Einkommen der Menschen übersteigt den Landesdurchschnitt um das Fünffache. Das weltweit größte Erdgasförderunternehmen „Gazprom" beschäftigt insgesamt etwa 420 000 Mitarbeiter.

M3 *Russisches Erdgas für Europa*

Erdgasvorkommen
Erdgasleitung
Erdgasleitung geplant, im Bau

- Entdeckung der Felder in den 1960er-Jahren in einer zuvor unberührten Naturlandschaft
- Lage: in 2500 bis 3000 Meter Tiefe
- Dauerfrostboden bis zu mehreren hundert Metern Tiefe
- oberflächliche Auftauschicht von bis zu 1,5 Metern führt in den kurzen Sommern zur Versumpfung des Geländes
- achtmonatiger Winter mit Temperaturen bis zu −50 °C und langer Dunkelheit
- alle Bauten, auch die Pipelines, auf Pfählen
- rund 5000 Brüche an Pipelines pro Jahr
- Reparatur nur im Winter bei gefrorenem Boden möglich
- höchste Anforderungen an die Arbeitskräfte

M4 *Fakten zur westsibirischen Erdgaswirtschaft*

www.diercke.de
100800-170-01

D1-154
www.diercke.de

M5 *Holzernte in der Taiga*

M6 *Brennender Ölsee aus gebrochener Erdöl-Pipeline*

M7 *Rentierzucht*

Rohstoffreichtum und Nutzungskonflikte

Das Gebiet des borealen Nadelwaldes in Russland wird durch den Menschen in vielfältiger Weise genutzt. Häufig entstehen dabei Nutzungskonflikte, die oft mit dem Raubbau der Natur einhergehen.

Die Waldwirtschaft hat in der Taiga eine lange Tradition. Wurden die Stämme früher mit Motorsägen gefällt, so kommen heute Maschinen zum Einsatz, die etwa 800 Bäume am Tag fällen. Das schwedische Möbelhaus Ikea hat zum Beispiel einen jährlichen Holzbedarf von vier bis fünf Millionen Kubikmetern Holz (1 – 2 Mio. Bäumen).

Seit Jahren lassen Unternehmen der europäischen Möbel-, Zellstoff- und Papierindustrie in vielen Gebieten im Norden Sibiriens, oft auch in schützenswerten Bereichen, Holz schlagen. Der Einsatz schweren Gerätes zerstört dabei den Waldboden nachhaltig.

An anderer Stelle sorgt der Abbau mineralischer Rohstoffe, die zum Beispiel in der Düngemittelindustrie benötigt werden, für eine Belastung der Atemluft. Tag und Nacht rauchende Ölbohrtürme sind ebenfalls sichtbares Zeichen einer fortschreitenden Industrialisierung. Wenn der Schnee taut, sieht man schwarze Ölschichten auf den Böden aufgrund undichter Pipelines besonders deutlich.

Unter diesen Bedingungen wird die traditionelle Rentierzucht immer mehr aufgegeben. Der wirtschaftliche Wandel führt für die einen zu gut bezahlten Arbeitsmöglichkeiten, für die anderen zum Zwang, Beruf und Traditionen aufzugeben, zu Armut und Perspektivlosigkeit.

❶ 🔲❓ Erstelle ein Wertequadrat auf einem leeren DIN-A4-Blatt mit Rechenkästchen.
a) Notiere am oberen Rand die zentrale Frage als Überschrift:
Sollen die sibirischen Rohstoffe weiterhin konsequent genutzt werden?
b) Zeichne nun das Wertequadrat.

c) Trage für die Rohstoffe Erdgas, Erdöl und Holz deine eigene Position im Wertequadrat ein.
d) Begründe schriftlich, warum du die jeweiligen Positionen gewählt hast.
e) Diskutiere deine Auffassung mit einer Mitschülerin oder einem Mitschüler.
Stellt das gemeinsame Ergebnis der Klasse vor.

Gewusst – gekonnt: Grenzen der Raumnutzung

M1 *Überweidung an einer Wasserstelle*

„Ich lebe mit meiner Familie in der Dornstrauchsavanne. Wir sind Nomaden. Wir kennen die Natur. Die Regenzeit ist für uns wichtig, nach ihr richten wir uns. Wir ziehen mit der Regenzeit nach Norden. Immer, wenn ein Weideplatz verbraucht ist, ziehen wir weiter. Unsere Zelte nehmen wir mit. In der Trockenzeit sind wir im Süden, weil es dort an den Wasserstellen noch genug Futter für unsere Tiere gibt. In feuchten Jahren kommen die Ackerbauern aus dem Süden in unsere Weidegebiete. Das gibt immer Ärger, denn ...“

M2 *Ahmed berichtet aus seinem Leben.*

„Meine Mutter, meine sechs kleinen Geschwister und ich leben alle gemeinsam in einer Hütte in der Trockensavanne. Mein Vater und mein großer Bruder haben eine eigene Hütte. Meine Mutter ist für die Feldarbeit zuständig. Wir haben nur ein kleines Feld. Es reicht gerade, um Hirse und Gemüse für uns anzubauen. In diesem Jahr hat es mehr geregnet als vorher und die Savanne im Norden ist grün. Deshalb will mein großer Bruder weiter im Norden eine Hütte bauen und Felder anlegen. Er möchte eine Familie gründen und hier gibt es kein Ackerland mehr. Mein Vater meint, dass er dort Ärger bekommen wird, weil ...“

M4 *Khadija berichtet aus ihrem Leben.*

Büsche werden als Brennholz genutzt.

Kleine Bäume werden für den Hüttenbau gefällt.

Ausgetrocknete Flüsse führen wieder Wasser.

Die Gefahr der Desertifikation wird größer.

Der Grundwasserspiegel steigt.

Brunnen füllen sich mit Wasser.

Die Dornstrauchsavanne wird grün.

Niederschlagsreiche Jahre in der Dornstrauchsavanne.

Bauern aus dem Süden wandern in die Dornstrauchsavanne.

M3 *„Bausteine“ für ein Ursache-Wirkungsgefüge*

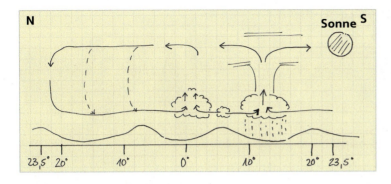

N   Sonne S

23,5° 20°   10°   0°   10°   20° 23,5°

◁ **M5** *Sonnenstand und Klima-verhältnisse am 21. Dezember (Schülerskizze).*
Die ITC verlagert sich mit dem Zenitstand der Sonne.

Schätze dich selbst mit dem **Ampelsystem** ein, das auf Seite 53 erklärt ist. Die Erläuterung der **Kompetenzen** findest du ebenfalls auf Seite 53.

Grundbegriffe
Savanne
Regenzeit
Trockenzeit
Nomade
arid
Niederschlags-
variabilität
Dürre
humid
Überweidung
Desertifikation
Tragfähigkeit
Aufforstung
Flussoase
Bewässerungsland-
wirtschaft
Delta
Verdunstung
Bodenversalzung
borealer Nadelwald
Kältegrenze

Fachkompetenz

1 Beschreibe den Naturraum der Savannen. *(Schülerbuch Seite 127)*

2 Erläutere die Nutzung der Savannen durch den Menschen. *(Schülerbuch Seiten 126 und 129)*

3 a) Beschreibe M1.

b) Erkläre, welche Auswirkungen die Nutzung des abgebildeten Raums durch die Menschen hat.

c) Beurteile den Eingriff des Menschen in den Naturraum, indem du außer den ökologischen auch die ökonomischen und sozialen Folgen berücksichtigst. *(Schülerbuch Seiten 132–133)*

4 Durch die Bewässerungslandwirtschaft soll die Nutzung von Trockenräumen verbessert werden. Beurteile die Möglichkeiten der modernen Bewässerungslandwirtschaft. *(Schülerbuch Seiten 138 und 136–137)*

Methodenkompetenz

5 Erstelle ein Ursache-Wirkungsgefüge für folgende Situation: Die Niederschläge in der Dornstrauchsavanne waren in den letzten beiden Jahren höher als in den Jahren davor. Nutze die „Bausteine" in M3. *(Schülerbuch Seiten 17 und 133)*

6 Stelle mögliche Maßnahmen gegen die Bodenversalzung in einer Skizze dar. *(Schülerbuch Seite 138)*

7 Stelle die Auswirkungen der Nutzung der borealen Nadelwälder in Russland in einem Ursache-Wirkungsgefüge dar. *(Schülerbuch Seite 151)*

8 a) Übertrage M5 in dein Heft oder deine Mappe und beschrifte die Skizze.

b) Zeichne eine Skizze für den Sonnenstand am 21. März. *(Schülerbuch Seite 128)*

Kommunikations-kompetenz

9 Wähle mindestens fünf Grundbegriffe aus der Liste, erkläre sie und wende sie in einem Beispiel an.

10 In der Savanne schwanken die jährlichen Niederschläge erheblich. Dies hat Auswirkungen für die Nomaden und Ackerbauern.

a) Schildere den Nutzungskonflikt aus der Sicht von Ahmed (M2).

b) Stelle den Nutzungskonflikt aus der Sicht von Khadijas Bruder dar (M4). *(Schülerbuch Seiten 130–131)*

Urteilskompetenz

11 Als Maßnahme gegen die Überweidung in der Dornstrauchsavanne wird vorgeschlagen, die Zahl der Tiere zu begrenzen, die eine Nomadenfamilie haben darf. Wäge die Konsequenzen dieser Maßnahme für eine zukünftige Entwicklung ab. *(Schülerbuch Seiten 132–133 und 135)*

Welternährung – zwischen Überfluss und Mangel

Wie ist die Ernährungssituation bei uns und anderswo?

Welche Gründe gibt es dafür?

Was tut man, um die weltweite Versorgung mit Nahrungsmitteln für die Menschen zu sichern?

Schlange stehen für Lebensmittel – wie hier in Afrika. Hunger ist eines der wesentlichen Probleme heutzutage und hat vielfältige Ursachen. Dagegen gibt es weltweit Länder, die über mehr als genug Nahrung verfügen.

M1 *Große Auswahl beim Einkaufen im Supermarkt*

Welternährung – zwischen
Überfluss und Mangel

INFO

Nahrungsbedarf

Der Nahrungsbedarf eines Menschen ist abhängig von seiner körperlichen Tätigkeit. Sie bestimmt den Energieverbrauch. Im Durchschnitt braucht ein Mensch etwa 10 000 kJ am Tag. Beim Schlafen verbraucht er in einer Stunde etwa 84 kJ, beim Stehen 185 kJ, beim Gehen 790 kJ und beim Dauerlauf 2520 kJ

Auch die Zusammensetzung der Nahrung ist wichtig. Sie sollte etwa zu 60 % aus Kohlenhydraten (z. B. Getreide, Kartoffeln) bestehen sowie zu mindestens 15 % aus Eiweiß (z. B. Fleisch, Fisch, Milch und Soja). Außerdem soll sie verschiedene Vitamine enthalten (z. B. in Obst).

Wie ist die Ernährungssituation bei uns und weltweit?

Wie wir uns ernähren

Eine große Umfrage eines Forschungsinstituts hat sich mit der Frage beschäftigt, wie man in Deutschland isst. Dabei hat man festgestellt, dass

– für die Hälfte der Deutschen gutes Essen wichtig ist.

– der Verzicht auf Wurst und Fleisch vielen Menschen schwer fällt.

– wegen Zeitmangels eine gesunde Ernährung schwierig ist.

– nur in der Hälfte der Haushalte noch selbst gekocht wird.

– gesunde Ernährung mit Obst, Gemüse und frischen Produkten auch eine Geldfrage ist.

– jeder zweite Deutsche mit seinem Gewicht nicht zufrieden ist.

Es ist gar nicht so einfach, sich „richtig" zu ernähren. Oft kommt es zur **Fehlernährung**, wenn unser Essen zu einseitig ausgewählt wird, wir zu viel oder zu wenig essen. Verzichten wir zum Beispiel auf Obst und Gemüse, dann fehlen dem Körper Vitamine. Man spricht von einer **Mangelernährung**. Der Körper kann die meisten Vitamine nicht selbst herstellen. Fehlen sie, kann dies beispielsweise zu Problemen mit dem Kreislauf führen. Wir fühlen uns müde und abgeschlagen.

Apfel	Obst-kuchen mit Sahne	Eisbecher, Früchte, Sahne	Tafel Vollmilch-schokolade	Pizza	Kartoffel-salat mit Würstchen	Steak, Kartoffeln, Gemüse, Kräuter-butter	Eisbein, Sauerkraut, Kart.-Püree 1 Glas Bier
270	1300	1850	2340	2600	2750	3250	3600

M2 *Nahrungsmittel und ihr Energiegehalt in Kilojoule (kJ)*

Hunger und Unterernährung – auf der Erde weit verbreitet

Auf der Erde leben etwa sieben Milliarden Menschen. Fast jeder Siebte leidet an **Hunger** und **Unterernährung**. Oft werden Hunger und Unterernährung als Begriffe gleich verwendet. Dabei ist Hunger zunächst einfach nur das Gefühl, jetzt bald etwas zu essen zu brauchen. Spricht man dagegen von Hungernden oder Unterernährten, dann handelt es sich um Menschen, die dauerhaft wenig zu essen haben. Sie bekommen weniger Nahrungsmittel, als sie täglich brauchen, um ihr Körpergewicht zu erhalten und gleichzeitig leichte Arbeiten zu verrichten.

Ein dauernder Nahrungsmangel lässt den Körper abmagern. Unterernährte Kinder wachsen sehr langsam und können sich in der Schule schlecht konzentrieren.

M4 *Karikatur: Was verursacht Hunger?*

M3 *Hunger gehört zum Alltag!*

Burundi zählt zu den ärmsten Ländern in Afrika. Dort leben Nadège und Joseph mit ihrer Familie in einem kleinen Dorf. Sie haben insgesamt sechs Kinder. Sie sind Bauern und bauen Bohnen, Maniok und Kartoffeln an. Das Problem: Das Essen reicht kaum, um die Familie zu versorgen. Hunger gehört zum Alltag!

Wenn man Nadège fragt, welche Perspektive sie für ihre Kinder sieht, ist sie sehr traurig: „Wir möchten ihnen zumindest genug zum Essen geben. In die Schule sollen sie auch gehen können. Dort könnten sie lernen und bekämen wenigstens eine warme Mahlzeit am Tag. Aber wir brauchen die Kinder hier zum Arbeiten, um wenigstens überleben zu können. Außerdem ist der Weg zur Schule weit.

❶ Erkläre die Begriffe „Fehlernährung", „Mangelernährung" und „Unterernährung" mit eigenen Worten (Texte, Info).

❷ Erkläre mithilfe des Textes, warum die Deutschen manchmal Probleme haben, sich abwechslungsreich zu ernähren.

❸ M2 zeigt eine Reihe von Nahrungsmitteln und ihren Kaloriengehalt. Diese stehen bei einigen Menschen sehr oft auf dem Speiseplan. Erläutere, warum es sich dabei auch um eine Art der Fehlernährung handelt.

❹ Beschreibe und erkläre die Karikatur (M4).

❺ Führe ein Ernährungstagebuch. Analysiere für eine Woche dein Ernährungsverhalten.

❻ Vergleiche mithilfe der Texte, M2 und M3 die Ernährungssituation bei uns mit der in anderen Gebieten der Erde. Erstelle dazu eine Tabelle.

❼ a) 🔲?️ Erstellt gemeinsam eine Liste mit Hypothesen, was die Ursachen für Hunger und Unterernährung weltweit sein könnten.
b) Überprüft im Verlauf des Unterrichts, welche Hypothesen sich bestätigen und welche verworfen werden müssen.

Nahrungsmittel – ungleich verteilt

Zugang zu Nahrung? – nicht für alle!

Die **Welternährung** und der Zugang zu Nahrungsmitteln sind nicht überall gleichermaßen gewährleistet. Das betrifft nicht nur einzelne Länder, sondern ganze Regionen und Kontinente. Betrachtet man die Verteilung global (weltweit), findet man einen **Hungergürtel** rund um den Erdball.

Ein Großteil der Menschen in diesem Hungergürtel lebt vor allem von der Landwirtschaft. Sie besitzen meist nur kleine Felder und wenig Vieh. Die Landwirtschaft ist auf Selbstversorgung, das heißt **Subsistenzproduktion**, ausgerichtet und nicht auf den Verkauf der Ernteprodukte. Meist gibt es keine andere Arbeit und damit auch kein anderes Einkommen.

Ein großes Problem ist es, wenn die Ernten gering ausfallen oder gar durch Naturkatastrophen wie Überschwemmungen und Dürren zerstört werden. Oft müssen Kleinbauern in einem solchen Fall ihre Flächen an Großkonzerne verkaufen, da sie keine finanziellen Reserven für Notzeiten haben. Die Bauern arbeiten dann für einen geringen Lohn auf ihren ehemaligen Feldern. Bei höheren Lebensmittelpreisen reicht das geringe Gehalt oft nicht, um die Familien zu ernähren.

Aber auch in den Ländern, die von einem hohen Grad an Unterernährung betroffen sind, gibt es Gruppen in der Bevölkerung, die über genügend Geld verfügen. Dafür können sie Nahrungsmittel kaufen, während anderen Bevölkerungsgruppen das Geld und der Zugang zu Nahrung fehlen.

◁ **M2** *Kleinbauern in der D.R. Kongo bestellen ihr Feld.*

1. *805 Millionen Menschen* auf der Welt haben nicht genug zu essen. Allerdings ist die Zahl der Hungernden seit 1990 um 290 Millionen zurückgegangen.
2. Auf der Erde leben mehr als sieben Milliarden Menschen. *Einer von neun Menschen* weltweit muss jeden Abend hungrig schlafen gehen.
3. Hunger ist das *größte Gesundheitsrisiko weltweit*. Mehr Menschen sterben jährlich an Hunger, als an AIDS, Malaria und Tuberkulose zusammen.
4. 98 Prozent der Hungernden *leben in Entwicklungsländern.*
5. Unterernährung trägt jährlich zum *Tod von 2,9 Millionen Kindern* unter fünf Jahren bei. Damit ist Hunger für mehr als 45 Prozent aller Sterbefälle von Kindern weltweit verantwortlich.
6. In Entwicklungsländern *gehen 66 Millionen Vorschulkinder hungrig in die Schule,* allein in Afrika sind es 23 Millionen.
7. *Es kostet nur 20 Cent am Tag*, einem Kind alle wichtigen Vitamine und Nährstoffe zu geben, die es braucht, um gesund aufzuwachsen.
8. Hunger ist das *größte lösbare Problem der Welt.*

(Zusammengefasst nach: World Food Programme (WFP) 2015)

M1 *Hunger gehört zum Alltag!*

D1-234
www.diercke.de

Sidebar: Welternährung – zwischen Überfluss und Mangel

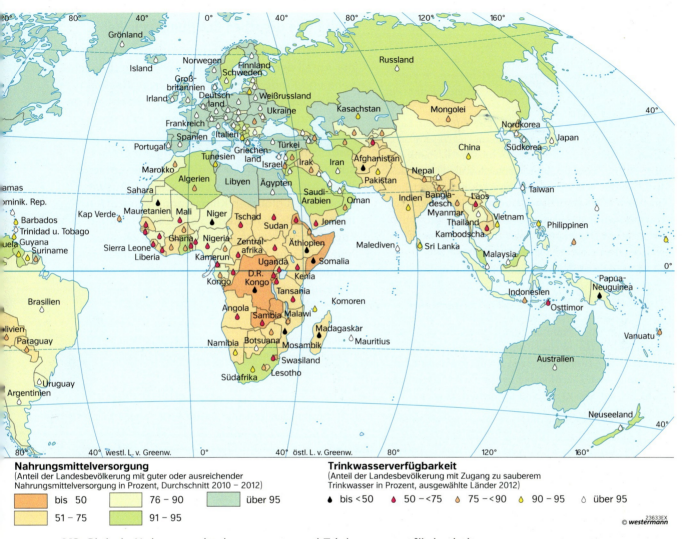

Nahrungsmittelversorgung
(Anteil der Landesbevölkerung mit guter oder ausreichender
Nahrungsmittelversorgung in Prozent, Durchschnitt 2010 – 2012)

bis 50	76 – 90	über 95
51 – 75	91 – 95	

Trinkwasserverfügbarkeit
(Anteil der Landesbevölkerung mit Zugang zu sauberem
Trinkwasser in Prozent, ausgewählte Länder 2012)

● bis <50   ● 50 – <75   ● 75 – <90   ● 90 – 95   ○ über 95

© *westermann*   23633EX

M3 *Globale Nahrungsmittelversorgung und Trinkwasserverfügbarkeit*

❶ Die globale Versorgung mit Nahrungsmitteln und Trinkwasser ist sehr unterschiedlich (M3).
a) Beschreibe die Karte hinsichtlich der globalen Nahrungsmittelversorgung und Trinkwasserverfügbarkeit.

b) Nenne je drei Regionen mit „guter" und drei mit „mangelhafter" Nahrungsmittelversorgung.
c) Im Text wird der Hungergürtel der Erde erwähnt. Mache diesen „sichtbar", indem du eine Kartenskizze der Erde anlegst und diesen Hungergürtel einzeichnest.

❷ Erläutere, welche Merkmale den landwirtschaftlichen Anbau in verschiedenen Regionen unmöglich machen oder deutlich erschweren.

❸ Die D.R. Kongo in Zentralafrika ist ein typisches Beispiel für ein Land im Hungergürtel. Erkläre mithilfe des Textes, warum die Ernährungssituation dort problematisch ist.

❹ ◼[?] Erstelle zu M1 ein Schaubild, in dem du die Fakten zum Hunger und zur Welternährung inhaltlich und grafisch darstellst.

Nahrungsmittelprobleme in Kenia

„Tief unten im Bauch", sagt sie, „fängt es an, ein leichtes Stechen erst, dann kriecht es hinauf, füllt den Mund mit Bitterkeit. Am schlimmsten sei das Hämmern im Kopf." „Nicht ohnmächtig werden, nur schlafen", denkt sie dann.

Wenn sie auf Essen wartet, summt Ratio Kuntah ein Lied. Es ist ein staubiger Sommermorgen im Distrikt Kajiado, Kenia, als Ratio Kuntah auf einer schmalen Holzbank auf Hilfe hofft. Sie wischt ihrer Tochter Joy die Fliegen aus dem Gesicht. Wie immer hat sie nach dem Aufstehen einen Becher Tee getrunken, dann hat sie Joy zu Fuß über Trampelpfade und Schlaglochpisten getragen, quer durch die baumlose Ödnis, anderthalb Stunden lang, bis in das Wartezimmer dieser kleinen Gesundheitsstation.

Joy sitzt auf ihrem Schoß und atmet flach. Immer wieder kippt ihr schwacher Körper zur Seite. Sie ist 13 Monate alt, aber sie kann immer noch nicht sitzen.

„Ich weiß nicht mehr, was ich tun soll", sagt Ratio Kuntah. Sie ist 19 Jahre alt und lebt mit ihrem Mann, einem Viehhirten, in einer Hütte aus Kuhdung, die von ein paar Ästen zusammengehalten wird. Joy ist ihr einziges Kind, doch seit Monaten reicht ihre Muttermilch nicht aus, seit Monaten nimmt Joy nicht richtig zu.

(Nach: Anita und Marian Blasberg: Warum muss Joy hungern? In: Die Zeit vom 10.10.2013)

M1 *Warum muss Joy hungern?*

M2 *Gesundheitsstation – eingerichtet von der Organisation „Ärzte ohne Grenzen"*

Vielfältige Ursachen des Hungers in Kenia

Kenia gehört zu den Ländern Afrikas, in denen der Anteil der hungernden Bevölkerung (Erwachsene und Kinder) besonders hoch ist. Nach aktuellen Schätzungen leiden rund 30 Prozent der Bevölkerung des Landes an Hunger und Unterernährung.

Dabei sind die Ursachen vielfältig. Einerseits spielt das Klima in der Region eine wesentliche Rolle. Außerdem ist das Land von den Auswirkungen des globalen Klimawandels betroffen. Immer wieder wird Kenia von Dürren heimgesucht. Andererseits kommen aber auch soziale und politische Ursachen hinzu. Anhand der folgenden Materialien sollen verschiedene Aspekte näher untersucht werden.

Einwohnerzahl (2015):	44,3 Millionen
Einwohnerzahl-Prognose 2050:	81,4 Millionen
Lebenserwartung:	62 Jahre
HDI-Rang:	145 von 187

20 Prozent der Kenianer müssen mit weniger als 1,25 US-$ pro Tag auskommen.
Im Land leben etwa eine Million Flüchtlinge, die zum Beispiel aus dem Nachbarland Somalia kommen.

In Kenias Hauptstadt Nairobi leben etwa drei Millionen Menschen (gesicherte Zahlen gibt es aber nicht). Etwa 60 Prozent der Einwohner leben in Elendsvierteln, die wir in Europa nicht als lebenswürdig ansehen würden. Viele Hütten sind aus Lehm, Wellblech und weiteren Materialien, die die Menschen auf Müllhalden finden. Fließendes Wasser gibt es in den Hütten nicht. Medizinische Versorgung und Schulbildung? – Fehlanzeige!
Gewalt und Mord sind an der Tagesordnung.
Vor jeder dritten Villa in den reicheren Vierteln von Nairobi stehen bewaffnete Sicherheitsleute – um die Bewohner und ihr Eigentum zu schützen.

M3 *Daten zur Bevölkerung und Armut in Kenia*

M4 *Traditionelle Viehwirtschaft in Kenia*

M7 *Lage Kenias*

Daven: *„Was bedeutet eigentlich Dürre und wie oft tritt das Phänomen überhaupt auf?"*

Prof. Sanju: „Dürren sind langandauernde, meist mehrjährige Trockenperioden. In den wechselfeuchten Klimaten kommt es in den eigentlichen Regenzeiten nicht mehr zur gewohnten Menge an Niederschlag – und das bei hohen Temperaturen. Die Folge sind Wassermangelerscheinungen bei Menschen, Tieren und Pflanzen. In Kenia sind nicht alle Gebiete davon betroffen. Aber etwa in zwei Dritteln des Landes, vor allem im Norden, kommt es in drei von zehn Jahren zu Dürren. Etwa alle zehn Jahre sind diese besonders schlimm. Dann fallen weniger als 30 Prozent des durchschnittlichen Niederschlags."

Daven: *„Welche Folgen hat dann der Regen nach der langen Dürre?"*

Prof. Sanju: „Oh, das kann schon zum Problem werden: In wenigen Stunden fällt dann beispielsweise die Menge an Niederschlägen, die in Köln sonst in zwei Monaten fällt. Wenn das Gebiet überweidet oder abgeholzt ist, dann schwimmt der Oberboden weg."

Daven: *„Hat der Klimawandel hier Auswirkungen?"*

Prof. Sanju: „Schwer zu sagen. Sicher wird es wärmer in Ostafrika. Aber hinsichtlich des Niederschlags kann man es nicht genau einschätzen."

M5 *Daven interviewt Professor Sanju von der Universität in Nairobi*

In Kenia lebt mehr als die Hälfte der Menschen von der Landwirtschaft. Nur etwa 20 Prozent der Fläche des Landes ist nutzbar. Der Rest der Flächen sind Brach- und Bergland: Hier sind die Böden zu schlecht, der Niederschlag ist zu gering oder die Höhe lässt keinen Anbau zu. Anbauprodukte sind vor allem Kaffee und Tee, aber auch Sisal, eine Faserpflanze. Diese Produkte werden auf dem Markt verkauft.

Für den Eigenbedarf betreiben die Menschen vor allem Viehwirtschaft (Rinder, Schafe, Ziegen, Kamele). Außerdem bauen sie je nach Region und Klima Mais, Weizen, Gerste, Hirse, Zuckerrohr, Bananen, Bohnen, Reis und Baumwolle an.

M6 *Landwirtschaft in Kenia*

❷ **◀?▶** Beschreibe das Klima und die Dürregefährdung in Kenia (Atlas, Karten: Afrika – Klima).

❸ Erläutere die Folgen von Dürre und Starkregen für die Bevölkerung und die landwirtschaftliche Nutzung in Kenia (M5, M6).

❹ Armut und Unterernährung haben ganz konkrete Auswirkungen auf die Gesundheit der Menschen, die Leistungsfähigkeit und damit auf die Verdienstmöglichkeiten.
a) Bringe die folgenden Begriffe begründet in einen logischen Zusammenhang: Krankheit – Unterernährung – geringe Produktion – Armut – geringer Konsum – geringe Leistungsfähigkeit.
b) Finde eine Möglichkeit, diese Begriffe auch grafisch miteinander zu vernetzen.

Warum muss Joy hungern? Dieser Frage sollt ihr in den folgenden Aufgaben schrittweise nachgehen. Armut ist dabei ein wesentlicher Aspekt:

❶ Untersuche mit den Materialien die Lebensbedingungen von Joy und ihrer Familie. Berücksichtige auch die Situation der Gesamtbevölkerung (M3).

D1-132
www.diercke.de

www.diercke.de
100800-148-04

161

Landwirtschaft – für den Markt und den Eigenbedarf

Rund 70 Prozent der Bevölkerung Kenias arbeitet in der Landwirtschaft. Das zeigt, dass der Anbau von Produkten dort oft noch Handarbeit ist. Die Produktion von landwirtschaftlichen Erzeugnissen erfolgt einerseits für den Eigenbedarf („Subsistenzproduktion"). Hier spielen **Food Crops** eine wichtige Rolle. Food Crops sind Grundnahrungsmittel wie Mais, Weizen und Gerste, die der Versorgung der Bevölkerung dienen.

Andererseits werden Pflanzen für den Verkauf auf heimischen Märkten sowie internationalen Märkten wie dem **Weltagrarmarkt** produziert. Dafür werden zum Beispiel Kaffee, Tee und Schnittblumen angebaut. Diese Produkte gehören zur Gruppe der **Cash Crops**. Der Begriff „Cash Crops" bedeutet wörtlich übersetzt „Bargeld-Pflanzen". Ihre Produktion und Vermarktung erfolgen häufig durch große Konzerne. Diese lassen beispielsweise Tee auf riesigen Plantagen anbauen. Häufig geschieht das in Monokulturen und unter hohem Einsatz von Düngemitteln und Pestiziden.

Ausgeführte Waren:
Gartenbauprodukte, Tee, Kaffee, chemische Erzeugnisse

Warenwert: 6,1 Mrd. US-$

Hauptabnehmerländer:
Uganda, Tansania, Niederlande, Großbritannien

Eingeführte Waren:
Erdöl und Erdölprodukte, Fahrzeuge, Maschinen, Chemikalien

Warenwert: 16,3 Mrd. US-$

Hauptlieferländer: Indien, VR China, Vereinigte Arabische Emirate, Saudi-Arabien

Die Landwirtschaft macht ein Viertel der Wirtschaftsleistung des Landes aus.

M2 *Informationen zur Wirtschaft in Kenia*

Land	Teeproduktion in Tonnen	davon Exporte in Tonnen
China	1 850 000	332 416
Indien	1 200 040	209 000
Kenia	432 453	413 035
Sri Lanka	340 229	3 170 710

(Quelle: Deutsches Teeinstitut 2014)

M3 *Weltweite Teeproduktion und Exporte*

M1 *Auf einer Teeplantage in Kenia*

Joseph Wabulwa, Vorarbeiter auf einer Teeplantage in Kenia, berichtet:

„Kenia ist das größte Tee produzierende Land Afrikas. Wir exportieren Tee in die ganze Welt. Mehr als 110 000 Hektar Land werden für den Teeanbau genutzt. Familienbetriebe produzieren rund 80 Prozent der Ernte. Die anderen landwirtschaftlichen Erzeugnisse bauen die Bauern Kenias fast nur für den Eigenbedarf an. Denn der Verkauf ins Ausland lohnt nicht, da dort Lebensmittel so billig sind. Die Landwirte der Kleinbetriebe erzielen oft mit dem Teeanbau keinen ausreichenden Gewinn. Dann müssen sie ihre Flächen an Plantagenbesitzer oder Konzerne verkaufen – und bleiben trotzdem arm. Ein Plantagenarbeiter bekommt pro Tag weniger als 10 US-Dollar als Lohn und man arbeitet dafür 10 bis 12 Stunden am Tag!"

„Garden in a sack" – eine Option für Kenia?

M4 In Kibera, einem Slum im Südwesten der kenianischen Hauptstadt Nairobi, pflanzen die Menschen ihr Gemüse in Säcken an. Die sogenannten Sackgärten liefern dort Nahrung, wo es zu viele Arme und kaum Ackerland gibt. Sie können es sich nicht leisten, Boden zu pachten oder Lebensmittel zu kaufen. Rund 250 000 Menschen in afrikanischen und asiatischen Slums sollen schon von den Erträgen dieser „Gärten im Sack" leben. Gefördert werden die Projekte von Hilfsorganisationen und europäischen Regierungen.

❶ Beschreibe mit welchen Schwierigkeiten die Bauern in Kenia zu kämpfen haben (Text, M1).

❷ Erkläre den Begriff „Cash Crops" und die Bedeutung der Produkte für die Wirtschaft und den Handel in Kenia (Text, M2, M3).

❸ Vergleiche den Warenwert der Import- und Exportprodukte (M2). Erkläre, welche Folgen sich daraus ergeben.

❹ 【?】 Erörtere, ob die Umwandlung von Flächen für den Anbau von Cash Crops zur Versorgung der Bevölkerung eine sinnvolle Möglichkeit wäre, der Armut und dem Hunger entgegenzuwirken.

❺ a) Erstellt in Gruppen auf einem Plakat zum Thema „Hunger in Kenia" ein Wirkungsgefüge, in dem ihr auf die verschiedenen Merkmale eingeht und auch die Wechselwirkungen zwischen den einzelnen Punkten (z. B. Klima – Ertrag, Cash Crops – Eigenbedarf) darstellt. Beantwortet damit die Frage, warum Joy hungern muss (S. 254).
b) Diskutiert eure Ergebnisse: Welches Wirkungsgefüge erscheint euch besonders gelungen und warum?

❻ Beurteilt: „Garden in a Sack – ein nachhaltiges Projekt für die Menschen in Nairobi und für andere Städte weltweit?" Erstellt dazu ein Interview mit folgenden Personen: Fatuma (Bewohnerin eines Slums in Nairobi), Sam Barare (Initiator des Projektes) und euch. Notiert Fragen für das Interview und beantwortet diese in verteilten Rollen.

M1 *Reisterrassen in China*

Die Grüne Revolution – ein Erfolg?

Der Hunger wird besiegt! Da ist man sich im „International Rice Research Institute" auf den Philippinen sicher. Es ist das führende Forschungsinstitut für die Züchtung neuer Reispflanzen. Reis ist für über zwei Milliarden Menschen das wichtigste Nahrungsmittel in Süd- und Ostasien; hier liegen auch 90 Prozent der Reisanbaugebiete der Erde. Die neu gezüchteten **Hochleistungssorten** haben größere Körner oder benötigen nur eine geringe Wachstumszeit. So kann man heute in vielen Gegenden der Erde dreimal jährlich Reis ernten und selbst auf über 1500 Meter hoch gelegenen Feldern noch gute Erträge erzielen.

Diese Neuzüchtungen waren der wichtigste Teil der sogenannten **Grünen Revolution**, die in den 1960er-Jahren in Südostasien ihren Anfang nahm. Damals begann man mit zahlreichen Maßnahmen zur **Intensivierung** der Landwirtschaft die Nahrungsmittelproduktion zu steigern.

Die neu gezüchteten Hochleistungssorten sind sehr ertragreich, aber anfällig gegen Krankheiten. Sie bedürfen sorgfältiger Behandlung mit Pflanzenschutzmitteln. Bei entsprechendem Anbau kann mit ihnen auf der gleichen Fläche der dreifache Kornertrag erzielt werden. Ist die Bewässerung jedoch einmal unterbrochen oder wird nicht genügend Dünger zugeführt, dann sind die Erträge wesentlich geringer als vor der Grünen Revolution.

Die Maßnahmen zur Intensivierung sind sehr teuer: Bewässerungsanlagen, Maschinen, Düngemittel, Pflanzenschutzmittel und Hochleistungssaatgut können sich vor allem reiche Bauern mit großem Landbesitz leisten. Für viele Millionen Kleinbauern, die meist weniger als einen Hektar Land bewirtschaften, sind diese Modernisierungen unerschwinglich.

M2 *Damit Höchsterträge möglich sind, werden die Reispflanzen zunächst in Saatbeeten gezogen und dann nach vier Wochen im Abstand von 15 cm einzeln gesetzt.*

M3 *Pflügen des Reisfeldes*

Für Millionen armer Bauernfamilien ist Reis nahezu das einzige Nahrungsmittel. Morgens, mittags und abends gibt es Reis – in gekochter oder gebratener Form oder in der Suppe. Beilagen wie Gemüse oder sogar Fleisch können sich arme Familien nur an wenigen Tagen im Monat leisten.

Korn mit Spelzen

poliert

geschält

M6 *Die Verwendung von Reis*

Der mithilfe der Gentechnik entwickelte „Goldene Reis" verdankt den Namen seiner Farbe. Er enthält zwei Gene der Osterglocken, die dafür sorgen, dass der Reis Beta-Karotin produziert und damit die Vitamin-A-Produktion anregt. Vitamin A unterstützt das Knochenwachstum des Menschen und fördert die Sehkraft, es hält Haut und Schleimhäute gesund und macht den Körper damit widerstandsfähig gegen Infektionen. Mehrere hundert Millionen Menschen leiden weltweit unter Vitamin-A-Mangel, viele von ihnen werden blind, etwa zwei Millionen sterben jedes Jahr an den Folgen.

Allerdings warnen viele Forscher, dass der Genuss von gentechnisch veränderten Nahrungsmitteln noch nicht genug erforscht sei. Sie können gesundheitsschädlich sein.

M4 *Der neue „Goldene Reis"*

Steigerung der Nahrungsmittelproduktion

Ausweitung der Anbauflächen	**Intensivierung des Anbaus auf vorhandenen Flächen**
• Rodung von Wald • Bewässerung von Trockengebieten • Trockenlegung von Sümpfen • Gewinnung von Neuland (z. B. am Meer)	• Ertragreichere Pflanzensorten • Bewässerung (evtl. weitere Ernte möglich) • Düngung • Modernisierung der Anbaumethoden (z. B. mit besseren Maschinen)

M8 *Möglichkeiten zur Steigerung der Nahrungsmittelproduktion*

Land	**Anbaufläche in Mio. ha**		**Erzeugung in Mio. t**		**Einwohnerzahl in Mio.**	
	1960	**2013**	**1960**	**2013**	**1960**	**2015**
VR China	27,0	30,6	56,2	205,2	671	1407
Indien	34,7	44,0	53,4	159,2	452	1311
Indonesien	6,9	13,8	12,0	51,5	97	258
Japan	3,3	1,6	16,1	10,8	94	127
Malaysia	0,5	0,7	1,0	2,6	8	30
Nepal	1,0	1,4	2,1	4,5	10	29
Pakistan	1,2	2,8	1,6	6,8	49	190
Philippinen	3,2	4,7	3,9	18,4	27	101
Thailand	6,1	12,4	10,1	36,0	27	68
Vietnam	4,7	7,9	8,9	44,0	34	93

M5 *Reisanbau in Asien*

❶ Nenne – wenn möglich – auf jedem Kontinent drei Länder mit Reisanbau.

❷ 🗨❓ ◀ **Wähle aus:**
A Erstelle zu den Maßnahmen und Folgen der Grünen Revolution ein Wirkungsgefüge.
B Nicht alle sehen die Grüne Revolution als einen Erfolg. Verfasse eine Stellungnahme mit deiner Meinung.

❸ a) Errechne zu den einzelnen Ländern die Reiserträge pro Hektar 1960 und 2013 (M5).
b) Begründe die Veränderungen (M7).

❹ Erstelle einen Lexikoneintrag zu Reis: Verwendung, Herkunft, Anbaumethoden (M1–M7).

165

Nahrungsmittelproduktion weltweit

Regionale und globale Nahrungsmittelproduktion

In weiten Teilen der Erde werden Nahrungsmittel produziert. Einerseits geschieht das für den Eigenbedarf (Subsistenzproduktion), andererseits für lokale Märkte (Food Crops) oder sogar für den internationalen Markt (Cash Crops). Dabei spielen lokale Voraussetzungen wie die Bodenqualität, das Klima, die Verfügbarkeit von Wasser und Anbauflächen als natürliche Voraussetzungen eine wesentliche Rolle. Genauso wichtig, gerade für die industrielle Produktion von landwirtschaftlichen Gütern, ist die **Infrastruktur** wie Straßen, Lager- und Produktionsstätten.

Betrachtet man die Weltkarte, zeigt sich eine regional sehr unterschiedliche Verteilung verschiedener Nahrungsmittel. So finden sich in Europa vor allem Produkte wie Weizen, Kartoffeln und Zuckerrüben, während in tropischen Regionen vor allem Kaffee, Kakao und Hirse vorzufinden sind.

Allerdings sind Nahrungsmittel meist global verfügbar; es gibt einen Weltmarkt für die Produkte. Das bedeutet, dass Länder landwirtschaftliche Produkte sowohl ins Ausland liefern (**Export**) als auch aus anderen Ländern einkaufen (**Import**).

Getreide
- 🟨 Weizen
- 🟦 Reis
- 🟧 Mais
- 🟫 Hirse

Zucker- und Stärkepflanzen
- 🔻 Zuckerrüben
- ▽ Kartoffeln

Südfrüchte
- ▲ Dattelpalm
- ▲ Zitrusfrüch
- ▲ Ananas
- ▲ Bananen

M2 *Nahrungsgüter und Beschäftigte in der Landwirtschaft*

Landwirtschaftliche Produkte in Deutschland:

vor allem Kartoffeln, Weizen, Gerste, Zuckerrüben, Obst, Kohl, Milchprodukte, Rinder, Schweine, Geflügel
Anteil der Landwirtschaft am BIP: 0,8 %

Landwirtschaftliche Produkte in China:

vor allem Reis, Weizen, Kartoffeln, Mais, Erdnüsse, Tee, Äpfel, Baumwolle, Hirse, Ölsaat, Schweine, Fisch
Anteil der Landwirtschaft am BIP: 10 %

Landwirtschaftliche Produkte in Ägypten:

vor allem Baumwolle, Reis, Mais, Weizen, Bohnen, Obst, Gemüse, Rinder, Wasserbüffel, Schafe und Ziegen
Anteil der Landwirtschaft am BIP: 15 %

M1 *Wichtige agrarische Güter ausgewählter Länder und Bedeutung der Landwirtschaft*

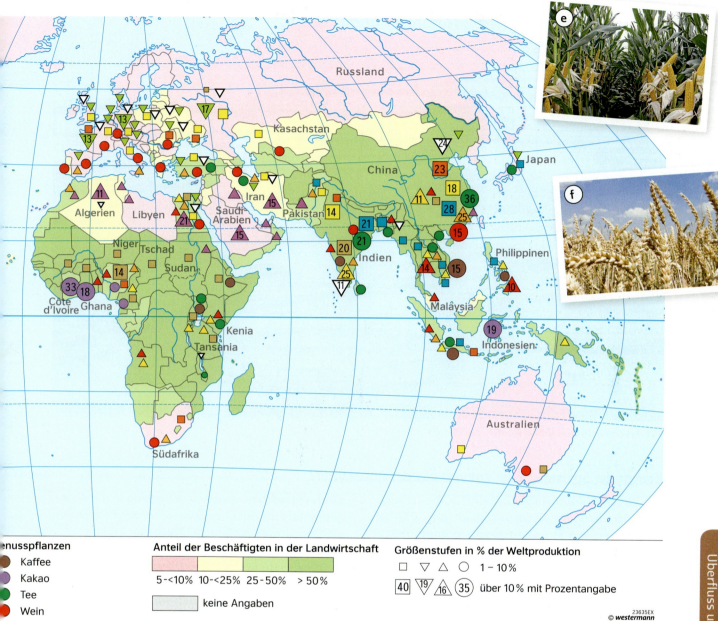

Genusspflanzen

- 🟤 Kaffee
- 🟣 Kakao
- 🟢 Tee
- 🔴 Wein

Anteil der Beschäftigten in der Landwirtschaft

5–<10%	10–<25%	25–50%	> 50%

☐ keine Angaben

Größenstufen in % der Weltproduktion

☐ ▽ △ ○ 1 – 10%

40 ▽19 △16 ○35 über 10% mit Prozentangabe

23635EX
© **westermann**

① Notiere die Namen der Nutzpflanzen a – f auf den Fotos. Sie sind in der Karte enthalten.

② Versorgungssituation und globale Nahrungsmittelproduktion – Wir werten eine thematische Karte aus:
a) Beschreibe zunächst die wesentlichen Inhalte der thematischen Karte, indem du Titel und Legende auswertest.
b) Formuliere nun Fragestellungen, die mithilfe der Karte beantwortet werden können und beantworte diese.
c) Erstellt in Gruppenarbeit für die drei Länder Deutschland, China oder Ägypten mithilfe des Atlas eine Übersicht über die physisch-geographischen Voraussetzungen für die Landwirtschaft. Legt dazu eine Tabelle an: Klima, Bodennutzung, landwirtschaftliche Produkte.
d) Erläutere am Beispiel von Deutschland die Notwendigkeit des Imports von Waren aus anderen Ländern.
e) Vergleiche die Situation eines Landwirtes in den USA mit der eines Landwirtes in Tansania. Verfasse zwei kurze Berichte über ihren Arbeitsalltag.
f) 🔹❓ Beurteile die Kartendarstellung in M2: Was leistet die Karte? Welche Probleme und Ungenauigkeiten ergeben sich aus der Darstellung? Gibt es Möglichkeiten, die Karte noch zu verbessern?

M1 *Fischernte aus Aquakultur in China*

Kommt der Speisefisch der Zukunft aus der Aquakultur?

Die Welternährungsorganisation FAO berichtet, dass der weltweite Fischkonsum im Jahr 2014 den Rekordwert von 18,4 Kilogramm pro Kopf erreicht hat.

Große Fischfarmen sorgen mit dafür, dass heute bereits über 40 Prozent der Speisefische in **Aquakultur** gezüchtet werden. Auf diese Weise kann die ständig größer werdende Erdbevölkerung trotz der zunehmenden Überfischung der Weltmeere zu erschwinglichen Preisen mit dem Nahrungsmittel Fisch versorgt werden.

Derzeit ist China der weltgrößte Produzent von Meerestieren aus der Aquakultur. Von dort stammen etwa zwei Drittel aller gezüchteten Tiere. Aus Europa kommen bisher nur etwa 4,4 Prozent der Weltproduktion aus Aquakultur.

In vielen Fällen kann die Aquakultur nicht als nachhaltig bezeichnet werden: Die Meerestiere werden oft auf engstem Raum in Massen herangezogen. Um Krankheiten bei den Tieren zu vermeiden, müssen häufig Medikamente verabreicht oder Pflanzenschutzmittel in die Fischkäfige ein-

gebracht werden. Außerdem benötigen die Anlagen häufig zu viel Energie und bei der Produktion werden umweltschädliche Abwässer erzeugt.

In den letzten Jahren verlangen immer mehr umweltbewusste Kunden und Händler Zuchtfisch, der unter verbesserten ökologischen Bedingungen erzeugt wurde. Dadurch wird eine art- und umweltgerechtere Haltung der Meerestiere in Aquakultur gefördert.

In europäischen Ländern wird bereits mit einem Qualitätssiegel auf Fisch, der aus einer kontrollierten ökologischen Zucht stammt, aufmerksam gemacht.

INFO

Aquakultur
Aquakultur befasst sich mit der kontrollierten Aufzucht von Lebewesen im Wasser. Dies sind nicht nur Fische, sondern auch Muscheln, Krebstiere und Algen.

168
www.diercke.de
100800-263-03
D1-241
www.diercke.de

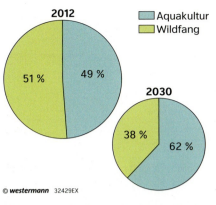

2012
Aquakultur
Wildfang

51 % 49 %

2030
38 % 62 %

© **westermann** 32429EX

M2 *Herkunft der verkauften Fische und Meeresfrüchte weltweit (2030: Prognose)*

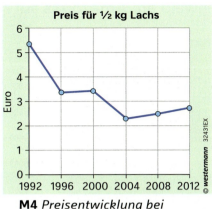

Preis für ½ kg Lachs

Euro

32431EX
© **westermann**

M4 *Preisentwicklung bei Zuchtlachs*

Naturland

M6 *Beispiel eines Qualitätssiegels vom Verband für natürlichen Landbau*

Die ersten ökologischen Aquakulturen entstanden vor mehr als zehn Jahren als Pilotbetriebe. Inzwischen gibt es weltweit fast 250 zertifizierte Öko-Aquakulturbetriebe, die nach ökologischen Richtlinien Fische und andere Wassertiere züchten. Die meisten liegen in Südamerika und Südostasien. Die Jahresproduktion dieser Betriebe beträgt etwa 50 000 Tonnen; dies macht allerdings weniger als ein Prozent am gesamten Ertrag aus Aquakultur aus. Den größten Anteil daran hat der Öko-Lachs mit einem Volumen von 16 000 Tonnen, gefolgt von Öko-Garnelen mit etwa 9000 Tonnen.

Lachsgehege, die von Naturland zertifiziert sind, werden ständig vom Meereswasser durchströmt. Darin leben deutlich weniger Fische als in anderen Gehegen. Die Tiere haben darin ausreichend Platz, um artgerecht zu schwimmen. Auf chemische Mittel zur Hemmung des Algenwachstums wird ausdrücklich verzichtet. Damit bleibt die biologische Artenvielfalt erhalten und gesunde, kräftige Meerestiere können heranwachsen.

(Nach: www.naturland.de/oekologischeaquakultur.html)

M3 *Die ökologische Lachszucht*

Um Lachse in Aquakulturen zu züchten, bedarf es viel Zeit und Technik.

Im Anschluss an das aufwendige Vermehrungsverfahren werden die Nachkommen eineinhalb Jahre gemästet. Kurz vor ihrer Geschlechtsreife werden die Jungtiere geschlachtet.

Von der Fischzucht in Aquakultur erwartet man nicht nur einen wirtschaftlichen Erfolg. Neben dem Verdienst am Verkauf des Zuchtfischs werden zusätzliche Vorteile für den Umweltschutz gesehen. Man geht zum einen davon aus, dass mit der Produktion in Aquakultur die weltweit steigende Nachfrage nach Fisch nachhaltig gedeckt werden kann. Zum anderen erhofft man sich, dass sich die bedrohten Fischbestände im offenen Meer auf diese Weise wieder erholen können.

M5 *Lachszucht in Aquakultur*

❶ ◼⁉️ Vergleiche die Fischernte aus einer Aquakultur mit anderen Fangmethoden, die du schon kennst (M1). Beschreibe wesentliche Unterscheidungsmerkmale.

❷ Beantworte die Frage, ob der Speisefisch der Zukunft aus der Aquakultur kommen wird. Ziehe zur Unterstützung deiner Erklärung auch die Informationen aus M2 – M5 heran.

❸ Informiere dich im Internet über die Nachteile von nicht nachhaltigen Aquakulturen: http://naturratgeber.de/welche-nachteile-hat-die-aquakultur/.
a) Stelle die Nachteile in einer Liste zusammen. Erkläre sie jeweils in ein bis zwei Sätzen.
b) Nimm Stellung zu der Aussage: „Fischfarmen betreiben eine Form von Massentierhaltung im Wasser."

❹ ◀ **Wähle aus:**
A Überprüfe in einem Supermarkt mit Fischtheke oder in einem Fischgeschäft die Herkunft von Meerestieren aus Aquakultur und erstelle eine Übersicht.
B Informiere dich in einem Geschäft, welche Qualitätssiegel beim Verkauf von Fischprodukten Anwendung finden. Erläutere die verschiedenen Siegel in einem Kurzvortrag.

Essen wir den Regenwald am Amazonas auf?

M1 *Greenpeace-Plakat*

Fleischkonsum und seine Auswirkungen

Amazonien ist mit 3,6 Mio. km² das größte tropische Tiefland der Erde. Zwei Drittel davon liegen in Brasilien. Die Vegetation und die Tierwelt des tropischen Regenwaldes sind in ihrer Vielfalt einzigartig. Hier gibt es in den unterschiedlichen Stockwerken des Waldes schätzungsweise 1,5 bis 2 Millionen Pflanzen und Tiere. Pro Hektar wachsen hier etwa 600 Tonnen Biomasse, etwa doppelt so viel wie in unseren Wäldern.

Die Regenwälder Amazoniens sind dabei die grüne Lunge der Erde. Sie entziehen der Atmosphäre jährlich etwa zwei Milliarden Tonnen CO_2. Aber durch landwirtschaftliche Nutzung und Holzwirtschaft ist der Regenwald akut bedroht.

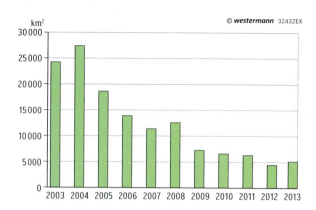

M3 *Regenwaldverluste in Brasilien*
Die Auswertung von Satellitendaten durch das brasilianische Nationalinstitut für Weltraumforschung (INPE) hat ergeben, dass von 2003 bis 2013 allein im brasilianischen Teil Amazoniens 141 000 km² Regenwald abgeholzt wurden. Die meisten Rodungen gab es in den Soja-Bundesstaaten Mato Grosso, Para und Rondonia, nämlich 134 000 km². Zum Vergleich: Deutschland hat eine Fläche von knapp 360 000 km².

1983	1993	2003	2013
124,2	155,1	195,5	217,4

M4 *Zahl der Rinder in Brasilien (in Millionen)*

Die steigende Nachfrage nach Rindfleisch auf den Weltmärkten hat in den letzten Jahren zu einer deutlichen Ausdehnung der brasilianischen Rindfleischexporte geführt. Die Gesamtexportmenge an frischem und gefrorenem Rindfleisch stieg in den ersten sechs Monaten des Jahres 2014 im Vergleich zu der Gesamtausfuhrmenge des gleichen Vorjahreszeitraumes um fast 14 % auf über 598 000 t. Hauptzielland ist nach wie vor Russland. Die Exporte dorthin sanken jedoch um 6 % auf 143 300 t. An zweiter Stelle folgte Hongkong mit einem Gesamtabnahmevolumen von 115 000 t (+11 %). Weitere wichtige Ziele sind Venezuela und Ägypten. Die Lieferungen in die EU gingen um 15 % auf eine Gesamtmenge von rund 26 000 t zurück.

(Nach: Verband der Fleischwirtschaft vom 09.09.2014; www.v-d-f.de/news/pm_20140909_0271/)

M5 *Brasiliens Rindfleischexporte*

M2 *Der Amazonas in Brasilien. Er ist mit 6520 km der zweitlängste Fluss der Erde.*

M6 *Abholzung zur Holzgewinnung und für die Landwirtschaft*

M10 *Brasilien mit Bundesstaaten*

Karte mit Nachbarländern: Kolumbien, Guyana, Suriname, Guyana, Venezuela, Peru, Bolivien, Chile, Paraguay, Argentinien, Uruguay

Bundesstaaten: Amazonas, Pará, Maranhão, Piauí, Acre, Rondônia, Tocantins, Bahia, Mato Grosso, Brasília, Goiás, Minas Gerais, Mato Grosso do Sul, São Paulo, Paraná

1 Roraima
2 Amapá
3 Ceará
4 Rio Grande do Norte
5 Paraíba
6 Pernambuco
7 Alagoas
8 Sergipe
9 Espírito Santo
10 Rio de Janeiro
11 Santa Catarina
12 Rio Grande do Sul

0   500   1000 km

32414EX

M7 *Steckbrief zu Soja*

– Nutzpflanze aus der Gruppe der Hülsenfrüchte, enthält 20 % Öl und 31 % Eiweiß.

– Soja ist im Anbau günstig und relativ robust.

– Verwendung der Sojaproduktion: als Lebensmittel etwa 6 %, knapp 20 % in Kosmetik, etwa 75 % für Tierfütterung.

– Fast ein Kilogramm Soja wird, zusätzlich zu anderen Futtermitteln, benötigt, um ein Kilogramm Geflügelfleisch zu erzeugen.

– Ein Rind von 600 kg Gewicht braucht in zwei Jahren Mast etwa 3,5 t Soja und Getreide als Futtermittel.

– Brasilien erntete 2015 über 90 Mio. t Soja (2013: 83 Mio. t). Mehr als die Hälfte davon wird exportiert.

– 2006 verpflichteten sich brasilianische Soja-Verarbeitungsbetriebe gegenüber der Regierung, keine Sojabohnen aus abgeholzten Regenwaldgebieten zu kaufen („Sojamoratorium").

M8 *Meldung zum Thema Soja*

Brasiliens größte Agrarhändler haben überraschend ihren Boykott von Soja aus neu gerodeten Regenwaldgebieten bis Ende des Jahres verlängert. [...]
Soja wird in Europa vor allem an Tiere zur Fleisch-, Eier- oder Milchproduktion verfüttert oder zu Agrodiesel verarbeitet. Brasilien ist dem Statistischen Bundesamt zufolge mit einem Anteil von 45 Prozent der Importe Deutschlands größter Lieferant. [...] Die Zerstörung der Regenwälder trägt zum Klimawandel bei, etwa weil beim Abholzen der Bäume Treibhausgas frei wird. [...] „Jetzt gilt es, langfristig tragbare Lösungen zu entwickeln, die dauerhaft sicherstellen, dass Sojaanbau aus Regenwaldzerstörung endgültig der Vergangenheit angehört. Daran werden wir uns beteiligen.", so ein Greenpeace-Experte, der an Gesprächen mit den Konzernen beteiligt war.

(Jost Maurin: Soja ohne Amazonas-Regenwald.
In: taz.de vom 01.02.2014)

❶ „Essen wir den Regenwald am Amazonas auf?"
Bearbeitet dazu folgende Aufgaben:
a) Stellt zunächst Hypothesen zur Fragestellung auf: „Inwiefern können wir den Amazonasregenwald aufessen" (M1)?
b) Analysiert dann in Partnerarbeit die Informationen der verschiedenen Materialien. Fasst die Ergebnisse stichpunktartig zusammen. Notiert diese auf kleinen Kärtchen.
c) Versucht die Kärtchen so zu ordnen, dass die Zusammenhänge klar werden. Klebt die einzelnen Kärtchen auf und verbindet sie mit Pfeilen.
d) Beurteilt abschließend die Fragestellungen:

(1) Wer ist mit „wir" in der Fragestellung gemeint?
(2) Wie sieht euer Rindfleischkonsum aus und woher kommt das Fleisch?
(3) Welches Ziel verfolgt Greenpeace mit dem Plakat M1 und bei den Verhandlungen um das Soja-Moratorium?

M9 *Soja-Bohnen* ▷

❷ 【？】 Eine Schnellrestaurant-Kette wirbt damit, dass sie ihr Rindfleisch nur noch aus Deutschland bezieht. Diskutiert, ob es sich um einen Schritt zu mehr Nachhaltigkeit oder um eine geniale Werbestrategie handelt.

Fastfood – ein Massenprodukt

Konsum von Fastfood und seine Folgen

2004 wagte der Regisseur Morgan Spurlock einen umstrittenen Selbstversuch, um auf die Probleme einer Ernährung mit **Fastfood** hinzuweisen. In einem Film „Super Size Me" dokumentierte er seine Ergebnisse. Er aß 30 Tage lang nur Produkte einer Fastfood-Kette. Dabei verfolgte er feste Regeln:

- drei komplette Mahlzeiten einnehmen,
- jedes Produkt auf der Speisekarte ausprobieren,
- sich nicht mehr als 5000 Schritte am Tag bewegen,
- immer das in Amerika verbreitete „Super Size Menü" bestellen, wenn man danach gefragt wird.

Das Experiment wurde von Ärzten und Ernährungsberatern begleitet. Das Ergebnis war ebenso erschreckend wie vorhersehbar. Morgan Spurlock legte elf Kilogramm an Gewicht zu und auch der Fettanteil im Körper stieg an.

Früher musste Mutti ran. Ob für Papa oder für die Kleinen – im Morgennebel stand die gute Seele in der Küche, kochte vor, schmierte Brote und fertigte Apfelschnitze. Parallel dazu blubberte der Haferschleim auf dem Herd, den sie mit Holzscheiten mühsam angefacht hatte. Aber irgendwann mochte Mutti nicht mehr und begeistert begrüßte sie die neuen Fertiggerichte, die Riegel und Minutensuppen, die sie ihrem Mann ins Büro mitgeben konnte – wobei damit das Problem nicht gelöst war. Denn man vergisst heute gern, dass viele Männer der älteren Generation sich noch nicht mal einen Tee aufbrühen können.

Und heute? Gibt es meist gar keine Mutti mehr und noch viel zu selten einen Vati, der sie beim Stullenmachen zu ersetzen bereit wäre. Heute sprinten vereinzelte Wesen los, nehmen alles to go und schütten und stopfen sich das Zeug rein, während sie auf einen Bildschirm starren. Wäre es anders, die Latte-macchiato-Mode etwa wäre nicht zu erklären – denn wer wollte bei vollem Bewusstsein den ganzen Tag aufgeschäumte H-Milch, versetzt mit Spuren minderwertigen Kaffees, trinken? Heute heißt es manchmal wieder, man solle nichts essen, was die eigene Großmutter nicht als Essen erkannt hätte. Hm: Sushi? Tiramisu? Oder gar der geliebte Spargel, der früher ein Reiche-Leute-Essen war und von dem die Unwissenden, als er für sie erschwinglich wurde, die unschönen Köpfe abschnitten? Nein, man muss den Tatsachen des mobilen Essens in den Rachen sehen [...]

(Nach: Ambros Waibel: Ausgeburgert! Weiterburgern! In: www.taz.de)

M2 *Zeitungskommentar*

Nährstoffangaben jeweils pro Portion

Doppelter Hamburger mit Käse, Salat, Rindfleisch und Soße

Energiewert in kJ:	2130
Eiweiß:	27 gr
Kohlenhydrate:	42 gr
Fett:	26 gr

Eine mittlere Portion Pommes frites

Energiewert in kJ:	1427
Eiweiß:	4 gr
Kohlenhydrate:	42 gr
Fett:	17 gr

1 Softdrink (0,5 l)

Energiewert in kJ:	879
Eiweiß:	0 gr
Kohlenhydrate:	53 gr
Fett:	0 gr

Gesamtbilanz	**4436 kJ**

Empfehlung (15–19 Jahre) täglich:
Mädchen: 8370 kJ, Jungen: 10 460 kJ

© *westermann* 32433EX

M1 *Bilanz einer Fastfood-Mahlzeit*

Frage: „Stimmt es, dass alle Burger, die länger als 20 Minuten bei Ihnen liegen, weggeschmissen werden?"

Antwort: „Hi Sebastian, es ist richtig, dass wir unser Essen nur eine bestimmte Zeit lang aufbewahren, damit es unsere Gäste so frisch wie möglich erreicht. Bei uns beträgt die maximale Warmhaltezeit für die Burger nur zehn Minuten und die für die Pommes nur sieben Minuten. Nach dieser Zeit werden sie daher nicht mehr verkauft."

M3 *Kundenfrage auf der Homepage eines Burger-Restaurants und die Antwort*

Insekten als Fastfood

Unsere Nachbarn in den Niederlanden machten es vor: Anfang 2015 führte die zweitgrößte Supermarktkette des Landes neue Produkte ein: Fastfood, wie Frikadellen, Burger und Chips, aus essbaren Insekten wie Mehlwürmern, Heuschrecken und Larven. Die Preise liegen zwischen 5,95 € und 6,79 € für ein Gericht.

Was bei uns noch ungewöhnlich erscheint, ist in Ländern Afrikas oder Südostasiens Alltag. Auf vielen Märkten und in Garküchen findet man Insekten als Fastfood und Snack für unterwegs. Die Ernährungs- und Landwirtschaftsorganisation der Vereinten Nationen schätzt, dass weltweit bereits rund zwei Milliarden Menschen Insekten essen. Diese seien nicht nur schmackhaft, sondern auch sehr gesund.

Bis die Tiere bei uns aber industriell und damit in Massen hergestellt werden können, wird es wohl noch einige Zeit dauern.

M6 *Umweltvergleich: Rinder und Mehlwürmer*

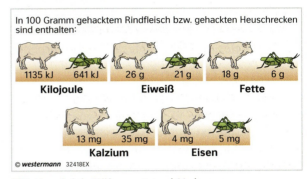

M7 *Vergleich Nährwert und Nahrungsbestandteile: Rinder und Heuschrecken*

◁ **M4** *Eine Delikatesse!?*

M5 *Marktstand in Bangkok* ▷

① In seinem Kommentar greift der Autor das Thema Kochen und Ernährung auf (M2). Vergleiche die Situation „früher" und „heute" und beschreibe, wie es in deiner Familie aussieht.

② Erstellt eine Liste mit Pro- und Kontra-Argumenten zum Thema „Fastfood" und führt anschließend eine Diskussion mit verteilten Rollen durch. Findet eine passende Fragestellung für die Diskussion. Beurteilt sie abschließend.

③ a) Analysiere die Antwort des Burgerrestaurants (M3). Erkläre die Probleme, die sich bei der Fastfood-Produktion ergeben.

b) Formuliere eine alternative Antwort auf die Anfrage.

④ Morgan Spurlock wollte mit seinem Selbstversuch auf die Risiken des Fastfood aufmerksam machen und für eine gesunde Ernährung werben. Bewerte aus deiner Sicht, ob ihm das gelungen ist.

⑤ a) Nenne Gründe, die für Insekten als Fastfood sprechen (Text, M6, M7).

b) 🔷❓ Rindfleisch oder Heuschrecken in Hamburgern? Erörtere, ob Heuschrecken eine sinnvolle Alternative darstellen.

M1 *Blühendes Rapsfeld in Mecklenburg-Vorpommern*

Biomasse als Energieträger

Die Umweltbelastung durch CO_2-Emissionen und der Preisanstieg bei Erdöl haben dazu geführt, dass über alternative Kraftstoffe diskutiert wird, vor allem über **Biokraftstoffe**.

In Europa beispielsweise versucht man den Anteil an Erdöl im Kraftstoff zu reduzieren. Dies geschieht durch die höhere Beimischung von Bioethanol zum Benzin (10 % statt 5 %, daher der Name E10 für den Kraftstoff). Dadurch sollen mindestens 35 Prozent der Treibhausgase eingespart werden, die für die Zerstörung der Ozonschicht und die Klimaerwärmung verantwortlich gemacht werden.

In Deutschland wurde E10 im Jahr 2011 eingeführt. In ganz Europa soll der Marktanteil bis 2020 auf zehn Prozent steigen.

Auf rund zwölf Millionen Hektar wird in Deutschland Ackerbau betrieben. Davon werden auf 1,5 Millionen Hektar Raps für Biodiesel und Pflanzenöl angebaut. Auf weiteren 245 000 Hektar wächst Getreide für die Produktion Bioethanol (insgesamt 6,5 Mio. ha Getreideanbau).

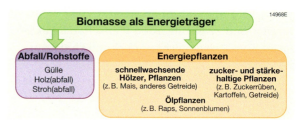

M3 *Biomasse als Energieträger*

„Woraus werden Biokraftstoffe gewonnen?"
„In Deutschland werden bislang vorwiegend Raps, Zuckerrüben und Getreide zur Verwendung in Biokraftstoffen angebaut. Hinzu kommen in geringerem Umfang importierte Produkte, wie zum Beispiel Biodiesel aus Palmöl oder Sojaöl."

„Wie sieht die Klimabilanz für E10 im Vergleich zum Super Benzin als fossiler Brennstoff konkret aus?"
„Durch den Einsatz von E10 können jährlich in Deutschland gegenüber fossilen Kraftstoffen Treibhausgase eingespart werden, die rund zwei bis drei Millionen Tonnen CO_2 entsprechen. Das ist etwa die Menge, die ein Mittelklassewagen ausstößt, wenn er weit über zehn Milliarden Kilometer fährt. Das entspricht etwa der Strecke, die das Auto zurücklegen würde, wenn es mehr als 250 000-mal die Erde umrunden würde."

(Nach: Bundesministerium für Umwelt 16.07.2014)

M4 *Auszug aus einem Interview zu Biokraftstoffen*

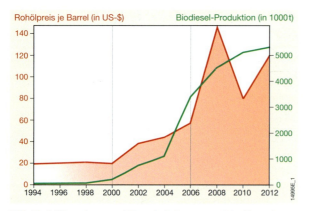

M2 *Rohölpreise und Produktion von Biodiesel*

Hunger durch Biosprit?

„SORRY ... !"

M5 *Karikatur zum Biokraftstoff*

Der Verkehrsexperte des Naturschutzbundes (NABU) Deutschland in einem Interview zur Frage, warum der Naturschutzbund gegen E 10 ist:

„Folgen durch sogenannte indirekte Landnutzungsänderungen werden bei der Berechnung der CO_2-Bilanz von Biokraftstoffen leider nicht beachtet. Wenn zum Beispiel auf einer bestimmten Fläche in Deutschland Weizen oder Zuckerrüben für die Ethanol-Produktion angebaut werden, weicht die bisherige Nutzungsform (z.B. Futtermittelanbau) auf andere Flächen aus. So kann die Ethanol-Produktion hierzulande zur Folge haben, dass zusätzlich Futtermittel beispielsweise in Südamerika für den deutschen Markt produziert werden. Unter Umständen – dies ist sehr schwer zu kontrollieren – werden dort dann Regenwälder gefällt oder es werden Moorstandorte trockengelegt. Über viele Jahrzehnte wird dann mehr CO_2 freigesetzt, als später durch den Biokraftstoff eingespart wird. Der NABU hat dies in einer Studie genauer untersuchen lassen."

(Nach: Cleanthinking.de; Abruf 30.05.2014)

M6 *Interviewauszug zum Thema E 10*

M7 *Tankstelle mit „normalem" (E5) Super-Kraftstoff und E 10-Kraftstoff. Der Absatz von E 10 lag 2014 bei 15,5 %.*

„Verwirrung um Biokraftstoff.
Einführung von E 10 wird nicht gestoppt."
(faz.net vom 03.03.2011)

„Auch Welthungerhilfe
will Biosprit stoppen"
(Bild online vom 23.08.2012)

„Der 90 Prozent-Irrtum: Deutsche
Autofahrer boykottieren Öko-Sprit E 10"
(Focus online vom 12.05.2014)

M8 *Schlagzeilen zu E 10 seit der Einführung*

❶ Nenne Gründe für die Einführung des Kraftstoffs E 10. Was soll mit dem „Biosprit" erreicht werden (Text, M4)?

❷ Beschreibe die Preisentwicklung des Rohöls und die Entwicklung der Produktionsmenge von Biodiesel (M2).

❸ Interpretiere die Karikatur M5.

❹ Die Einführung und Nutzung von Biokraftstoff ist umstritten.
a) Zähle Argumente auf, die für und gegen den Biokraftstoff sprechen (M4, M6).

b) Erläutere die Zusammenhänge zwischen der E 10-Einführung in Deutschland und der Hungerproblematik (M5, M6).
c) „Soll mehr Biodiesel produziert werden?" Ein Interviewer befragt dich und deine Eltern zum Thema. Nimm zu dieser Frage kritisch Stellung. Beachte auch M7.

❺ [?] Erkläre abschließend, warum es für Verbraucher schwer sein könnte, sich eine klare Meinung zum Thema Biokraftstoff zu bilden.

Desaster

Hilfe!
Die Regierung des betroffenen Landes bittet um Hilfe. WFP mobilisiert ein Hilfsteam.

die am nächsten gelegenen **Nahrungsmittel-Reserven** lokalisieren

Daten und Kartenmaterial sammeln

Logistiker und IT-Experten weltweit **alarmieren**

innerhalb von 24 Stunden

eine **Notfall-Zentrale** einrichten

erste Hilfsmaßnahmen beginnen, Notrationen werden verteilt

die kurzfristigen Hilfsmaßnahmen **planen**

Logistiker planen den Transport von Nahrungsmitteln

IT-Experten bauen Kommunikationsnetzwerk aus

innerhalb von 48 Stunden

eine umfassende **Notoperation** ausarbeiten

die nötigen **Nahrungsmittel ankaufen**

Transportwege festlegen

einen internationalen **Appell für Spendengelder** starten

SPENDEN

innerhalb einer Woche

in den betroffenen Gebieten **reguläre Verteilungen** organisieren

Kontrollsysteme für die Verteilung von Notrationen installieren

den Bedarf für eine **Verlängerung** der Notoperation analysieren

Spezialprodukte einsetzen, die **Mangelernährung bekämpfen**

innerhalb von drei Monaten

Welternährung – zwischen Überfluss und Mangel

Akute Katastrophen weltweit: Wie kann man helfen?

Die Erdbebenkatastrophe von Haiti 2010

Eine Minute, die alles verändert: Am 12. Januar 2010 bebte die Erde in Haiti, einer Insel in der Karibik. Mit einer Stärke von 7,0 auf der Richterskala und dem Epizentrum nur 25 Kilometer entfernt von der Hauptstadt Port-Au-Prince richtete das Beben einen enormen Schaden an. Es wurden wohl 230 000 Menschen getötet, viele weitere wurden verletzt. Haiti war nicht in der Lage, sich in dieser Situation selbst zu helfen. Erste Hilfe traf nach drei Tagen ein; internationale Hilfe folgte im Laufe der folgenden Tage und Wochen, um die ärgste Not zu lindern. Besonders dringend war die Versorgung mit Nahrungsmitteln, sauberem Wasser und Medikamenten.

Doch damit waren die Probleme nicht gelöst: In vielen Gebieten ist noch heute die Infrastruktur zerstört, Landwirtschaft kaum möglich und auch der Anbau für die nächsten Ernten wird unter den Bedingungen sehr schwierig. Die Folge: Hunger. Neben der **Katastrophenhilfe** ist hier langfristige Hilfe notwendig. Der Präsident des Landes hofft auf ausländische Investitionen und meint: „Es ist nicht leicht, Dinge voranzubringen. Wenn Ihr den Schatten eines Baumes genießen wollt, müsst Ihr ihn pflanzen. Und es dauert einige Jahre, bis er wächst. Wir legen das Fundament, damit sich die Dinge grundlegend verbessern."

M1 *Katastrophenhilfe für Haiti: Lebensmittellieferung aus den USA*

◁ **M2** *Ablauf der Nothilfe bei Erdbeben, Überschwemungen, Tsunamis des „World-Food-Programme (WFP)" der Vereinten Nationen*

Hilfe für den Wiederaufbau IN HAITI

M4 *Lage von Haiti*

Helfen Sie den Menschen durch Ihre Spende!

Spendenkonto: ...
BLZ: ...
Bank: ...
Stichwort:
„Wiederaufbau Haiti"

◁ **M5** *Spendenaufruf für Haiti*

Das AIDA-Prinzip ist ein Modell, mit dem man Werbung genauer analysieren kann.

Es unterscheidet vier Phasen, die der Betrachter durchlaufen muss, um zu einer positiven Entscheidung für das Produkt – oder in diesem Fall der Beachtung des Spendenaufrufs – zu kommen:

A: Attention – Die Aufmerksamkeit des Betrachters wird erlangt.
I: Interest – Das Interesse für die Situation wird geweckt.
D: Desire – Beim Betrachter wird der Wunsch zu helfen erzeugt.
A: Action – Der Betrachter spendet.

M3 *Das AIDA-Prinzip zur Analyse von Werbung*

Spender gesucht!

Die schnelle Hilfe im Notfall ist ohne Geld nicht zu leisten. Dazu stellen sowohl internationale Organisationen, als auch Regierungen Geld und Sachgüter wie Zelte, Decken, Medikamente und Lebensmittel zur Verfügung. Vor allem UNICEF, das Kinderhilfswerk der Vereinten Nationen, das Rote Kreuz, die Kindernothilfe und andere Organisationen sind hier sehr aktiv. Aber sie brauchen private Spenden, um die Not zu lindern.
Für die Katastrophenhilfe weltweit gaben allein die Deutschen im Jahr 2013 insgesamt 365 Millionen Euro für verschiedene Projekte. Dies ist vor allem den Aufrufen in den Medien zu verdanken. Die Hilfsorganisationen werben zum Beispiel mit Radiobeiträgen, in Spendengalas mit Prominenten im Fernsehen, aber auch mithilfe von Anzeigen in Zeitungen und auf Plakaten. Dabei setzt die Werbung darauf, Aufmerksamkeit zu erzeugen und so zum Spenden anzuregen.

1 Lokalisiere Haiti und beschreibe die geographische Lage (M4, Atlas).

2 🔊 Erläutere, warum es für die Helfer bei der Katastrophe so schwierig war, in Haiti Nothilfe zu leisten (Text, M1, Atlas).

3 Der akute Kampf gegen Hunger bei Katastrophen stellt einen Schwerpunkt des World-Food-Programme (WFP) dar. Beschreibe mithilfe von M2 den Ablauf im Katastrophenfall.

4 Erkläre das Zitat des Präsidenten: Wie kann das Ausland langfristig Hilfe in Haiti leisten?

5 a) Analysiere den Spendenaufruf für Haiti in M5 mithilfe des AIDA-Schemas (M3). Beachte auch das Verhältnis von Texten und Abbildungen.
b) Begründe: Ist das Plakat gelungen? Würdest du aufgrund dieses Plakates spenden?
c) Recherchiere im Internet nach Spendenprojekten und erstelle für ein Projekt deiner Wahl einen Werbeflyer.

Würden sich alle Menschen, denen WFP hilft, an den Händen halten, würden sie **dreimal die Erde umrunden**

IN DIESEM MOMENT SIND ...

5.000 TRUCKS   **70** FLUGZEUGE   **20** SCHIFFE

...WELTWEIT UNTERWEGS, UM NAHRUNG ZU HUNGERNDEN ZU TRANSPORTIEREN

2014 arbeitete WFP mit 1.222 NGOs zusammen

WFP finanziert sich vollständig durch freiwillige Spenden von Regierungen, Unternehmen und Privatpersonen

2014 erhielt WFP insgesamt 5,38 Millionen Euro Spenden

3,2 Millionen Tonnen Nahrungsmittel wurden 2014 von WFP bereitgestellt

=32 Kreuzfahrt-schiffe

17 MILLIONEN KINDER erhielten Schulmahlzeiten & Nahrungsmittel für ihre Familien

2014 kaufte WFP Nahrungsmittel in 92 Ländern

81% der Nahrungsmittel wurden in Entwicklungsländern eingekauft

Was kann man gegen den weltweiten Hunger tun?

Millenniumsentwicklungsziel der Vereinten Nationen: Hungerbekämpfung

Die globalen Probleme sind vielfältig: Extreme Armut, Hunger, Krankheiten wie Aids und Malaria, eine mangelnde medizinische Versorgung und eine fehlende Schulbildung sind Alltag in vielen Ländern der Erde. Im Jahr 2000 haben wichtige internationale Organisationen (z. B. die Vereinten Nationen, die Weltbank und der Internationale Währungsfonds) die sogenannten **Millenniumsentwicklungsziele** formuliert. Diese konnten jedoch nur teilweise erreicht werden. Sie wurden im September 2015 neu definiert und um wichtige Punkte wie den Kampf gegen den Klimawandel erweitert.

Erstes Millenniumsziel war die Beseitigung extremer Armut und des Hungers. Rund eine Milliarde Menschen litten zu Beginn der 1990er-Jahre unter Hunger – das sind fast 12-mal so viele wie es Einwohner in Deutschland gibt. Diese Zahl sollte bis 2015 halbiert werden.

Das konnte jedoch nicht erreicht werden: Derzeit gibt es etwa 836 Millionen unterernährte Menschen. Ein Grund für das nicht erreichte Ziel sind beispielsweise Kriege, die zur Vertreibung von Menschen führen. Diese müssen in Flüchtlingslagern mit dem Nötigsten versorgt werden. Naturkatastrophen und Dürren sind nicht vorhersehbar und beeinträchtigen die Situation in vielen Ländern der Erde ebenfalls.

M1 *Zahl der Unterernährten und ihr Anteil an der Bevölkerung*

◁ **M2** *Das World-Food-Programme (WFP) der Vereinten Nationen im Überblick*

Wie kann die Ernährungssituation weltweit verbessert werden?

Das World Food Programme (WFP) der Vereinten Nationen ist ein wichtiger Baustein im weltweiten Bemühen, die Versorgung der Menschen mit Nahrungsmitteln zu sichern (M2).
Dabei ist nicht nur die Nothilfe in Krisensituationen von Bedeutung. Vor allem die Unterstützung von Kleinbauern ist ein wesentlicher Aspekt. Ein afrikanischer Kleinbauer erzeugt auf einem Hektar Fläche gerade einmal ein Zehntel der Ernte eines europäischen Bauern! Zugleich leben geschätzt 1,5 Milliarden Menschen in kleinbäuerlichen Haushalten.

M4 *Die Teilnehmer eines WFG-Projektes in Dori im Norden des Landes Burkina Faso in Afrika freuen sich. Hier werden Landstriche aufgeforstet und Steinmauern errichtet, um die Bodenerosion zu verhindern. Dies hilft den Kleinbauern. Die erste, sehr anstrengende Phase war erfolgreich.*

Kleinbauern sind der Schlüssel im Kampf gegen den Welthunger …

… zum Beispiel durch Verkäufe von Nahrungsmitteln. Diese verleihen den lokalen und regionalen Märkten Stärke und sind so ein Anreiz für die Bauern, noch mehr zu produzieren. Die wirtschaftliche Situation im Land verbessert sich.

Das WFP kauft pro Jahr Nahrungsmittel für bis zu einer Milliarde US-Dollar in über 75 Entwicklungsländern ein – dies entspricht rund 81 Prozent aller Nahrungsmitteleinkäufe.

2014/2015 kam es zu einer noch nie dagewesenen Nachfrage an Nahrungsmitteln. Grund dafür war eine weltweite Energie- und Nahrungsmittelkrise in Kombination mit Naturkatastrophen.

Mit dem Programm „Purchase for Progress" (P4P): „Einkaufen für den Fortschritt" liefern über 500 000 Kleinbauern in Entwicklungsländern Nahrungsmittel an das WFP.

P4P (Purchase for Progress)

- ermöglicht Bauern, ihre Fähigkeiten zu entfalten, qualitativ hochwertige Nahrungsmittel zu produzieren;
- schafft einen Absatzmarkt für Ernteüberschüsse von Bauern mit kleinem Landbesitz und geringem Einkommen;
- sorgt durch seine Einkäufe von Nahrungsmitteln dafür, dass der Hunger an der Wurzel bekämpft wird, denn drei von vier hungernden Menschen leben auf dem Land;
- engagiert sich zunächst in 20 Ländern, u.a. in Ghana, Äthiopien, Tansania, Nicaragua und Afghanistan.

M3 *Maßnahmen des World Food Programme (WFP)*

❶ a) Beschreibe die Entwicklung in M1.
b) Nenne Gründe, warum es so schwer ist, die Zahl der unterernährten Menschen weltweit zu verringern.
c) 🔲**?** Bewerte die erreichten Ergebnisse: Würdest du von einem Erfolg sprechen?

❷ Erkläre mithilfe von M2 die Bedeutung des World Food Programme für die weltweite Nahrungsmittelhilfe.

❸ ⬅ **Wähle aus:**
A Das WFP setzt auf Kleinbauern im Kampf gegen den Hunger. Stelle die verschiedenen Zusammenhänge in Form von Kausalketten dar.

B Ein Zitat lautet: „Wenn ich Hunger habe, gib mir keinen Fisch, gib mir eine Angel." Stelle das Zitat sinnvoll grafisch dar und begründe in einigen Sätzen dein Ergebnis.

❹ Das Projekt in M4 zeigt einen kleinen Lösungsansatz, der dem Motto folgt: „Global denken – lokal handeln". Beurteile, inwiefern diese Idee einen sinnvollen Beitrag darstellen kann, diesen Grundsatz zu erfüllen.

INTERNET
http://de.wfp.org

Gewusst – gekonnt: Welternährung zwischen Überfluss und Mangel

Uzoma und Keshia aus Somalia

So etwas haben Uzoma und Keshia noch nie gegessen. Die Geschwister aus Somalia, acht und sieben Jahre alt, stehen am Eingang des größten Flüchtlingslagers der Welt in Dadaab in Kenia und essen ganz langsam einen krümeligen Keks. Es ist das erste Essen, das sie seit drei Tagen bekommen. Helfer haben ihnen den Keks gegeben. Er hat extra viele Nährstoffe, damit die beiden schnell davon satt werden. Uzoma und Keshia gehören zu den vielen Tausenden Kindern aus Somalia in Afrika, die mit ihrer Familie ihre Heimat verlassen mussten, weil sie wegen der großen Dürre nichts mehr zu essen finden konnten. Zusammen mit ihrer Mutter sind sie zehn Tage lang von Afmadow, einer kleinen Stadt im Süden von Somalia, 240 km durch die somalische Landschaft gelaufen. Ganz erschöpft kamen sie in Dadaab an.

(Gekürzt nach: Dialika Krahe: Flucht vor dem Hunger. In: Dein Spiegel, 10/2011, S. 10–13)

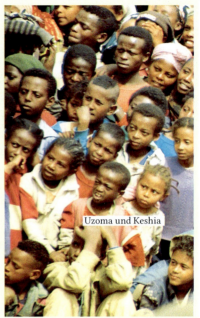
Uzoma und Keshia

M1 *Flüchtlingsschicksal*

M2 *Plakate von Hilfs-organisationen*

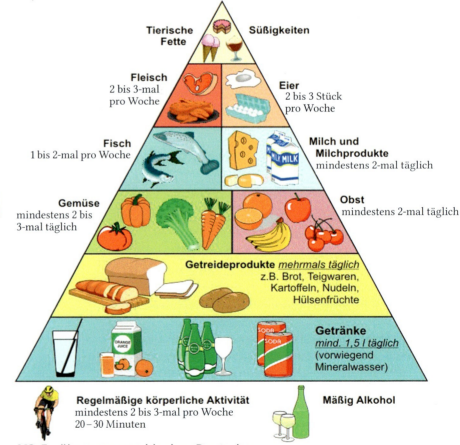

M3 *Ernährungspyramide der „Deutschen Gesellschaft für Ernährung"*

Tierische Fette — Süßigkeiten

Fleisch 2 bis 3-mal pro Woche — Eier 2 bis 3 Stück pro Woche

Fisch 1 bis 2-mal pro Woche — Milch und Milchprodukte mindestens 2-mal täglich

Gemüse mindestens 2 bis 3-mal täglich — Obst mindestens 2-mal täglich

Getreideprodukte *mehrmals täglich* z.B. Brot, Teigwaren, Kartoffeln, Nudeln, Hülsenfrüchte

Getränke *mind. 1,5 l täglich* (vorwiegend Mineralwasser)

Regelmäßige körperliche Aktivität mindestens 2 bis 3-mal pro Woche 20–30 Minuten — Mäßig Alkohol

Biomasse als Energieträger

Abfall/Rohstoffe
Gülle
Holz(abfall)
Stroh(abfall)

Energiepflanzen
schnellwachsende Hölzer, Pflanzen
(z. B. Mais, Weizen, Roggen)

zucker- und stärkehaltige Pflanzen
(z. B. Zuckerrüben, Kartoffeln, Getreide)

Ölpflanzen
(z. B. Raps, Sonnenblumen, Ölpalme, Soja)

14968EX_3 © *westermann*

M5 *Biomasse als Energieträger*

M4 *Bildunterschrift? (siehe Aufgabe 4 a)*

Schätze dich selbst mit dem **Ampelsystem** ein, das auf Seite 53 erklärt ist. Die Erläuterung der **Kompetenzen** findest du ebenfalls auf Seite 53.

Grundbegriffe
Fehlernährung
Mangelernährung
Hunger
Unterernährung
Welternährung
Hungergürtel
Subsistenz-produktion
Food Crop
Weltagrarmarkt
Cash Crop
Hochleistungssorte
Grüne Revolution
Intensivierung
Infrastruktur
Export
Import
Aquakultur
Fastfood
Biokraftstoff
Katastrophenhilfe
Millenniums-entwicklungsziel

Fachkompetenz

1 a) Erkläre, was Dürre bedeutet (M1).

b) Untersuche, warum Somalia dürregefährdet ist (Atlas, Karte: Afrika – Niederschläge im Jahr).

c) Vergleiche die Situation in Somalia mit der in Kenia. Werte dazu auch weitere Karten im Atlas aus (Atlas, Karte: Afrika – Landwirtschaft). *(Schülerbuch Seiten 160–161)*

2 a) Ermittle die Ernährungssituation in Somalia (M1 und S. 159 M3).

b) Erörtere Lösungsansätze für die Ernährungssituation in Somalia.

3 a) Erkläre, wie Biomasse als Energieträger genutzt werden kann (M5).

b) Erläutere die Zusammenhänge zwischen der Nutzung von Biomasse als Energieträger und der Hungerproblematik. *(Schülerbuch Seiten 174–175)*

Methodenkompetenz

4 a) Werte die Karikatur aus (M4).

b) Finde eine geeignete Bildunterschrift für die Karikatur. *(Schülerbuch Seiten 156–159)*

5 Stelle die Wechselwirkungen zwischen dem Anbau von Cash Crops und der Hungerproblematik in einem Ursache-Wirkungsgefüge dar. *(Schülerbuch Seite 162)*

Urteilskompetenz

6 a) Die Deutsche Gesellschaft für Ernährung stellt ihre Empfehlungen für eine gesunde Ernährung in einer Ernährungspyramide dar (M3). Fasse die Empfehlungen in einem Text zusammen.

b) Bewerte dein eigenes Ernährungsverhalten. *(Schülerbuch Seiten 156 und 172–173)*

Kommunikations-kompetenz

7 a) Bildet Gruppen und teilt die Grundbegriffe in der Gruppe auf. Jeder schreibt seine Grundbegriffe auf kleine Karten und notiert jeweils auf der Rückseite die Erklärungen.

b) Erklärt euch gegenseitig die Grundbegriffe und nennt jeweils ein Anwendungsbeispiel.

8 a) Ermittle mithilfe von M2 auf Seite 166/167 und einer geeigneten Atlaskarten die natur- und humangeographischen Voraussetzungen in Somalia.

b) Wähle eine Form der Präsentation und präsentiere deine Ergebnisse.

9 Wähle eine Hilfsorganisation aus M2 aus. Schreibe einen Dialog, in dem es um Hilfsorganisationen und ihre Aufgaben geht. Überlege geeignete Fragen und gib die Antworten. *(Schülerbuch Seiten 176–179)*

Nachhaltig leben – für unsere Zukunft

Was kennzeichnet unseren Lebensstil und unser Konsumverhalten?

Wie wirken sich diese lokal und global aus?

Welchen nachhaltigen Beitrag kann ich und können wir leisten?

„Gute Planeten sind schwer zu kriegen –
Macht unsern nicht kaputt!"
(Aufschrift auf einem Plakat von Umwelt-Aktivisten)

Das Wort „nachhaltig" ist in aller Munde. Überlege,
in welchen Zusammenhängen du es schon gehört hast.
Diskutiere mit deinen Mitschülerinnen und Mitschülern
über mögliche Bedeutungen.

M1 *Wofür geben Deutsche in 60 Sekunden ihr Geld aus? (Eine Auswahl aus dem Jahr 2015)*

So leben wir, so leben andere

Leben im Wohlstand – leben in Armut

Wir wollen wohnen, essen, uns kleiden, Verkehrsmittel nutzen, uns bilden, uns erholen. Um uns diese Wünsche zu erfüllen, geben wir viel Geld aus: Wir kaufen Autos, Fernseher und andere **Konsumgüter**. Wir fahren in den Urlaub und spenden an Bedürftige.

Unser täglicher Konsum ist ein Zeichen für „gutes Leben", für einen hohen **Lebensstandard**. Die Mehrzahl der Menschen in den **Industrieländern** Europas und Nordamerikas kann ein Leben im Wohlstand führen.

Auch Blumen sind Konsumgüter. Blumen sind für uns Schmuck, Dank, Anerkennung und Liebeserklärung. Deutschland ist der größte Absatzmark für Schnittblumen in Europa. Jede sechste Blume kommt aus Kenia. Die Blumen, die hier frühmorgens geschnitten werden, kommen am gleichen Tag in Europa zum Verkauf.

Für das **Entwicklungsland** Kenia gehören Blumen neben dem Tourismus und dem Tee zu den wichtigsten Einnahmequellen. In Kenia lebt über die Hälfte der Menschen in großer Armut.

M2 *Karikatur*

M3 *Blumengeschäft*

M4 *500 Millionen Rosen kommen jährlich aus Kenia zu uns. Das Land ist Afrikas größter Schnittblumen-Exporteur. Wer heute in Deutschland eine Rose kauft, kann fast sicher sein, dass sie aus Kenia stammt.*

M5 *Flugroute von Naivasha nach Deutschland*

Rosen für Europa – mit Auswirkungen in Afrika

Rosen werden auf großen Farmen rund um den Naivasha-See nahe Nairobi auf fruchtbarem vulkanischem Boden angebaut. Der See bietet einfach zugängliches Wasser zur Bewässerung. Zusammen mit der intensiven Sonneneinstrahlung hier nahe am Äquator ergeben sich optimale Bedingungen für den Blumenanbau. Rund eine halbe Million Menschen leben vom Anbau, Transport und Verkauf.

Der steigende Bedarf an Frischwasser für die Bewässerung der Blumen und ihre Verarbeitung lässt den Wasserstand im Naivasha-See sehr stark schwanken. Das führt zu Problemen in der Wasserversorgung der umliegenden Dörfer und in der kleinbäuerlichen Landwirtschaft. Langfristig ist auch die Schnittblumenindustrie selbst bedroht, die sich im wahrsten Sinne „das Wasser abgräbt".

Der See ist der einzige Süßwassersee der Region, der Hunderte seltene Tierarten beherbergt und ein beliebtes Ziel für Touristen ist. Die Abwässer der Farmen, belastet mit Pestiziden und Dünger, wurden bis vor wenigen Jahren ungefiltert in den See geleitet. Dadurch starben auch Ziegen und Rinder der am See ansässigen Massai-Familien. Für diese Volksgruppe sind die Tiere zum einen Milch- und Fleischlieferanten, zum anderen ein wertvoller Besitz, der auf Viehmärkten verkauft wird. Mit dem Geld wird zum Beispiel das Schulgeld für die Kinder bezahlt. Inzwischen werden die Abwässer geklärt – nicht zuletzt, weil die europäischen Kunden bereit sind, mehr für umweltgerecht angebaute Rosen zu bezahlen.

❶ a) Beschreibe, was dich in M1 am meisten überrascht.
b) Berechne für fünf ausgewählte Artikel in M1, z. B. Pizzas, wie viel in einem Jahr gekauft wird. Ein Jahr hat 525 600 Minuten.

❷ Ergänze:
Gutes Leben ist für mich, wenn …
Gutes Leben bedeutet für die meisten Kenianer, dass …
(siehe auch S. 160–163).

❸ Formuliere eine passende Bildunterschrift zu M2.

❹ Der Blumenanbau hat für Kenia positive und negative Auswirkungen.
◁ **Wähle aus:**
A Stelle diese in einer Tabelle zusammen.
B Erstelle ein Wirkungsgefüge.

❺ **[?]** Am Valentinstag werden in Deutschland Millionen von Blumen, insbesondere Rosen, verschenkt. Erstelle ein Plakat lokaler und globaler Auswirkungen.

Leben wir auf zu großem Fuß?

M1 *Der ökologische Fußabdruck aller Einwohner von Berlin*

Unser ökologischer Fußabdruck

Für unseren Konsum brauchen wir Pflanzen und Tiere, Erze und Energierohstoffe. Wir bekommen sie aus Deutschland, Europa und allen anderen Kontinenten. Die Eingriffe in Natur und Landschaft sind gewaltig und fordern ihren Preis. Tier- und Pflanzenarten verschwinden überall auf der Erde.

Um diesen Einfluss zu berechnen, haben Wissenschaftler ein Rechenmodell entworfen: den **ökologischen Fußabdruck**. Er gibt die Fläche in Hektar an, die eine Person benötigt, um ihre (Konsum)-Bedürfnisse während eines Jahres zu decken.

Ruanda	0,7 ha p.P. *
Indien	0,9 ha p.P.
Kenia	1,0 ha p.P.
Äthiopien	1,1 ha p.P.
Deutschland	4,6 ha p.P.
Schweiz	5,3 ha p.P.
Dänemark	8,3 ha p.P.
USA	7,2 ha p.P.

* Hektar pro Person

◁ **M3** *Ökologischer Fußabdruck im Länder-Vergleich 2013*

Zurzeit ist der ökologische Fußabdruck aller Menschen der Erde zusammengerechnet so groß, dass wir eigentlich die Fläche von fast zwei Erden benötigen würden. Denn nur dadurch, dass wir zum Beispiel weltweit fossile Energieträger nutzen oder mehr Wald roden als nachwachsen kann, können wir unseren Lebensstil beibehalten.

Aber die Bevölkerung wächst und auch die Menschen in den Entwicklungsländern wollen in Wohlstand leben.

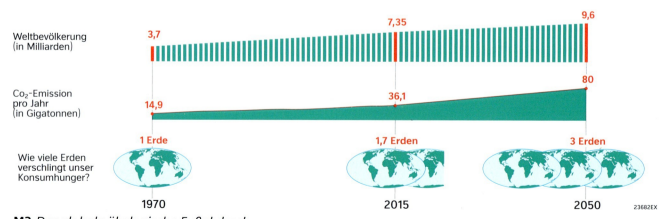

M2 *Der globale ökologische Fußabdruck*

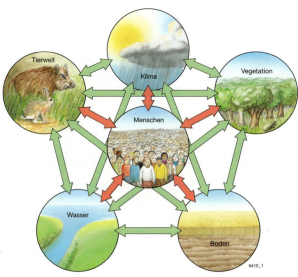

M4 *Wir leben auf der Erde in einem globalen Ökosystem: Alle Umweltbereiche stehen in enger Wechselwirkung. Jeder Eingriff hat Auswirkungen auf das gesamte Ökosystem.*

M6 *Kahlschlag im tropischen Regenwald von Brasilien, vor allem für den Fleischexport*

Auf wessen Kosten leben wir?

Es ist wie beim Kontoauszug bei der Bank: Da gibt es Einnahmen und Ausgaben. Wer mehr ausgibt, als er einnimmt, der rutscht in die roten Zahlen und damit in die Schulden.

Anhand des ökologischen Fußabdrucks lässt sich der sogenannte **Overshoot Day** berechnen, der im Deutschen „Ökoschuldentag" heißt.

Es ist der Tag, an dem die Menschen durch ihren Konsum genau das an natürlichen Ressourcen verbraucht haben, was sich in der Natur innerhalb eines Jahres regenerieren kann: zum Beispiel Holz, sauberes Wasser, Fische, Fleisch, Getreide, Baumwolle, Blumen und saubere Luft.

Seit Mitte der 70er-Jahre rutscht dieser Termin vom Dezember immer weiter nach vorne. Damals gelangte erstmals während eines Jahres weltweit mehr CO_2 in die Atmosphäre als von Pflanzen und Weltmeeren wieder aufgenommen werden konnten.

M5 *Daten für den globalen „Overshoot Day"* ▷

Jahr	Datum
1987	19. Dezember
1990	07. Dezember
1995	21. November
2003	22. September
2013	20. August
2015	13. August

❶ Erläutere die Aussage des ökologischen Fußabdrucks am Beispiel von Berlin (M1).

❷ Die Entwicklung unseres globalen ökologischen Fußabdrucks macht nachdenklich. Formuliere einen Slogan, der auf das Problem hinweist und Menschen zum Handeln aufruft (M2).

❸ Die genaue Bezeichnung der Messgröße des ökologischen Fußabdrucks sind „Globale Hektar pro Person pro Jahr". Erkläre diese Bezeichnung.

❹ **Wähle aus:**
Erkläre das globale Ökosystem in M4
A anhand der CO_2-Emissionen durch den Straßenverkehr.

B am Beispiel des Rosenanbaus am Naivasha-See (S. 185).
C anhand eines selbst gewählten Beispiels.

❺ Berechne: Wenn die Entwicklung so weiterginge wie zwischen 2013 und 2015: In welchem Jahr ungefähr wäre das Konto endgültig leer (M5)?

❻ Beschreibe, was du an deinem Lebensstil ändern müsstest, um deinen ökologischen Fußabdruck zu verkleinern.

❼ Ermittle deinen eigenen ökologischen Fußabdruck unter:
www.footprint-deutschland.de

Wie viel Wasser brauchen wir?

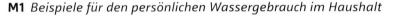

M1 *Beispiele für den persönlichen Wassergebrauch im Haushalt*

Weltmeister im Wassersparen?

In Berichten zur Entwicklung des persönlichen Wassergebrauchs in Deutschland ist zu lesen, dass die Deutschen angeblich Weltmeister im Wassersparen sind. Diesen Titel tragen wir zu Recht, so haben Fachleute ermittelt. Der Wassergebrauch hat sich günstig entwickelt (M2). Die Einsparung des Wassers ist größtenteils durch die Verwendung von neu entwickelten Haushaltsgeräten und Armaturen erreicht worden. 2014 wurden pro Einwohner und Tag 120 Liter Wasser gebraucht.

Rechnet man allerdings das Wasser hinzu, das wir indirekt und unbewusst verwenden, sieht das Ergebnis für uns alles andere als weltmeisterlich aus. In Wirklichkeit beträgt unser täglicher persönlicher Durchschnittsgebrauch nämlich ungefähr 4000 Liter. Mit dieser Menge könnten gleichzeitig 25 Badewannen gefüllt werden. Wie kann das sein?

Wir alle nutzen oder verzehren Produkte, für deren Herstellung und Transport teilweise sehr viel Wasser benötigt wird. Dieses Wasser steckt für uns unsichtbar in verschiedenen Waren. Das verborgene Wasser, das wir auf diese Weise nutzen, wird als **virtuelles Wasser** bezeichnet.

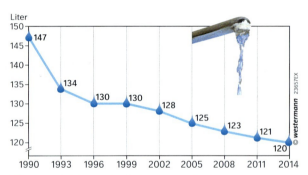

M2 *Entwicklung des Wasserbedarfs in Deutschland im Haushalt (je Person pro Tag)*

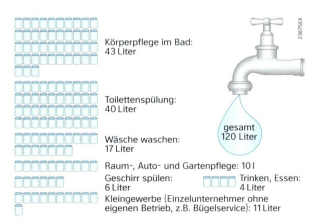

Körperpflege im Bad: 43 Liter

Toilettenspülung: 40 Liter

Wäsche waschen: 17 Liter

Raum-, Auto- und Gartenpflege: 10 l

Geschirr spülen: 6 Liter

Trinken, Essen: 4 Liter

Kleingewerbe (Einzelunternehmer ohne eigenen Betrieb, z.B. Bügelservice): 11 Liter

gesamt 120 Liter

M3 *Wassergebrauch im Haushalt und Kleingewerbe in Deutschland 2014 (je Person/Tag)*

1 Microchip (2g)
32 Liter

1 Hamburger
2400 Liter

1 T-Shirt
4100 Liter

1 Tasse Kaffee
(125 ml)
140 Liter

1 Packung
Kartoffelchips
(200g)
185 Liter

© **westermann** 23658EX

M4 *Beispiele für virtuelles Wasser in verschiedenen Waren (Zahlen gerundet)*

INFO

Virtuelles Wasser

Als virtuelles Wasser wird die Gesamtmenge von sauberem Frischwasser bezeichnet, die jeweils zur Herstellung, Lagerung und zum Transport von verschiedenen Gütern verdunstet, gebraucht wird oder verschmutzt wird. Über den Kauf der Produkte nutzen die Menschen das jeweils darin versteckte Wasser.

8000 Liter Wasser für eine Jeans

Nur selten denken wir darüber nach, dass wir mit unserem modernen Lebensstil indirekt sehr viel Wasser konsumieren. Neben dem Kauf von Nahrung schlägt besonders extrem der Erwerb von Kleidung bei der Berechnung unseres virtuellen Wassergebrauchs zu Buche. Die Baumwollpflanze, die in südlichen Ländern in Monokulturen wächst, benötigt zum Wachstum neben der Sonne sehr viel Wasser. Dies sorgt mit dafür, dass für eine 800 Gramm schwere Baumwoll-Jeans insgesamt 8000 Liter Wasser aufgewendet werden.

M6 *Virtuelles Wasser in Jeans*

1. Niederschlagswasser (Grünes Wasser)

Baumwolle stammt häufig aus Ländern wie Indien und Usbekistan, in denen Wassermangel herrscht. **41 Prozent** der 8000 Liter Wasser, die beispielsweise eine Jeans braucht, sind Niederschlagswasser.

2. Künstliche Bewässerung (Blaues Wasser)

42 Prozent des Wassergebrauchs für die Produktion der Baumwolle einer Jeans werden duch die künstliche Bewässerung verursacht.

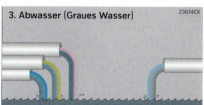

23674EX

3. Abwasser (Graues Wasser)

Die Düngung der Felder sowie das Bleichen und Färben der Baumwolle erzeugen Abwässer, die mit frischem Wasser verdünnt werden müssen. Der Anteil an der Jeans: **14 Prozent.**

M5 *So wird virtuelles Wasser am Beispiel der Jeans berechnet.*

❶ Erstelle eine Anleitung mit der Überschrift: „Fünf praktische Tipps zum Wassersparen im Haushalt" (M1, M3).

❷ a) Überprüfe die Verfügbarkeit von Trinkwasser in den Ländern, in denen Baumwolle produziert wird (Atlas, Karten: „Agrarrohstoffe, Wirtschaftsfaktor Landwirtschaft" und „Trinkwasser"). Fertige eine Übersicht dazu an.

b) 🔲❓ Wäge ab, ob den Menschen in Deutschland der Titel: „Weltmeister im Wassersparen" zu- oder aberkannt werden sollte (M2, M3, Text, Info).

❸ Nutze das Beispiel der Jeans oder anderer Produkte und notiere Ideen, wie der Gebrauch von virtuellem Wasser sinnvoll verringert werden kann (M4–M6).

Unser Wasser-Fußabdruck

Woher stammt das Wasser, das wir nutzen? Durch den direkten und indirekten Gebrauch von Wasser hinterlässt jeder Mensch einen **Wasser-Fußabdruck**. In Deutschland entspricht seine Größe der täglichen Menge von 4 250 Litern pro Person. Über das gesamte Jahr wächst der persönliche Wasser-Fußabdruck in Deutschland durchschnittlich auf 1551 m³ (1 m³ Wasser ≙ 1000 Liter).

Im Vergleich dazu kann man feststellen, dass die durchschnittliche Größe des Wasser-Fußabdrucks aller Menschen auf der Welt nur 1240 m³ beträgt. Dies bedeutet, dass wir mehr Wasser als viele andere Menschen auf der Erde nutzen. Der Wasser-Fußabdruck aller Menschen in Deutschland hat eine Gesamtgröße von 160 Mrd. m³ im Jahr. Er setzt sich zusammen aus verschiedenen Wasserfußabdrücken aus dem Inland und Ausland. Unsere Fußspuren sind besonders groß in den Ländern, aus denen wir die meisten Nahrungsmittel importieren.

M2 *Mit dem Hamburger verspeist: 2403 Liter virtuelles Wasser*

INFO

Wasser-Fußabdruck

Im Wasser-Fußabdruck ist nicht nur der persönliche Wassergebrauch berücksichtigt (in Deutschland durchschnittlich 120 Liter täglich), sondern auch das zur Herstellung von Lebensmitteln und Industriegütern gebrauchte virtuelle Wasser im eigenen Land und in anderen Ländern.

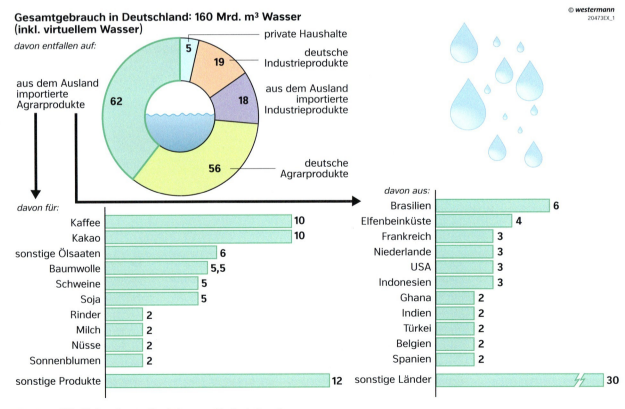

Gesamtgebrauch in Deutschland: 160 Mrd. m³ Wasser (inkl. virtuellem Wasser)

davon entfallen auf:
- 5 — private Haushalte
- 19 — deutsche Industrieprodukte
- 18 — aus dem Ausland importierte Industrieprodukte
- 56 — deutsche Agrarprodukte
- 62 — aus dem Ausland importierte Agrarprodukte

davon für:

Kaffee	10
Kakao	10
sonstige Ölsaaten	6
Baumwolle	5,5
Schweine	5
Soja	5
Rinder	2
Milch	2
Nüsse	2
Sonnenblumen	2
sonstige Produkte	12

davon aus:

Brasilien	6
Elfenbeinküste	4
Frankreich	3
Niederlande	3
USA	3
Indonesien	3
Ghana	2
Indien	2
Türkei	2
Belgien	2
Spanien	2
sonstige Länder	30

© **westermann**
20473EX_1

M1 *Der jährliche deutsche Wasser-Fußabdruck*

D1-234
www.diercke.de

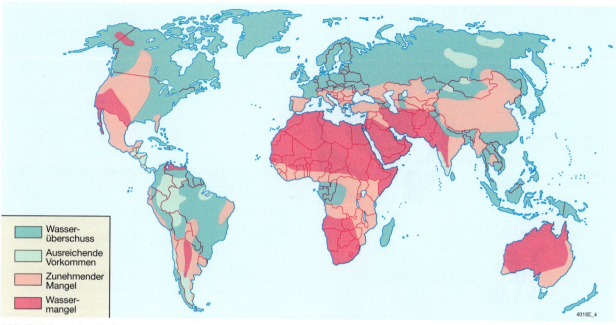

M3 *Gebiete der Erde – zwischen Wasserüberschuss und Wassermangel*

Legende:
- Wasser-überschuss
- Ausreichende Vorkommen
- Zunehmender Mangel
- Wasser-mangel

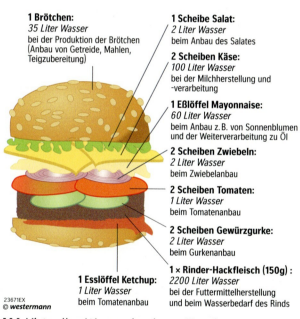

1 Brötchen:
35 Liter Wasser
bei der Produktion der Brötchen (Anbau von Getreide, Mahlen, Teigzubereitung)

1 Scheibe Salat:
2 Liter Wasser
beim Anbau des Salates

2 Scheiben Käse:
100 Liter Wasser
bei der Milchherstellung und -verarbeitung

1 Eßlöffel Mayonnaise:
60 Liter Wasser
beim Anbau z. B. von Sonnenblumen und der Weiterverarbeitung zu Öl

2 Scheiben Zwiebeln:
2 Liter Wasser
beim Zwiebelanbau

2 Scheiben Tomaten:
1 Liter Wasser
beim Tomatenanbau

2 Scheiben Gewürzgurke:
2 Liter Wasser
beim Gurkenanbau

1 × Rinder-Hackfleisch (150g):
2200 Liter Wasser
bei der Futtermittelherstellung und beim Wasserbedarf des Rinds

1 Esslöffel Ketchup:
1 Liter Wasser
beim Tomatenanbau

23671EX
© **westermann**

M4 *Virtuelles Wasser in einem Hamburger*

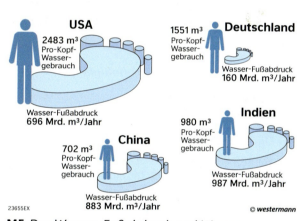

USA
2483 m³ Pro-Kopf-Wasser-gebrauch
Wasser-Fußabdruck 696 Mrd. m³/Jahr

Deutschland
1551 m³ Pro-Kopf-Wasser-gebrauch
Wasser-Fußabdruck 160 Mrd. m³/Jahr

China
702 m³ Pro-Kopf-Wasser-gebrauch
Wasser-Fußabdruck 883 Mrd. m³/Jahr

Indien
980 m³ Pro-Kopf-Wasser-gebrauch
Wasser-Fußabdruck 987 Mrd. m³/Jahr

23655EX
© **westermann**

M5 *Der Wasser-Fußabdruck und Wasser-gebrauch in verschiedenen Ländern*

b) Stelle in einem Wirkungsgefüge die Probleme dar, die sich bei einem Anstieg des Pro-Kopf-Wassergebrauchs in Indien und China ergeben können (M4, M5).

❸ ◀ **Wähle aus:**

A Recherchiere im Supermarkt, aus welchen Ländern oder Regionen das virtuelle Wasser für die Zutaten eines Hamburgers jeweils stammt . Fertige eine Liste an (M2, M4).

B Berechne deinen eigenen Wasser-Fußabdruck und berichte darüber, wo du für dich die größten Möglichkeiten siehst, Wasser zu sparen: www.waterfootprint.org – Personal Water footprint – Personal water footprint calculator.

❶ ◼❓ Erkläre, wie die Gesamtgröße des deutschen Wasser-Fußabdrucks entsteht. (M1).

❷ a) Ermittle die Zahl der Länder, aus denen wir landwirtschaftliche Produkte importieren, in denen Wassermangel herrscht oder Wasser-mangel droht (M1, M3).

D1-240 www.diercke.de
www.diercke.de
100800-262-01
191

Was tun?! – Agenda 21

sozial
Alle Menschen haben soziale Bedürfnisse: zum Beispiel ausreichende Ernährung, Bildung und Wohnraum oder einen gesunden Arbeitsplatz.

ökologisch
Eine intakte Umwelt bildet die Grundlage für das Leben der Menschen auf der Erde. Wenn die Ansprüche des Menschen an die Umwelt zu groß werden, dann wird das Ökosystem gestört.

ökonomisch
Kein Leben in Armut, sondern angemessene Bezahlung für Beschäftigte und Gewinne für Unternehmen sind die ökonomische Basis für zukunftsfähige Entwicklung.

sozial

ökologisch

NACHHALTIGKEIT

ökonomisch

M1 *Aktionsbereiche zur Nachhaltigkeit*

> **Nachhaltigkeit**
> Eine **nachhaltige Entwicklung** strebt an, dass künftige Generationen nicht schlechter gestellt sind als heute lebende. Es müssen Umweltgesichtspunkte gleichberechtigt mit sozialen und wirtschaftlichen Gesichtspunkten berücksichtigt werden. Zukunftsfähig wirtschaften bedeutet also: Wir müssen unseren Kindern und Enkeln ein intaktes ökologisches, soziales und wirtschaftliches Gefüge hinterlassen. Das eine ist ohne das andere nicht zu haben!

Zeit zum Handeln

Der Ökologische Fußabdruck und der Overshoot-Day zeigen es: Mit unserem Lebensstil leben wir auf Kosten anderer Menschen in fernen Ländern und auf Kosten der Menschen, die in 30, 50 oder 100 Jahren die Erde bevölkern.
Bereits 1992 haben daher 172 Mitgliedsstaaten der **Vereinten Nationen (UNO)** die **Agenda 21** beschlossen („Agenda" lateinisch: „was getan werden muss"). Sie hat das Ziel, eine nachhaltige Entwicklung der Erde im 21. Jahrhundert zu bewirken.

❶ Nenne zu jedem der drei Bereiche der Nachhaltigkeit ein konkretes Beispiel (M1).

❷ ◼[?] Überlege, wie man entsprechend der Agenda 21 nachhaltig handeln kann. Verfasse dazu auf einem DIN A4-Blatt einen Aufruf. Erläutere, darin auch, wie diese lokale Handlung globale Wirkungen erzielen kann.

AGENDA 21 – ZIELSETZUNGEN

Alle Menschen
- *müssen Natur und Umwelt so behandeln, dass sie möglichst wenig geschädigt wird (ökologischer Gesichtspunkt).*
- *müssen so wirtschaften, dass die vorhandenen Rohstoffe auch für die kommenden Generationen reichen (wirtschaftlicher Gesichtspunkt).*
- *müssen unter menschenwürdigen Bedingungen leben, arbeiten und fairen Handel betreiben können (sozialer Gesichtspunkt).*

Alle drei Gesichtspunkte müssen immer gemeinsam gesehen werden und bilden die Aktionsbereiche der Nachhaltigkeit. Die Leitidee der Agenda 21 lautet:

„Global denken – lokal handeln"

Im Fokus: Nachhaltig leben – für unsere Zukunft

Freizeit am Schul- und Wohnort

Eine gesunde Natur mit frischer Luft, kein Verkehrslärm, ausreichend Energie, um alle Elektrogeräte zu versorgen, unterschiedliche Möglichkeiten zu verreisen, gesunde Arbeitsplätze mit einer angemessenen Bezahlung, ausreichende Konsummöglichkeiten, gesunde Ernährung – das alles nicht nur bei uns, sondern auch in den anderen Teilen der Welt. Ist das eine Utopie? Ja und Nein!
Eine solche Welt setzt voraus, dass wir unseren Lebensstil nachhaltig gestalten. Nachhaltig zu handeln ist eine Investition in unsere Zukunft. Es lohnt sich!

Auf den folgenden Seiten findet ihr Materialien zu den Themen
- Unser Konsum und unsere Ernährung
- Unser Energieverbrauch
- Unsere Mobilität

Die Materialien
- vermitteln euch Grundwissen zur Thematik.
- informieren euch über Möglichkeiten, sich nachhaltig zu verhalten.
- geben euch Anregungen, wie ihr selbst Projekte zum Thema „Nachhaltigkeit" durchführen könnt.

Es lohnt sich auch, bei jedem dieser Themen einmal genauer zu untersuchen, ob es bei Euch am Schulort oder an eurem Wohnort schon Initiativen oder Projekte gibt, die sich für einen nachhaltigen Lebensstil einsetzen: für nachhaltige Ernährung, nachhaltige Energienutzung und nachhaltige Mobilität.

Ablauf eines Projektes:

Nachhaltiges Leben in unserer Gemeinde (z. B. im Bereich Mobilität)

So geht ihr vor:

1. Schritt: Vorbereitung

Plant gemeinsam: Wie gehen wir vor?
Wer übernimmt welche Aufgabe?
Grenzt einen Themenbereich ab, z. B. „Mobilität".

Schreibt alle Aspekte auf, die ihr in diesem Zusammenhang untersuchen wollt, z. B. „Verbindungen in die Stadt", „Fahrradwege", „Möglichkeiten für Behinderte".

Informiert euch über Ansprechpartner (einzelne Personen, Behörden, Organisationen, die sich mit eurer Thematik beschäftigen – vor allem unter dem Aspekt der Nachhaltigkeit).

2. Schritt: Durchführung

Zieht Erkundigungen ein bei der Gemeinde, bei Behörden (z. B. Polizei), bei Organisationen (z. B. ADAC).
Führt Kartierungen und Befragungen durch.

3. Schritt: Auswertung

Wertet eure Ergebnisse aus:
Inwieweit gibt es in unserer Gemeinde schon eine nachhaltige Nutzung von Verkehrsmitteln?

Macht Vorschläge:
Wie könnte man diese Nutzung noch verbessern?

4. Schritt: Präsentation

Präsentiert eure Ergebnisse möglichst eindrucksvoll
- anderen Mitschülerinnen und Mitschülern.
- Organisationen,
- Politikerinnen und Politikern.

Holt euch ein Feedback ein:
- Fühlen sich eure Zuhörerinnen und Zuhörer gut informiert?
- Wurden sie überzeugt, selbst etwas zu tun?
- Was wurde besonders gut / weniger gut an eurer Präsentation empfunden?

5. Schritt: Reflexion

Diskutiert:
- War eure Präsentation mit den eingesetzten Medien erfolgreich?
- War eure Vorgehensweise sinnvoll?

PROJEKT

Shoppen – so viel Sie einmalig tragen können!

Auf alle bereits reduzierten Textilien, **die sie mit eigenen Händen einmalig zur Kasse tragen können,** erhalten sie zusätzliche **satte 10% Rabatt.**

M1 *Werbung*

Immer neue Konsumrekorde

Ein paar Klicks im Internet und die Ware ist bestellt. Sie wird ins Haus geliefert – oder sofort auf den Rechner. So werden 66 Prozent der Urlaubsreisen im Internet gebucht.

2015 machten Online-Shops bereits rund zwölf Prozent des Umsatzes im Einzelhandel aus; das sind etwa 48 Milliarden Euro. 2006 waren es erst zehn Milliarden, 2000 sogar nur eine Milliarde Euro, für die die Kunden statt im Laden lieber „online" kauften.

Einzukaufen wird immer einfacher und die Werbung tut das ihre dazu, dass wir unsere Einkäufe steigern.

Weltweit werden immer mehr Konsumgüter und Nahrungsmittel benötigt. Zum einen wächst die Bevölkerung und zum anderen gibt es immer mehr Menschen, die zu etwas Wohlstand gelangen und sich dann höherwertige Güter kaufen können: zum Beispiel nimmt die Zahl der Autos weltweit zu und immer mehr Fertiggerichte ersetzen frisch zubereitete Nahrung.

Märkte der Zukunft: Anzahl der Konsumenten mit mittlerem Einkommen

- Nordamerika
- Europa
- Mittel- und Südamerika
- Asien-Pazifik-Region
- Subsahara-Afrika
- Naher Osten und Nordafrika

2012 – 1845 Mio.: 338 Mio., 664 Mio., 181 Mio., 525 Mio., 32 Mio., 105 Mio.

2020 – 3249 Mio.: 333 Mio., 703 Mio., 251 Mio., 1740 Mio., 57 Mio., 165 Mio.

2032 – 4884 Mio.: 322 Mio., 680 Mio., 313 Mio., 3228 Mio., 107 Mio., 234 Mio.

M2 *Märkte der Zukunft: Anzahl der Konsumenten mit mittlerem Einkommen*

Die Kaufkraft der chinesischen Bevölkerung hat sich zwischen 1990 und 2014 verzwölffacht. Seit 2015 ist das Land nach den USA der zweitgrößte Konsumgütermarkt. Nach Angaben des Statistical Yearbook of China glich sich die Art der Ausgaben schnell den westlichen Ländern an. Immer mehr Chinesen werden über die Medien oder eigene Reisen mit westlichem Lifestyle konfrontiert, was die eigenen Ansprüche an die Konsumgüter stark verändert.

M3 *Konsum in China*

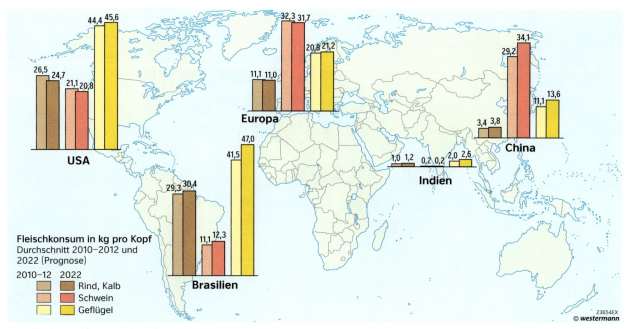

M4 *Globale Trends beim Fleischkonsum*

Zunehmender Fleischkonsum

Der Verzehr von Fleisch ist ein Zeichen des Wohlstands. Für uns in Deutschland ist der ehemalige „Sonntagsbraten" zu einem „Alltagbraten" geworden. In China hat sich der Fleischkonsum in den letzten 50 Jahren sogar verzwanzigfacht. Global nimmt die Zahl der Vegetarier ab – nicht zuletzt deshalb, weil der ausschließliche Verzehr von Pflanzen in Entwicklungsländern als Zeichen der Armut gilt und von daher von den Menschen nicht akzeptiert wird.

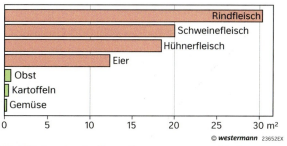

M6 *Flächenbedarf zur Erzeugung von Nahrungsmitteln*

- Weltweit wandern jährlich über 40 % (etwa 800 Millionen Tonnen) der Ernte von Weizen, Mais, Hafer und Roggen in die Futtertröge.

- Etwa drei Viertel aller agrarischen Nutzflächen wird weltweit für die Fütterung von Nutztieren gebraucht.

- Allein die europäische Fleischproduktion benötigt pro Jahr im Durchschnitt 13 Millionen Hektar südamerikanische Anbaufläche für Futtermittel.

- Die Landwirtschaft in Deutschland, hier besonders die Tierzucht, trägt 7 % zur Freisetzung der Treibhausgase bei.

- Ein Kilo Rindfleisch benötigt 15 500 Liter virtuelles Wasser, ein Kilo Schweinefleisch 10 000 Liter.

M5 *Fleischkonsum und seine globalen Folgen*

❶ Begründe die Zunahme des weltweiten Konsums (M1–M3).

❷ Stelle einen Zusammenhang her zwischen den Aussagen von M2 und M3.

❸ 🔙 **Wähle aus:**
A 【?】 Entwirf ein Plakat, das die wesentlichen Fakten zum Fleischkonsum darstellt (M4–M6).

B Bereite einen Fragebogen für eine Umfrage zum Fleischkonsum in der Schule und außerhalb der Schule vor: Wie viel Fleisch und Wurst konsumieren Schülerinnen und Schüler? Was wissen die Menschen über den lokalen Konsum von Fleisch- und Wurstwaren und den globalen Auswirkungen?

M1 *In Ecuador: Bananen für den Export*

Nachhaltigkeit beim Anbau – mit Vorgaben

Die Banane ist beliebt. Über 600 000 Tonnen Bananen wurden 2014 von deutschen Haushalten gekauft, davon 90 Prozent aus nicht ökologischem Anbau. Der größte deutsche Einzelhandelsverbund EDEKA und die internationale Naturschutzorganisation WWF (World Wide Fund of Nature) arbeiten in einem großen Projekt zum Bananenanbau zusammen. Sie wollen die Produktion umwelt- und sozialverträglicher gestalten. Der Schwerpunkt der Zusammenarbeit liegt bei Vertragsfarmen in Kolumbien und Ecuador, die die Bananen liefern.

Alle teilnehmenden Farmen müssen beim Anbau nach und nach 120 zum Teil sehr aufwendige Anforderungen berücksichtigen. So dürfen zum Beispiel zum Schutz der Beschäftigten und der Konsumenten keine Pflanzenschutzmittel zum Einsatz kommen, die gemäß der Weltgesundheitsorganisation (WHO) als hochgefährlich gelten. Außerdem wird darauf geachtet, dass die Arbeiterinnen und Arbeiter mindestens den gesetzlichen Mindestlohn erhalten.

Die Umsetzung der umfangreichen Maßnahmen wird regelmäßig durch Experten vom WWF geprüft, die zudem die Farmen intensiv beraten.

- Der Schutz und Erhalt von Ökosystemen sowie von gefährdeten Tieren und Pflanzen wird zum Beispiel durch die Einrichtung von Pufferzonen zwischen Anbau und angrenzenden Flächen angestrebt.

- Die Arbeitsbedingungen (Sicherheit, Gesundheit, Sozialleistungen) werden verbessert.

M2 *Kernpunkte der Vereinbarung zu nachhaltigerem Anbau*

Arbeitslöhne	3,2%
Kosten und Gewinn der Plantage	8,3%
Transport zum Hafen, Verladen, Ausfuhrsteuer, allgemeine Abgaben und Bruttogewinn des Exporteurs	26,1%
Fracht und Versicherung	11,5%
Kosten und Gewinn für Lagerung und Reife	19,0%
Kosten und Gewinn des Einzelhandels	31,9%

11862EX_1
© *westermann*

M3 *Wer erhält wie viel vom Verkaufspreis einer Banane?*

M4 *Maria Juarez mit ihren Eltern auf dem Markt*

Die GEPA ist die europaweit größte Organisation für **fairen Handel.** Sie zahlt den Produzenten höhere Preise, verkauft die Produkte aber auch zu höheren als den Marktpreisen. Außerdem berät und unterstützt sie die Bauern, zum Beispiel bei Gemeinschaftsprojekten.

M6 *Freiwillig höhere Preise*

100% 1,79 €

28% 0,50 € Handelspartner (z.B. Kakaobauern- und Zuckerbauern-Kooperativen)

16% 0,28 € Verarbeiter (Transport, Produktion, Verpackung)

7% 0,13 € Staat (z.B. Steuern)

18% 0,33 € GEPA (z.B. Vertrieb, Personal)

31% 0,55 € Einzelhandel (z.B. Weltläden, Lebensmittel-, Biogeschäfte)

23650EX © *westermann*

M7 *Wer bekommt was beim fairen Handel?*

3000 € für 1 Tonne Rohkakao

82% ca. 2460 € Auszahlung an Bauern

5% ca. 150 € Investitionen in Gemeinschaftsprojekte

13% ca. 390 € Weitere Ausgaben der Kooperative (z.B. Transport, Gebäude)

23651EX © *westermann*

M8 *Was erhalten die Bauern beim fairen Handel?*

Maria Juarez, 12 Jahre, aus Santa Ana in Bolivien erzählt:

„Unsere Familie, also meine Eltern, meine drei Geschwister und ich leben vom Kakao-Anbau. Wir Kinder müssen natürlich mitarbeiten – vor allem während der Erntezeit. Viele Kinder von Kakao-Bauern haben keine Möglichkeit zur Schule zu gehen, weil ihre Eltern zu wenig verdienen. Wir haben mehr Glück, denn mein Vater ist Mitglied in einer Kooperative, einer Gemeinschaft, in der sich 1200 Kleinbauern zusammengeschlossen haben. Sie verkauft die gesamte Ernte an eine deutsche Organisation, die GEPA. Dort erhalten wir immer eine gute Bezahlung für unseren Kakao, sodass meine Eltern auch etwas Geld sparen können.

Die Kooperative hat mithilfe der GEPA auch schon eine Wasserreinigungsanlage gebaut. Nun haben wir immer frisches, sauberes Wasser zur Verfügung. Bald soll auch ein Dorfgemeinschaftshaus und eine Krankenstation gebaut werden.

Die Berater der Kooperative haben den Bauern gezeigt, worauf man beim Anbau von Bio-Kakao achten muss. Der Anbau ist nicht so gesundheitsschädlich und man erhält mehr Geld als für anderen Kakao. Meine Mutter und die anderen Bäuerinnen haben einen Kurs besucht, wie man einen kleinen Bauernhof verwaltet."

M5 *Fairer Handel – die Bauernfamilien profitieren*

---

❶ 🔖 **Wähle aus:**
A Erstelle ein Plakat über die Vorgaben beim nachhaltigen Bananenanbau (M2, M3).
B Erstelle ein Plakat zu den Auswirkungen des fairen Handels für die Bauernfamilien (M5, M6, M7).

❷ a) Viele Einzelhandelsfirmen haben Initiativen zur Nachhaltigkeit gestartet. Recherchiere im Internet und berichte: z.B bei EDEKA, REWE, ALDI, LIDL. Stichwort „Nachhaltigkeit".

b) Erörtere mögliche Gründe, warum so viele Firmen in diesem Bereich aktiv sind.

❸ 🗨️ Erkläre den fairen Handel am Beispiel der Handelsorganisation GEPA und einem Produkt deiner Wahl (Internet).

❹ Produkte aus fairem Handel sind teurer. Hältst du es für sinnvoll, sie zu kaufen? Nimm Stellung.

INTERNET
www.wwf.de
www.gepa.de

M1 *(Anti-)Werbung für Essen?*

Werbung für Lebensmittel – speziell für Kinder

Die Lebensmittel-Hersteller möchten möglichst viel verkaufen und werben entsprechend. Eine wichtige Zielgruppe in der Werbung sind Kinder. So werben etwa die „Filmstars" Minions für ihren Film und zugleich für Produkte, die Kinder mögen: Kekse, süße Getränke oder Lutschbonbons. Die Werbung hat Erfolg: Ein Schulkind kennt heute zwischen 300 und 400 Markennamen. Schaut euch einmal genauer an, wie Werbung funktioniert und überprüft, ob ihr tatsächlich alles benötigt, was ihr kauft.

> „Bringt den Kindern gesundes Kochen bei! Denn sie lernen und verinnerlichen schon in einem geringen Alter, wie sie sich für den Rest ihres Lebens weiter ernähren. Dabei ist es das Wichtigste, ihnen zu zeigen, dass ein nachhaltiger Ernährungsstil nicht nur gut für die eigene Gesundheit ist, sondern eine entsprechende Mahlzeit auch hervorragend schmeckt."
>
> (Dr. Markus Keller, Ernährungswissenschaftler aus Speyer)

M2 *Ein guter Rat?*

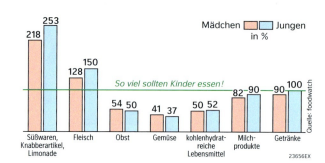

M3 *Was essen sechs- bis elfjährige Kinder?*

Projekt: Wir untersuchen Werbung zum Lebensmittelkonsum

▶ 1. Schritt: Vorbereitung

Überlegt in der Gruppe:

Welche Werbung wollt ihr untersuchen: für welche Produkte, für welche Zielgruppen?

Welche Medien wollt ihr näher betrachten?

▶ 2. Schritt: Durchführung

Untersucht: Mit welchen Mitteln „arbeitet" die Werbung?

Werden Gefühle angesprochen? Wie?

Werden Informationen gegeben? Welche?

Sammelt aussagekräftige Beispiele.

▶ 3. Schritt: Auswertung

Besprecht in der Gruppe:

Arbeiten die verschiedenen Werbungen mit ähnlichen Werbemitteln? Gibt es Gemeinsamkeiten?

Wie wirkt die Werbung auf euch?

Was könnte euch zum Konsum „verführen"?

▶ 4. Schritt: Präsentation

Stellt eure Ergebnisse in der Klasse vor und diskutiert:

Lassen wir uns durch Werbung zu höherem Konsum bewegen?

Auf welche Konsumgüter könnte man gut verzichten?

PRAXIS

Unser Papierkonsum – Möglichkeiten zum Handeln

M4 *Papierkonsum: heute (250 kg/Person); 1950 (32 kg/Person)*

Alle Deutschen zusammen verbrauchen pro Jahr rund 20 Millionen Tonnen Papier. Das ist so viel, wie Afrika und Südamerika zusammen verbrauchen.

Diese Menge entspricht einem 600 km langen Güterzug mit 40 000 Waggons oder einem Turm aufeinander gestapelter DIN-A4-Blättern von 16 000 km Höhe.

M6 *Papierverbrauch in Deutschland*

Papierarme Schule – ein erreichbares Ziel?

Viele Schulen bemühen sich, möglichst wenige Belastungen für die Umwelt zu erzeugen. In Rheinland-Pfalz sind das vor allem die Schulen im Netzwerk „Bildung für nachhaltige Entwicklung" (sogenannte „BNE-Schulen"). So hat das Erich-Klausener-Gymnasium in Adenau in der Eifel zum Beispiel einen Vertrag mit seinem Schulträger, der Kreisverwaltung Ahrweiler, zum Einsparen beim Papierabfall: Die Einsparungen beim Papierabfall bekommt die Schule ausgezahlt und kann sie für sinnvolle Dinge verwenden.

Bedarf für 1 Blatt Papier		
	Altpapier	Frischfaserpapier
Altpapier	5,5 Gramm	11 Gramm
Wasser	0,1 Liter	0,3 Liter
Energie	7,5 Watt/Stunde	15 Watt/Stunde
CSB*	0,02 Gramm	0,1 Gramm
* CSB = Chemischer Sauerstoffbedarf (Wasserbelastung)		

M5 *Umweltbelastungen durch Papierherstellung*

Projekt: Wir untersuchen den Papierkonsum an unserer Schule

> ### 1. Schritt: Vorbereitung

Bildet Gruppen zum Thema: Verbrauch, Papierentsorgung.

Entwerft einen Katalog von Fragen, denen ihr nachgehen wollt.

> ### 2. Schritt: Durchführung

Forscht nach: Wer sind die handelnden Personen? (z. B. Hausmeister, Sekretariat, Entsorgungsunternehmen, Lehrkräfte, Schülerinnen und Schüler, Schulträger)

Erhebt Daten zum Papiereinkauf, zum Verbrauch innerhalb der Schule und zur Entsorgung.

> ### 3. Schritt: Auswertung

Diskutiert: Wo seht ihr Möglichkeiten zur Verbesserung der Situation und zu nachhaltigem Handeln? Wie lassen sich die Vorschläge umsetzen? Wo gibt es Hindernisse?

> ### 4. Schritt: Präsentation

Stellt eure Ergebnisse und Vorschläge vor:

eurer Klasse, der Schülervertretung und der Schülerzeitung, der Schulleitung und dem Schulträger.

Im Fokus: Unser Energieverbrauch

Fasziniert stellte er fest, dass er plötzlich Dinge entdeckte, die ihm verborgen geblieben waren, solange sie beleuchtet gewesen waren. Skurrile Schriftzüge über Läden etwa oder Gebäude, an deren hellen Fenstern er vorbeigegangen wäre, nun aber zum ersten Mal einen Blick auf die Fassade warf. In einem winzigen Alimentari kramte bei Kerzenlicht eine gebeugte Gestalt umher. In der Glastür hing ein Schild mit der Aufschrift ‚Chiuso', Manzano klopfte trotzdem. Ein älterer Mann mit weißem Kittel kam an die Tür und beäugte ihn kritisch. Dann öffnete er. Über dem Eingang klingelte ein Glöckchen. „Was wollen Sie?" „Kann man noch etwas einkaufen?" „Nur wenn Sie Bargeld haben. Elektronische Bezahlung funktioniert nicht." Dass es derlei in diesem Geschäft überhaupt geben sollte, überraschte Manzano. In seine Nase stieg der Duft von Schinken und Käse, Antipasti und Brot. Er fingerte das Portemonnaie heraus und zählte ab. […] „Machen Sie sich einen gemütlichen Abend mit ein paar leckeren Sachen, bei Kerzenlicht, ohne Fernsehen. Vielleicht ein gutes Buch", meinte der Alte.

(Nach: Marc Elsberg: Blackout – Morgen ist es zu spät. München 2013, S. 44)

M1 *Schilderung einer Szene nach einem Stromausfall in einer italienischen Stadt*

Energieverbrauch im Alltag

Sicherlich ist ein Stromausfall in Deutschland oder in Europa selten. Allerdings zeigt bereits die kleine Episode in M1, dass unser Leben im Alltag von Energie abhängig ist. Ohne Strom, Brennstoffe und Benzin geht fast nichts mehr, weder in der Schule noch in Fabriken oder zu Hause.

Der Stromverbrauch eines deutschen Durchschnittshaushaltes liegt bei rund 3500 Kilowatt-Stunden (kWh) pro Jahr. Berechnet man dafür die Kosten, so liegen diese zwischen 900 Euro und 1200 Euro in einem Jahr.

Dabei schwankt der Verbrauch im Jahresverlauf und je nach Haushaltsgröße natürlich stark. Auch die Zahl und die Art der verwendeten Elektrogeräte spielen eine große Rolle. So benötigen vor allem alte Geräte deutlich mehr Strom als neue. Dies gilt auch für Heizungen, Autos und Geräte zur Erzeugung von warmem Wasser.

Der Energieverbrauch der Haushalte wird sich in den nächsten Jahren verändern. Durch Einsparen und effizientere Geräte schätzt man, dass man gegenüber 1995 bis zum Jahr 2030 rund ein Viertel der gesamten Energie einsparen kann. Beim Strom werden die Einsparungen knapp 20 Prozent betragen.

M2 *Stromausfall in Hannover: Im Juli 2011 fiel in Hannover für 20 Minuten der Strom aus. Die Bahn steht, nur die Autos fahren noch.*

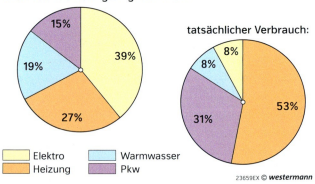

Auf die Frage: „In welchem Bereich verbrauchen Sie die meiste Energie?" haben von 100 Befragten geantwortet:

15% · 39% · 19% · 27%

tatsächlicher Verbrauch:
8% · 8% · 31% · 53%

Elektro · Warmwasser
Heizung · Pkw

23659EX © *westermann*

M3 *Ergebnis einer Umfrage zum Enrgieverbrauch in deutschen Haushalten und tatsächlicher Energieverbrauch 2015*

Energie aus unterschiedlichen Quellen

Bevor man den Strom nutzen kann, muss er zunächst aus **Energieträgern** gewonnen werden. In Deutschland wird der Strom zum großen Teil noch aus Energierohstoffen wie Kohle und Erdgas gewonnen. Sie gehören zu den nicht erneuerbaren Energiequellen. Das bedeutet, sie werden einmal zu Ende gehen. Bei Erdgas zum Beispiel ist dies schon in ungefähr 63 Jahren der Fall. Deshalb ist es notwendig, verstärkt erneuerbare Energiequellen zu nutzen, zum Beispiel die Sonnen- und Windenergie. Diesen Wandel hin zu erneuerbaren Energieträgern nennt man **Energiewende**.

M5 *Energieerzeugung in einem Solarpark*

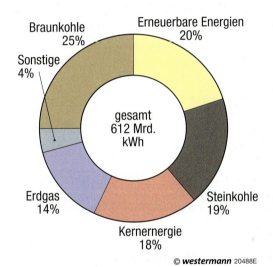

Braunkohle 25%
Erneuerbare Energien 20%
Sonstige 4%
gesamt 612 Mrd. kWh
Erdgas 14%
Kernenergie 18%
Steinkohle 19%

© **westermann** 20488E

M4 *Anteile der Energiequellen an der Stromerzeugung in Deutschland 2015*

M6 *Durch Verbrennen der Braunkohle werden im Kraftwerk Strom und Fernwärme gewonnen.*

❶ ▣◀ **Wähle aus:**
A Verfasse ausgehend von M1 eine Zeitungsreportage, in der du über die Auswirkungen des Stromausfalls berichtest.
B Vor 150 Jahren gab es in Deutschland noch keinen elektrischen Strom. Stelle das Leben ohne Strom und andere Energieträger zur damaligen Zeit dar. Recherchiere dazu im Internet und wähle drei passende Bilder aus.

❷ Ein Single-Haushalt verbraucht im Schnitt 2000 kWh Strom, bei einem Vier-Personen-Haushalt sind es dagegen „nur" 4500 kWh. Erkläre.

❸ ◀?▶ 2011 führte man in der EU ein Energielabel für neue Elektrogeräte ein. Stelle das Label an einem beliebigen Beispiel vor. Recherchiere dazu im Internet.

❹ Erläutere an einem Beispiel den Unterschied zwischen erneuerbaren und nicht erneuerbaren Energiequellen (M4, Text).

❺ Erneuerbare Energiequellen gewinnen in Deutschland mehr und mehr an Bedeutung.
a) Erkläre, warum erneuerbare Energie nicht immer und überall erzeugt werden kann.
b) Beurteile, ob es in naher Zukunft möglich sein wird, ohne nicht erneuerbare Energiequellen wie Kohle, Erdgas oder Uran auszukommen. Begründe deine Meinung.

www.diercke.de
100800-068-04

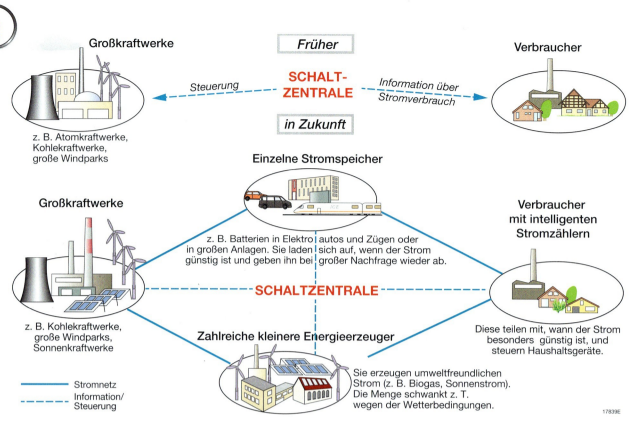

Großkraftwerke

Verbraucher

SCHALT-ZENTRALE

Steuerung

Information über Stromverbrauch

z. B. Atomkraftwerke, Kohlekraftwerke, große Windparks

in Zukunft

Einzelne Stromspeicher

Großkraftwerke

z. B. Batterien in Elektroautos und Zügen oder in großen Anlagen. Sie laden sich auf, wenn der Strom günstig ist und geben ihn bei großer Nachfrage wieder ab.

Verbraucher mit intelligenten Stromzählern

SCHALTZENTRALE

z. B. Kohlekraftwerke, große Windparks, Sonnenkraftwerke

Zahlreiche kleinere Energieerzeuger

Diese teilen mit, wann der Strom besonders günstig ist, und steuern Haushaltsgeräte.

Sie erzeugen umweltfreundlichen Strom (z. B. Biogas, Sonnenstrom). Die Menge schwankt z. T. wegen der Wetterbedingungen.

—— Stromnetz
---- Information/ Steuerung

17839E

M1 *Stromnetze früher und in der Zukunft (Schema)*

Strom – ungleich verteilt

Soll der Ökostrom, beispielsweise in Norddeutschland erzeugt, bis nach Süddeutschland fließen, braucht man neue Netze. Diese müssen

- deutlich höhere Stromspannungen aushalten und weniger Strom verlieren als die alten Hochspannungsleitungen.
- intelligent, sogenannte „Smart Grids", sein (engl. smart: schlau; grid: Versorgungsnetz).

Neben Strom fließen in den Netzen Informationen. Dadurch sollen Stromangebot und Stromnachfrage besser aufeinander abgestimmt werden.

Die Netzbetreiber müssen für ein ständiges Gleichgewicht zwischen Stromerzeugung und -verbrauch sorgen. Das ist nicht einfach, weil

- der Strom sich nicht in großen Mengen speichern lässt.
- die Strommengen schwanken. Das liegt am Strom aus alternativen Quellen. Werden die Schwankungen zu groß, drohen Stromausfälle.
- der Strom vieler tausend Kleinerzeuger, beispielsweise von privaten Solaranlagen, gebündelt und in das Netz geleitet werden muss.

M2 *Bis 2022 sollen insgesamt 3800 km neue Stromleitungen entstehen, weitere 4400 km optimiert und erneuert werden. Kosten dafür: 20 Milliarden Euro.*

Nachhaltig leben – für unsere Zukunft

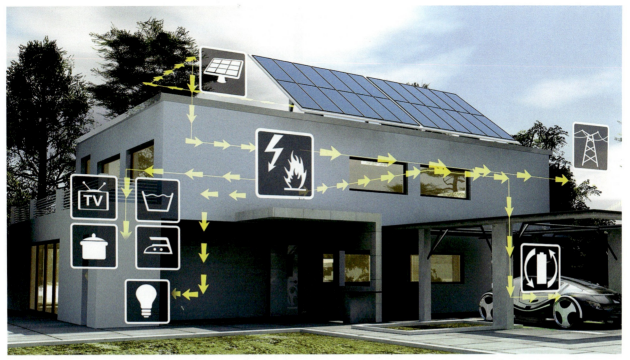

M3 *Das Haus der Zukunft versorgt sich selbst. Die Photovoltaikanlage auf dem Dach gewinnt Strom und Wärme aus der Sonnenenergie. Damit können elektrische Geräte angetrieben und eine behagliche Wärme erzeugt werden. Reststrom wird in das Netz eingespeist. Elektrische Autos können bei einem Überangebot an Strom aufgeladen werden oder, in Ruhezeiten, auch Strom abgeben.*

Intelligente Stromnutzung mit dem Smart Meter?

Während der Stromverbrauch in vielen Haushalten noch mit einfachen Stromzählern gemessen wird, bieten neue Modelle einige Vorteile. So bieten Stromanbieter ihren Kunden sogenannte „Smart Meter" an. Diese messen nicht nur den Stromverbrauch, sondern machen diesen auch mithilfe einer Software sichtbar. Sie erfassen auch, wie viel Strom zu welcher Tageszeit verbraucht wird und helfen damit Strom zu sparen. Die Daten werden auch direkt zum Stromunternehmen übermittelt, sodass man nicht mehr regelmäßig selbst den Verbrauch ablesen und mitteilen muss.

Allerdings haben Tests gezeigt, dass die eingesparte Menge im Durchschnitt nur bei etwa 5 % liegt. Auch der Einbau der Geräte kostet Geld. Eigentlich wäre es das Ziel, dass vor allem in den verbrauchsarmen Zeiten in der Nacht bestimmte Geräte wie Waschmaschine und Spülmaschine laufen. Aber auch hier bieten nur wenige Stromanbieter einen kleinen Rabatt (ca. 1 Cent pro Kilowattstunde) auf den Strompreis an.

❶ Nenne die Eigenschaften der neuen Stromnetze.

❷ Begründe, weshalb sie „schlau" sein müssen.

❸ Erkläre, weshalb der zunehmende Anteil an Ökostrom die Arbeit der Netzbetreiber erschwert.

❹ Beschreibe und erkläre den Unterschied zwischen heutiger und zukünftiger Stromversorgung.

❺ Die Einführung von Smart Metern in Privathaushalten wird in Deutschland noch umstritten diskutiert.

a) Erstelle eine Tabelle, in der du Vor- und Nachteile von Smart Metern auflistest.

b) Erkläre aus der Perspektive eines Energieunternehmens, warum diese sich für die Einführung von Smartmetern aussprechen.

c) ◀?▶ Gewichtet in Parnerarbeit die einzelnen Vor- und Nachteile aus der Sicht der Verbraucher. Welche Aspekte erscheinen euch besonders wichtig?

d) Erstellt ein Meinungsbild in eurer Klasse. Würdet ihr euch eher für die Einführung von Smart Metern oder dagegen aussprechen? Begründet eure Meinung.

M1 *Die Energiespar-AG bei der Recherche*

Rechercheaufträge:

- Wie viel Strom kann man beim Kauf eines neuen Kühlschranks sparen?
- Was hat Japan mit der Energiewende bei uns zu tun?
- Ist für lange Strecken die Bahn ökologisch besser als der PKW oder der Bus?
- Können wir in der Schule auch Energiesparen?
- Was bedeutet der Energieausweis im Treppenhaus unserer Schule?
- Wo bekomme ich Messgeräte zur Messung des Energieverbrauchs her?

AG „Energie" am FLG in Mainz

M3 *Viele Fragen rund um das Thema Energie*

Energiesparen – Möglichkeiten zum Handeln

Auf der Suche nach Stromfressern & Co.

Elektrogeräte sorgen für einen erheblichen Stromverbrauch. Auch Verkehrsmittel wie Busse, Autos oder Bahnen verbrauchen Energie. Heizungen und zunehmend auch Klimaanlagen schaffen nicht nur Wohlfühltemperaturen, sie benötigen auch Strom, Öl und Gas. Damit stammen die meisten Treibhausgase, vor allem das Kohlenstoffdioxid (CO_2), aus eurem direkten Lebensumfeld!

In einer Arbeitsgemeinschaft oder in Form eines Projekts könnt ihr untersuchen, wie ihr in der Schule eine Senkung des Energieverbrauchs bewirken und damit zum Klimaschutz beitragen könnt. Diese Untersuchungen könnt ihr aber auch zu Hause durchführen. Die Materialien geben euch weitere Informationen. Vielleicht macht euer Schulträger ja auch bei der „Aktion 50:50" mit?

Projekt: Wir untersuchen Möglichkeiten zum Energiesparen

1. Schritt: Vorbereitung

Gliedert zunächst das Thema Energiesparen in verschiedene Unterthemen, wie zum Beispiel Heizung und Strom, und bildet Gruppen.

2. Schritt: Durchführung

Jede Gruppe stellt einen Arbeitsplan (M2) auf. Plant den Ablauf eures Projektes und erhebt anschließend eure Daten mithilfe der erstellten Bögen.

3. Schritt: Auswertung

Wertet eure Messprotokolle oder Interviewbögen aus und überlegt gemeinsam, welche Maßnahmen zum Sparen sinnvoll wären.

4. Schritt: Präsentation

Stellt eure Ergebnisse mithilfe einer Präsentation der Schulleiterin oder dem Schulleiter und weiteren Interessierten vor.

was ?	wie ?	wo ?	wer ?	wann ?
Heizung: – Art der Heizung – Verbrauch – Heizkosten – Heizperiode – Raumtemperatur – Isolierung der Wände/Fenster – Lüftung	Erkundungs- und Fragebogen	Hausmeisterin oder Hausmeister Schulträger Bauamt Schulleiterin oder Schulleiter	Sebastian: Fragebogen drucken Selina und Leon: Termin mit dem Schulleiter Yassin: Werte ablesen	Planung: diese Woche Erkundung und Messung: Mo–Fr, 3 Wochen Präsentation: 06.12., 7. Stunde

M2 *Arbeitsplan der Gruppe „Heizung"*

M4 · Arbeitsbogen zum Stromverbrauch in der Schule

Namen der Schüler: _____

Zähler Nr.: _____ Standort des Zählers: _____

Messtermin:	Datum	Zeit	Stand	Differenz (kWh)	Bemerkung
Montagmorgen					
Montagmittag					
Dienstagmorgen					
...					

M4 *Arbeitsbogen zum Stromverbrauch in der Schule*

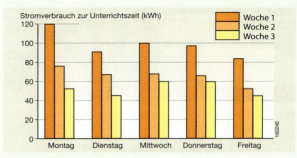

M7 *Energiesparwochen an einer Schule*

Tatbestand / Täter	Wo entdeckt?	Besondere Vorkommnisse (Beispiele)
Sinnlos brennendes Licht	...	Raum ist leer, Tageslicht wäre hell genug. Reflektoren fehlen.
Verhinderte Lichtausbreitung	...	Lampen sind verschmutzt, Abdeckungen halten Licht zurück,
Lichtschaltung ist nicht sinnvoll	...	Lampen können nicht einzeln (z. B. Fensterseite – Wandseite – Tafel) geschaltet werden.
Beleuchtung zu hell / zu dunkel	...	Genau notieren! Defekte Lampen notieren!
Elektroboiler zu heiß eingestellt	...	Spurensicherung: Temperaturen messen!
Elektroboiler sinnlos in Betrieb	...	Wer nutzt wann die Boiler?
Elektrische Heizgeräte	...	Radiatoren, Heißlüfter usw. Achtung: Wann sind diese Geräte in Betrieb? Leistung bestimmen (Typenschild bzw. messen)!
Geräte im Stand-by-Zustand	...	Welche Geräte (z. B. TV, Video)? Spurensicherung: Leistung messen! Wann und wie lange werden die Geräte genutzt?
Geräte sinnlos in Betrieb	...	Welche Geräte (z. B. Kopierer, Computer, Drucker) sind angeschaltet, ohne dass sie genutzt werden? Leistung messen!
Herde, Warmhaltegeräte	...	Sind die Geräte länger eingeschaltet als notwendig?
Kühl-/Gefrierschrank	...	Was steht in dem Gerät? Sinnlos in Betrieb?
Spülmaschine	...	Läuft sie bei halber Auslastung?

M5 *Arbeitsbogen: Dem Stromverbrauch auf der Spur*

Unterrichtsräume sollten 20 °C warm sein, bei Fluren, Toiletten und Nebenräumen reichen 15 °C. Schon für 1 °C mehr sind 5 – 6 % mehr Heizkosten erforderlich. Auch eine gute Isolierung und eine moderne Heizungsanlage sparen Geld.

M6 *Fakten zum Energiesparen*

Mit Energiesparen Geld verdienen? Diese Idee unterstützen einige Schulträger wie Städte oder Landkreise.
Oft heißt es „50:50": Die Hälfte des eingesparten Geldes darf die Schule für neue Anschaffungen verwenden. Das ist ein guter Anreiz zum Sparen!

M8 *„Aktion 50:50"*

M1 *Ein Stau auf der Autobahn gehört für viele Menschen zum Alltag.*

Gehören Staus zu unserem Leben?

Im Durchschnitt steht jeder Deutsche etwa 39 Stunden pro Jahr im Stau. Das sind 130 Tage seines Lebens. 44 Millionen Autos sind allein in Deutschland zugelassen. Die sorgen nicht nur für Staus, sondern auch für Lärm und Abgase. Muss das sein?

Viele junge Leute wünschen sich zwar einen Führerschein. Aber immer weniger wollen sich ein eigenes Auto kaufen. Wozu viel Geld ausgeben, wenn man sich an vielen Stellen in der Stadt ein Auto ganz einfach ausleihen kann? Viele Jugendliche und junge Erwachsene nutzen inzwischen das Fahrrad oder öffentliche Verkehrsmittel wie Busse oder Bahnen. Dieses Verhalten ist notwendig. Denn für immer mehr Autos können nicht ständig neue Straßen und Parkplätze gebaut werden. Verstopfte Innenstädte und wenige, teure Parkplätze sind in Deutschland weit verbreitet.

Mit der Zunahme der Autos steigt auch die Luftverschmutzung: Es werden mehr klima-schädliches Kohlendioxid (CO_2) und giftiges Stickoxid (NO_x) abgegeben und die Lärmbelastung für die Anwohner steigt auch.

Aber was machen Menschen, die nicht in Städten wie Mainz, Koblenz, Trier, Kaiserslautern oder Ludwigshafen wohnen? Können Bewohner in den vielen kleinen Städten oder auf dem Land auf das Auto verzichten?

> Den längsten Stau der Welt gab es im Jahr 2014 in der brasilianischen Stadt São Paulo. Auf 344 km ging für mehrere Tage nichts mehr.
> In Deutschland gab es den längsten Stau im Jahr 1989. Im Sommer stauten sich Autos in Bayern auf 120 km Länge.
> In der Stadt Köln stehen Menschen die längste Zeit pro Jahr im Stau. Im Durchschnitt sind es 65 Stunden.

M3 *Erstaunlich!*

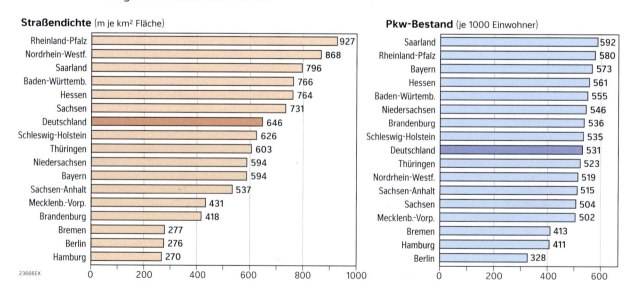

Straßendichte (m je km² Fläche)

Rheinland-Pfalz	927
Nordrhein-Westf.	868
Saarland	796
Baden-Württemb.	766
Hessen	764
Sachsen	731
Deutschland	646
Schleswig-Holstein	626
Thüringen	603
Niedersachsen	594
Bayern	594
Sachsen-Anhalt	537
Mecklenb.-Vorp.	431
Brandenburg	418
Bremen	277
Berlin	276
Hamburg	270

23666EX

Pkw-Bestand (je 1000 Einwohner)

Saarland	592
Rheinland-Pfalz	580
Bayern	573
Hessen	561
Baden-Würtemb.	555
Niedersachsen	546
Brandenburg	536
Schleswig-Holstein	535
Deutschland	531
Thüringen	523
Nordrhein-Westf.	519
Sachsen-Anhalt	515
Sachsen	504
Mecklenb.-Vorp.	502
Bremen	413
Hamburg	411
Berlin	328

M2 *Straßendichte und Pkw-Bestand in den deutschen Bundesländern 2014*

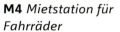

M4 *Mietstation für Fahrräder*

M7 *Mietfahrzeuge per Smartphone*

M9 *Hinweis auf eine Carsharing-Station*

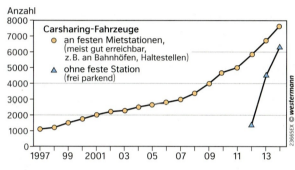

M5 *Carsharing-Angebote in Deutschland*

M8 *Autoabgase belasten die Umwelt.*

Früher war das Auto ein Statussymbol. Wer es im Leben zu etwas gebracht hatte, der musste auch ein teures Auto fahren.

Die Zeiten haben sich geändert. Während die Neuwagenverkäufe sinken, boomt der Markt für **Carsharing**, vor allem in großen Städten. In München war ein Auto 2014 im Durchschnitt nur rund 45 Minuten pro Arbeitstag in Betrieb; die restliche Zeit stand es. Aber die Kosten für die Pkw-Besitzer liefen weiter: Wertverlust, Versicherung, Steuer und Parkgebühren; im Durchschnitt 2000 bis 3000 Euro pro Jahr. Und in diesem Betrag sind Reparaturen und Inspektionen noch nicht enthalten. Carsharing ist dank moderner Kommunikation, zum Beispiel über Smartphone, billiger. Heute kann man in vielen Städten Autos jederzeit und ohne Vorbestellung per App buchen. Auch Einwegfahrten sind möglich, bei denen man den Wagen nicht an den Ursprungsort zurückbringen muss. Abgerechnet wird meist nach Mietzeit. Zwischen 0,20 € und 0,40 € kostet eine Minute. Weil private Pkws teuer sind, viel Platz benötigen und Carsharing-Angebote immer bequemer werden, geht man davon aus, dass sich die Zahl der Autos in Deutschland bis 2050 halbiert: ein Beitrag zur Nachhaltigkeit!

M6 *Es muss nicht das eigene Auto sein!*

❶ Carsharing (M5–M9): Entwirf eine Übersicht, die die Entwicklung, Ursachen und Folgen grafisch verdeutlicht.

❷ Mit Carsharing können Parkplätze eingespart werden. Aber hilft das System, den Individualverkehr zu verringern? Ist Carsharing eine Lösung gegen Staus? Diskutiere Vor- und Nachteile von Carsharing.

❸ ⬅ **Wähle aus:**
A Suche im Internet nach Fahrrad-Mietstationen in Rheinland-Pfalz. Welche Angebote gibt es, ein Fahrrad auszuleihen? Wie funktioniert das? Suche Apps, die das Mieten von Fahrrädern erleichtern.

B Suche im Internet Carsharing-Angebote in deiner Nähe. Recherchiere: Welche Firmen gibt es? Was kostet eine Fahrt von 30 Minuten? Wie funktioniert das Buchen eines Autos? Welche Apps erleichtern den Buchungsprozess?

❹ ◀**?❙** a) Erkläre die geringe Zahl von Pkws in den Bundesländern Bremen, Hamburg und Berlin (M2).
b) Stelle Vermutungen an: Wie kommt es zur Position von Rheinland-Pfalz bei Straßendichte und Pkw-Bestand im Vergleich zu anderen Bundesländern (M2). Diskutiert in der Klasse.

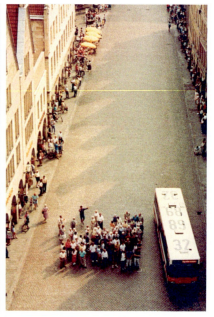

M1 *Wie viel Platz benötigt man auf der Straße zum Transport von 72 Menschen (links in 72 Autos, in der Mitte mit 72 Fahrrädern, rechts in einem Bus)? Der Versuch aus Münster im Jahr 2001 hat heute noch Bedeutung.*

Gibt es „das beste Verkehrsmittel"?

Jedes Verkehrsmittel hat Vor- und Nachteile. Mit dem Fahrrad zum Beispiel wird die Fahrt in die nächste Großstadt oder in den Urlaub recht schwierig und anstrengend. Dafür ist man sehr umweltverträglich unterwegs, denn es wird kein CO_2 ausgestoßen. Mit dem Auto kann man jederzeit losfahren, aber man muss sich oft mit Staus, der Parkplatzsuche und auch mit Reparaturen herumärgern. Beim Vergleich von Verkehrsmitteln muss man daher unterschiedliche Merkmale berücksichtigen (M3).

Flächenverbrauch

- Wie viel Platz braucht man für das Verkehrsmittel und für den Verkehrsweg?

Zeit / Pünktlichkeit

- Wie schnell geht die Fahrt?
- Gibt es Staus?
- Benötigt man weitere Zeiten (z. B. für die Parkplatzsuche oder den Check-In)?
- Wie pünktlich ist das Verkehrsmittel?

Kosten

- Was kostet das Verkehrsmittel selbst?
- Welche Kosten entstehen bei der Nutzung durch Kraftstoff, für Reparaturen, Wartung oder für den Transport von Gepäck?

Umweltverträglichkeit / CO_2-Ausstoß

- Wie viel umweltschädliches, weil klimaveränderndes Kohlendioxid wird pro gefahrenen Kilometer freigesetzt?
- Wie viel Kraftstoff wird verbraucht?
- Wie viel Fläche wird für Verkehrswege benötigt?
- Wie viele Personen werden gleichzeitig transportiert?

M2 *CO_2-Ausstoß und Kraftstoffverbrauch für 100 km pro Person mit dem Auto, der Bahn, dem Bus, dem Fahrrad und dem Flugzeug.*

M3 *Ausgewählte Merkmale für den Vergleich von Verkehrsmitteln*

Nachhaltig leben – für unsere Zukunft

Merkmal / Verkehrsmittel	Flächen-verbrauch	Zeitfaktor	Kosten-faktor	Umwelt-verträg-lichkeit	5	6
Auto	6	4				
Bahn		2				
Bus		3				
Fahrrad				1		
Flugzeug			5			

23667EX © *westermann*

M4 *Matrix für den Vergleich von Verkehrsmitteln nach Schulnoten: 1 (dunkelgrün) = sehr gut/sehr günstig bis 6 (braunrot) = ungenügend/sehr ungünstig*

M6 *Im Internet gibt es mehrere kostenlose Routenplaner wie diesen:*
www.falk.de/ routen-planer

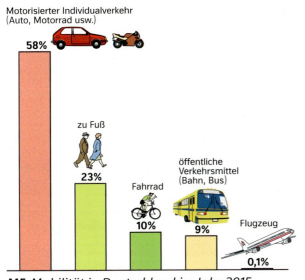

58% Motorisierter Individualverkehr (Auto, Motorrad usw.)

zu Fuß 23%

Fahrrad 10%

öffentliche Verkehrsmittel (Bahn, Bus) 9%

Flugzeug 0,1%

M5 *Mobilität in Deutschland im Jahr 2015*

❶ Mit welchen Verkehrsmitteln würde deine Familie folgende Strecken zurücklegen? Begründe die Möglichkeiten. Nutze das Internet (M3).
(a) Von Nierstein nach Oppenheim,
(b) Von Mainz nach Mallorca,
(c) Von Baumholder nach Kusel,
(d) Von Trier nach Berlin.

❷ Vergleiche die Verkehrsmittel Auto, Bahn, Bus, Fahrrad und Flugzeug.
a) Übernimm dazu die Matrix M4 in dein Heft oder deine Mappe und vervollständige sie.
b) Begründe deine Noten. Vergleiche sie mit einer Partnerin oder einem Partner.
c) ◀❓ Überlege dir für die Spalten 5 und 6 weitere Merkmale, nach denen man die Verkehrsmittel vergleichen kann und ergänze dann auch die Matrix. Begründe.

❸ Arbeitet in Gruppen.
◀ **Wähle aus:**
A Stellt euch vor, ihr plant eine Klassenreise nach Brüssel. Diskutiert in eurer Gruppe, mit welchen Verkehrsmitteln ihr dorthin reisen könntet. Welches ist das geeignetste (umweltfreundlichste)? Und mit welchem kommt ihr gar nicht nach Brüssel? Begründet eure Entscheidung und präsentiert sie der Klasse.
B Stellt euch vor, ihr plant eine Klassenreise in den Mainzer Dom. Diskutiert in eurer Gruppe, mit welchen Verkehrsmitteln ihr dorthin reisen könntet. Welches ist das geeignetste (umweltfreundlichste)? Und mit welchem kommt ihr gar nicht zum Mainzer Dom? Begründet eure Entscheidung und präsentiert sie der Klasse.

M1 *Verkehrsschild vor einer Schule.*

Verhalten wir uns umweltfreundlich?

Am frühen Morgen: Es ist kalt und grau. Wie immer sind alle spät dran. Mutter Lea fährt ihren Sohn Jasper schnell zum Oppenheimer St. Katharinen Gymnasium. Jasper findet das prima, sonst müsste er mit dem Fahrrad fahren oder laufen. Eigentlich könnte Jasper auch mit der Eisenbahn fahren. Sein Wohnort Dienheim hat seit kurzem einen eigenen Bahnhof. Dabei beträgt der Schulweg von Jasper nur 2500 m. Aber bei dem Wetter möchte er am liebsten gefahren werden.

Vor der Schule das übliche Bild: Verkehrsstau. Irgendwo im Halteverbot hält Mutter Lea mit ihrem Auto an und verabschiedet sich von Jasper.

Gibt es ein anderes, besseres Verhalten? Untersucht, wie umweltfreundlich Schülerinnen und Schüler an eurer Schule unterwegs sind. Spürt Probleme auf, deren Lösung dazu führen, dass mehr Schülerinnen und Schüler mit dem Fahrrad, dem Schulbus oder zu Fuß in die Schule kommen. Führt das vorgeschlagene Projekt durch.

Eine wissenschaftliche Studie hat ergeben: Es verunglücken deutlich mehr Kinder, die im Auto zur Schule gefahren oder wieder abgeholt werden, als Schülerinnen und Schüler, die zu Fuß gehen. Viele Eltern gefährden durch regelwidriges Anhalten und riskante Wendemanöver die Sicherheit anderer Schulkinder. Durch den „Hol- und Bringdienst der Eltern" geht auch die Selbständigkeit der Schülerinnen und Schüler verloren. Sie finden sich nicht mehr so gut im Straßenverkehr zurecht. (Nach einer Information des ADAC)

M3 *Elterntaxis sind gefährlich.*

Projekt: Wir untersuchen Möglichkeiten zum umweltgerechten Verkehrsverhalten

1. Schritt: Vorbereitung

Überlegt, mit welchen Verkehrsmitteln Schülerinnen und Schüler in eure Schule kommen. Bildet dann Gruppen: „Fahrrad", „Elterntaxi", „Schulbus" und „zu Fuß".

2. Schritt: Durchführung

Jede Gruppe stellt ihren eigenen Arbeitsplan auf (M2). Erhebt dann eure Daten mithilfe eurer vorbereiteten Befragungs- oder Beobachtungsbögen.

3. Schritt: Auswertung

Wertet eure Daten aus. Überlegt gemeinsam, wie man euren Schulverkehr umweltfreundlicher und sicherer machen könnte.

4. Schritt: Präsentation

Erstellt am Computer eine Präsentation und stellt sie anderen Klassen sowie dem Schulelternbeirat vor.

was ?	wie ?	wo ?	wer ?	wann ?
Zählung aller Fahrräder an der Schule	Beobachtungs-bogen	Fahrradstellplatz an der Schule	Mohammed	Nächste Woche Montag, Mittwoch und Freitag vor Schulbeginn
Zählung aller mit dem Fahrrad zur Schule kommenden Schülerinnen und Schüler	Beobachtungs-bogen	An den drei Fahrrad-zufahrten zur Schule	Ben, Lara, Conny	Nächste Woche Montag, Mittwoch und Freitag vor Schulbeginn
Fragebogen zum Fahrradfahren erstellen, verteilen, auswerten	Fragebogen	in einigen ausgewählten Klassen der Schule	Susan, Xenia	Nächste Woche Dienstag verteilen, Donnerstag einsammeln
Interview mit dem Verkehrsbeauftragten der Schulleitung vorbereiten und führen	Fragen für ein Interview erstellen	Büro der Schulleitung	Mohammed	Diese Woche Freitag
Fotos oder Videos von den Fahrradwegen in und um unsere Schule anfertigen	Smartphone/ Digitalkamera	Rund um unsere Schule	Lara	Nächste Woche Donnerstag nach Schulende

M2 *Beispiel für einen Arbeitsplan der Gruppe „Fahrrad"*

PRAXIS

M4 *Busfahren ist umweltfreundlich. Die Drängelei an den Haltestellen ist aber auch gefährlich.*

Statistisch gesehen ist der Schulbus das sicherste Verkehrsmittel für Schülerinnen und Schüler und zusammen mit dem Fahrrad auch das umweltfreundlichste. Leider kommt es aber immer wieder zu Unfällen beim Ein- und Aussteigen aus dem Schulbus.

Die Busse sind oft sehr voll. Häufig wird gedrängelt und gerempelt.

Schülerinnen und Schüler müssen daher Regeln und richtiges Verhalten an der Haltestelle und im Schulbus lernen.

An vielen Schulen in Rheinland-Pfalz gibt es ein „Busbegleiterprojekt" oder eine sogenannte „BusSchule". Informiere dich, ob es an deiner Schule solche Hilfen gibt.

M6 *Richtiges Verhalten im Schulbus will gelernt sein!*

Gymnasium zu St. Katharinen
Oppenheim am Rhein

Fragebogen zu Schulbussen

1. **Wie oft fährst du mit dem Bus zur Schule?**
   - ☐ jeden Tag
   - ☐ manchmal
   - ☐ selten
   - ☐ noch nie

2. **Wie lange dauert deine Busfahrt vom Wohnort zur Schule?**
   - ☐ < 10 min
   - ☐ 10 min bis 20 min
   - ☐ 20 min bis 30 min
   - ☐ länger als 30 min

3. **Wie zufrieden bist du mit dem Busservice insgesamt?**
   - ☐ sehr zufrieden
   - ☐ zufrieden
   - ☐ weniger zufrieden
   - ☐ vollkommen unzufrieden

4. **Wenn du nicht mit dem Bus fährst, mit welchen Verkehrsmitteln könntest du auch zur Schule kommen?**
   - ☐ Elterntaxi/Auto
   - ☐ Bahn
   - ☐ Fahrrad
   - ☐ zu Fuß

5. **Wie umweltfreundlich beurteilst du deinen Schulweg mit dem Bus?** (Schulnoten von 1 = sehr umweltfreundlich bis 6 = absolut umweltschädlich)

   Note: _____

   23663EX
   © **westermann**

M5 *Beispiel für einen Fragebogen der Gruppe „Schulbus"*

M7 *Hunderte Fahrräder vor einer Schule*

VORSCHLÄGE FÜR MASSNAHMEN UND AKTIONEN (AUSWAHL):

- Erstellung einer „grünen Verkehrskarte" (mit den besten Fuß- und Schleichwegen zur Schule)
- Gestaltung eines Elternabends, bei dem Projektergebnisse zur nachhaltigen Mobilität vorgestellt werden
- Bildung von Fahrradgemeinschaften
- Teilnahme mit der ganzen Klasse am „Walk-to-school-day" (findet jedes Jahr statt, Internet: www.zu-fuss-zur-schule.de)
- Aktionstag „Rund ums Fahrrad" (mit Fahrradbörse und Sicherheitsberatung)
- Gründung einer Mobilitäts-AG, die andere Schülerinnen und Schüler über umweltfreundliche Verkehrsmittel berät

M8 *Das könnt ihr noch tun!*

Nachhaltigkeit im Interesse von allen? – Interessengeleitete Darstellungen auswerten

① Palmöl killt den Regenwald

② Ökostrom verursacht Nahrungsmittelkrise – Lebensmittelpreise hoch wie lange nicht

③ Indonesien: Devisenquelle Palmöl

④ Plantage oder Kleinbauer? – Palmöl ist Grundnahrungsmittel für die Hälfte der Weltbevölkerung

⑤ Bundesumweltminister gegen Palmöl in Heizkraftwerken – Ökostrom statt Ackerland

⑥ Biodiesel oder Regenwald? – Das Für und Wider des Palmöls

⑦ Fast Food geht nicht ohne Palmöl

⑧ Europa braucht Palmöl, Asien liefert – Deutsche Industrie profitiert von Regenwaldzerstörung

⑨ Ausrottung der letzten Orang-Utans

M1 *Schlagzeilen zur Palmölproduktion in Indonesien und Malaysia*

Palmöl-Plantagen bedrohen einheimische Völker

„Palmöl ist ein wichtiger Grundstoff. Doch die Anlage von Öl-Plantagen führt zu Menschenrechtsverletzungen und Umweltzerstörungen", sagt Rudy Lumuru, Direktor der indonesischen Umweltorganisation ‚Palmöl-Watch'. „Etwa 100 von über 220 Millionen Menschen sind in Indonesien auf die Wälder angewiesen, darunter rund 40 Millionen Ureinwohner. Sie brauchen die Wälder für den täglichen Bedarf, aber auch für das Überleben ihrer Kultur. Doch riesige grüne Wüsten aus Palmöl-Monokulturen fressen sich immer tiefer in die Regenwälder hinein. Gerade in den letzten 15 Jahren wurde gezielt Regenwald per Brandrodung vernichtet, um neue Flächen für Palmöl-Plantagen zu gewinnen."

Die Vernichtungsorgie hat viel damit zu tun, dass wir Energie verschleudern. Der Erdölverbrauch und die Erdölpreise haben einen weltweiten Boom für Palmöl ausgelöst. Bio-Strom und Bio-Sprit aus Palmöl sind aber keineswegs so ökologisch wie die Vorsilbe „Bio" suggeriert. Kosten für Umweltschäden, der Verlust der Lebensgrundlage für zigtausend Familien sowie aussterbende Pflanzen- und Tierarten fließen in den Preis für das billige Palmöl keinesfalls ein. Extrem gefährdet sind die artenreiche Vogelwelt und die ohnehin von Ausrottung bedrohten Orang-Utans. Die Wälder, auf deren Bäumen sie leben, werden verbrannt.

(Nach: Regenwald Report 04/2011)

M2 *In Zeitungsartikeln werden Interessen deutlich.*

M3 *Babyschule für Orang-Utans in Indonesien*

M4 *Palmölplantagen schaffen Arbeitsmöglichkeiten für die Menschen.*

METHODE

212

Die Früchte der Ölpalmen werden in Raffinerien erhitzt und gepresst; dabei entsteht das orangerote, vielseitig nutzbare Öl. Es dient als Speiseöl sowie zur Herstellung von Margarine, Schokolade, Seife, Kosmetika und Industrie-Chemikalien. Es ist zudem eine sehr gute Energiequelle zur Stromerzeugung und für Biodiesel. Über 80 Prozent des gehandelten Palmöls stammen aus Indonesien und Malaysia. Dazu sagt der weltgrößte Palmöl-produzent ‚Wilmar International': Wir beschäftigen in Indonesien und Malaysia auf rund 650 000 Hektar Plantagen und in fast 30 Raffinerien Tausende von Arbeitskräften. Früher lebten sie vom Reisanbau und hatten nur geringe Einkünfte. Sie verbessern mit dem Lohn ihren Lebensstandard. Auch führen wir keine illegalen Brandrodungen durch, vielmehr produzieren wir nachhaltig. Bereits im Jahr 2007 haben wir dafür ein internationales Zertifikat erhalten.

(Nach: www.wilmar-international.com, 20.02.2012)

M5 *Auch hier werden Interessen deutlich.*

Drei Schritte zur Einschätzung von Materialien

Texte und Abbildungen informieren uns über ein Thema, aber mit der Darstellung ist oft eine Absicht oder ein Interesse verbunden, das uns in eine bestimmte Richtung lenkt. Dies muss man erkennen und richtig einschätzen können.

Im Fach Erdkunde interessiert uns die Nutzung der Erde. Bei gegensätzlichen Nutzungsabsichten gibt es Interessenskonflikte. Darüber berichten die Medien, wie etwa über die Nutzung der Regenwälder in Indonesien.

1. Ermittle das Formale: Was ist das Thema? Wann erstellte wer das Material?

2. Befrage den Inhalt: Welche Informationen erhalte ich? Wo ist etwas und warum ist es dort? Für wen hat es Nutzen oder Schaden? Werde ich durch Farben oder Wörter in eine bestimmte Richtung gelenkt?

3. Bewerte die Ergebnisse: Wie lauten die Kernaussagen des Materials? Welches Ziel oder Interesse ist erkennbar (eher Sachinformation oder Beeinflussung)?

Palmöl im Tank: Rohstoffneuigkeiten aus Asien

Palmöl wird aus dem Fruchtfleisch der Ölpalmen gewonnen. Sie sind die ergiebigsten Energiepflanzen der Welt und können im Jahr pro Hektar einen Ertrag bis zu zehn Tonnen Öl liefern. Immer mehr Aktienanleger interessieren sich für das Öl aus der Palme; denn es eignet sich auch für Bio-Sprit – und der Preis steigt. Der Rohstoff Palmöl reizt besonders, seit die Europäischen Umweltminister 2007 beschlossen haben, den Anteil an erneuerbaren Energien wie Bio-Kraftstoff in der EU zu steigern. Da die heimischen Mengen an Rapsöl zu klein sind, heißt das Zauberwort einmal mehr Import. Die Lösung: Palmöl aus Indonesien. Plantagen in Indonesien vergrößerten ihre Flächen und weiteten das Angebot stark aus. Über 90 Prozent des global gehandelten Palmöls kommen auf den europäischen Markt.

(Nach: www.anleger-zirkel.de/tipps/rohstoffe/Palmöl)

M6 *Interessen auch in einem Internet-Auftritt*

❶ In welchen Punkten können wir in Deutschland Nutzen aus dem Regenwald in Indonesien ziehen? Stelle deine Überlegungen in einer Mindmap dar (M1, M6).

❷ Schätze M2, M5 und M6 ein. Nutze dazu die drei Schritte.

❸ Suche hier oder auf anderen Buchseiten ein Material, das du besonders beeinflussend findest. Begründe weshalb.

❹ Verfasse selbst einen Text, der die Absicht hat, die Orang-Utans in Indonesien (Lage siehe S. 214 M1) zu retten.

INTERNET

www.regenwald.org
www.wwf.de

METHODE

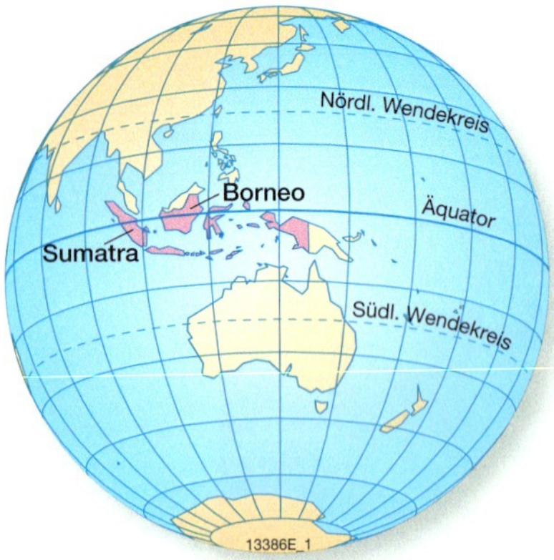

Die Nachhaltigkeitslüge – einen Film auswerten

M1 *Lage von Indonesien*

Hergestellt von: Rettet den Regenwald e.V., 2010; Dauer: 12 Minuten; www.regenwald. org.

M3 *Standbild vom Filmanfang mit Titelangabe*

Regenwaldzerstörung in Indonesien

Schülerinnen und Schüler haben sich die Filmreportage „Die Nachhaltigkeitslüge – wie die Palmölindustrie die Welt betrügt" angeschaut. Sie wollten einen Einblick in diese Art von Eingriffen in den Regenwald erhalten.

Wie die meisten Filme im Erdkundeunterricht berichtet auch dieser dokumentarische Film (kein Spielfilm) über Ereignisse oder Entwicklungsprozesse. So kann man den Gründer der Organisati-on „Save our Borneo", den Indonesier Nordin, dabei begleiten, wie er versucht, illegale Abholzungen auf Borneo und Sumatra aufzudecken.

Die Schülerinnen und Schüler haben sich den Film zweimal angesehen. Nach dem ersten Mal haben sie sich bestimmte Fragen vorgenommen, beim zweiten Ansehen dazu Notizen gemacht und diese anschließend ausgewertet. Einige Stichpunkte sind auf Seite 215 abgedruckt.

METHODE

Vertreter der indonesischen Umweltorganisation SOB (Save Our Borneo) machen sich mithilfe der deutschen Organisation „Rettet den Regenwald" per Flugzeug auf die Suche nach Beweisen für illegale Palmölanpflanzungen in Indonesien. Sie stoßen auf riesige Palmöl-Monokulturen. Sie vernichten den Regenwald und die Lebensgrundlagen der dort lebenden Menschen und Tiere.

M2 *Zum Inhalt des Films*

Drei Schritte zur Auswertung eines Films

1. Planung/Vorbereitung:

Erstes Anschauen des Films, ohne mitzuschreiben; danach Klärung unbekannter Wörter sowie Spontanreaktionen: Äußerungen zu den ersten Eindrücken über Inhalt und Machart.

Anschließend Entwickeln von Untersuchungsfragen zum Film und Beantwortung der Fragen in M4 als gemeinsame Ausgangsbasis.

2. Durchführung:

Bildung von Arbeitsgruppen zu jeder der Untersuchungsfragen (siehe M7), eventuell eine weitere Arbeitsgruppe zur Machart des Films.

Dann zweites Anschauen des Films mit Aufschreiben von Notizen. Wichtig: nur zum eigenen Thema wenige Stichworte notieren, sonst verpasst man zu viel vom Film.

3. Auswertung:

Zusammentragen der Ergebnisse; Diskussion über die Aussageabsicht. (Ist der Film eher Information oder Appell oder Manipulation?) Entscheidung über Darstellungsart: zum Beispiel als Mindmap, Fließdiagramm oder Bericht.

Wann? Wo? Wer kommt
vor? Worum geht es?
Was geschieht?

Art des Films?

Autoren des Films?

M4 *Wichtige Fragen
zu Arbeitsschritt 1*

* Nutzt für wichtige
Ergebnisse oder bei
Unklarheiten die
Möglichkeit des
Standbilds.

* Achtet bei der Mach-
art auch auf Punkte
wie Musik, Geräu-
sche und ihre Laut-
stärke, Über- oder
Untertreibungen im
Ausdruck, Bild-
schnitte oder auffäl-
lige Beeinflussungen
des Betrachters.

* Berücksichtigt auch
die Schritte zur Ein-
schätzung von Ma-
terialien auf S. 213.

M5 *Tipps zu den
Arbeitsschritten 2
und 3*

❶ a) Beantworte die
Fragen in M4.
b) Ergänze die fehlenden
Punkte in M7.

❷ Werte den Film mit-
hilfe der drei Schritte aus.

❸ Die Palmölindustrie
würde den Film ganz
anders drehen. Führe
mögliche Bildeinstellun-
gen, Sprechertexte oder
Musiktypen an.

M6 *Standbilder zu den Untersuchungsfragen*

b) Gründe für die
Zerstörung?

* …

* …

usw.

c) Folgen der
Palmölplantagen für
Natur
und die Mensch?

* …

* …

usw.

d) Welchen Maßnah-
men gibt es gegen
die Ausdehnung von
Palmölplantagen?

* …

* …

usw.

e) Welche Zukunfts-
aussichten gibt es für
die Menschen und die
Umwelt?

* …

* …

usw.

M7 *Material zu Ar-
beitsschritt 2: Unter-
suchungsfragen von
fünf Arbeitsgruppen*

METHODE

215

Nachhaltige Entwicklung bei uns – durch interkulturelle Partnerschaften

Im Schüleraustausch mit China

„Alle 2000 Oberstufenschülerinnen und -schüler der Middleschool No. 17 in Qingdao treten auf dem Sportplatz an. Dann werden die Schüler, Lehrer und Eltern, die als beste des Jahres gewählt wurden, mit Blumen und Urkunden geehrt. Das wäre bei uns in Deutschland nicht denkbar!", sagt Frau Haberland, die für den China-Austausch zuständige Lehrerin am Wiedtal-Gymnasium in Neustadt (Wied).

„Und dann der Unterricht! 50 Schülerinnen und Schüler in einer Klasse machen vor dem Nachmittagsunterricht gemeinsame Entspannungsübungen und im Kunstunterricht ist ein Schwerpunkt die Kalligraphie", ergänzt Mona, die am Austausch teilgenommen hat. „Ich habe dann mit meiner Austauschschülerin per E-Mail Kontakt gehalten, bis sie zu uns gekommen ist. In Kunst haben wir Action-Painting gemacht. Das war natürlich ein krasser Gegensatz zum Unterricht in Qingdao. Auch unsere Lebensumstände waren für meine Austauschpartnerin sehr verwunderlich: Qingdao hat acht Millionen Einwohner und Neustadt 2000 – bei uns ist eben alles ländlich." Frau Haberland betont: „Ich bin überzeugt, dass der Austausch sehr viel für beide Seiten bringt. Erst wenn die einzelnen Menschen sich genauer kennen und schätzen lernen, dann verstehen auch die Völker einander besser. Und das ist für unsere Zukunft existenziell wichtig."

M2 *Auch die Stadt Mainz pflegt vielfältige Städtepartnerschaften mit Orten in aller Welt. Zwischen Mainz und den Partnerstädten bestehen vielfältige Kontakte – nicht nur auf politischer Ebene, sondern zum Beispiel auch zwischen Vereinen oder Schulen. Die längste Partnerschaft besteht schon seit 1956 mit der Stadt Watford in Großbritannien.*

M1 *Qingdao: Unterricht in Kalligraphie*

INFO

Interkulturalität

Der Begriff „interkulturell" bedeutet zunächst wörtlich „zwischen den Kulturen".

Das Zusammenleben von den verschiedensten Menschen in einem Land oder einem Ort ist heute selbstverständlich. Wir leben in einer multikulturellen Gesellschaft. Interkulturalität beinhaltet Respekt und Akzeptanz für die kulturellen, sprachlichen oder religiösen Auffassungen der Mitmenschen. Daraus ergeben sich vielfältige Chancen hinsichtlich des Austauschs über die jeweilige Lebensweise zwischen einzelnen Menschen, Gruppen und Staaten. Manchmal treten auch Missverständnisse und Konflikte auf, die es durch Verständnis und Einfühlungsvermögen zu lösen gilt.

Nachhaltig leben – für unsere Zukunft

„Vielfalt statt Einfalt"

Neben der Partnerschaft zwischen Schulen und Gemeinden ist auch der Austausch mit Menschen unterschiedlicher Herkunft ein Aspekt einer interkulturellen Partnerschaft. Eine Plattform hierfür bildet jährlich die Interkulturelle Woche. Diese gibt es seit 1975. Sie wird von Kirchengemeinden, Kommunen, Migrationsorganisationen und vielen freiwilligen Helferinnen und Helfern veranstaltet. „Ziel war und ist es, gelebte Vielfalt der Einfalt entgegenzusetzen. Die Interkulturelle Woche bietet die Gelegenheit, ins Gespräch zu kommen. Tausende von Begegnungsveranstaltungen laden dazu ein, die Einwanderungsgesellschaft in all ihren Facetten zu erleben, gute Erfahrungen wie Konfliktlösungen auszutauschen und für eine menschenfreundliche Gesellschaft zu streiten. Die Interkulturelle Woche möchte der Einfachheit des Denkens die Stärke der Vielfalt entgegensetzen.", so die Veranstalter.

Ein Projekt für Jugendliche vor Ort und in Asylbewerberheimen: Der „Förderverein für demokratische Medienkultur" in Rostock bringt beide Gruppen zusammen. Gemeinsam werden Filme über das Leben von Zuwanderern gedreht. Durch die Begegnungen werden Vorurteile abgebaut und ein Miteinander entsteht.

M3 *Medienprojekt für Jugendliche*

M4 *Logo*

INTERKULTURELLE WOCHE

500 Gäste bei Internationaler Suppenparty in Baden-Baden

Ob „Okra Suppe" aus Nigeria, gambischer Domoda oder Badische Kürbiscremesuppe – ein verlockender Duft wehte am am 25. September durch das Vinventiushaus in Baden-Baden. Vorher war viel Arbeit für das Bündnis „Baden-Baden ist bunt" nötig. Ob daheim in deutschen Küchen oder den Küchen der Gemeinschaftsunterkunft des Flüchtlingsheimes – hier bereiteten Köchinnen und Köche aus unterschiedlichen Ländern leckere Suppen und Eintöpfe zu, um gemeinsam ein Fest zu gestalten. Neben den Suppen gab es eine Wörterrallye für die Flüchtlinge und einen internationalen Tanzabend. Rund 500 Gäste genossen den Abend und bauten Ängste und Hemmnisse ab.

M5 *Suppenparty des Vereins „Baden-Baden ist bunt"*

❶ Städtepartnerschaften und der Schüleraustausch sind gute Möglichkeiten, Menschen und andere Länder besser kennenzulernen.
◀ **Wähle aus:**
A Recherchiere über den Schüleraustausch deiner Schule. Führe ein Interview für die Schulzeitung und berichte über die Ziele dieses Austauschs.
B Führe ein Interview mit einem Vertreter deiner Gemeinde oder Stadt zum Thema „Städtepartnerschaft". Stelle die Erfahrungen dazu dar.

❷ Erläutere die Ziele der Interkulturellen Woche.

❸ Bewerte die Projekte in M3 und M5 im Hinblick auf die Ziele der Interkulturellen Woche. Inwiefern stehen diese für Vielfalt?

❹ Plant gemeinsam einen Interkulturellen Tag. Überlegt zunächst, was ihr präsentieren könntet. Tragt dann eure Ergebnisse zusammen und erklärt auch, warum ihr die Vielfältigkeit der Kulturen in unserer Gesellschaft zeigen wollt.

217

Global denken, lokal handeln – für unsere Zukunft

M1 *Wandzeitung zu einer „Agenda 21-Aktion"*

Müll vermeiden – zu Fuß gehen oder mit dem Fahrrad fahren – fair gehandelte Waren einkaufen – Nahrungsmittel aus der Region essen – die Beleuchtung ausmachen, wenn man nicht im Zimmer ist – nicht alles aus dem Computer sofort ausdrucken – nicht nur das billigste Produkt kaufen, sondern auch auf seine Herstellung achten – nicht das Elterntaxi nehmen, sondern den Bus – das Zimmer nur so viel heizen wie nötig ...

 Jeder einzelne kann nachhaltig handeln und viel tun für unsere Zukunft hier in Deutschland und weltweit.

Nachforschen – informieren – mitmachen

Es gibt zahlreiche Organisationen und Initiativen, die sich für ein lokal und global nachhaltiges Handeln einsetzen. Viele von ihnen verfügen über Jugendorganisationen oder bieten Projekte für Schulen, Klassen oder einzelne Kinder und Jugendliche an.

Informiere dich!
Mach mit!
Das ist nicht nur sinnvoll,
sondern es macht auch Spaß!

M2 *Beispiele für Organisationen oder Initiativen, die global denken und lokal handeln. Es gibt noch viele mehr – auch in deiner Nähe.*

PRAXIS

Etwas verändern: Fairtrade-Schule werden

Viktoria H., 13 Jahre, Schülerin am Erich-Klausener-Gymnasium in Adenau/ Eifel antwortet auf Fragen für die Schülerzeitung:

„Wir haben gelesen, dass ihr seit Kurzem Fairtrade-Schule seid. Wieso eigentlich?"
„Wir haben schon seit Jahren in unserem Schulverkauf Waren mit dem Fairtrade-Siegel. Das reichte uns aber nicht mehr, denn wir wollen mehr im Sinn von Fairtrade tun und den Gedanken weiter in die Schule hineintragen, das heißt die gesamte Schüler-, Lehrer- und Elternschaft ansprechen."

„Wie geht das konkret?
„Dazu waren insgesamt fünf Bedingungen zu erfüllen: Wir haben ein Fairtrade-Schulteam aus Schülerinnen und Schülern, Lehrkräften sowie Eltern gebildet. Die Schulleitung hat den von uns erstellten Aktionsplan unterzeichnet.
Das Thema ‚Fairer Handel' wird nun in mehreren Fächern und Schulstufen behandelt und die gesamte Schulgemeinschaft nimmt mindestens einmal im Jahr an einer größeren Aktion teil. Das veröffentlichen wir dann im Internet, im Fairtrade-Blog.

M3 *Viktoria (dritte von links)*

„Was hat sich für dich dadurch an der Schule geändert?"
„Ich meine, dass sich meine Mitschülerinnen und Mitschüler, aber auch die Lehrerschaft, weit stärker als vorher für diese Fragen interessieren. Dadurch kaufen sie vielleicht auch außerhalb der Schule Produkte aus Fairem Handel."

M4 *Transfair-Produkte*

❶ Forsche nach, ob es in deinem Wohnort oder an deinem Schulort auch eine Agenda 21-Initiative gibt (Nachfrage in der Gemeindeverwaltung, Internet).

❷ Berichte über eine der Organisationen in M2, (Internet): Was sind ihre Ziele? Wo ist sie tätig? Auf welche Bereiche der Nachhaltigkeit zielen ihre Aktionen ab?

❸ ◀❔▶ „Fairer Handel ist ein Schlüssel zu nachhaltiger Entwicklung." Erkläre.

❹ Wie würde der Kauf von Produkten aus „Fairem Handel" deinen Lebensstil beeinflussen? Berichte.

❺ Informiere dich und berichte deiner Klasse.
◀ **Wähle aus:**

A Fairtrade-Städte;
B Fairtrade-Schulen.

❻ „Global denken – lokal handeln! – Fairer Handel." Schreibe unter dieser Überschrift drei wichtige Sätze auf ein Din-A4-Blatt.

❼ Hältst du die Einrichtung einer Fairtrade-AG an deiner Schule für sinnvoll? Schreibe eine Stellungnahme.

Gewusst – gekonnt: Nachhaltig leben – für unsere Zukunft

Helen ist Arbeiterin auf einer Blumen-Farm in Kenia. Jeden Tag erntet sie Rosen – für die Menschen in Europa. Heute kann Helen ein bisschen durchatmen, nach langen Arbeitstagen und noch längeren Nächten auf der Plantage, genau wie Tausende Pflücker und Packer in Afrika.

Anfang Februar sei es besonders anstrengend, sagt Helen: Vor dem Valentinstag in Europa graben, schneiden und verpacken die Menschen die Blumen im Schichtbetrieb. [...] Eine Million Blumen geht täglich in diesen Wochen vor dem Valentinstag durch ihre Hände.

(Nach: Benjamin Dürr: Die lange Reise der Rosen. In: Zeit Online vom 14.2.2010. www.zeit.de/wissen/2010-02/valentinstag-rosen-afrika)

M1 *Rosen aus Kenia*

Blumen zum Valentinstag! Schenken Sie der Person Ihres Herzens den schönsten Blumenstrauß inklusive Grußkarte!

Romantik pur zum Valentinstag: Machen Sie eine Liebeserklärung durch die Blume — mit einem prächtigen Strauß!

M2 *Die Bedeutung der Rosen bei uns*

M3 *Schüler bei der Durchführung eines Projekts zur nachhaltigen Energienutzung*

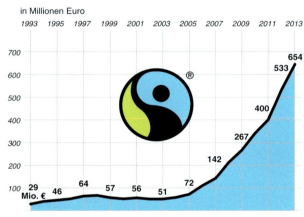

M4 *Handel mit Fair-Trade-Produkten*

Flächenbedarf zur Produktion von 1 kg Nahrungsmittel:

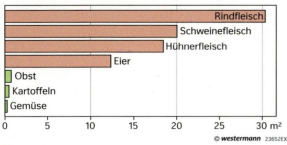

© westermann 23652EX

M5 *Flächenbedarf zur Erzeugung von Nahrungsmitteln*

M6 *Jeans – Mode mit ökologischen Folgen*

Schätze dich selbst mit dem **Ampelsystem** ein, das auf Seite 53 erklärt ist. Die Erläuterung der **Kompetenzen** findest du ebenfalls auf Seite 53.

Grundbegriffe
Konsumgut
Lebensstandard
Industrieland
Entwicklungsland
ökologischer Fußabdruck
Overshoot Day
virtuelles Wasser
Wasser-Fußabdruck
Vereinte Nationen (UNO)
Agenda 21
nachhaltige Entwicklung
fairer Handel
Energieträger
Energiewende
Carsharing

Fachkompetenz

1 a) Schildere, wie Rosen am Naivasha-See in Kenia angebaut werden.

b) Zeige die ökologischen Folgen des Anbaus auf.

c) Beschreibe das Leben von Helen (M1). *(Schülerbuch Seite 185)*

2 a) Rosen gehören zum Leben vieler Menschen in Europa. Erkläre (M2).

b) Schildere, wie sich der Anbau von Rosen am Naivasha-See auf das Leben der Massai-Familien auswirkt. *(Schülerbuch Seiten 184–185)*

3 Erläutere am Beispiel der Jeans, inwiefern unser moderner Lebensstil zu einem hohen Wasserverbrauch führt (M6). *(Schülerbuch Seiten 188–189)*

4 Stelle die globalen Folgen unseres Fleischkonsums dar (M5). *(Schülerbuch Seite 195)*

Methodenkompetenz

5 Notiere die Schritte, die bei der Planung und Durchführung eines Projekts zum nachhaltigen und nicht nachhaltigen Handeln beim Shopping notwendig sind. *(Schülerbuch Seiten 194–197 und 198–199)*

6 Werte M4 aus und stelle deine Ergebnisse mit ergänzenden Informationen aus dem Buch in einer Präsentation zusammen. *(Schülerbuch Seiten 197 und 219)*

7 a) Recherchiere im Internet, wie Solaranlagen funktionieren (Solarmodule und Solarkollektoren).

b) Ermittle in deinem Wohnort, wie viele Häuser Solaranlagen auf dem Dach haben (M3).

c) Präsentiere deine Ergebnisse mediengestützt.

Kommunikationskompetenz

8 Wähle mindestens drei Grundbegriffe aus der Liste, erkläre sie und wende sie in einem Beispiel an.

9 Erörtere die Vor- und Nachteile von Smart Metern. *(Schülerbuch Seiten 202–203)*

Urteilskompetenz

10 a) Lege eine Tabelle mit drei Spalten an. Notiere in den ersten beiden Spalten, welche Verkehrsmittel du für welche Tätigkeiten bzw. Ziele benutzt.

b) Beurteile dein Verhalten in Bezug auf zukunftsfähiges Handeln.

c) Ergänze ggf. Verbesserungsvorschläge zu deinem zukunftsfähigen Handeln in der dritten Spalte. *(Schülerbuch Seiten 208–209)*

Europa – Einheit und Vielfalt

Was bedeutet Europa für uns?

Wie leben Menschen in unterschiedlichen Regionen Europas?

Welche Entwicklung wird der europäische Lebens- und Wirtschaftsraum nehmen?

Europa bei Nacht. Was zeigt das Satellitenbild? Nenne mögliche Gründe für die regionalen Unterschiede.

M1 *Der Kontinent Europa*

M4 *Es gibt zahlreiche Feste und Festivals zu Europa, wie zum Beispiel hier das Berliner Europafest.*

Europa im Alltag

Europa in Deutschland

Elena Krutschina, Alexandros Stavros, Suzanne Herbé, José Antonio Alvares, Patti Hanks, Francesco Infantini … Sie gehören zu den 16,5 Mio. Menschen in Deutschland, die selbst oder aber ihre Eltern aus einem anderen Land Europas nach Deutschland eingewandert sind. Wie leben diese Menschen in Deutschland und wie sieht ihr Alltag aus? Wie lebt man in den verschiedenen europäischen Ländern?

Diesen Fragestellungen können wir unter anderem mit einer Befragung „auf den Grund gehen".

> „Jedes europäische Land hat etwas so sehr eigenes, dass es sich lohnt […] seine Eigenart zu schützen. Diese Eigenart bereichert dann die gesamte europäische Umgebung; es ist eine weitere Stimme in dieser bemerkenswerten Vielstimmigkeit, ein weiteres Instrument in jenem einzigartigen Konzert."

M2 *Der ehemalige tschechische Präsident Václav Havel in einer Rede über die Vielfalt Europas*

> In Deutschland leben unter anderem 674 000 Polen, 575 000 Italiener, 355 000 Rumänen, 329 000 Griechen, 263 000 Kroaten, 157 000 Ungarn, 147 000 Spanier, 104 000 Briten und 6000 Esten   (Stand: 1.1.2015)

M5 *Bevölkerung in Deutschland – bunt gemischt*

> Die Familie spielt für Francesco Infantini eine sehr große Rolle; Familienfeste werden regelmäßig gefeiert. Francesco Infantini ist in Palermo auf der Insel Sizilien geboren, kam 1970, wie er sagt, „mit Mama und Papa" nach Deutschland. Jetzt wohnt er in Mainz und ist mit einer Italienerin verheiratet. Seine beiden Kinder studieren. Er führt erfolgreich eine Pizzeria und hat ein Haus, das im italienischen Stil gebaut ist. In seiner Freizeit geht er zum Angeln und spielt gerne Boccia. Er ist Mitglied eines Männergesangvereins. Seine Frau und er vermissen das Mittelmeer sehr. Zu Hause unterhalten sie sich auf Italienisch und schauen gern italienische Fernsehprogramme. Später, im Ruhestand, wollen die Infantinis wieder nach Palermo ziehen.

M3 *Francesco Infantini – ein „typischer" Italiener?*

> In Estland: mehr Mobilfunk-Verträge als Einwohner (1,3 Mio.) – fast überall kostenloses WLAN – Bezahlung im Alltag (z. B. im Supermarkt oder Kino) mit dem Mobiltelefon – Dauer der Sommerferien: fast drei Monate – „elektronische Klassenbücher", mit denen sich Eltern jederzeit über Hausaufgaben, Stundenplan, Fehlstunden und Noten ihrer Kinder informieren können – erste Fremdsprache: Englisch – 11 % der estnischen Schüler lernen Deutsch – wichtigster Feiertag: 24. Juni, der „Johannistag" (oder Midsommer) mit großen Feuern – die Nationalhymne hat die gleiche Melodie wie die finnische – beliebtes, traditionelles Gericht: verivorst hapukapsaga (Blutwurst mit Sauerkraut) – Spitzname für die Deutschen: „Fritz"

M6 *Estland in Stichworten*

Europa – Einheit und Vielfalt

Eine Befragung durchführen

Sechs Schritte zur Durchführung einer Befragung

1. Ziele und Zielgruppe bestimmen

Notiert, was ihr mit der Befragung herausfinden wollt. Legt fest, wen ihr befragen wollt. Für eine Befragung in eurer Schule müsst ihr die Schulleitung um Erlaubnis bitten.

2. Fragebogen gestalten

Schreibt einen kurzen Einführungstext, in dem ihr euer Vorhaben erläutert. Dann folgen Angaben zur befragten Person. Danach kommen die Fragen. Formuliert sie so einfach und eindeutig wie möglich. Verwendet verschiedene Arten von Fragen. Legt eine sinnvolle Reihenfolge fest. Testet vorher, ob der Fragebogen verständlich ist.

3. Durchführung der Befragung

Klärt, wann und wie ihr die Befragung durchführen wollt, ob ihr einzeln, zu zweit oder mit mehreren vor- geht. Ihr könnt auch die Fragebögen verteilen und am nächsten Tag einsammeln.

4. Auswertung der Befragung

Entscheidet über die Art der Auswertung. Jeweils eine Gruppe könnte eine Frage auswerten. Dazu müsst ihr die Fragebögen so zerschneiden, dass jede Gruppe ihre Frage bekommt. Für die Auswertung ist eine Strichliste hilfreich. Zählt die Anzahl der Striche zusammen und notiert das Ergebnis.

5. Präsentation der Ergebnisse

Präsentiert eure Ergebnisse auf einem Plakat oder einer Wandzeitung. Zeichnet Diagramme, erstellt Tabellen oder formuliert einen Bericht.

6. Rückschau der Befragung

Diskutiert, was gut und weniger gut geklappt hat. Was würdet ihr nächstes Mal anders machen?

INFO

Geschlossene und offene Fragen

Bei geschlossenen Fragen gibt man verschiedene Antwortmöglichkeiten vor. Der Befragte kann entweder nur mit Ja/Nein antworten oder eine der Antworten ankreuzen. Geschlossene Fragen sind am einfachsten auszuwerten.

Offene Fragen sind W-Fragen. Der Befragte hat die Möglichkeit, auf solche Fragen frei und beliebig lang zu antworten. Die Antworten sind schwer auszuwerten. Ähnliche Antworten müssen zusammengefasst werden.

Angaben zur Person
© westermann 32428EX
○ männlich ○ weiblich   Alter:____ Jahre

1. Sind Sie in Deutschland geboren?
○ Ja ○ Nein

2. Falls „Nein": Wie viele Jahre leben Sie schon in Deutschland?
○ weniger als 1 Jahr ○ 1 bis 5 Jahre ○ länger als 5 Jahre

3. Warum sind Sie nach Deutschland umgezogen?
_____

4. Sind Sie berufstätig?
○ Ja ○ Nein

5. Falls „Ja": Wo arbeiten Sie?

M7 *Fragebogen (Ausschnitt)*

---

❶ Arbeitet in Gruppen: Erkunde mithilfe des Internets Besonderheiten zu europäischen Ländern. Wählt vorher die Themen aus, damit ihr vergleichen könnt: z. B. Feste, Rolle der Familie, Schule, Arbeitswelt, typische Gerichte.

❷ a) Begründe, welche Fragen in M7 geschlossene bzw. offene Fragen sind (Info).
b) Nenne mögliche Nachteile von offenen Fragen (Info, M7).

❸ ◄ **Wähle aus:**
Erstelle einen Fragebogen zum Thema:

A Wie leben Menschen aus Italien in Deutschland (M3)?
B Wie leben die Menschen in Estland (M6)?

❹ Führt eine Befragung zum Thema „Europa im Alltag" durch.
a) ❓ Überlegt gemeinsam, was euch zu diesem Thema besonders interessiert.
b) Wertet eure Befragung aus. Achtet darauf, ob es Unterschiede zwischen den männlichen und weiblichen, den jüngeren und älteren Befragten gibt.
c) Präsentiert die Befragungsergebnisse.

Europa – eine Utopie?

„Ein vereintes Europa ist eine Utopie. Einer Utopie kann man sich immer stärker annähern, aber man kann sie nie ganz erreichen."

M1 *Sophie Legrand, 16 Jahre, Schülerin aus Frankreich*

M3 *Karikatur*

Eine Vision soll Wirklichkeit werden

Die Vision von einem geeinten Europa geht bis zu Karl dem Großen im 9. Jahrhundert zurück. Seine, aber auch die späteren politischen Bemühungen scheiterten jedoch immer wieder an den unterschiedlichen Interessen einzelner Staaten, die nicht miteinander zu vereinbaren waren. Erst nach dem Zweiten Weltkrieg (1939–1945), durch den in Europa fast 50 Millionen Menschen ihr Leben verloren und zahlreiche Städte, Industrieanlagen sowie Verkehrsverbindungen zerstört wurden, wurde der Wunsch nach einem geeinten Europa immer lauter ausgesprochen. Damals waren Politiker aus mehreren europäischen Ländern fest davon überzeugt, dass ein einzelner Staat allein nicht dazu in der Lage ist, den Menschen in Europa dauerhaften Frieden zu garantieren.

Der Friedensnobelpreis wurde vom Norwegischen Nobelkomitee an die **Europäische Union (EU)** im Jahr 2012 vergeben und wie folgt begründet (Auszug): „Die Union und ihre Vorgänger haben über sechs Jahrzehnte zur Förderung von Frieden und Versöhnung beigetragen. Seit 1945 ist diese Versöhnung Wirklichkeit geworden. Das furchtbare Leiden im Zweiten Weltkrieg zeigte die Notwendigkeit eines neuen Europa."

M2 *Die EU – Friedensnobelpreisträger 2012*

„Der Euro ist nicht nur ein wirtschaftlicher Erfolg. Heute zahlen etwa 320 Millionen Menschen [in Europa] mit der gleichen Währung. Damit teilen sie etwas Alltägliches. Das stiftet Identität. So ist der Euro auch [ein] Symbol und Motor des Zusammenwachsens und Zusammenlebens in Europa."

M4 *Die Bundeskanzlerin Angela Merkel in ihrer Rede zum 10. Jahrestag der Europäischen Zentralbank am 3. Juni 2008*

„Ich bin im Dreiländereck Deutschland-Belgien-Holland aufgewachsen. Es war für mich eine alltägliche Erfahrung, an Grenzen zu leben: In engen Grenzen, die durch [...] Schlagbäume gebildet wurden. Grenzen, an denen sich lange Schlangen bildeten, wenn man am Wochenende zum Einkaufen oder zum Verwandtenbesuch rüber fuhr. [...] Für mich gibt es deshalb kaum eine größere europäische Errungenschaft als die Freizügigkeit. Kaum etwas steht für mich mehr für Freiheit als offene Grenzen."

M5 *Martin Schulz, Präsident des Europäischen Parlaments, in seiner Europa-Rede vom 9. November 2014*

M6 *Jugendliche feiern den EU-Beitritt von Litauen in der Hauptstadt Vilnus.*

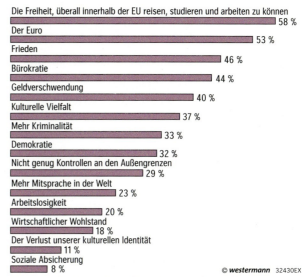

Die Freiheit, überall innerhalb der EU reisen, studieren und arbeiten zu können	58 %
Der Euro	53 %
Frieden	46 %
Bürokratie	44 %
Geldverschwendung	40 %
Kulturelle Vielfalt	37 %
Mehr Kriminalität	33 %
Demokratie	32 %
Nicht genug Kontrollen an den Außengrenzen	29 %
Mehr Mitsprache in der Welt	23 %
Arbeitslosigkeit	20 %
Wirtschaftlicher Wohlstand	18 %
Der Verlust unserer kulturellen Identität	11 %
Soziale Absicherung	8 %

© **westermann** 32430EX

M8 *Ergebnisse einer Umfrage 2014 in Deutschland: „Was bedeutet die EU für Sie persönlich?" (Mehrfachantworten waren möglich.)*

8:35 Uhr: Seit gestern gilt die Sommerzeit. Die EU hat dies so festgelegt. Darja Wolkow ist im Bad. Das Leitungswasser, mit dem sie sich die Zähne putzt, muss selbstverständlich sauber sein. Die EU legt daher Qualitätsnormen fest, denen das Wasser entsprechen muss.

12:00 Uhr: Darja und ihr Lebensgefährte Sascha essen heute beim Italiener zu Mittag. Jeder bestellt sich eine Pizza Neapolitana und sie können sich sicher sein, dass sie genau nach den EU-Vorgaben zubereitet wurde: mit Zutaten wie Weichweizenmehl, Bierhefe, natürlichem Trinkwasser und geschälten Tomaten.

17:30 Uhr: Das Paar kauft im Supermarkt ein. Als preisbewusste Verbraucher suchen sie nach dem günstigsten Angebot. Aber wie vergleicht man schnell den Preis von zwei Sorten Müsli, wenn eine Packung 200 g und die andere 450 g enthält? Ganz einfach: Eine EU-Verordnung (Gesetz) verpflichtet die Supermärkte, für jedes Produkt deutlich den Preis pro Kilo oder Liter anzugeben. Angeben werden müssen auch Stoffe (z. B. Nüsse), die Allergien auslösen können.

19:10 Uhr: Darja Wolkow schaltet im Wohnzimmer die Stehlampe an. Eine der klaren 60-Watt-Glühbirnen geht kaputt. Sascha ersetzt sie durch eine Energiesparlampe, weil die alten Birnen in der EU verboten sind.

19:55 Uhr: Eine Freundin ruft an. Sie macht gerade Urlaub in Spanien. Der Anruf ist nicht mehr so teuer wie früher, weil die EU eine Roaming-Verordnung erlassen hat.

(Verändert und ergänzt nach: Davy Greens: Europa – Spuren im Alltag. Brüssel 2007)

M7 *Europa im Alltag*

❶ Ist die Idee eines geeinten Europa deiner Meinung nach eine Vision oder eine Utopie? Erläutere (M1, M3).

❷ a) ◼❓ Winston Churchill hielt am 19.9.1946 in Zürich eine Rede zur Zukunft Europas. Berichte über seine Vision eines geeinten Europa (Internet/Suchbegriff: Zürich Rede Churchill).
b) Erläutere, ob seine Vision Realität geworden ist.

❸ ◀ Wähle aus:
A Nenne mögliche Gründe, warum die Jugendlichen in M6 den Beitritt ihres Landes in die EU begeistert feierten.
B Schreibe mithilfe M6 einen kurzen Bericht zu der Feier aus der Sicht eines Jugendlichen.

❹ Berichte anhand von Beispielen aus deinem Alltag über deine Begegnungen mit Europa (M7).

❺ a) Fragt nach, was Schülerinnen und Schülern, euren Bekannten, Verwandten oder Eltern zum Stichwort „Europa" spontan einfällt (höchstens drei Antworten). Wertet die Antworten aus und stellt die Ergebnisse grafisch dar.
b) Vergleicht eure Ergebnisse mit M8.

❻ Was bedeutet für dich Europa? Fertige zu deinen Gedanken eine Mindmap an und stelle sie der Klasse vor (M2–M8).

227

Projekt Europa: viele Fragen, viele Betrachtungsweisen

Europa – das sind wir!

Unser Kontinent hat einheitliche Merkmale, aber auch viele verschiedene Facetten.

Es gibt eine Menge Fragen, die Europa betreffen, unter anderem diese: Welche Bedeutung hat Europa für uns? Wie leben die Menschen in den unterschiedlichen Regionen Europas? Welche Entwicklungspotenziale hat Europa? Wie wächst Europa zusammen?

Antworten darauf können außer dem Fach Erdkunde auch andere Unterrichtsfächer geben. Im Zusammenspiel erschließt sich die Komplexität des Raumgefüges Europas.

Um die Vielschichtigkeit Europas möglichst weitgehend zu erkunden, könnt ihr ein Projekt durchführen.

M1 *Adenauer und de Gaulle 1963 im Pariser Elysée-Palast*

M2 *EU-Parlament in Straßburg*

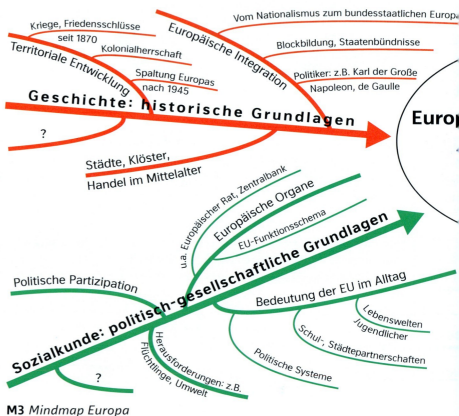

Perspektive: Geschichte und Sozialkunde

Kriege, Friedensschlüsse seit 1870

Europäische Integration

Vom Nationalismus zum bundesstaatlichen Europa

Blockbildung, Staatenbündnisse

Territoriale Entwicklung

Kolonialherrschaft

Spaltung Europas nach 1945

Politiker: z.B. Karl der Große Napoleon, de Gaulle

Geschichte: historische Grundlagen

?

Städte, Klöster, Handel im Mittelalter

Europ

u.a. Europäischer Rat, Zentralbank

Europäische Organe

EU-Funktionsschema

Politische Partizipation

Bedeutung der EU im Alltag

Sozialkunde: politisch-gesellschaftliche Grundlagen

Lebenswelten Jugendlicher

Schul-, Städtepartnerschaften

Herausforderungen: z.B. Flüchtlinge, Umwelt

Politische Systeme

?

M3 *Mindmap Europa*

So geht ihr vor:

1. Schritt: Vorbereitung

- Entscheidet euch jeweils für ein Thema, das ihr aus mehreren Fachrichtungen unter die Lupe nehmen wollt.
- Bildet Arbeitsgruppen. Legt dann in der Gruppe Unterthemen und Fragen fest.
- Setzt euch zeitliche Ziele und einigt euch auf die Art der Präsentation. Verteilt die Aufgaben.

2. Schritt: Durchführung

- Recherchiert entsprechend eurer Themen.
- Sichtet das Material, wählt das Brauchbare aus. Nehmt gegebenenfalls Rücksprache mit den Lehrkräften der anderen Fächer.
- Fertigt Texte, Grafiken, Collagen an.

3. Schritt: Auswertung und Präsentation

- Führt die Ergebnisse strukturiert zusammen und erörtert sie. Stellt sie der Klasse vor. *Tipp:* Plant eine Ausstellung zum Europatag am 9. Mai.

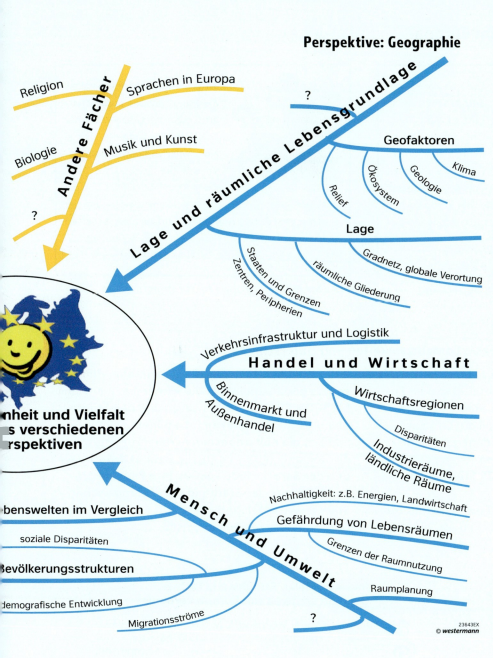

Perspektive: Geographie

Andere Fächer

Religion · Sprachen in Europa · Biologie · Musik und Kunst · ?

?

Lage und räumliche Lebensgrundlage

Geofaktoren
- Klima
- Geologie
- Ökosystem
- Relief

Lage
- Gradnetz, globale Verortung
- räumliche Gliederung
- Staaten und Grenzen
- Zentren, Peripherien

Verkehrsinfrastruktur und Logistik

Handel und Wirtschaft
- Wirtschaftsregionen
- Disparitäten
- Industrieräume, ländliche Räume
- Binnenmarkt und Außenhandel

Einheit und Vielfalt aus verschiedenen Perspektiven

Mensch und Umwelt
- Nachhaltigkeit: z.B. Energien, Landwirtschaft
- Gefährdung von Lebensräumen
- Grenzen der Raumnutzung
- Raumplanung
- ?

Lebenswelten im Vergleich · soziale Disparitäten · Bevölkerungsstrukturen · demografische Entwicklung · Migrationsströme

23643EX
© westermann

M5 *Raum in Mitteleuropa*

M6 *Verkehrsinfrastruktur: Vernetzung Europas*

M7 *Raumplanung*

- Europa, ein Melting Pot – früher und heute
- Der Alltag von Jugendlichen verschiedener Länder im Vergleich
- Planung eines Besuchs im EU-Parlament
- Die Industrialisierung des 19. Jahrhunderts und ihre Auswirkungen auf die Wirtschaft und Städte in Europa
- Handelsbeziehungen Europas seit Kolumbus
- Das europäische Verkehrsnetz vom Mittelalter bis heute

- Karl der Große oder Ludwig XIV: Welche Bedeutung hatten sie für die Einheit Europas?
- Der Mauerfall 1989 – Gründe und Folgen
- Bevölkerungsentwicklung europäischer Länder seit 1850
- Strukturschwache Räume – Ursachen und Zukunftspotenziale
- Klimawandel und Klimaschutz in Europa
- ??

M4 *Fächerübergreifende Projektvorschläge (Auswahl)*

Was ist Europa? Was eint Europa?

Die Flagge der Europäischen Union gibt es seit 1955. Die zwölf Sterne dienen als Symbol für Vollkommenheit und Vollständigkeit.

Sie stehen für die Einheit der Länder der Europäischen Union und nicht für die Anzahl der EU-Mitglieder. Der blaue Hintergrund spiegelt den Himmel oder das Weltall.

M1 *Die Europa-Flagge und ihre Bedeutung*

Im asiatischen Phönizien wuchs die wunderschöne Europa heran. Zeus, der Göttervater der Griechen, verwandelte sich in einen Stier und entführte Europa auf die griechische Insel Kreta. Dort lebte sie als Königin an seiner Seite. Später erfüllte sich eine Weissagung der griechischen Göttin Aphrodite: „Unsterblich sollst du sein, Europa, denn der Erdteil, der dich aufgenommen hat, soll für alle Zeiten deinen Namen tragen."

M3 *Der Name Europas in der griechischen Sage*

Kulturelle Grundlagen Europas – Gemeinsamkeiten und Unterschiede

„Was ist Europa?" Oft wird Europa mit der Europäischen Union (EU) gleichgesetzt. Dabei ist Europa der Kontinent, der aus 45 Staaten besteht – mit verschiedenen Kulturen, Völkern und Sprachen. Mit der Bezeichnung EU dagegen meint man den wirtschaftlichen und in Teilen politischen Zusammenschluss von 28 Staaten, die das heutige Europa prägen.

In der Geschichte Europas sind die Hochkulturen der Antike bedeutend: Die Griechen (ca. 1200 bis 200 v.Chr.) brachten uns die Demokratie, Philosophie und Mathematik, die Römer (ca. 700 v.Chr. bis 500 n.Chr.) ihr Rechtswesen und den Städtebau. Aus diesem antiken Erbe bildeten sich allmählich die Kulturepochen heraus, zum Beispiel die Romanik (800–1100), die Gotik (1100–1400) und der Barock (1600–1800). Ihre Baustile prägen bis heute das Stadtbild vieler europäischer Städte, die mittelalterliche Stadtkerne und Burg- oder Schlossanlagen aufweisen.

Das Wort „Mutter" in verschiedenen Sprachen

Englisch:	mother
Niederländisch:	moeder
Schwedisch:	moder
Russisch:	matb
Tschechisch:	matka
Lateinisch:	mater
Französisch:	mère
Italienisch:	madre
Spanisch:	madre

23639EX
© *westermann*

Musiker, Maler, Erfinder und Dichter, die man weltweit mit Europa verbindet

Guiseppe Verdi, Wolfgang A. Mozart, Gustav Mahler, Johann Sebastian Bach, Ludwig van Beethoven, Peter Tschaikowsky, Frederic Chopin, Clara Schumann, Maurice Ravel, Richard Wagner u.a.

Pablo Picasso, Leonardo da Vinci, Francisco Goya, William Turner, Niki de Saint Phalle, Rembrandt, Vincent van Gogh, Peter Paul Rubens, Edward Munch, Auguste Rodin, Käthe Kollwitz u.a.

Carl Benz, Isaac Newton, Charles Darwin, Marie Curie, Käthe Kruse, Marga Faulstich, Johannes Gutenberg, Voltaire, Homer, Sophokles, William Shakespeare, Jean J. Rousseau, Johann Wolfgang v. Goethe, Anton Tschechow, Franz Kafka, Jane Austen, Albert Einstein, Karl Marx, Astrid Lindgren u.a.

M2 *Gemeinsamkeiten in der Sprache; bekannte Persönlichkeiten Europas (Beispiele ungeordnet)*

Europa –
Einheit und Vielfalt

1. Die Religion

Heute ist das Nebeneinander verschiedener Religionen in Europa charakteristisch. Die Ursprünge der Religionen in Europa liegen im Christentum. Ab dem vierten Jahrhundert begann von Rom aus die Missionierung des ganzen Kontinents. Trotz der fortschreitenden Säkularisierung (Verweltlichung) bekennen sich rund 76 Prozent aller Bewohner Europas zum Christentum (2015). Zunehmende Bedeutung erhalten der Islam und zum Teil auch der Buddhismus und Hinduismus.

2. Kunst und Architektur

Kirchen und Schlösser wurden in Europa zu bestimmten Epochen (z.B. Gotik) nach ähnlichen Bauplänen errichtet. Auch die typischen Stilelemente von Architektur (z.B. Gartenbau), Malerei (z.B. Perspektive) und Musik (z.B. Oper) waren in ganz Europa bekannt und wurden nachgeahmt.

3. Die Sprache

In Europa werden mehr als 70 verschiedene Sprachen gesprochen. Allerdings ist bei vielen Sprachen eine Verwandtschaft zu erkennen, denn sie haben bis auf wenige Ausnahmen ihre Wurzeln in der indoeuropäischen Sprachfamilie. Ab etwa 400 n.Chr. war europaweit Latein die Sprache der Kirche und der Gelehrten. Das lateinische Alphabet verbreitete sich. Heute lernen die Schülerinnen und Schüler in ganz Europa vorrangig Englisch, oft auch Spanisch und Französisch.

4. Staatsform und Wertvorstellungen

Die europäischen Staaten bekennen sich zur Demokratie, einer Staatsform, die bereits vor über 2000 Jahren in Griechenland entstand. Das moderne Europa verpflichtet sich ferner zur Beachtung der Freiheit und Menschenwürde sowie zur Fürsorge für Schwache und Menschen in Not.

© westermann   10305EX_1

M4 *Das verbindet Europa!*

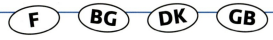

Douzy (F), Pleven (BG), Silkeborg (DK), Newham (GB)

Das sind die Partnerstädte von *Kaiserslautern* in Europa. Partnerstädte sind eng verbunden, zum Beispiel über Reisegruppen, Sportwettkämpfe, Festivals und Schüleraustausch. So fördern sie Freundschaften, die zur gegenseitigen Anerkennung und Völkerverständigung und somit zur Friedenssicherung beitragen.

M5 *Partnerstädte – oft auch in Europa*

◁ **M6** *Im Baustil der Gotik: St.-Veits-Dom in Prag*

❶ Ordne in einer Tabelle exemplarisch Staaten zu:
a) den Religionen in Europa;
b) den Sprachen in Europa.
(Atlas, Karte „Religionen" oder „Sprachen")

❷ Arbeitet in Gruppen. Macht euch zum Experten für zwei berühmte Europäer und informiert euch gegenseitig (M2, Internet).

❸ **◼⁇** Europa hat gemeinsame Wurzeln. Visualisiere diesen Satz. Beschrifte deine Zeichnung.

❹ Europäer sind kulturell geprägt durch die Besonderheiten ihres Landes und gleichzeitig das allen Europäern Gemeinsame. Erläutere die Behauptung mit Beispielen für Deutschland oder Großbritannien oder Italien oder ein anderes Land deiner Wahl (M2, M4, eigene Erfahrungen).

❺ **◼** **Wähle aus:**
Stelle eins der Themen in einer kreativen Form deiner Wahl dar:
A Musik in Europa;
B Sport in Europa.

INTERNET

www.europa.eu.int

231

Naturräumliche Grundlagen Europas

a) In Narvik (Nordnorwegen) im März
Klimazone: ?
Vegetationszone: ?
Vegetationszeit: 30–180 Tage

b) In Seelow (Brandenburg) im März
Klimazone: ?
Vegetationszone: ?
Vegetationszeit: mehr als 180 Tage

c) In Catania (Sizilien) im März
Klimazone: ?
Vegetationszone: ?
Vegetationszeit: 320–360 Tage

M1 *Vielfalt der Landschaften von Nord nach Süd*

„Europa ist uneinheitlich, reich gegliedert und eigentlich nur eine zerfranste Halbinsel Asiens."

(Alexander von Humboldt, Forscher und Geograph, 1769–1859)

„Europa ist als selbstständiger Erdteil aufzufassen [...] Seine Lage in der vom Atlantik ostwärts wandernden Luftmassen lässt den Einfluss der natürlichen ‚Warmwasserheizung des Golfstroms' weit nach Osten reichen und bedingt eine positive (gemeinsame) ‚Wärmeanomalie', die in dieser Breitenlage nicht zu erwarten ist."

(Prof. Herbert Lehmann. In: Harms Handbuch der Geographie, Band: Europa, Berlin 1978)

M2 *Zitate von bekannten Fachwissenschaftlern*

Abgrenzung und Lage

Die Frage nach der Abgrenzung Europas ist nicht leicht zu beantworten. Die Grenzen sind nur im Norden Süden und Westen eindeutig, weil der Atlantische Ozean mit seinen Nebenmeeren eine klare Trennung von anderen Erdteilen erlaubt. Die Grenze im Osten und Südosten ist dagegen schwerer zu bestimmen.

Gliederung und Naturräume

In Europa gibt es 47 Staaten. Versuche, Europa nach Naturräumen mit ähnlicher Ausstattung (wie z. B. beim Naturraum Alpen) zu unterteilen, ist schwieriger. Das liegt am unterschiedlichen Zusammenwirken der prägenden Elemente eines Naturraumes: zum Beispiel Relief, Böden, Vegetation und Klima (hohe oder niedrige Breiten, maritim oder kontinental).
So konzentriert man sich bei der Gliederung nach Naturräumen auf einzelne Leitmerkmale. Man fragt zum Beispiel, welche Großlandschaften man benennen kann und an welchen Klima- und Vegetationszonen Europa Anteil hat.

www.diercke.de
100800-088-02

D1-079
www.diercke.de

www.diercke.de
100800-248-01

D1-230
www.diercke.de

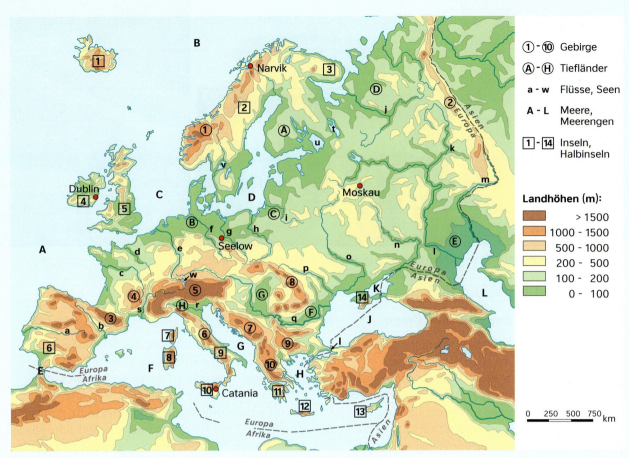

M3 *Europa – physisch*

		J	F	M	A	M	J	J	A	S	O	N	D	Jahr
Narvik	°C	4,4	-4,3	-2,1	1,8	6,0	10,3	14,4	13,0	8,8	3,8	0,3	-1,7	3,7
	mm	55	47	61	45	44	65	58	84	97	86	59	57	758
Seelow	°C	-0,5	-0,3	3,5	8,7	13,8	17,1	18,5	17,8	13,9	8,9	4,5	1,2	8,9
	mm	43	39	30	41	47	63	70	68	46	47	44	40	580
Catania	°C	7,3	8,2	9,7	12,6	17,1	21,9	24,8	24,8	21,6	16,9	12,3	9,0	15,5
	mm	78	47	52	47	38	16	15	8	42	60	73	74	550
Dublin	°C	4,5	4,8	6,5	8,4	10,5	13,5	15,5	14,8	13,1	10,5	7,2	5,8	9,6
	mm	71	52	51	43	62	55	66	80	77	68	67	77	769
Moskau	°C	-10,3	-9,7	-5,0	3,7	11,7	15,4	17,8	15,8	10,4	4,1	-2,3	-8,0	3,6
	mm	31	28	33	35	52	67	74	74	58	51	36	36	575

M4 *Klimadaten – zu verschiedenen Naturräumen*

❶ Ermittle zu M3 mithilfe des Atlas (Karte: Europa – Physische Übersicht):
a) Welches der zehn Gebirge ist das höchste?
b) Welche der Flüsse und Seen bilden (streckenweise) Ländergrenzen?

c) Welche europäischen Länder grenzen an Meere oder Meerengen? Nenne je zwei.
d) Welche Länder liegen auf Inseln oder Halbinseln?

❷ **Wähle aus:**
A Bestimme die Grenze zwischen Europa und Asien. Welche Staaten liegen entlang dieser Grenze?
B [?] Bestimme mithilfe von Atlaskarten die europäischen Großlandschaften sowie die Klima- und Vegetationszonen.

C Ordne die Fotos in M1 den Klima- und Vegetationszonen zu (S. 35 M4, S. 37 M2).

❸ Zeichne zu Dublin und Moskau ein Klimadiagramm (M4). Ordne es begründet der klimatischen Lage der Orte zu (M3).

D1-078
www.diercke.de

www.diercke.de
100800-086-01

Unterzeichnung der Römischen Verträge 1957

Mauerfall in Berlin 1989

Party zur Euro-Einführung 2002

M1 *Bedeutende Ereignisse auf dem Weg zur Einheit Europas in der EU*

Wie wächst Europa politisch zusammen?

Von der EGKS zur Europäischen Union

Seit Jahrhunderten schon ist die Einheit Europas ein Traum von Bürgerinnen und Bürgern. Der Gedanke jedoch, die Staaten Europas zusammenzuführen und so miteinander zu verflechten, dass sie aufeinander angewiesen sind und nie wieder Krieg gegeneinander führen, kam erst nach dem Zweiten Weltkrieg. In seiner Pariser Rede am 09.05.1950 sprach sich Robert Schuman, der damalige französische Außenminister, dafür aus, eine Produktionsgemeinschaft für Kohle und Stahl zu schaffen. Damit sollten Rüstungsgüter unter gemeinsamer Kontrolle stehen. Das Datum wird jährlich als „Europatag" gefeiert. Kurz darauf erfolgte die Gründung der „Europäischen Gemeinschaft für Kohle und Stahl (EGKS)", auch Montanunion genannt, durch sechs Länder. Die Unterzeichnung der Römischen Verträge 1957 führte zur Gründung der EWG und legte damit das Fundament für die Entstehung der Europäischen Union (EU) 1993.

Seitdem hat sich viel getan. Bis heute vergrößerte sich die Gemeinschaft schrittweise auf 28 Mitgliedsstaaten, in denen über eine halbe Milliarde Menschen wohnen. Sie profitieren von europäischen Städtepartnerschaften und Wirtschaftsförderprogrammen, von Organisationen

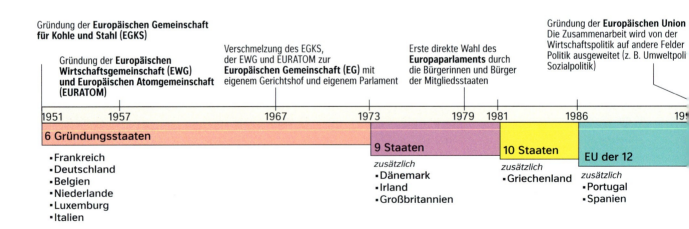

M2 *Meilensteine in der Geschichte der Europäischen Union*

www.diercke.de
100800-084-04

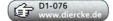

D1-076
www.diercke.de

Verkündung der EU-Erweiterung 2013 in Zagreb

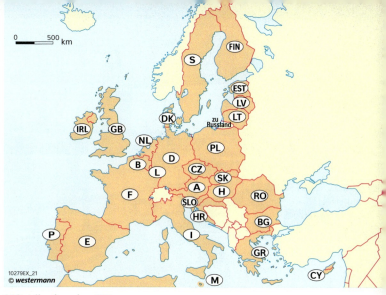
M3 *Länder der EU*

wie der Europäischen Weltraumorganisation (ESA), der Umweltagentur (EUA) oder auch Bildungsprogrammen (z. B. Erasmus). Im Alltag profitieren die Menschen hauptsächlich vom umfangreichen, preisgünstigen Warenangebot, von den grenzfreien Reisemöglichkeiten und der gemeinsamen Währung, dem Euro. Er ist in 19 der 28 EU-Staaten eingeführt.

Allerdings funktioniert die Gemeinschaft nicht reibungslos; es gibt politische oder wirtschaftliche Probleme, wenn einzelne Länder auf ihren Interessen beharren und auch in langen Verhandlungen nur schwer Kompromisse zu erzielen sind.

1 a) Beschaffe dir eine Umrisskarte mit den Ländergrenzen in Europa (M3). Trage in acht verschiedenen Farben die EU-Beitrittsländer gemäß M2 ein. Vergiss Titel und Legende nicht.
b) Kennzeichne zusätzlich die Länder, die den Euro eingeführt haben (Atlas, Karte: Europa – Staaten: Europäische Zusammenschlüsse).

2 Man spricht von "Süderweiterung der EU" und "Osterweiterung der EU" (M2). Erkläre die Ausdrücke.

3 Welche Vorteile siehst du in bestimmten EU- Programmen und Organisationen (Text)? Unterscheide persönliche, wirtschaftliche und politische Vorteile.

4 Wähle aus:
A Erläutere den letzten Abschnitt des Textes an einem aktuellen Beispiel (Zeitung, Internet).
B "Nie wieder Krieg auf europäischem Boden." (Schumann, 09.05.1950) Überprüfe, ob sich das Zitat bewahrheitet hat.

5 Formuliere thesenhaft Antworten zur Frage in der Kapitelüberschrift.

6 Ein Dokumentarfilm soll Besonderheiten Europas zeigen. Verfasst Themen für ein Drehbuch (S. 230–235): Welche Themen zur Einheit und Vielfalt müssen enthalten sein? Welche Beispielräume sollten vorkommen? Begründet eure Vorschläge.

INTERNET
www.europa.eu

Gründung der **Europäischen Zentralbank**

Vertrag von Lissabon: Ausweitung der Zusammenarbeit z. B. in der Sicherheits- und in der Außenpolitik

...lung des freien ...zverkehrs ...r EU durch das ...engener Abkommen

Einführung des **Euro** in 12 EU-Ländern als Bargeld

| 1998 | 2002 | 2004 | 2007 | 2009 | 2013 |

...der 15

...itzlich
...nland
...terreich
...hweden

zusätzlich
▪ Estland
▪ Lettland
▪ Litauen
▪ Polen
▪ Tschechien
▪ Slowakei
▪ Ungarn
▪ Slowenien
▪ Malta
▪ Zypern

EU der 25

EU der 27

zusätzlich
▪ Bulgarien
▪ Rumänien

EU der 28

zusätzlich
▪ Kroatien

M1 *London – Traumziel vieler Jugendlicher*

Wie lernen Jugendliche Europa kennen?

Kreuz und quer durch Europa reisen, andere Länder und Menschen kennenlernen, das ist ein Traum vieler Jugendlicher in Europa. Sie möchten dabei Abenteuer erleben, fremde Orte sehen und Sprachen hören. Manche wollen auch länger woanders bleiben, ob auf Sprachreisen oder beim Schüleraustausch in Familien, einem Studienaufenthalt oder Praktikum. Das ist gar nicht so schwierig. Möglichkeiten dazu bieten sich inzwischen viele.

Unterwegs in Europa

Die Geschwister Mira und Jan aus Mainz sind mit Interrail in 28 Tagen auf Entdeckungstour durch Österreich, Ungarn, Serbien, Montenegro, Kroatien, Slowenien, Italien, Frankreich bis nach London gereist. Sie stellten zwar einen Plan auf, änderten ihn aber nach Lust und Laune, wenn es ihnen irgendwo gefiel. – Preiswerte Hostels waren bei den beiden Rucksacktouristen beliebt, da sie dort Gleichgesinnte trafen. Sehenswürdigkeiten besichtigten sie günstig mit ihrer „europäischen Jugendkarte". Verständigungsprobleme gab es kaum, denn viele konnten Englisch sprechen. Jan und Mira profitierten vom Schengener Abkommen und der Eurozone, aber sie lernten auch die strengen Kontrollen an den Außengrenzen der EU kennen.

M3 *Unterwegs durch Europa – mit Interrail*

INFO

Schengener Abkommen
Ein Abkommen, das nach dem Ort Schengen (Luxemburg) benannt wurde. Hier einigten sich 1985 Deutschland, Frankreich, Belgien, die Niederlande und Luxemburg darauf, Personenkontrollen an den EU-Binnengrenzen abzuschaffen. 1995 trat das Schengener Abkommen in Kraft. Weitere EU-Staaten, aber auch vier Nicht-EU-Länder, sind mittlerweile diesem Abkommen beigetreten. Seitdem können die Bürger von einem der 26 Schengen-Staaten (2016) frei in einen anderen Schengen-Staat reisen.

Als Au-pair (französisch: auf Gegenleistung) können Jugendliche ab 18 Jahren für einen Zeitraum ab drei Monaten eine andere Sprache und Kultur kennenlernen. Au-pair-Agenturen vermitteln in ganz Europa Gastfamilien. Diese tragen die Kosten für Unterkunft, Verpflegung und Taschengeld.
Wie bei Charlene aus Koblenz, die nach dem Abitur ein Jahr in einem Dorf in Irland verbrachte, besteht die Gegenleistung eines Au-pair meist in Aufgaben wie Kinderbetreuung oder Mithilfe im Haushalt, etwa 30 bis 45 Stunden pro Woche. In ihrer Freizeit lernte Charlene über die Pfarrgemeinde des Ortes und den Bowling-Club viele neue Freunde kennen. Sie sagt: „Es war sehr interessant und eine große Herausforderung. Ein Au-pair-Jahr kann ich nur empfehlen. Es vergeht heute keine Woche, in der ich nicht über Irland spreche oder mich daran erinnere."

M2 *Als Au-pair lernt man Land und Leute kennen. Auf dem Foto: Charlene in Irland.*

Legende:
— Interrail-Strecken mit Fahrtzeiten
— Staatsgrenzen
— Außengrenze Schengenraum
■ beliebteste Städtereiseziele
█ beliebteste Reiseländer
4:30 Reisezeit (Stunden:Minuten)

M4 *Beliebte Interrail-Strecken für Jugendliche und Reiseziele in Europa*

M7 *Auf dem Interrail-Trip*

Mira berichtet: *„Aus jeder Stadt, in der wir auf unserer Interrail-Reise eine Pause eingelegt haben, haben wir eine Postkarte zu uns nach Hause geschickt. Bei unserer Rückkehr war die Fußmatte bedeckt mit Postkarten voll wunderbarer Erinnerungen."*

M8 *Erinnerungspostkarten!*

„Erasmus" ist ein Förderprogramm der EU. Seit 1989 kann man damit im Ausland ein Stipendium im Bereich von schulischer und beruflicher Bildung, Freiwilligentätigkeit oder Sport erhalten. Beliebtestes Zielland ist Spanien.
Allein im Jahr 2014 studierten 250 000 junge Leute im Ausland oder absolvierten ein Praktikum bei einer Firma. Viola, Studentin aus Trier, studiert Sport in Toulouse (Frankreich); sie lebt in einem Wohnheim mit anderen Erasmus-Studierenden.

M5 *Unterwegs in Europa – mit einem „Erasmus-Stipendium"*

❶ a) Zeichne eine Kartenskizze mit der Reiseroute von Mira und Jan (mit Richtungspfeilen).
b) Ermittle die ungefähre Dauer der Reise (M4).

❷ Recherchiere, welche EU-Länder nicht zum Schengenraum gehören.

❸ 🗨❓ Vergleiche die drei genannten Auslandsaufenthalte in M2, M3 und M5.

❹ Plant selbst eine Reise durch Europa mit Interrail. Begründet die Reiseroute.

❺ Vergleiche die Erreichbarkeit mit Verkehrsmitteln von deinem Wohnort nach Narvik, Catania und Seelow nahe Berlin (siehe auch S. 233 M3).

❻ Erörtert, welche Perspektiven euch ein weiter zusammenwachsendes Europa bieten kann.

Groß / Grande REGION

Saarland, Lorraine, Luxemburg, Rheinland-Pfalz, Region Wallonie, Communauté Francaise de Belgique, Deutschsprachige Gemeinschaft Belgiens

M1 *Logo der Groß-region Saar-Lor-Lux – Rheinland-Pfalz – Wallonien*

M3 *Berufspendler im Stau an der Grenze Deutschland / Luxemburg*

Arbeit und Ausbildung – grenzüberschreitend

Luxemburg – Arbeitsplatz für Franzosen, Deutsche und Belgier

Thionville (Frankreich), 6:15 Uhr: Marie-Lore Habert wartet auf dem Bahnsteig des Hauptbahnhofs auf den Zug nach Luxemburg. Sie macht eine Ausbildung bei einer Bank in der Landeshauptstadt Luxemburg.

Marie-Lore Habert ist eine von rund 210 000 **Grenzpendlern** in der Großregion (M1). Sie fährt wie die meisten Pendler täglich zwischen ihrem Wohnort und ihrem Arbeitsplatz in Luxemburg hin und her. Allerdings nutzen nur 15 von 100 Pendlern öffentliche Verkehrsmittel (Bahn, Bus) auf dem Weg zur Arbeit. 85 von 100 Grenzpendlern fahren allein oder in einer Fahrgemeinschaft mit dem Auto nach Luxemburg.

Die Wirtschaft Luxemburgs ist auf die Grenzpendler angewiesen. Sie machen rund 40 Prozent der Beschäftigten insgesamt aus. Die meisten Grenzpendler sind in privaten Unternehmen be-

schäftigt; nur wenige arbeiten im öffentlichen Dienst in Luxemburg (z. B. bei Stadtverwaltungen oder der Regierung), denn dort wird die Beherrschung der drei Verwaltungssprachen (M4) vorausgesetzt.

Das Pendeln über die Landesgrenzen hinweg hat Folgen. So klagen zum Beispiel die Pflegedirektoren der beiden größten Trierer Krankenhäuser über personelle Probleme. Sie sprechen von einer klaren Abwanderungstendenz. Viele gut ausgebildete und berufserfahrene Fachkräfte wechseln seit Jahren in das nahe Luxemburg. Wichtigste Gründe sind die deutlich besseren Verdienstmöglichkeiten und die große Auswahl an Arbeitsplätzen in Luxemburg. Pflegekräfte zum Beispiel verdienen dort zwischen 1000 und 1500 Euro mehr im Monat als in Deutschland.

Alter: 17 Jahre

Schulbesuch: Lycée (Gymnasium) Charlemagne Thionville; Baccalaureat (Abitur) 2015

Fremdsprachenkenntnisse: Französisch, Englisch, Deutsch (vertiefte Kenntnisse, unter anderem durch einen Schüleraustausch mit dem Peter-Wust-Gymnasium Merzig im Saarland)

Banklehre in der Stadt Luxemburg: Beginn 2016

Hobbys: Schwimmen, Angeln

M2 *Persönliche Angaben zu Marie-Lore Habert*

Ich bin an jedem Arbeitstag mindestens elf Stunden unterwegs. 26 Stunden in der Woche arbeite ich in der Bank. Ich werde in verschiedenen Abteilungen ausgebildet, zum Beispiel in der Kreditabteilung oder in der Verwaltung. In den übrigen 14 Stunden, besuche ich Kurse bei einem Institut für „Banking Training" und lerne für meine Prüfungen.

Ich wohne bei meinen Eltern in Frankreich, weil ich mir keine eigene Wohnung in der Stadt Luxemburg leisten kann. Dort sind die Mieten einfach zu hoch. Ich verdiene 1200 Euro netto im Monat.

M4 *Marie-Lore Habert aus Thionville berichtet.*

	Beschäftigte insgesamt	davon: Grenz-pendler	davon aus:		
			Deutsch-land	Frank-reich	Belgien
Handel; Instandhaltung und Reparatur von Kraftfahrzeugen	44 500	24 000	5 000	12 500	6500
Finanz- und Versicherungsdienstleistungen	42 500	21 500	6 000	9 500	6 000
Baugewerbe	39 000	20 000	7 500	8 000	4 500
Gesundheits- und Sozialwesen (z.B. Arztpraxen, Krankenhäuser)	31 500	10 000	3 500	4 500	2 000

M5 *Beschäftigte im Land Luxemburg nach ausgewählten Wirtschaftsbranchen*

Nationalsprache: Luxemburgisch	
Verwaltungssprachen: Luxemburgisch, Französisch, Deutsch	
Sprache der Gesetzgebung: Französisch	
In der Schriftsprache (z.B. Schule, Medien): Deutsch, Französisch	
Verständigung im Alltag: hauptsächlich Luxemburgisch	

M7 *Mehrsprachigkeit in Luxemburg*

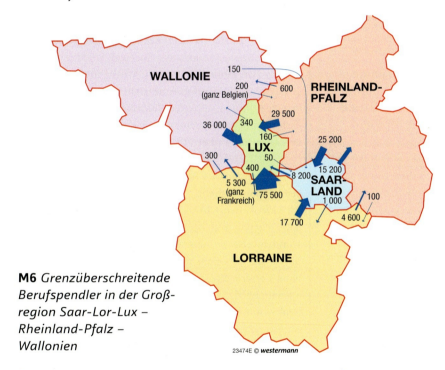

M6 *Grenzüberschreitende Berufspendler in der Großregion Saar-Lor-Lux – Rheinland-Pfalz – Wallonien*

Entfernung zwischen Wohnort und Arbeitsplatz	
weniger als 20 km	5 %
20 bis 35 km	19 %
35 bis 70 km	54 %
70 km und mehr	22 %
Zeitaufwand für den Weg / die Fahrt vom Wohnort zum Arbeitsplatz	
weniger als 20 Min.	4 %
20 bis 45 Min.	43 %
45 bis 90 Min.	40 %
90 Min. und mehr	13 %

M8 *Daten zur Mobilität der Berufspendler in der Großregion*

❶ a) 🗨?❘ Fertigt für das Land Luxemburg eine Tabelle über Ein- und Auspendler an (M6).
b) Wertet die Tabelle aus.

❷ 🖾 **Wähle aus:**
A Informiere deine Klasse über die Grenzpendlerin Marie-Lore Habert (Text, M2, M4).

B Arbeite heraus, welche Sprachen eine Sekretärin aus Trier, die an einer Schule in Luxemburg arbeitet, beherrschen muss und wie viel Zeit sie für den Weg zur Arbeit braucht (M7, M8, Atlas).

❸ Stelle dir Folgendes vor: Im Land Luxemburg arbeitet kein einziger Berufspendler aus den benachbarten belgischen und französischen Regionen sowie aus den deutschen Bundesländern (M6). Erörtere die möglichen Folgen (Text, M5, M8).

❹ Eine luxemburgische Bank sucht Auszubildende für den Beruf Bankkauffrau / Bankkaufmann. Gestalte eine Stellenanzeige in einer Trierer Zeitung. Berücksichtige die Voraussetzungen für eine solche Ausbildung und die Anforderungen an den Beruf (Internet).

M1 *Lage von Spanien in Europa*

M3 *Demonstration gegen die Arbeitslosigkeit („Contra o paro") in der Stadt Vigo / Nordwestspanien*

Arbeit – nur begrenzt vorhanden

Arbeitslos in Spanien – was tun?

In Spanien sind 850 000 Jugendliche und junge Erwachsene arbeitslos (Stand 2015). Jeder Fünfte davon besucht keine Schule, hat keine Arbeit und macht keine berufliche Ausbildung, ist also ein NEET (Not in Education, Employment or Training). Arbeitslose Jugendliche ziehen in die wirtschaftlich starken Regionen Spaniens, um dort eine feste Arbeitsstelle zu finden. Andere wandern gleich ins Ausland aus, zum Beispiel in südamerikanische Länder, wo Spanisch gesprochen wird. Auch in anderen EU-Ländern versuchen spanische Jugendliche den Einstieg in ein festes Arbeitsverhältnis zu finden.

- Unternehmen stellen Jugendliche meist nur befristet ein, zum Beispiel für sechs Monate bzw. ein Jahr. Sie genießen im Gegensatz zu den älteren Arbeitnehmern keinen strikten Kündigungsschutz. Jugendliche mit Zeitverträgen werden deshalb zuerst entlassen.

- Die Berufsausbildung findet hauptsächlich in der Schule statt. Die Jugendlichen verbringen nur ein Viertel der Ausbildungszeit im Betrieb. Arbeitgeber klagen darüber, dass Jugendliche über zu wenig praktische Kompetenzen verfügen.

(Zusammengefasst nach: Zentrum für europäische Wirtschaftsförderung (Hrsg.): Youth Unemployment in Europa. Stuttgart 2014, S. 16 f)

M2 *Warum sind so viele junge Spanier arbeitslos?*

Pedro Alvares sitzt am Ufer des Flusses Guadalquivir in der Stadt Sevilla (Andalusien/ Spanien). Er starrt vor sich hin. Vor zwei Jahren hat ihm sein Arbeitgeber gekündigt. Er war in einer Möbelfabrik beschäftigt. Doch dann blieben die Aufträge aus und die Fabrik musste schließen. Pedro hat alles versucht, um wieder eine Arbeit zu finden. „Ich habe über 200 Bewerbungen geschrieben", sagt er zu einem Journalisten, der für einen deutschen Fernsehsender eine Reportage zur Jugendarbeitslosigkeit in Spanien dreht. „Nur auf zwei Bewerbungen habe ich eine Antwort bekommen. Es waren Absagen. Ich habe, nachdem ich keine feste Arbeitsstelle mehr hatte, stundenweise in Supermärkten in der Innenstadt von Sevilla ausgeholfen, weil dort jemand krank war. Ich habe Lotterielose auf der Straße verkauft, Zeitungen ausgetragen und im vergangenen Jahr von Mai bis September auf der Urlauberinsel Mallorca Eis verkauft. Es waren immer nur Gelegenheitsjobs."

M4 *Eine feste Arbeitsstelle ist schwer zu finden.*

	Spanien	Andalusien
Beschäftigte	22 954 600	4 040 000
Arbeitslose	5 610 400	1 404 600
Arbeitslosenquote	24 %	35 %
davon in den Altersgruppen:		
16–19 Jahre	69 %	68 %
20–24 Jahre	50 %	61 %

(Quelle: Anuario Estadístico de España 2015)

M5 *Spanien: Arbeitslosigkeit 2014*

www.diercke.de
100800-100-03

 D1-086
www.diercke.de

Die hohe Jugendarbeitslosigkeit in der Europäischen Union kostet Geld. Die Kosten (z. B. Sozialleistungen, entgangene Steuereinnahmen) werden auf rund 150 Mrd. Euro pro Jahr geschätzt.

Die EU bekämpft aus sozialen und wirtschaftlichen Gründen die Jugendarbeitslosigkeit zum Beispiel mit folgenden Programmen:

- **Jugendgarantie:** Jedem Arbeitslosen, der noch nicht 25 Jahre alt ist, soll spätestens vier Monate nachdem er die Schule verlassen hat oder arbeitslos geworden ist, ein Ausbildungsoder Arbeitsplatz, zumindest aber ein Praktikumsplatz, angeboten werden.

- **EURES (European Employment Services):** Für junge Menschen zwischen 18 und 30 Jahren, die einen Arbeitsplatz suchen. Unterstützt Unternehmen bei der Anwerbung junger Arbeitnehmer aus ganz Europa.

M6 *EU-Programme zur Bekämpfung der Jugendarbeitslosigkeit (Auswahl)*

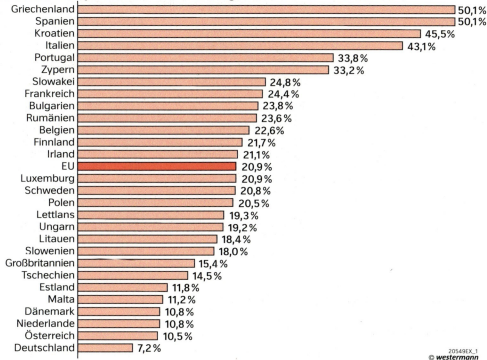

Arbeitslosenquote der 15- bis 24-Jährigen (ohne Schüler und Studenten)

Griechenland	50,1%
Spanien	50,1%
Kroatien	45,5%
Italien	43,1%
Portugal	33,8%
Zypern	33,2%
Slowakei	24,8%
Frankreich	24,4%
Bulgarien	23,8%
Rumänien	23,6%
Belgien	22,6%
Finnland	21,7%
Irland	21,1%
EU	20,9%
Luxemburg	20,9%
Schweden	20,8%
Polen	20,5%
Lettlans	19,3%
Ungarn	19,2%
Litauen	18,4%
Slowenien	18,0%
Großbritannien	15,4%
Tschechien	14,5%
Estland	11,8%
Malta	11,2%
Dänemark	10,8%
Niederlande	10,8%
Österreich	10,5%
Deutschland	7,2%

20549EX_1
© **westermann**

M7 *Jugendarbeitslosigkeit in den Ländern der EU 2015*

Altersgruppe	1990	1995	2000	2005	2010
16–19	37	51	34	29	61
20–24	31	40	24	15	39
25–54	13	20	12	8	18
55 und älter	8	11	9	5	13

M8 *Spanien: Arbeitslosigkeit nach Altersgruppen (in %)*

❶ Vergleiche die Jugendarbeitslosenquote Spaniens mit der von Deutschland und anderen europäischen Ländern (M7).

❷ Erörtere, ob deiner Meinung nach die Jugendarbeitslosenquote oder der Jugendarbeitslosenanteil besser geeignet ist, um die Jugendarbeitslosigkeit zu beschreiben (M7, Internet).

❸ ◖?◗ Werte die Tabelle zur Arbeitslosigkeit in Spanien aus (M8).

❹ Arbeite wesentliche Merkmale des spanischen Arbeitsmarktes heraus (M2, M4, M5, M8 und Atlas).

❺ ◁ **Wähle aus:**
A Stelle die EU-Jugendgarantie dar (M6, Internet).
B Erläutere das EU-Programm EURES zur Bekämpfung der Jugendarbeitslosigkeit in Europa (M6, Internet).

❻ Erstellt ein Fließdiagramm zur zukünftigen Entwicklung der Gebiete, aus denen arbeitslose Jugendliche wegziehen. Beachtet mögliche Auswirkungen auf die Bevölkerungsentwicklung und auf die Wirtschaft. Arbeitet in Gruppen.

❼ Pedro Alvares ist verzweifelt (M4). Entwickelt Vorschläge, wie der junge Spanier eine feste Arbeitsstelle bekommen könnte.

Statistiken interpretieren

Länder im Vergleich

Deutschland, Frankreich, Irland, Portugal, Polen, Bulgarien, Estland … Jeder EU-Staat ist anders. Dies gilt für die Größe der Länder, die Bevölkerungszahl, die Wirtschaft (z. B. den Außenhandel) und andere Bereiche (M1).

Länder können mithilfe von Merkmalen (Indikatoren) beschrieben werden. Anhand von Statistiken lassen sich Gemeinsamkeiten und Unterschiede zwischen den EU-Ländern herausarbeiten. Dabei ist zu beachten, um welche Art von Zahlen es sich handelt.

In der EU gibt es zum Beispiel wirtschaftlich starke und weniger starke Länder. Ein Indikator für die Wirtschaftskraft eines Landes ist das **Bruttoinlandsprodukt (BIP)**. Länder mit einem hohen Bruttoinlandsprodukt, das heißt wirtschaftlich starke **Aktivräume**, liegen neben Ländern mit einem niedrigeren Bruttoinlandsprodukt, den wirtschaftlich schwachen **Passivräumen**. Regionale Unterschiede bestehen zwischen den im **Zentrum** der EU und den an der **Peripherie**, am Rand der EU gelegenen Ländern.

Achtung Zahlen!

Die Zahlen, die in Tabellen am häufigsten verwendet werden, sind sogenannte **absolute Zahlen**. Sie geben Größen (z. B. die Fläche eines Landes) an und Mengen (z. B. die Zahl der Einwohner eines Landes). Die Zahl der Einwohner eines Landes sagt an sich jedoch wenig aus, wenn man nicht die Größe des Landes zum Vergleich heranzieht. Ob 10 Mio. Einwohner in einem Land mit einer Fläche von 10 oder 20 Mio. km² leben, macht einen wesentlichen Unterschied. Deshalb nutzt man **relative Zahlen**, die aus absoluten Zahlen errechnet werden. Relative Zahlen drücken immer ein Verhältnis aus, zum Beispiel die Zahl der Einwohner pro Quadratkilometer (Ew/km²) oder das Bruttoinlandsprodukt pro Kopf (BIP/Ew).

Relative Zahlen sind sehr aussagekräftig. Doch man sollte vorsichtig sein, wenn man sie verwendet. Sie können schnell zu falschen Aussagen verleiten. Zum Beispiel ist die Tschechoslowakische Republik dichter besiedelt als das Land Polen (siehe M1). Daraus abzuleiten, dass in Tschechien auch mehr Menschen leben, wäre jedoch falsch. Relative und absolute Zahlen können auf den ersten Blick durchaus widersprüchlich sein.

Land	Fläche in km²	Einwohner in Mio.	BIP/Einwohner in €
Bulgarien	110 994	7,2	5 200
Dänemark	43 098	5,7	43 200
Deutschland	357 168	81,1	31 900
Estland	45 227	1, 3	12 100
Frankreich	543 965	64,3	30 700
Griechenland	131 957	11,5	18 500
Großbritannien und Nordirland	242 910	65,1	28 200
Irland	70 273	4,6	35 500
Italien	301 336	62,5	26 000
Niederlande	41 526	16,9	35 900
Luxemburg	2 586	0,6	80 300
Ungarn	93 030	9,8	9 900
Polen	312 685	38,5	19 600
Portugal	92 345	10,3	16 100
Schweden	449 964	9,8	40 800
Slowakei	49 034	5,4	12 800
Slowenien	20 253	2,1	17 600
Spanien	504 645	46,4	22 700

M1 *Statistik zu ausgewählten EU-Ländern*

Londoner Börse

M2 *In London, dem größten Finanzzentrum Europas, wird fast die Hälfte des BIP von Großbritannien und Nordirland erwirtschaftet.*

**Bruttoinlands-
produkt**

Das Bruttoinlands-
produkt (BIP) gibt den
Wert aller Güter und
Dienstleistungen an,
die von einer Volks-
wirtschaft während
eines Jahres in einem
Land erzeugt bzw. er-
bracht wurden. Das
BIP ist ein Indikator
für den Wohlstand
eines Landes und
wird deshalb häufig in
Statistiken verwendet.

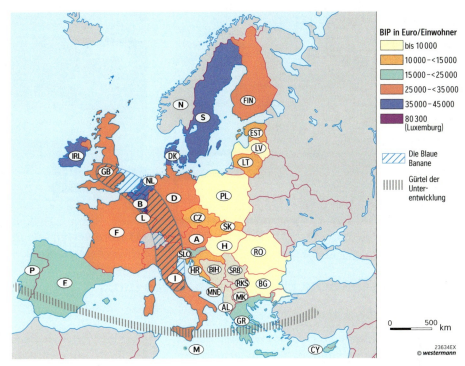

M3 *Reiche und arme Länder in der EU*

Vier Schritte zur Interpretation einer Statistik

1. Lege fest, welche Zahlen einer Statistik du inter-
pretieren willst (z. B. die Spalte zum BIP in M1).

2. Ordne die Zahlen zum BIP. Notiere die Länder
nach der Höhe des BIP (Länder mit einem
hohen, mittleren und niedrigen BIP, siehe M3).

3. Interpretiere die Statistik. Bestehen Zusammenhänge zwischen der Wirtschaftskraft und anderen Indikatoren? (Beispiele: Sind Länder mit einer
hohen Wirtschaftskraft auch Länder mit einer
hohen Bevölkerungszahl? Liegen die Länder mit
einem hohen BIP im Zentrum der EU? Liegen
Länder mit einer niedrigeren Wirtschaftskraft an
der Peripherie der EU? Siehe M3).

4. Fasse die Ergebnisse in einem kurzen Text
zusammen.

Das Modell der **Blauen Banane** wurde 1989 von dem
Franzosen Roger Brunet entwickelt. Er ging aufgrund
seiner Untersuchungen zur Wirtschaft in Europa davon
aus, dass die „Banane" die Aktivräume im Zentrum Europas abdeckt, in denen rund 40 Prozent der EU-Bevölke-
rung leben. Die Passivräume konzentrieren sich seiner
Meinung nach an der Peripherie Europas, vor allem im
„Gürtel der Unterentwicklung" in Südeuropa.

Das Modell der „Blauen Banane" erleichtert das Verständnis komplizierter Zusammenhänge. Es vereinfacht
jedoch sehr stark. Das weit verbreitete Modell ist eine
Hilfe bei der Beschreibung des Entwicklungsstandes der
Länder Europas, zum Beispiel in Bezug auf die Wirtschaftskraft der Länder.

M4 *Modell der „Blauen Banane"*

B 🟦❓ Erläutere den
Begriff „Gürtel der Unterentwicklung" (M1, M3).

❸ Interpretiere die Sta-
tistik M1 nach den vorge-
gebenen Schritten. Ent-
scheide dich für eine Frage im Punkt 3.

❹ Entwickle ein eigenes
Modell zur Wirtschafts-
kraft in Europa. Lege
dazu Transparentpapier
auf M3. Trage die Aktiv-
räume in Form einer geo-
metrischen Figur ein.
Markiere außerdem den
Raum der wirtschaftlich
schwächsten Länder.

❶ In M1 sind absolute
und relative Zahlen dar-
gestellt. Begründe.

❷ 🔙 **Wähle aus:**
A Nenne je drei EU-Länder mit einem hohen und
niedrigen BIP pro Ein-
wohner (M1, M3).

D1-085
www.diercke.de
www.diercke.de
100800-099-02
243

10132 Ew/km²
NEET (siehe S. 240) 4,7 %
Arbeitslosenquote 7,4 %

M1 *Inner London – die wirtschaftsstärkste EU-Region*

44 Ew/km²
NEETS (siehe S. 240) 34,0 %
Arbeitslosenquote 14,0 %

M3 *Nordwesten von Bulgarien – die wirtschafts-schwächste EU-Region*

Starke und schwache EU-Regionen – was tun?

Hilfe für die Schwachen

Unterschiede bestehen nicht nur zwischen den EU-Mitgliedsstaaten sondern auch innerhalb der einzelnen Länder. Es gibt wirtschaftlich starke und schwache Regionen, Regionen in denen die Bevölkerung wächst, und solche, in denen sie schrumpft. Die Regionen unterscheiden sich auch in anderen Bereichen wie der Schulbildung oder Gesundheitsversorgung.

In Inner London haben zum Beispiel Zentralen weltwirtschaftlicher Unternehmen, die Rohstoff- und Metallbörse, 500 Auslandsbanken, Versicherungen und sonstige Finanzdienstleister, Auktionshäuser und internationale Makler ihren Sitz. Dagegen ist die bulgarische Region im Nordwesten wirtschaftlich am wenigsten entwickelt.

Dort lebt jeder vierte Einwohner in Armut (Einkommen unter 60 % des EU-Durchschnitts). Die EU will die bestehenden **regionalen Disparitäten** und **sozialen Disparitäten** abbauen. In den Regionen sollen gleichwertige Lebensbedingungen und Lebenschancen für die Bevölkerung geschaffen werden. Neue Arbeitsplätze sollen entstehen, der Klimawandel soll bekämpft und die Armut verringert werden. Im Rahmen ihrer **Regionalpolitik** fördert die EU deshalb unter anderem den Ausbau der Infrastruktur, die Gründung neuer Unternehmen und Projekte zur Verbesserung der Umweltqualität. Dafür stellt sie im Zeitraum 2014 bis 2020 rund 350 Mrd. € zur Verfügung.

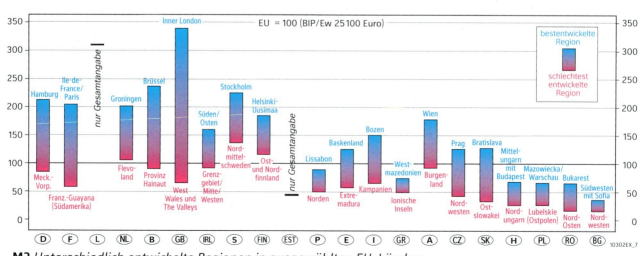

M2 *Unterschiedlich entwickelte Regionen in ausgewählten EU-Ländern*

www.diercke.de
100800-100-02

 D1-086
www.diercke.de

Die Diesel stehen still

Bisher erfolgte die Stromversorgung auf den Aran- und Galway-Inseln mit alten Dieselgeneratoren. Häufige Ausfälle und Überlastungen machten zum Beispiel Wäschewaschen und Teekochen zum Glücksspiel.

Mit EU-Hilfe wurden einige der Inseln mittlerweile über ein 40 km langes Unterwasserkabel an das irische Stromversorgungsnetz angeschlossen. Die Kabelverlegung erfolgte satellitengestützt von einem Spezialschiff aus. Dadurch stehen dem Einsatz von Computern, landwirtschaftlichen Maschinen oder Industriemaschinen keine Hindernisse mehr im Weg. Auch eine nachhaltige Entwicklung des Tourismus in der Region ist nun möglich. Gesamtkosten: 6,45 Mio. €; EU-Zuschüsse: 3,04 Mio. €

M4 *EU-Maßnahme in Irland*

Windkraft – nachhaltige Energiegewinnung

Zwischen 2006 und 2013 werden in Deutschland unterschiedliche Projekte, insbesondere im Osten, mit 26,3 Milliarden Euro unterstützt. In den unterstützten Regionen leben etwa 33 Millionen Menschen. Ein Punkt ist dabei die Förderung von nachhaltiger Energiegewinnung (auf dem Foto der in diesem Rahmen geförderte „Windpark Teutoburger Wald" bei Paderborn).

M5 *EU-Maßnahmen in Deutschland*

INTERNET

Viele Maßnahmen in den einzelnen Regionen findest du in der Datenbank der EU zur Regionalpolitik:

www.europa.eu.int/comm/regional_policy/projects/stories/index_de.cfm

Straßen für Tourismus und Industrie

Nach dem Beitritt Lettlands im Zuge der Osterweiterung der EU erhält das Land nun Mittel zur Modernisierung seiner Infrastruktur, um international konkurrenzfähig zu sein. Gleichzeitig arbeitet man mit anderen Ostsee-Staaten zusammen an einem übergreifenden Konzept für den Ostseetourismus.

M6 *EU-Maßnahmen in Lettland*

❶ Wähle aus:
Nutze das Internet (ec.euro.eu/eurostat/cache/rsi) und den Atlas.
A Fertige eine Tabelle mit aussagekräftigen Indikatoren zu den Regionen Inner London / Großbritannien und Nordwesten / Bulgarien an (M1 – M3). Werte die Tabelle aus.

B Arbeite regionale und soziale Disparitäten in der EU anhand je einer Region aus drei Ländern heraus.

❷ Stelle die Ziele der EU-Regionalpolitik dar (Text, Internet/Stichwort EG-Vertrag 1998, Artikel 158 und 160).

❸ Erläutere mögliche Auswirkungen der EU-Maßnahmen M4 – M6.

❹ Überzeuge deine Klasse in einem Kurzvortrag von der Notwendigkeit der EU-Regionalpolitik. Schreibe deine Argumente auf Tonpapier.

Projekt-Vorschlag: Regionen im Vergleich

1. Vergleicht das Leben und Arbeiten bei euch mit dem in zwei anderen europäischen Orten (z. B. Catania, Narvik).
Vergleicht den Naturraum, die Reise- und Arbeitsmöglichkeiten, die Wirtschaftskraft und mögliche Förderungen durch die EU. (Nutzt den Atlas, z. B. Karten „Europäische Union").

2. Präsentiert euer Ergebnis vor der Klasse.

3. Diskutiert: Wo in der EU außerhalb Deutschlands könntet ihr euch vorstellen, für eine Zeit zu leben? Begründet eure Meinungen.

Handel in der EU – schrankenlos

◁ **M3** *Häfen sind bedeutende Handelsplätze in der EU. Der Hamburger Hafen ist nach Rotterdam und Antwerpen der größte Hafen in Europa (Güterumschlag 2014: 145 Mio. t). Handelsbeziehungen bestehen zu 950 Häfen in 180 Ländern der Welt.*

28 Länder, ein gemeinsamer Markt

Die Verwirklichung des **EU-Binnenmarktes** 1993 und die Einführung einer gemeinsamen Währung 2002, des Euro, waren Meilensteine der wirtschaftlichen Integration in Europa. Heute ist der europäische Binnenmarkt mit seinen 28 Ländern und rund 500 Mio. Einwohnern einer der größten Wirtschaftsräume der Welt. Er ist mit einem großen Land vergleichbar, in dem ungehindert Handel getrieben werden kann. Die Zahl der Arbeitskräfte in der EU ist allein wegen des Binnenmarktes um rund 5 Mio. gestiegen.

Zusätzliche Wachstums- und Beschäftigungsimpulse erhofft sich die EU durch **Freihandelsabkommen**. So sind zum Beispiel nach Abschluss eines solchen Abkommens mit Südkorea 2011 die EU-Exporte in den ersten drei Jahren um ein Drittel auf 40 Mio. € gestiegen. Mit jeder Million, um die die EU-Exporte zunehmen, werden in der EU rund 550 zusätzliche Arbeitsplätze geschaffen.

INFO

Freihandelsabkommen

Durch ein Freihandelsabkommen wird vereinbart, dass Handelsbeschränkungen wie Zölle oder mengenmäßige Beschränkungen von Handelsprodukten beim Export und Import teilweise oder ganz aufgehoben werden.

NAFTA
(Nordamerikanische Freihandelszone)
371
250

EAWU
(Eurasische Wirtschaftsunion)
110
206

ASEAN
(Verband Südostasiatischer Nationen)
79
101

MERCOSUR
(Gemeinsamer Südamerikanischer Markt)
51
45

☐ EU-Exporte in Mrd. €   ☐ EU-Importe in Mrd. €

23641EX   © **westermann**

M1 *EU-Handel 2014 mit anderen Wirtschaftsbündnissen*

Exporte insgesamt:	4 636 Mrd. €	Importe insgesamt:	4 529 Mrd. €
davon: in Länder der EU	2934 Mrd. € (63 %)	*davon:* innerhalb der EU	2 849 Mrd. € (63 %)
in Nicht-EU-Länder	1702 Mrd. € (27 %)	aus Nicht-EU-Ländern	1680 Mrd. € (27 %)
davon: USA	311	*davon:* China	303
China	165	USA	205
Schweiz	140	Russland	182
Russland	103	Schweiz	97
Türkei	75	Norwegen	84
Japan	53	Japan	55
Norwegen	50	Türkei	54
Südkorea	43	Südkorea	39
Vereinigte Arabische Emirate	43	Indien	37
Brasilien	37	Brasilien	31
Indien	36	Algerien	29
Saudi-Arabien	35	Saudi-Arabien	29

M2 *Die wichtigsten Handelspartner der EU 2014*

Europa – Einheit und Vielfalt

Ausfuhr (1 134 Mrd. Euro)

42,0 (36,6) 58,0

Einfuhr
(917 Mrd. Euro)

41,8 (38,3) 58,2

■ EU-Länder
gesamt

▨ Eurozone

■ Drittländer (nicht EU-Länder)

Angaben in %
© westermann 23642EX

M4 *Deutschlands Außenhandel 2014*

Durch den EU-Binnenmarkt werden alle Grenzhindernisse für Menschen, Waren, Dienstleistungen und Kapital beseitigt.

Keine Grenzen für Menschen
EU-Bürger können sich ohne Kontrollen innerhalb der Binnengrenzen bewegen. Überall in der EU genießen Arbeitnehmer gleiche Rechte.

Keine Grenzen für Waren
Waren zirkulieren frei in der ganzen Gemeinschaft, so als hätte es Grenzen nie gegeben. Zeitvergeudungen, Steuerhürden, unterschiedliche Vorschriften, die Papierflut – alles gehört der Vergangenheit an.

Keine Grenzen für Kapital
Jeder darf in der Gemeinschaft sparen und investieren, wo es ihm am vorteilhaftesten erscheint. Von einem Mitgliedsland ins andere können Geldbeträge ohne Beschränkung mitgeführt werden.

Keine Grenzen für Dienstleistungen
Dienstleistungsunternehmen, wie zum Beispiel Versicherungen und Banken, können in der ganzen Gemeinschaft vertreten sein, und die Verbraucher können das jeweils beste Angebot wählen.

8255E_4 © Globus 9935

M7 *Europäischer Binnenmarkt – die „vier Freiheiten"*

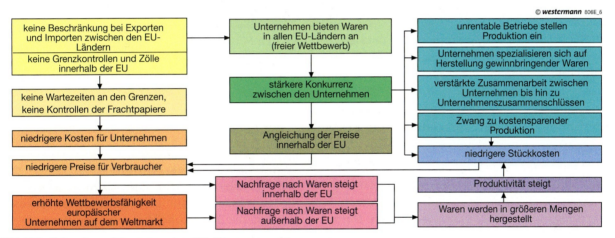

© westermann 806E_6

M5 *Mögliche Auswirkungen des EU-Binnenmarktes*

Die EU und die USA verhandeln seit 2013 über ein transatlantisches Freihandelsabkommen, das TTIP (Transatlantik Trade and Investment Partnership). Wirtschaftswissenschaftler sagen voraus, dass durch dieses Abkommen der Handel in den EU-Ländern um bis zu 90 Prozent ansteigen wird. Sie rechnen mit 400 000 neuen Arbeitsplätzen, davon 110 000 in Deutschland, einem größeren und breit gefächerten Angebot von Produkten in den EU-Ländern sowie niedrigeren Verbraucherpreisen.
Kritiker sind der Meinung, dass durch das Freihandelsabkommen Arbeitsplätze verloren gehen. Sie verweisen auf die 1994 gegründete Nordamerikanische Freihandelszone NAFTA, durch die in den USA 1 Mio. Menschen ihren Arbeitsplatz verloren und die Löhne gesunken sind.

M6 *Freihandelsabkommen zwischen der EU und den USA – Chance oder Risiko?*

❶ Beschreibe die Handelbeziehungen der EU (M1, M2).

❷ Erläutere den Begriff „EU-Binnenmarkt" (M5, M7).

❸ ⬅ **Wähle aus:**
A Nenne Beispiele, wie sich der EU-Binnenmarkt für dich und deine Familie auswirkt (M5, M7).
B Stelle dar, wie sich der EU-Binnenmarkt auf die Wirtschaft auswirken kann (M5, M7).

❹ ◀?▶ Beurteile das Freihandelsabkommen TTIP (M6; Internet/Stichwort: Streitpunkt TTIP).

❺ Gestaltet Wandzeitungen zum Thema „Der EU-Binnenmarkt – ein starkes Argument für die Zusammenarbeit in Europa". Präsentiert eure Arbeitsergebnisse.

Umweltbelastung kennt keine Grenzen

Jährlich fließen mit dem Rheinwasser in die Nordsee:		
Seltene Erden		insgesamt 7 t
davon:	Lanthan	5,7 t
	Gadolinium	730 kg
	Samarium	584 kg

M1 *70 000 Schiffe aus Ländern der EU passieren jährlich den Mittelrhein zwischen Koblenz und Bingen. Den Fluss wirtschaftlich optimal zu nutzen und ihn gleichzeitig möglichst gut zu schützen – das ist nur in internationaler Kooperation möglich.*

M2 *Belastung des Rheins durch Seltene Erden*

International genutzt, verschmutzt und geschützt – der Rhein

„Es begann mit dem Ausbau zur Wasserstraße. Dann folgte der Kohlebergbau. Am Ende stand die chemische Industrie. In nur zweihundert Jahren ist der Rhein in den Niederlanden, Deutschland und Frankreich zur Kloake geworden. Daran werden auch die zahlreichen Renaturierungsprojekte wenig ändern."

(Mark Cioc: Der geopferte Rhein. In: Bundeszentrale für politische Bildung 2012. www.bpb.de/geschichte/zeitgeschichte/geschichte-im-fluss; Zugriff 23.09.2015)

Der Rhein ist einer der wichtigsten europäischen Transportwege. Dutzende Kraftwerke nutzen ihn zur Kühlung. Zehntausenden Industriebetrieben und Millionen Haushalten dient er zur Wasserversorgung und -entsorgung.

Deshalb hat sich die Wasserqualität stetig verschlechtert. Gegen Ende des 20. Jahrhunderts hatte die Verschmutzung ein solches Maß erreicht, dass es im Fluss kaum noch Fische gab. Nur durch die Zusammenarbeit aller Rheinanliegerstaaten konnte eine ökologische Katastrophe abgewendet werden: Hunderte kommunale Kläranlagen wurden im Einzugsgebiet gebaut, die Einleitung industrieller Abwässer wurde stark beschränkt und der Einsatz von Mineraldünger

in der Landwirtschaft begrenzt. Zudem richtete man ein Alarmsystem für Notfälle ein. Kommt es zum Beispiel bei einem Unfall zu einer gefährlichen Wasserverschmutzung, können in kürzester Zeit alle Städte und Wasserwerke stromabwärts gewarnt werden.

Trotz aller Bemühungen ist auch heute der Rhein noch verschmutzt: mit unterschiedlichsten organischen und anorganischen Stoffen, mit kleinsten Plastikteilchen und mit Müll. Nach neuesten Untersuchungen der Universität Bremen ist er weltweit der Fluss, der am stärksten mit **Seltenen Erden** belastet ist. Diese gelangen als Emissionen aus Klärwerken und Industriebetrieben ins Wasser. Als Rohstoffe sind sie sehr begehrt, als Wasserverunreinigung gefährlich. Zudem ist der Fluss so stark erwärmt, dass seine Selbstreinigungskraft leidet. Eine geschlossene Eisdecke kennt man am Rhein nur noch aus den Geschichtsbüchern.

Das Artensterben konnte zwar gestoppt werden, doch von einer wirklichen Renaturierung ist man noch weit entfernt – wenn sie angesichts der vielen konkurrierenden Nutzungen überhaupt möglich ist.

M3 *Nachdem der Rhein einst als größter „Lachs-fluss" Europas galt, war dieser Fisch im Rhein ab den 1960er-Jahren ausgestorben. 1986 beschlossen die Rheinanliegerstaaten, die Verschmutzung des Flusses nachhaltig zu bekämpfen und ihn auf weiten Strecken zu renaturieren. Damit sollten auch wieder Lachse im Rhein leben können. Wissenschaftler gehen davon aus, dass nach 2020 wieder Lachse im gesamten Rhein heimisch sind.*

INFO

EU-Umweltpolitik

Etwa drei Viertel aller nationalen Umweltgesetze gehen auf Vorgaben der EU zurück. Die einzelnen Staaten setzen diese in nationales Recht um.
Die *Europäische Umweltagentur* ist dafür verantwortlich, dass Politiker und Bürger stets Informationsmöglichkeiten erhalten. Sie betreibt zum Beispiel ein *Wasser-Informationssystem für Europa*.
Daneben gibt es zahlreiche länderübergreifende Arbeitsgemeinschaften zu bestimmten Themen wie zum Beispiel die *Internationale Kommission zum Schutz des Rheins (IKSR)*.

1 a) Erstelle ein Wirkungsgefüge zu den Belastungen des Rheins und den wichtigsten Verursachern (Emittenten).

b) Beschreibe die biologische Gewässergüte und die Gewässerstrukturgüte des Rheins und seiner Nebenflüsse (Atlas, Karten: Biologische Gewässergüte, Gewässerstrukturgüte).

Schöner als jedes Märchen

Kein Mensch war Zeuge. Nur eine Videokamera hielt den historischen Augenblick fest: In einem wasserdurchspülten, neonhellen Kontrollschacht, hinter einer sechs Zentimeter dicken Glasscheibe, huschte bei Stromkilometer 334 ein majestätischer Lachs rheinaufwärts – am 10. Juni 2000, Punkt 14:28 Uhr.

„Freudig erregt" reagierte Ingo Nöthlich auf diese Entdeckung. Der Biologe, der die elektronische Wacht am Rhein kontrolliert, hatte Anlass zum Frohlocken: Wohl nie zuvor in den vergangenen Jahrzehnten hatte ein südwärts schwimmender Lachs aus eigener Kraft den kritischen Punkt, die Staustufe beim badischen Iffezheim, überwunden.

In den sechziger Jahren galt der Lachs, von Anglern als „König der Fische" verehrt, in Deutschland als ausgerottet – Folge eines „heute unfassbaren Wahnsinns im Umgang mit der Umwelt", so Werner Meinel, Präsident des Verbandes Deutscher Sportfischer (VDSF): „Damals haben viele unserer Flüsse mehr Chemie- und Kloaken-Cocktail enthalten als Wasser." [...]

(Jürgen Bölsche. In: Der Spiegel 35/28.08.2000)

M4 *Pressebericht aus dem Jahr 2000*

2 Recherchiere und beurteile das Informationsangebot der IKSR für Jugendliche (Internet).

3 Die Umweltpolitik der EU erstreckt sich auf viele Themen- und Problemfelder. Recherchiere dazu im Internet auf den Seiten der Europäischen Umweltagentur, des Bundes-Umweltministeriums BMUB und der IKSR. Wähle einen Themenbereich aus:
a) Wasser;
b) Abfall und Materialressourcen;
c) Biologische Vielfalt;
d) Luftverschmutzung.

4 **Wähle aus:**
A Verfasse einen Brief an deinen EU-Abgeordneten. Schreibe darin, in welchem Bereich der Umwelt du den dringendsten Handlungsbedarf siehst.
B Verfasse (allein oder in Partnerarbeit) ein Umwelt-Programm 2020: Welche Themen sollten bis dahin dringend in Angriff genommen werden?

INTERNET

Die Internationale Kommission zum Schutz des Rheins bietet ein reichhaltiges Informationsangebot für Erwachsene und Jugendliche:
www.iksr.org

Klimaschutz – dasselbe Ziel, unterschiedliche Maßnahmen

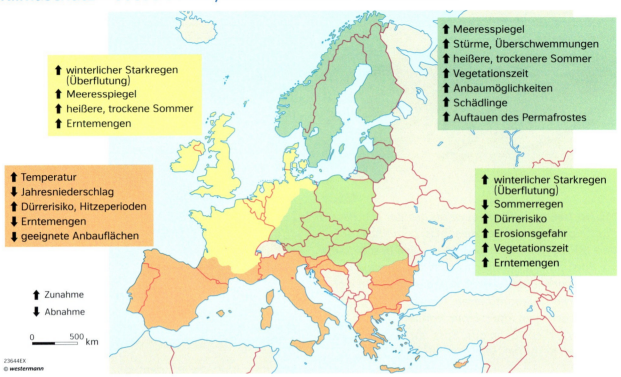

winterlicher Starkregen (Überflutung)
- ↑ winterlicher Starkregen (Überflutung)
- ↑ Meeresspiegel
- ↑ heißere, trockene Sommer
- ↑ Erntemengen

- ↑ Meeresspiegel
- ↑ Stürme, Überschwemmungen
- ↑ heißere, trockenere Sommer
- ↑ Vegetationszeit
- ↑ Anbaumöglichkeiten
- ↑ Schädlinge
- ↑ Auftauen des Permafrostes

- ↑ Temperatur
- ↓ Jahresniederschlag
- ↑ Dürrerisiko, Hitzeperioden
- ↓ Erntemengen
- ↓ geeignete Anbauflächen

- ↑ winterlicher Starkregen (Überflutung)
- ↓ Sommerregen
- ↑ Dürrerisiko
- ↑ Erosionsgefahr
- ↑ Vegetationszeit
- ↑ Erntemengen

↑ Zunahme
↓ Abnahme

0 — 500 km

23644EX
© westermann

M1 *Auswirkungen des Klimawandels in Ländern der Europäischen Union*

„Die EUA [Europäische Umweltagentur] hat Vorausschätzungen der Mitgliedsstaaten der Europäischen Union analysiert: Danach dürfte die EU die Treibhausgasemissionen bis 2020 um mindestens 21 % gegenüber den Werten des Jahres 1990 reduzieren und somit ihre Vorgabe von 20 % noch übertreffen. 2012 betrug der Anteil der Energie aus erneuerbaren Quellen 14 % des Endenergieverbrauchs; dies bedeutet, dass sich die EU auch diesem Ziel, bis 2020 20 % der Energie aus erneuerbaren Quellen zu gewinnen, rascher nähert als geplant.

Die Betrachtung der einzelnen Mitgliedsstaaten ergibt ein uneinheitlicheres Bild als die Analyse auf EU-Ebene. Neun Länder kommen [...] gut voran [...] Bei drei Mitgliedsstaaten besteht jedoch das Risiko, dass sie [...] geltenden Ziele [...] verfehlen könnten; und bei sechs Mitgliedsstaaten deuten die voraussichtlichen Treibhausgas-Emissionswerte darauf hin, dass sie ihre für das Jahr 2020 gesteckten Ziele mit eigenen politischen Strategien und Maßnahmen nicht erreichen werden."

(Nach: Europäische Umweltagentur: www.eea.europa.eu/de/pressroom/newsreleases/politische-weichen-fuer-eu-richtig; Zugriff: 23.9.2015)

M2 *Pressebericht aus dem Jahr 2014*

Wie die EU-Ziele umgesetzt werden, das können die einzelnen Mitgliedsstaaten weitgehend selbst entscheiden. Die Diskussion darüber, welcher Weg in der Energie- bzw. Umweltpolitik der Leitidee der Nachhaltigkeit am ehesten entspricht, ist in vollem Gange. Jedes Land hat andere Interessen und Sichtweisen. Und in jedem Land gibt es Interessensgruppen, die versuchen, die Politik in ihrem Sinne zu beeinflussen. Die einen versprechen neue Arbeitsplätze im Bereich der regenerativen Energien, die anderen warnen vor dem Verlust von Arbeitsplätzen bei der Schließung von Kohlekraftwerken oder Atomkraftwerken.

M3 *Karikatur*

Die Bundesrepublik setzt nach der atomaren Katastrophe von Fukushima (2011) ganz stark bei der Stromerzeugung auf regenerative Energien. Sie soll 2035 bei nahezu 60 Prozent liegen. Die Erzeugung von Strom aus Atomkraft endet im Jahr 2022. Der endgültige Ausstieg aus der Verstromung von Kohle soll bis 2045 ein Ziel sein. Bis zum Jahr 2020 sollen die CO_2-Emissionen gegenüber 1990 bereits um 40 Prozent gemindert sein.

M4 *Klimaschutz in der EU: Deutschland*

Frankreich hat als Reaktion auf die Ölkrisen von 1973 und 1979 konsequent auf Atomenergie gesetzt und erzeugt mehr als 80 Prozent des Stroms in Atomkraftwerken. Daher sind seine energiebedingten CO_2-Emissionen geringer als im EU-Durchschnitt. Nach Fukushima hat Frankreich aber auch beschlossen, seine Kapazitäten an Windenergie bis zum Jahre 2020 erheblich auszuweiten – allerdings ohne konkrete Festlegung!

M5 *Klimaschutz in der EU: Frankreich*

Großbritannien will die intensive Verstromung von Kohle mindestens bis zum Jahr 2040 beibehalten. Ob der Ausbau der Atomkraft die entstehende Lücke schließen wird oder ob dies regenerative Energieträger tun, ist im Land noch nicht entschieden.

M6 *Klimaschutz in der EU: Großbritannien*

INFO

„Zwei-Grad-Ziel"

Das „Zwei-Grad-Ziel" ist das wichtigste Ziel der internationalen Klimapolitik: Die globale Erwärmung soll auf weniger als 2 °C im Vergleich zum Beginn der Industrialisierung begrenzt werden. Seit 1850 beträgt die Erderwärmung 0,8 °C.
Dieses Ziel gilt seit 2010 als global akzeptierte politische Zielformulierung und geht auf einen Vorschlag der EU aus dem Jahr 1996 zurück.

„Es gibt wahrscheinlich weltweit keine einzige Branche, die nicht in irgendeiner Art und Weise von Veränderungen betroffen ist, die sich aus dem Klimawandel ergeben. Das ist ein Megatrend."

M7 *Zitat von Kevin Parker, Global Head der Deutsche Bank Asset Management, 2010*

1 a) Beschreibe und b) bewerte die Folgen des Klimawandels für Deutschland (M1).

2 Erläutere das 2-Grad-Ziel und die Vorgaben des europäischen Klimaschutzes (Info, M2).

3 „Ein Ziel – unterschiedliche Maßnahmen".
Wähle aus:
A Erkläre dies anhand der Karikatur M3 und des daneben stehenden Textes.
B Vergleiche die Maßnahmen zum Klimaschutz in Deutschland, Frankreich und Großbritannien (M4–M6).

4 ◀?▶ Erkläre anhand von drei Beispielen, inwieweit die europäische Klimapolitik in allen Bereichen nachhaltig ist.

5 „Europäische Klimapolitik – ein Erfolgsmodell?"
Wähle aus:
A Verfasse zu diesem Thema eine Presseveröffentlichung im Namen der Europäischen Umweltagentur.
B Schreibe einen Leserbrief aus deiner eigenen Sicht.

Transeuropäische Verkehrsnetze – effizient und nachhaltig

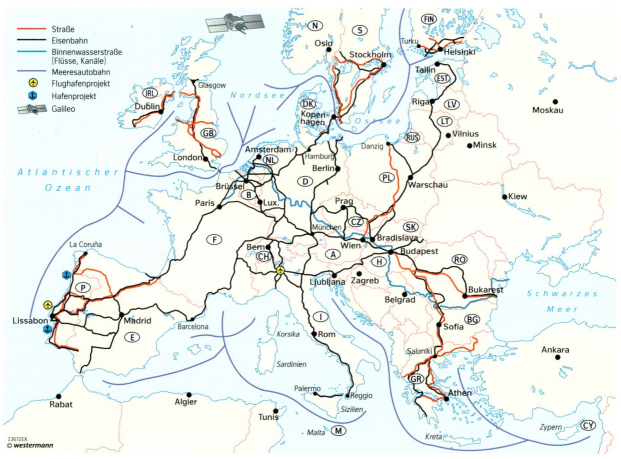

M1 *TEN – länderübergreifende Verkehrsachsen in Europa (Ausschnitt)*

Verkehrsflüsse lenken und vereinfachen

Drei unterschiedliche Spurweiten, zwanzig Sicherheitssysteme und fünf unterschiedliche Formen der Stromversorgung – der Bahntransport durch die Länder Europas ist nicht einfach. An vielen Grenzstationen müssen die Lokomotiven und die Fahrgestelle unter den Waggons ausgetauscht oder Güter umgeladen werden.

Das EU-Programm TEN (Trans-European Networks) will die Verkehrs- und Kommunikationsverbindungen grundlegend verbessern. Kern dieses Plans ist die Schaffung von leistungsfähigen Verkehrsachsen quer durch Europa. Dabei werden vor allem Eisenbahnlinien und Schifffahrtswege so ausgebaut, dass sie konkurrenzfähiger zu anderen Verkehrsträgern werden. Die Lenkung der Verkehrsströme erfolgt mit dem neuen europäischen Satellitennavigationssystem Galileo.

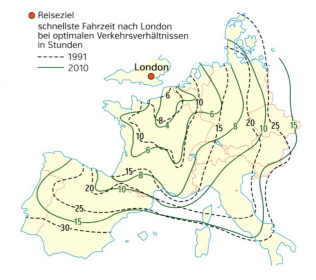

M2 *Reisezeiten nach London*

www.diercke.de
100800-085-05

 D1-077
www.diercke.de

M3 *Das Navigationssystem Galileo basiert auf 30 Satelliten, die bis 2020 in 23 260 km Höhe über der Erde installiert sein sollen. Galileo ist dann eine Alternative zum amerikanischen GPS.*

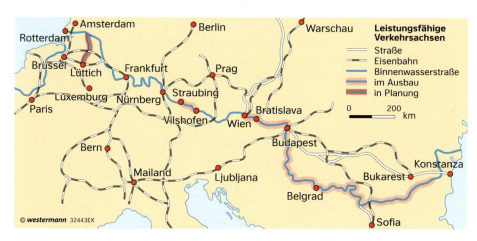

Leistungsfähige Verkehrsachsen
— Straße
- - - Eisenbahn
— Binnenwasserstraße
— im Ausbau
— in Planung

0 — 200 km

© westermann 32443EX

◁ **M4** *Zwischen Rotterdam und dem Schwarzen Meer soll die Tiefe der Wasserstraße auf mindestens 2,50 m ausgebaut werden.*

Den Verkehr nachhaltig gestalten

Durch die Maßnahmen des TEN können Personen und Güter wesentlich schneller, kostengünstiger und umweltschonender quer durch Europa transportiert werden. Industrie- und Siedlungsgebiete werden enger vernetzt, Europa wächst zusammen.

Dabei hält sich der Landschaftsverbrauch durch den Neubau von Verkehrswegen in Grenzen: Es werden weniger neue Strecken gebaut, sondern die bestehenden durch Ausbau und eine verbesserte Logistik effizienter genutzt werden.

So werden im Schienenverkehr Schnellbahntrassen gebaut und die Sicherheitssysteme angeglichen. Für den Schiffsverkehr werden Flüsse und Kanäle zu solchen Wasserstraßen ausgebaut, die durchgängig für große Schiffe (3000 t) befahrbar sind.

❶ Verfolge eine der von Nord nach Süd verlaufenden Verkehrsachsen des TEN (M1). Nenne die Staaten und Ballungsräume, die davon profitieren (Atlas).

❷ ◖?◗ Durch den Ausbau der Verkehrsträger haben sich die Reisezeiten in Europa verändert. Erkläre dies an zwei Beispielen aus M2.

❸ Berichte: Welche Flüsse, Meere und Staaten werden von der Binnenwasserstraße Rhein-Main-Donau verbunden (M4)?

❹ ◖◄◗ **Wähle aus:**

A Erkläre, wieso das TEN-Programm einen Beitrag zur Nachhaltigkeit in Europa liefern kann (M1–M4).

B Erstelle ein Schaubild, in dem du die ökologischen, die wirtschaftlichen und die sozialen Folgen des TEN darstellst.

D1-078
www.diercke.de

www.diercke.de
100800-086-01

253

Grenzübergreifendes Projekt: Euregio Maas-Rhein

Je lis
Ich lese
Ik lees

◁ **M3** *Beim „Euregio-Schüler-Literaturpreis" in der Euregio Maas-Rhein treten jeweils zwei aktuelle Werke des deutschen, französischen und niederländischen Sprachraums in einen Wettbewerb.*

Euregios – Zusammenarbeit macht stark

Die Gebiete an den Grenzen eines Staates sind oft benachteiligt. Sie liegen fernab der politischen und wirtschaftlichen Zentren und verfügen über eine geringe Wirtschaftskraft. Um die Wettbewerbsfähigkeit zu stärken und den Kontakt zwischen den Menschen an den Ländergrenzen zu fördern, wurden in der EU die grenzüberschreitenden **Euregios** geschaffen. Inzwischen gibt es entlang der deutschen Grenzen eine lückenlose Kette von Euregios, die sich die grenzüberschreitende Zusammenarbeit zur Aufgabe gemacht haben. Die EU unterstützt mit dem Programm INTERREG ausgewählte Projekte.

Im Dreiländereck von Belgien, Deutschland und den Niederlanden liegt die Euregio Maas-Rhein (EMR). Hier schlossen sich die belgischen Provinzen Limburg und Lüttich, die deutschsprachige Gemeinschaft Belgien, die Regio Aachen sowie die niederländische Provinz Südlimburg zusammen. Die Euregio wird von der belgischen Stadt Eupen aus verwaltet.

Inzwischen haben sich in der EMR Industrieschwerpunkte, Dienstleistungs- und Forschungszentren herausgebildet. Begünstigt wird diese Entwicklung durch die Lage in der „Blauen Banane" (siehe S. 243).

M2 *Die Euregio Maas-Rhein (EMR)*

Provinzen der Euregio
- Provinz Limburg, Belgien, flämisch
- Provinz Lüttich, Belgien, französisch
- deutschsprachige Gemeinschaft Belgien
- Südlimburg, Niederlande, flämisch
- Regio Aachen, Deutschland, deutsch

© westermann 5663EX_5

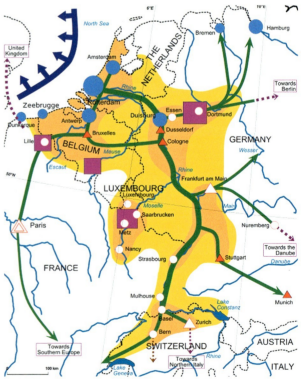

Main Transportation Corridor

→ Major axis (rivers, roads, rail)

→ Secondary axes

Maritime connections with the world

Other connections with Europe (tunnels, canals, etc.)

Major Ports
- Higher Importance Lower

Population and Industry
- High population density
- Major area of activity
- Major industrial area (pending reconversion)
- △ Major Population Center
- △ International City
- ▲ Regional Metropolis
- ○ Other Major City

M1 *Der mittlere Abschnitt der „Blauen Banane"*

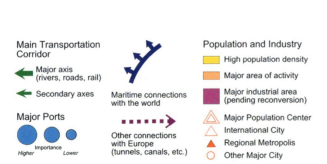

Europa – Einheit und Vielfalt

www.diercke.de
100800-072-01

D1-066
www.diercke.de

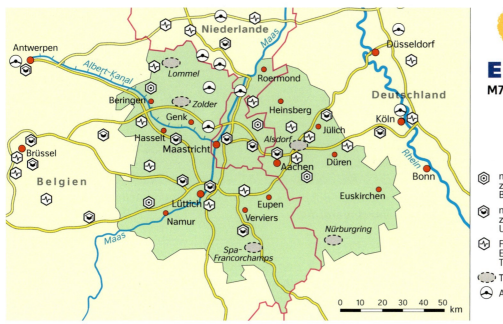

EUREGIO

M7 *Logo*

⬡ mit Automobilherstellern zusammenarbeitende Betriebe

⬡ mit Automobilherstellern zusammenarbeitende Universitäten

⬡ Forschungs- und Entwicklungszentren/ Testzentren

⬭ Test- oder Rennstrecke

⬡ Automobilhersteller

0 10 20 30 40 50 km

© *westermann* 23646EX

M4 *Das „Automotive-Cluster" der EMR. Hier sind Firmen und Organisationen vertreten, die in der Automobilbranche tätig sind.*

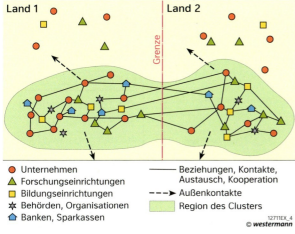

● Unternehmen

▲ Forschungseinrichtungen

■ Bildungseinrichtungen

✳ Behörden, Organisationen

⬠ Banken, Sparkassen

―― Beziehungen, Kontakte, Austausch, Kooperation

--➤ Außenkontakte

Region des Clusters

12711EX_4
© *westermann*

M5 *Modell eines grenzüberschreitenden Clusters*

INFO

Cluster

Im wirtschaftlichen Bereich sind Cluster räumliche Zusammenballungen und Vernetzungen von Industrie-und Dienstleistungsunternehmen sowie Forschungseinrichtungen, die alle im Bereich einer bestimmten Branche tätig sind. Sie werden oft durch wirtschaftliche oder staatliche Organisationen unterstützt und profitieren durch eine enge Zusammenarbeit.

Ziele der Projektpartner im Dreiländereck

- Die Arbeitsplätze in der Region sollen erhalten bleiben.

- Die Euregio soll als starke Automobilregion bekannt werden.

- Den Absolventen der technischen Hochschulen und anderen Personen soll die Euregio als attraktiver Ort für ihre Karriere vorgestellt werden.

- In der Euregio soll die Bildung von Kompetenzzentren sowie Forschungs- und Technologievorhaben grenzüberschreitend gefördert werden.

M6 *Ziele des „Automotive-Clusters"*
(ein INTERREG-gefördertes Projekt)

❶ Erstelle ein Informationsblatt über die Partnerregionen der EMR (M2; Internet: www.euregio-mr.com/de/partnerregionen).

❷ 💬 Stelle in einem Schaubild dar, welche Beziehungen zwischen den Mitgliedern des „Automotive-Clusters" sein können (M4, M5).

❸ ◄ **Wähle aus:**

A Liste die Vorteile der EMR auf, die sie wegen ihrer Lage in der „Blauen Banane" hat (M1, M2).

B Erstelle eine Prognose über die wirtschaftlichen und sozialen Entwicklungschancen des „Automotive-Clusters" (M6).

M1 *Lage der Türkei*

Die Türkei – zwischen Europa und Asien

M3 *Brücken über den Bosporus in Istanbul verbinden Asien (im Vordergrund) und Europa (im Hintergrund)*

Die Türkei – ein Brückenland

Nirgendwo ist die große Nähe zwischen Europa und Asien spürbarer als in Istanbul. Heute verbinden zwei Brücken und ein auf dem Meeresboden verankerter Bahntunnel die asiatischen und europäischen Stadtteile der Millionenstadt. 2013 wurde der Marmaray-Tunnel eröffnet, zunächst für den S-Bahn-Verkehr. Der Tunnel ist Teil der „Eisernen Seidenstraße", einer geplanten durchgehenden Bahnverbindung von London nach Peking. Für Europäer ist vor allem der asiatische Teil der Türkei mit seinen weiten Stränden und zahlreichen kulturellen Sehenswürdigkeiten ein beliebtes Reiseziel. Über 35 Millionen Europäer reisen jährlich als Touristen in die Türkei. Aus unseren Städten sind aber auch türkische Geschäftsleute heute nicht mehr fortzudenken. Türkisches Essen steht gleichberechtigt neben italienischem, griechischem oder spanischem. Über fünf Millionen Türken leben und arbeiten in Zentraleuropa, drei Millionen Menschen türkischer Herkunft allein in Deutschland. Davon sind etwa die Hälfte deutsche Staatsbürger.

Tunnel aus 11 Stahlbetonsegmenten

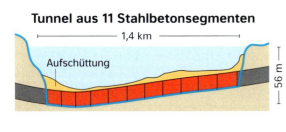

Tunnel „Marmaray"
Kosten: 5 Mrd. US-$
Bauzeit: 9 Jahre
vollständige Inbetriebnahme: 2017/18
gebohrte Länge: 9,8 km
gesamte Streckenlänge: 76,3 km
maximale Transportkapazität pro Fahrtrichtung und Stunde: 75 000 Passagiere
Höchstgeschwindigkeit: 100 km/h

INFO

Die Türkei und die EU

Ein möglicher EU-Beitritt der Türkei wird seit Gründung der EWG im Jahr 1958 diskutiert. Seit 1999 ist das Land offizieller Beitrittskandidat. Beitrittsverhandlungen der EU mit der Türkei finden seit 2005 statt.
Der Beitritt ist aber auf beiden Seiten nicht unumstritten – sowohl in der EU als auch in der Türkei. Von Gegnern werden unter anderem politische und kulturelle Argumente aufgeführt.

M2 *Das Marmaray-Projekt: Verbindung zwischen Europa und Asien*

256
www.diercke.de
100800-140-01

D1-127
www.diercke.de

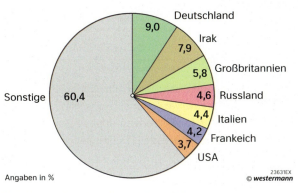

M4 *Exportländer der Türkei 2013*

Angaben in %

Deutschland 9,0
Irak 7,9
Großbritannien 5,8
Russland 4,6
Italien 4,4
Frankeich 4,2
USA 3,7
Sonstige 60,4

M8 *Außenhandel: Deutschland und Türkei*

Maschinen:
3 927 Mio.€ (2010)
4 360 Mio.€ (2013)

Kraftfahrzeuge:
3 383 Mio.€ (2010)
5 319 Mio.€ (2013)

16,2 Mrd. € (2010)
21,5 Mrd. € (2013)

Textilien:
3 458 Mio.€ (2010)
3 966 Mio.€ (2013)

Elektronik:
1626 Mio.€ (2010)
1372 Mio.€ (2013)

Elektronik:
644 Mio.€ (2010)
351 Mio.€ (2013)

9,9 Mrd. € (2010)
12,2 Mrd. € (2013)

Früchte:
425 Mio.€ (2010)
513 Mio.€ (2013)

M5 *Deutsche Geschäfte in der Türkei*

M6 *Türkischer Supermarkt in Deutschland*

M7 *Logo der Basketball-Bundesliga*

Deutschland ist 2015 der wichtigste Außenhandelspartner der Türkei. Inzwischen gibt es etwa 6000 deutsche Unternehmen oder solche mit deutscher Beteiligung in der Türkei.

Ungefähr 150000 selbständige türkische Unternehmer sind in Deutschland tätig. Davon betreiben etwa 40 Prozent Obst- und Gemüseläden oder Imbiss-Lokale. Allein in den Imbiss-Lokalen sind über 80000 Menschen beschäftigt.

Zudem gibt es große türkische Unternehmen, die in Deutschland ihre Standorte haben. Dazu gehören Banken, Fluglinien und Industrieunternehmen, wie beispielsweise der Haushaltsgerätehersteller BEKO, der auch die deutsche Basketball-Bundesliga (BBL) sponsert.

Heute arbeiten viele junge, gut ausgebildete Menschen mit türkischen Wurzeln erfolgreich in verschiedenen deutschen Unternehmen.

M9 *Wirtschaftsbeziehungen: Deutschland-Türkei*

❶ 🔁 **Wähle aus:**
A Berichte über die kulturellen Sehenswürdigkeiten im europäischen und im asiatischen Teil der Türkei, die Touristen besondern interessieren könnten (Internet).

B Berichte über die Gefahren, die der Stadt Istanbul möglicherweise drohen (Atlas, Karte: Türkei: Istanbul – Erdbebengefährdete Megastadt).

❷ Stelle eine Recherche über das Marmaray-Projekt (M2) im Internet an. Referiere in der Klasse über das Projekt und den Stand der Bauarbeiten.

❸ 🔳❓ Untersuche die Art und die räumliche Verteilung von türkischen Unternehmen in deiner Stadt. Wähle eine Methode zur Dokumentation deiner Ergebnisse.

❹ Verfasse
a) aus deutscher und
b) aus türkischer Sicht eine Stellungnahme über die Vorteile der Beziehungen zwischen der Türkei und Deutschland.

Afrika und Europa – reine Kopfsache?

Das Afrikabild in Europa

Die Berichterstattung über Afrika im Fernsehen und in der Presse ist durch ganz bestimmte Bilder geprägt. Ein Medienforscher stellt zu unserem Bild von Afrika fest: „Wir pendeln ständig zwischen völlig gegensätzlichen Afrikabildern." Diese Klischees werden immer wieder ausführlich bedient und auf diese Weise fest in unseren Köpfen verankert.

M1 *Bilder von Afrika – in unseren Köpfen*

Eine ältere Frau im Mainzer Dom schaut nach dem Gottesdienst mitleidig den dunkelhäutigen Mann neben ihr an: „In welchem Flüchtlingsboot sind Sie nach Europa gekommen?" John ist 25 Jahre alt, kommt aus Ghana und studiert Wirtschaftswissenschaften. Nach Deutschland ist er mit dem Flugzeug gekommen. Beinahe täglich habe er mit solchen Fragen und Vorurteilen zu kämpfen, sagt er.
Und wie ist die Realität? Weder ist John aus einem heimatlichen Chaos nach Deutschland geflüchtet, noch hatte er als Kind einen Wasserbauch. Seit Jahrzehnten muss in Ghana kein Kind mehr verhungern und blutige, ethnische Konflikte gab es in dem westafrikanischen Land seit der Unabhängigkeit 1957 nicht mehr.
Mit unserer Afrika-Vorstellung hat sein Leben wenig zu tun. Mit den Klischees auseinandersetzen muss John sich trotzdem immer wieder.

M2 *Vorurteile im Alltag – ein typisches Beispiel*

AIDS / Krankheiten	卌 卌 卌 I
Armut / Armes Land	卌 卌 卌
Wassermangel / Verschmutztes Trinkwasser	卌 卌 卌
Unterernährung / Hunger / Hungersnot	卌 卌 III
Hohe Sterberate und Säuglingssterblichkeit	卌 III
Hohes Bevölkerungswachstum	卌 III
Entwicklungsländer	卌 II
Bürgerkriege	卌
Häufig Diktaturen	IIII
Trockenheit	IIII

◁ **M3** *Aus einer Klassenumfrage in Deutschland auf die Frage: Was fällt dir spontan zu Afrika ein?*

Das Europabild in Afrika

Der Mythos vom europäischen Paradies

[...] Der afrikanische Mythos vom europäischen Paradies, Eldorado, „goldener Norden" oder wie auch immer die Afrikaner ihre Hoffnung, „im Norden wird alles besser" nennen mögen, entsteht zu einem großen Teil dadurch, dass die Menschen im Zeitalter der Globalisierung immer mehr von Europa erfahren. Selbst in den entlegensten Orten empfangen sie Bilder vom Musiksender MTV und sehen junge Männer mit Goldketten und vielen Frauen in engen Bikinis an ihrer Seite in protzigen Autos auf den Bildschirmen. Tägliche Fernsehsoaps generieren [vermitteln] ein Bild von himmlischen Ländern im Norden. Auch viele Afrikaner wünschen sich ein Leben wie die europäischen Fußballstars, mit deren Teams sie allwöchentlich mitfiebern. [...]
Ebenfalls von größter Bedeutung für das Europabild zahlreicher Afrikaner sind die Berichte der „Europaheimkehrer". Sie erzählen von all den Vorzügen, die das Leben in Europa bietet. Noch eindringlicher auf die Landsleute aber wirken all die Gegenstände, die [...] auf die Autos der Migranten gebunden und nach Afrika verfrachtet werden. Ob Fernseher oder Waschmaschine [...], alle Dinge sind der Beweis für ein glückliches Leben in Europa.

(Nach: Stefan Rickemeyer: Nach Europa via Tanger.
Eine Ethnographie. Tübingen 2009)

M4 *Europa – aus afrikanischer Sicht*

M7 *Zeichnung eines südafrikanischen Schülers über seine Vorstellung von Europa*

M5 *Bilder von Europa*

Schöner Kontinent	‖‖‖ ‖‖‖ ‖‖‖ ‖‖‖ I
Freundliche Menschen	‖‖‖ ‖‖‖ IIII
Reichtum	‖‖‖ ‖‖‖ III
Hohe Gebäude	‖‖‖ IIII
Nette Menschen	‖‖‖ III
Berühmte Leute	‖‖‖ II
Viele Arbeitsplätze	‖‖‖
Sicherheit und Ordnung	‖‖‖
Fruchtbares Land	IIII
Sauberkeit	IIII

M6 *Aus einer Klassenumfrage in Südafrika auf die Frage: Was fällt dir spontan zu Europa ein?*

❶ **Wähle aus:**
A Nimm Stellung zu den Klischees über Afrika in M1.
B Beurteile das Ergebnis der Klassenumfrage zu Afrika (M3) vor dem Hintergrund der Klischeebilder (M1).

❷ Versetze dich in die Rolle von John in M2 und erkläre der Frau im Mainzer Dom die Verhältnisse in Ghana (Internet).

❸ a) Stelle vier typische Klischees über Europa heraus, indem du die Materialien M4–M7 analysierst.

b) Vergleicht eure ausgewählten Klischees in einer Vierergruppe. Einigt euch auf vier gemeinsame Klischees, die ihr weiter untersuchen wollt.
c) Sucht in Zeitschriften und im Internet nach passenden Bildern und erstellt in Gruppenarbeit ein Poster über das Klischee „Europa".
d) Macht Fotos in eurer Umgebung und erstellt gemeinsam eine Bildersammlung, die „euer" Europa veranschaulicht.

259

M1 *Jugendliche und die EU*

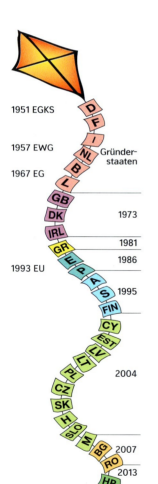

1951 EGKS

1957 EWG

1967 EG

Gründer-
staaten

1973

1981

1986

1993 EU

1995

2004

2007

2013

M2 *Von der EGKS (Montanunion) zur EU*

Frage: Welche Werte repräsentieren deiner Meinung nach am besten die Europäische Union? (maximal drei Nennungen)

Frieden	36 %	Rechtsstaatlichkeit	18 %
Menschenrecht	36 %	Solidarität, Unterstützung anderer	15 %
Demokratie	31 %	Respekt gegenüber anderen Kulturen	17 %
Toleranz	28 %	Selbstverwirklichung	4 %
Freiheit des Einzelnen	19 %	Religion	3 %

M3 *Ergebnis einer Umfrage unter Schülerinnen und Schülern einer belgischen Schule*

GEPLANT

REALISIERT

Ein bisschen bescheidener, aber Hauptsache, er fährt!

M4 *Karikatur: „Das Machbare"*

Europa –
Einheit und Vielfalt

Der komplette EU-Arbeitsmarkt ist für Menschen aus den osteuropäischen Niedriglohnländern geöffnet. In diesem Zusammenhang beanstandete der Vorsitzende der französischen Partei MPF, dass zum Beispiel ein polnischer Installateur auf dem Arbeitsmarkt der westlichen EU-Länder ein „Lohndumping" auslösen würde und sich damit die Chancen französischer Arbeitskräfte verringern. Daraufhin wurde der polnische Installateur Piotr Adamski auf einem polnischen Plakat populär. Seine Aussage: „Ich bleibe in Polen, kommt zahlreich."

M5 *Offener EU-Arbeitsmarkt*

Altersgruppe	1990	1995	2000	2005	2010
16–19	37	51	34	29	61
20–24	31	40	24	15	39
25–54	13	20	12	8	18
55 und älter	8	11	9	5	13

M6 *Spanien – Arbeitslosigkeit nach Altersgruppen (in %)*

Schätze dich selbst mit dem **Ampelsystem** ein, das auf Seite 53 erklärt ist. Die Erläuterung der **Kompetenzen** findest du ebenfalls auf Seite 53.

Grundbegriffe
Europäische Union (EU)
Grenzpendler
Bruttoinlandsprodukt (BIP)
Aktivraum
Passivraum
Zentrum
Peripherie
absolute Zahl
relative Zahl
Blaue Banane
regionale Disparität
soziale Disparität
Regionalpolitik
EU-Binnenmarktes
Freihandelsabkommen
Seltene Erden
Euregio
Cluster

Fachkompetenz

1 Setze M2 in eine übersichtliche Tabelle um mit den entsprechenden Ländernamen. *(Schülerbuch Seiten 234–235)*

2 a) Erkläre die „vier Freiheiten" des EU-Binnenmarkts.

 b) Fasse zusammen, welche Chancen der EU-Binnenmarkt für Wirtschaft und Gesellschaft bietet. *(Schülerbuch Seiten 246–247)*

3 Beschreibe die Chancen einer gemeinsamen Umweltpolitik am Beispiel des Rheins. *(Schülerbuch Seiten 248–249)*

4 Beschreibe, inwiefern sich Europa auf den Alltag von Jugendlichen auswirken kann (M1). *(Schülerbuch Seiten 236–239)*

5 Erörtere die Chancen und Risiken des offenen EU-Arbeitsmarkts (M5). *(Schülerbuch Seiten 238–239)*

Methodenkompetenz

6 Werte die Karikatur aus (M4). *(Schülerbuch Seiten 226–227)*

7 a) Notiere, welche Werte deiner Meinung nach am besten die Europäische Union repräsentieren.

 b) Vergleiche deine Antwort mit dem Ergebnis einer Umfrage unter Schülerinnen und Schülern einer belgischen Schule (M3). *(Schülerbuch Seite 227)*

8 Werte die Statistik zur Arbeitslosigkeit in Spanien aus (M6). *(Schülerbuch Seiten 240–241)*

Urteilskompetenz

9 Wähle mindestens drei Grundbegriffe aus der Liste, erkläre sie und wende sie in einem Beispiel an.

10 Stelle die Lebens- und Arbeitswelt von Pedro Alvares in einer Präsentation dar (S. 240 M4). *(Schülerbuch Seiten 240–241)*

Kommunikationskompetenz

11 Reflektiere kritisch die Antworten auf die Meinungsumfrage und begründe deine Meinung (M3).

12 Nimm Stellung zur Aussage „Europa sind wir". *(Schülerbuch Seiten 224 und 226–227)*

www.windkraftfreier-soonwald.de   www.soonwald.de

DAS MASS IST VOLL !

HUNSRÜCKER WEHRT EUCH !

Möglichkeiten der Raumplanung

Warum gibt es bei der Nutzung von Räumen Konflikte?

Welche Gestaltungsmöglichkeiten gibt es bei der Planung von Räumen?

Welche Planungen erweisen sich als menschen- und umweltgerecht?

Oft sind Menschen nicht mit den Ergebnissen der Raumplanung einverstanden. Welchen Konflikt zeigen die Fotos? Nenne Gründe für den Konflikt.

263

M1 *Lage von Fürfeld*

„Windpark soll allen nutzen"
(Rhein-Zeitung vom 15.01.2012)

Umweltschützer fordern
Baustopp für Windpark
(Focus vom 18.12.2013)

Verhindert Rotmilan den
Windpark?
(Allgemeine Zeitung vom 20.04.2013)

„Bürgerinitiative positioniert sich
gegen Windparkprojekt"
(Allgemeine Zeitung vom 20.04.2013)

Streit zwischen Bürgerinitiative und
Umweltschützern – Jetzt geht es vor
Gericht
(Allgemeine Zeitung vom 03.12.2014)

M2 *Medienberichte über das geplante Windparkprojekt in Fürfeld*

Im Widerstreit – Soll der Windpark gebaut werden?

Viel Wirbel um den Windpark von Fürfeld

Es herrscht Streit zwischen den Bürgern der Gemeinde Fürfeld bei Bad Kreuznach. Die einen sehen ihre Gesundheit bedroht; manch einer befürchtet die Verschandelung seiner Heimat; auf einen Geldsegen und einen wichtigen Schritt in die Zukunft hoffen die anderen – ein typischer **Raumnutzungskonflikt**.

Doch eins nach dem anderen: Seitdem die Bundesregierung beschlossen hat, bis 2022 alle Kernkraftwerke still zu legen, setzt man in Deutschland immer mehr auf erneuerbare Energien. Aus Wind, Wasser und Sonne soll Strom gewonnen werden, ohne dass umweltschädliche Emissionen oder Abfallstoffe entstehen. Mehr als ein Viertel des Stroms in Deutschland wird mittlerweile durch erneuerbare Energiequellen gewonnen. Den größten Anteil nimmt dabei die Windkraft ein – Tendenz steigend.

Doch zurück zum Streit in der Gemeinde Fürfeld! Auch die 1500 Einwohner zählende Gemeinde in Rheinland-Pfalz möchte ihren Beitrag zur sogenannten Energiewende leisten.

Der regionale Stromversorger plant sieben neue Windkraftanlagen in Fürfeld. Mit ihnen könnte Strom für 12 000 Haushalte erzeugt werden.

Doch bevor es dazu kommt, werden Bürgeranhörungen durchgeführt. Dort haben die Bewohner die Möglichkeit, ihre Meinung zum neuen Windpark zu äußern.

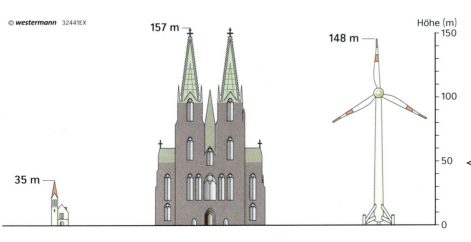

◁ **M3** *Höhenvergleich: Pfarrkirche Fürfeld, Kölner Dom, geplantes Windrad*

264

M4 *Warnschild am Feldweg*

M6 *Trauriger Fund unter einem Windrad. Der gefährdete Rotmilan jagt auch bei Fürfeld.*

Um die gleiche Menge an Strom zu produzieren, erzeugt ...

... der Windpark Fürfeld

  ... ein Kohlekraftwerk

0 t CO$_2$ 30 000 t CO$_2$

30 000 t CO$_2$ entsprechen der CO$_2$-Menge, ...

 ... die ein Auto bei 5000 Erdumrundungen erzeugt.

 ... die ein Wald mit 50 000 Bäumen in einem Jahr aufnehmen kann.

M7 *CO$_2$-Bilanz des Windparks Fürfeld*

Durch erneuerbare Energien entstehen keine giftigen Abfälle.

Alle Bürger können Geld für den Bau der Windräder dazu geben. Der Erlös aus dem Stromverkauf fließt dann zum Teil an diese Investoren zurück.

Es werden neue Strommasten errichtet.

Windräder erzeugen Lärm.

Windräder können den Wert der Häuser und Grundstücke in der Umgebung senken.

Bei Fürfeld leben Fledermäuse. Trotz Ultraschall können sie Windräder bei Nacht nicht richtig wahrnehmen.

Die Fläche auf der das Windrad steht, wird versiegelt.

Auf den Windrädern sind blinkende Warnleuchten angebracht.

Die Betreiber der Windräder zahlen Steuern an die Gemeinde. Das Geld könnte zum Beispiel für die Grundschule oder neue Straßen gebraucht werden.

Das Landschaftsbild wird beeinflusst.

Im März und November ziehen Kraniche über Fürfeld. Bei Nebel in nur 50–100 m Höhe.

Die Gemeinde kann ihren Stromverbrauch fortan selbst decken.

Die Ackerflächen, auf denen die Windräder errichtet werden, gewinnen durch die Windkraftnutzung stark an Wert.

Es weht nicht ständig Wind.

M5 *Argumente zum geplanten Windparkprojekt*

❶ Soll der Windpark in Fürfeld errichtet werden? In der Gemeinde hört man unterschiedliche Meinungen. Lege in deinem Heft oder deiner Mappe eine Bewertungsmatrix an (siehe unten):
a) Ordne Argumente für (+) und gegen (-) den Windpark in deine Matrix ein. Unterscheide bei den Argumenten zwischen den Bereichen „Ökologie", „Ökonomie" und „Soziales" (siehe S. 192). Begründe deine Einordnung.
b) Nenne die drei Argumente, die aus deiner Sicht am wichtigsten sind. Begründe deine Wahl.

❷ 🖐 **Wähle aus:**
A Schreibe einen Leserbrief für die lokale Tageszeitung von Fürfeld, in der du Stellung zum Windparkprojekt beziehst.
B 【?】 Gestalte ein Plakat für eine Bürgerinitiative für oder gegen den Windpark.

❸ Recherchiere im Internet den aktuellen Stand des Windparks in Fürfeld (z. B. über die Suchfunktion der Internetseite www.news.google.de).

❹ Recherchiere nach Windparkprojekten in deiner Nähe: Gab oder gibt es auch dort Meinungsverschiedenheiten und Bürgerinitiativen? Schildere den Planungsverlauf. Informiere dich auf der Internetseite der lokalen Tageszeitung oder im Rathaus.

+
| Ökonomie | Soziales | Ökologie |
–

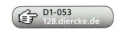

Läuft hier alles nach Plan?

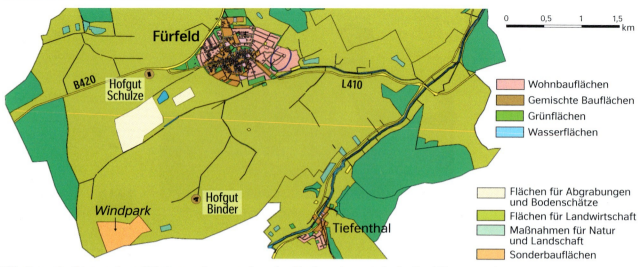

M1 *Ausschnitt aus dem Flächennutzungsplan der Verbandsgemeinde Bad Kreuznach*

Der Flächennutzungsplan

Die gewählten Ratsmitglieder der Verbandsgemeinde Bad Kreuznach haben ihn endlich beschlossen: den neuen **Flächennutzungsplan** für ihre Verbandsgemeinde. In einem Flächennutzungsplan werden die aktuelle und die geplante Bodennutzung für das gesamte Gebiet einer Kommune dargestellt:

- Wohnbauflächen, Gewerbeflächen oder gemischte Bauflächen (Wohnbau und Gewerbe),
- Flächen für den Bedarf der Gemeinde wie Schulen und Turnhallen,
- Flächen mit Versorgungsanlagen (z. B. Windkraftanlagen, Stromleitungen, Kläranlagen),
- Flächen des überörtlichen Verkehrs wie Bundesstraßen oder Bahnlinien.

Doch bis zum Beschluss eines Flächennutzungsplans liegt ein großes Stück Arbeit vor den Gemeinderäten. Schließlich müssen sie bei der Erstellung des Planes sehr viele Interessen berücksichtigen.

Einerseits bekommen die Kommunen Vorgaben „von oben". Denn der Bundestag in Berlin und die Parlamente in den Landeshauptstädten geben bereits im Rahmen der übergeordneten **Raumplanung** verschiedene Gesetze und Leitbilder vor, an denen sich die kommunale Raumplanung zu orientieren hat. So sollen eine menschenwürdige Umwelt und die **Grunddaseinsfunktionen** (Wohnen, Arbeiten, sich Versorgen, Erholen) gesichert werden.

Andererseits müssen die Gemeinden aber auch die Interessen der Bürger berücksichtigen. Bevor ein Flächennutzungsplan vom Gemeinderat beschlossen wird, müssen daher zum Beispiel Umweltverbände, Unternehmer und Vereine nach deren Vorstellungen der kommunalen Raumentwicklung angehört werden. Und diese Vorstellungen sind oftmals nur schwer zu vereinen.

Im Flächennutzungsplan von Bad Kreuznach ist auch die Gemeinde Fürfeld enthalten. Die Fläche für sieben geplante Windräder wurde beim Beschluss des Plans berücksichtigt.

dB (Dezibel): Einheit zur Lautstärkemessung	45 dB	40 dB	35 dB
	(entspricht häuslichem Hintergrundgeräusch wie dem Brummen eines Kühlschranks oder eines Computers)		(entspricht Flüstern)
einzelne Windkraftanlage	280 m	410 m	620 m
kleiner Windpark (sieben Windräder)	440 m	740 m	1100 m
größerer Windpark (21 Windräder)	500 m	830 m	1300 m

M2 *Lärmemissionen durch Windkraftanlagen*

dB (Dezibel): Einheit zur Lautstärkemessung	gesetzliche Lärmgrenze bei Tag	gesetzliche Lärmgrenze bei Nacht
Gemischte Bauflächen	60 dB	45 dB
Wohnbauflächen	50 dB	35 dB

M3 *Lärmrichtwerte für Misch- und Wohnflächen*

Möglichkeiten der Raumplanung

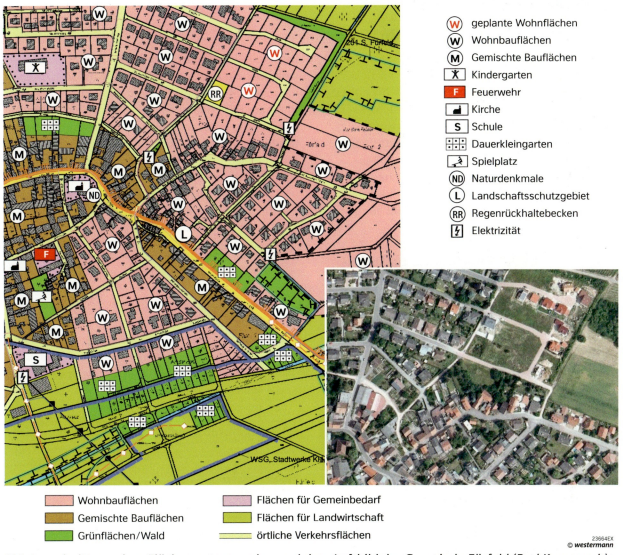

Legend (map symbols):

- (W) geplante Wohnflächen
- (W) Wohnbauflächen
- (M) Gemischte Bauflächen
- [X] Kindergarten
- [F] Feuerwehr
- Kirche
- [S] Schule
- Dauerkleingarten
- Spielplatz
- (ND) Naturdenkmale
- (L) Landschaftsschutzgebiet
- (RR) Regenrückhaltebecken
- [≴] Elektrizität

Flächenlegende:

- Wohnbauflächen
- Gemischte Bauflächen
- Grünflächen/Wald
- Flächen für Gemeinbedarf
- Flächen für Landwirtschaft
- örtliche Verkehrsflächen

23664EX
© **westermann**

M4 *Ausschnitt aus dem Flächennutzungsplan und dem Luftbild der Gemeinde Fürfeld (Bad Kreuznach)*

❶ Südlich von Fürfeld soll ein Windpark mit sieben Windkraftanlagen entstehen (M1).

◀ **Wähle aus:**

A Prüfe mithilfe von M2 und M3, ob am Fürfelder Ortsrand und an den Hofgütern Binder und Schulze die Lärmschutzvorgaben eingehalten werden.

B Einige Windparkbetreiber fordern eine Erweiterung des Windparks auf über 20 Windräder. Prüfe, ob ein solcher Ausbau dem Lärmschutz gerecht würde (M2, M3).

❷ ◼[?] Verorte im Flächennutzungsplan M4, auf welcher Fläche Folgendes stehen könnte:
a) Bäckerei,
b) Bus-Wartehäuschen,
c) Umspannwerk,
d) Gärtnerei.
Begründe jeweils deine Einordnung.

❸ Lege Tansparentpapier oder Klarsichtfolie auf die Luftbildaufnahme in M4.
a) Pause die Ränder des Luftbildes und die Straßenzüge ab.
b) Lokalisiere die Luftbildaufnahme im Flächennutzungsplan, indem du die Folie über die entsprechende Fläche im Flächennutzungsplan legst.

c) Benenne Nutzungsformen und Straßenzüge, die auf dem Luftbild abgebildet sind.
Welche Abbildung Fürfelds ist neuer: Flächennutzungsplan oder Luftbild? Begründe.

Ein Rollenspiel durchführen

Ein neuer Möbelmarkt auf der grünen Wiese?

Es ist ganz normal, dass über große, neue Bauvorhaben gestritten wird. Die Interessen sind häufig sehr unterschiedlich. Man kann oft nur zurechtkommen, wenn Kompromisse geschlossen werden.

Die Errichtung eines neuen Möbelmarktes „auf der grünen Wiese" kann Thema eines Rollenspiels sein. Als „grüne Wiese" werden häufig Standorte fernab von Innenstädten bezeichnet. So gibt es auch in unserem Bundesland einige

Beispiele, bei denen Ackerland verlorenging, weil dort ein neues Einkaufszentrum oder eben ein neuer Möbelmarkt errichtet wurde.

In einem Rollenspiel spielen Schülerinnen und Schüler die unterschiedlichen Interessenvertreter. Sie machen sich intensiv mit den Standpunkten, die sie in der Diskussion vorbringen, vertraut. Auf diese Weise werden Interessen deutlich und man kann sich anschließend eine auf Argumenten beruhende Meinung bilden.

Drei Schritte zur Durchführung eines Rollenspiels

1. Vorbereitung

- Bildet Spielgruppen (entsprechend der Anzahl der beteiligten Personen) und eine Beobachtergruppe.

- Jede Spielgruppe sammelt Argumente für „ihre" beteiligte Person und verfasst oder ergänzt eine Rollenkarte. Darauf wird festgelegt, wie sich die Person im Rollenspiel zu verhalten hat und was sie an Argumenten anführt. Es sollte auch jetzt schon überlegt werden, zu welchen Kompromissen sie bereit ist.

- Die Beobachtungsgruppe legt fest, worauf sie während der Vorführung besonders achten möchte, zum Beispiel: Wie wird gespielt (sachlich, witzig, langweilig, überzeugend)? Wie ist der Inhalt des Spiels (glaubwürdig, verworren oder klar)? Wer hat besonders gut gespielt? Warum?

2. Durchführung

- Jede Spielgruppe bestimmt aus ihrer Gruppe einen Rollenspieler. Die Szene wird der Klasse vorgespielt. Die Beobachtungsgruppe macht sich Notizen.

- Die Durchführung kann mit anderen Rollenspielern wiederholt werden.

3. Auswertung

- Die Klasse erörtert den Verlauf. Haben alle Teilnehmer ihre Argumente deutlich dargelegt? Wie überzeugend wurden die verschiedenen Rollen gespielt? Die einzelnen Gruppen diskutieren ihre Auffassungen.

Ein neuer Möbelmarkt – ja oder nein?

Am Rand eines Gewerbegebietes im Mainzer Stadtteil Hechtsheim soll ein neues Einrichtungshaus entstehen. Dann sollen auf einer Fläche von 45 000 m² (das entspricht mehr als sechs Fußballfeldern) Möbel, Lampen und andere Dinge für das eigene Heim verkauft werden. Hinzu sollen ein Lager, ein Parkplatz für 1 000 Autos und ein Restaurant für 300 Gäste kommen. Die Stadt soll die neue Straße bis zum Möbelmarkt bauen, denn bisher war das Gelände Ackerland.

M1 *Ausgangsposition für das Rollenspiel*

FRAU PROF. MEIER (58 Jahre), Geschäftsführerin

Sie ist daran interessiert, dass ihr neuer Möbelmarkt mit möglichst großer Verkaufsfläche gebaut wird. Es wäre das achte Einrichtungshaus der Firma. Mehr Verkaufsfläche bedeutet, dass mehr Umsatz und mehr Gewinn gemacht werden. Aber auch 400 neue Mitarbeiterinnen und Mitarbeiter könnten eingestellt werden. …

HERR DR. WEBER (63 Jahre), Interessengemeinschaft des Einzelhandels in der Mainzer City

Er möchte nicht, dass der neue Möbelmarkt gebaut wird. Ihn stört insbesondere der Wunsch der Möbelfirma, ein umfangreiches „Randsortiment", wie zum Beispiel Gläser und Porzellan, Bilder, Tischdecken, Bettwäsche und Geschenkartikel, anzubieten. Das bedeutet eine große Konkurrenz für den Einzelhandel in der Mainzer Innenstadt. …

KIARA (15 Jahre), Schülerin

Sie wohnt im Mainzer Stadtteil Mainz-Hechtsheim. Sie findet es toll, dass es bald so ein riesiges Shopping-Paradies in ihrer Nähe geben soll. Sicher würde sie ab und zu dort einkaufen. Ihre Eltern befürchten indes, dass es zu einer deutlichen Zunahme des Autoverkehrs und damit zu mehr Lärm kommen wird.

M2 *Rollenkarten*

M3 *Eine andere Filiale der Firma. So soll auch der neue Möbelmarkt in Mainz gebaut werden.*

M4 *Schülerinnen und Schüler beim Rollenspiel*

Sprich die Person, mit der du dich unterhältst, direkt an (z.B.: „Sehr geehrte Frau Prof. Meier" oder „Liebe Kiara").

- Benutze selbst die Ich-Form.
- Sprich in einfachen, klaren Sätzen.
- Vermeide umgangssprachliche Ausdrücke wie „cool" oder „echt krass".
- Greife die Argumente deiner Vorrednerin oder deines Vorredners auf und gehe auf sie ein.

M5 *Tipps für ein erfolgreiches Rollenspiel*

❶ Ein neuer Möbelmarkt – ja oder nein?"
a) Gestaltet ein Rollenspiel zu der Situation (M1–M5).
b) [?] Die leere Karte in M2 ist eine Jokerkarte. Damit könnt ihr eine weitere Person im Rollenspiel hinzufügen. Überlegt gemeinsam, wer für die Jokerkarte in Frage kommt.
c) Formuliere eine eigene Meinung zu dem Konflikt. Ergänze dazu folgende Satzanfänge:
(1) „Ich bin der Meinung, dass ein Möbelmarkt auf der ‚grünen Wiese' ..."
(2) „Ich schließe mich am ehesten den Argumenten von .... an, weil ..."
(3) „Am wenigsten teile ich die Argumente von ..., denn ..."
(4) „Einige Argumente sind von den Beteiligten noch gar nicht vorgebracht worden. Ich möchte daher noch zu bedenken geben, dass ..."
(5) „Lösungen zu Konflikten wie diesen bedeuten fast immer, dass Kompromisse gesucht werden müssen.
Mein Kompromissvorschlag ist ..."

M1 *Die Lage von Koblenz und Dieblich*

M3 *Im Tierheim*

Wohin mit dem neuen Tierheim?

Eine schwierige Standortsuche

In Koblenz musste das alte Tierheim seinen bisherigen Standort aus Platzmangel aufgeben. Dringende Erweiterungen und Modernisierungen konnten dort nicht vorgenommen werden. Ein Neubau an anderer Stelle war unumgänglich. Menschen reagieren oft widersprüchlich, wenn es um die Suche eines Standorts für ein neues Tierheim geht. Einerseits bekräftigen sie ihre große Tierliebe, andererseits lehnen sie einen Neubau in ihrem Wohnort ab. Zahlreiche Einwände verhindern in solchen Fällen dann oft die rasche Errichtung eines dringend benötigten Tierheims. Die oft langjährige Suche nach einem passenden Platz für das Tierheim ist dann die Folge eines Raumnutzungskonflikts.

Standortsuche für Tierheim erneut gescheitert

Auch in Naßheck gibt es massive Proteste von Anwohnern.

Koblenz. Der Tierschutzverein Koblenz und Umgebung sucht händeringend nach einem Gelände, auf dem ein Tierheim gebaut werden kann. Zuletzt wurde der Reiterhof in Naßheck, einem Ortsteil von Dieblich, als Standort für den Neubau diskutiert. Auch dieser Standort ist nicht zu realisieren. Der Oberbürgermeister Prof. Dr. Hofmann-Göttig erklärt, dass es bei diesem Standort massive Proteste der gerade einmal fünf Einwohner gegeben hat. Darum hätte man mit jahrelangen Prozessen rechnen müssen, bevor man einen Neubau dort überhaupt hätte angehen können.

Der neue Standort soll folgende Kriterien erfüllen:

- Die Fläche für das Tierheim soll eine Größe von zwei Hektar haben.
- Wegen des Emissionsschutzes muss ein Mindestabstand von 150 m zur angrenzenden Wohnbebauung bestehen.
- Außerdem darf es keinen Konflikt mit dem Natur- und Artenschutz geben.
- Weiterhin muss dafür gesorgt werden, dass das Gelände voll erschlossen wird und mit öffentlichen Verkehrsmitteln erreichbar ist.

Gemeinsam mit den Landräten der Kreise Mayen-Koblenz, Rhein-Hunsrück und Rhein-Lahn will der Oberbürgermeister die Suche erörtern.

(Gekürzt und verändert nach: Peter Karges. In: Rhein-Zeitung vom 01.03. 2011)

M4 *Zeitungsmeldung*

Das Hundegebell ist viel zu laut !

Der Lebensraum des Grünspechts im benachbarten Tal wird gefährdet !

Unsere Grundstücke sinken im Wert !

Der Wind trägt den Lärm ins Dorf !

Die Kanalisation ist nicht vorhanden !

Auf allen Wegen wird Hundekot sein !

Die Landwirte verlieren Anbauflächen !

M2 *Meinungen von Tierheimgegnern im Stadtteil Koblenz-Arenberg*

Möglichkeiten der Raumplanung

Tierheim

M5 *Lage des abgelehnten Standorts in Koblenz-Arenberg*

Tierheim

M7 *Lage des genehmigten Standorts im Gebiet des Stadtteils Koblenz-Rübenach (per Bus 2-mal täglich erreichbar; Kanalisation fehlt noch)*

M6 *Luftbild des ab-gelehnten Standorts in Koblenz-Arenberg* ▷

Standort Tierheim

❶ a) Erläutere jeweils in ein bis zwei Sätzen die Bedingungen, die an den neuen Standort für den Bau eines Tierheims gestellt werden (M4).
b) 🔲 Vergleiche die Vor- und Nachteile der Standorte in Koblenz-Arenberg und Koblenz-Rübenach (M5–M8). Erstelle darüber einen Bericht.

❷ a) Unterscheide zwischen zutreffenden Aussagen und Vermutungen der Tierheimgegner des Standorts in Koblenz-Arenberg (M2, M5, M6). Fertige dazu eine Tabelle an.
b) Schreibe einen Leserbrief, in dem du deine Meinung zur Ablehnung des Standorts in Koblenz-Arenberg darstellst.

❸ 🔲 **Wähle aus:**
A Schreibe einen Kommentar für die Rhein-Zeitung mit der Überschrift: „Eine schwierige Standortsuche ist beendet."
B Informiere dich in einem Stadtplan über die Lage eines Tierheims in der Nähe deines Wohn- oder Schulortes. Fertige eine Standortbeschreibung an.

Im Maßstab zeichnen

Ein neues Tierheim wird geplant

Nachdem der Standort für das neue Tierheim gefunden ist, wird ein Architekturbüro beauftragt, den Neubau zu planen.

Damit die Auftraggeber sich das zukünftige Gebäude mit seinen Außenanlagen vorstellen können, wird zuerst ein maßstabsgerechter Entwurf des Neubaus und der Außenanlagen gezeichnet. In den Grundrissen der Gebäude ist die geplante Anordnung der benötigten Räume grob berücksichtigt.

Auf dieser Doppelseite wirst du dazu angeleitet, nach speziellen Vorgaben, ein neues Tierheim zu planen und eine maßstabsgerechte Skizze davon zu zeichnen.

M1 *Arbeitsmaterial für einen Architektenentwurf*

Alle haben ein Zuhause – wir nicht!

Einfach auf der Straße ausgesetzt,
zu alt, krank, nicht mehr geliebt ...
Für euch bauen wir das neue Tierheim!

Bitte helfen Sie mit!

Wir bitten von Herzen um eine Spende für
– Platz für 30 Hunde, 60 Katzen und 40 Kleintiere
– Hunde- und Katzenräume mit Auslauf
– Volieren für Vögel und Reptilien
– Kleintierbereiche
– eine Tierdusche
– ein Ärzte- und Behandlungszimmer
– eine Krankenstation mit einem Quarantäne-
  bereich
– Empfang, Büro, Personalzimmer
– Wirtschaftsräume (Vorrat, Wäscherei, Küche,
  WCs, Putzmittelraum)
– einen Außenbereich zum Spazierengehen und
  Spielen
– sichere Zaunanlagen

M2 *Spendenaufruf für ein neues Tierheim*

Fünf Schritte zum Anfertigen einer maßstabsgerechten Grundrisszeichnung

1. Benutze für deine Zeichnung einen Bleistift, ein Lineal und ein Blatt Millimeterpapier im DIN-A4-Format (alternativ kariertes Papier).

2. Rechne alle Abmessungen des Gebäudes, nach einem bestimmten Maßstab um (hier 1 : 200).

3. Übertrage alle Grundrisslinien des Gebäudes maßstabsgerecht auf das Papier.

4. Zeichne danach die verschiedenen Bereiche und Räume, die das Tierheim benötigt, im gleichen Maßstab in den Entwurf mit ein. Achte auf eine sinnvolle Beschriftung.

5. Ergänze im Entwurf die Legende, die deine Symbole oder Abkürzungen erklärt, die Überschrift, den Namen des Entwurfsverfassers, das Datum.

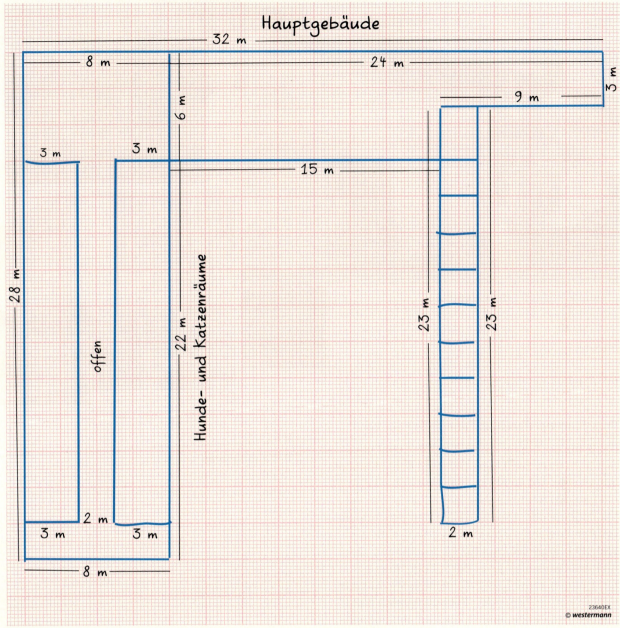

Hauptgebäude

32 m

8 m   24 m

3 m

9 m

6 m

3 m   3 m

15 m

28 m

offen

22 m

Hunde- und Katzenräume

23 m   23 m

2 m

3 m   3 m

2 m

8 m

23640EX
© **westermann**

M3 *Entwurf für ein Tierheim im Maßstab 1:200 (unvollständig)*

❶ a) 🔲❓ Zeichne für den Neubau eines Tierheims einen Grundriss im Maßstab 1:200. Plane eine sinnvolle Aufteilung der nötigen Räumlichkeiten und Bereiche in deinem Tierheim (M2). Gehe wie folgt vor:

🔙 **Wähle aus:**

A Übertrage den unvollständigen Gebäudegrundriss (M3) auf Millimeterpapier. Erweitere den Entwurf, indem du zusätzliche Gebäudeteile und die Außenanlagen planst und zeichnest (M2).

B Plane und zeichne einen eigenen maßstabsgerechten Grundriss für ein neues Tierheim mit Außenanlagen. Überlege dir vorher, welche Einrichtungen und Räume notwendig sind (M2). Zeichne die Aufteilung nach deinen Vorstel-

lungen in eine Grundrisszeichnung ein.

b) Präsentiert und diskutiert eure Entwürfe in der Klasse.

Alles geregelt – auch beim Hausbau?

Informationen zum Haus Breuer

Grundstück: 626 m²; Hausgrundfläche: 124 m²; Wohnfläche: 165 m²; Firsthöhe: 11 m; Dachneigung: 22°; frei stehendes Einfamilienhaus

M1 *Breuers vor ihrem Haus*

Rückseite des Hauses

Vom Plan zur Realität: Familie Breuer baut

Das Ehepaar Breuer stammt aus der Eifel und lebt gern dort. Der kleine Ort Insul liegt verkehrsgünstig zur A61 Richtung Köln und Koblenz. Auch die Lage im Neubaugebiet des Ortes in der Verbandsgemeinde Adenau gefällt den Breuers. Sie kauften kostengünstig ein Baugrundstück und erstellten erste Skizzen für ihr Traumhaus. Der Architekt wies allerdings darauf hin, dass sie nicht bauen können, wie sie wollen. Sie müssen sich an den vorliegenden **Bebauungsplan** halten. Auf dem Bauamt in Adenau gab es alle notwendigen Informationen: Breuers mussten sich an eine Vielzahl von Vorschriften halten. Auch die Regelungen der **ökologischen Ausgleichsmaßnahmen** mussten Beachtung finden. Sie sollen helfen, eine nachhaltige Entwicklung im Natur- und Landschaftsschutz auch bei kleinen Bauvorhaben zu gewährleisten. Sie werden in jedem Bebauungsplan vorgeschrieben.

INFO 1

Bebauungsplan

Der Bebauungsplan legt endgültig fest, wie die einzelnen Grundstücke zu bebauen sind (z. B. Abstand zur Straße, Gebäudehöhe, Dachneigung, Bepflanzung als ökologische Ausgleichsmaßnahme. Der im Stadt- oder Gemeinderat abgestimmte Plan ist gesetzlich verpflichtend für denjenigen, der die Flächen bebaut, zum Beispiel zum Bau eines Wohnhauses oder eines Gewerbebetriebes.

INFO 2

Ökologische Ausgleichsmaßnahmen

Das Bundesnaturschutzgesetz verlangt, dass alle Eingriffe in Natur und Landschaft ökologisch „ausgeglichen" werden. Zum Beispiel „versiegelt" ein Gebäude den Boden; Niederschläge versickern nicht mehr. Das Regenwasser vom Dach darf nicht in den Abwasserkanal abgeleitet werden, sondern soll auf dem Grundstück versickern. Ist das nicht möglich, muss eine naturnahe Bepflanzung auf dem Grundstück einen ökologischen Ersatz für die Versiegelung bringen.

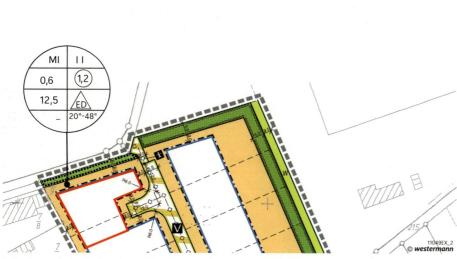

M2 *Grundstück der Familie Breuer (rote Umrandung)*

M4 *Lage von Insul*

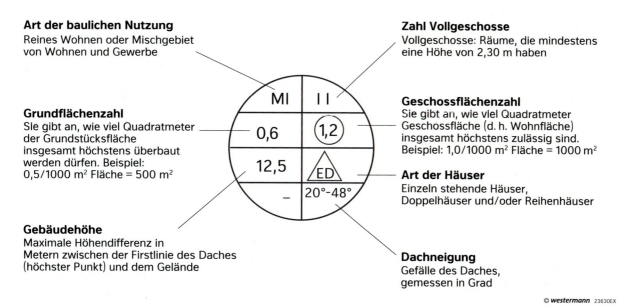

Art der baulichen Nutzung
Reines Wohnen oder Mischgebiet von Wohnen und Gewerbe

Grundflächenzahl
Sie gibt an, wie viel Quadratmeter der Grundstücksfläche insgesamt höchstens überbaut werden dürfen. Beispiel: 0,5/1000 m² Fläche = 500 m²

Gebäudehöhe
Maximale Höhendifferenz in Metern zwischen der Firstlinie des Daches (höchster Punkt) und dem Gelände

Zahl Vollgeschosse
Vollgeschosse: Räume, die mindestens eine Höhe von 2,30 m haben

Geschossflächenzahl
Sie gibt an, wie viel Quadratmeter Geschossfläche (d. h. Wohnfläche) insgesamt höchstens zulässig sind. Beispiel: 1,0/1000 m² Fläche = 1000 m²

Art der Häuser
Einzeln stehende Häuser, Doppelhäuser und/oder Reihenhäuser

Dachneigung
Gefälle des Daches, gemessen in Grad

© westermann 23630EX

M3 *Zeichenerklärung im Bebauungsplan*

❶ 🔳**[?]** Untersuche, ob das Ehepaar Breuer in allen Punkten den Bebauungsplan erfüllt hat und begründe (M1–M3).

❷ Beschreibe das Wohnumfeld von Breuers (Text, M1, M2).

❸ Breuers haben eine hohe Glaswand und einen Ventilator in ihrem Haus (M1). Schließe daraus, in welcher Himmelsrichtung das Haus ausgerichtet ist. Nenne Vorteile und Nachteile dieser Ausrichtung des Hauses.

❹ Überlege dir Merkmale (z. B. Grundfläche, Zahl der Stockwerke, Dachform und Dachneigung usw.) für dein Traumhaus. Überprüfe anschließend, ob du das Haus auf dem Grundstück in M2 bauen könntest (M4).

❺ Forsche nach und berichte in der Klasse.
◀ **Wähle aus:**
A In den Mitteilungsblättern der Städte und Verbandsgemeinden werden regelmäßig Bebauungspläne veröffentlicht.
B Ermittle, was der Bebauungsplan vorschreibt, auf dem euer Schulgebäude steht.

Wie entwickeln sich unsere Städte?

Pläne für eine nachhaltige Gestaltung

Im Juli 2015 fand in Stuttgart eine große Expertentagung zum Thema „Stadt der Zukunft" statt. Dabei ging es weniger um Science Fiction als um ganz konkrete, wichtige Themenbereiche, die die Menschen schon heute betreffen:

- Wie kann die Lebensqualität in Städten verbessert werden?
- Wo kann man Ruhezonen schaffen?
- Wie kann man die Luftqualität verbessern?
- Wie müssen sich Städte in den nächsten Jahren an eine älter werdende Bevölkerung anpassen?
- Welche Ideen gibt es gegen den drohenden Verkehrsinfarkt in der Stadt?
- Wie sehen die Einkaufsmöglichkeiten aus (Geschäfte und Kaufhäuser oder nur Internet)?

Einige Trends in den Städten sind schon heute sichtbar:

Mit Carsharing, dem Ausbau der Infrastruktur für Fahrräder und der Verbesserung des ÖPNV versucht man Parkplatzproblemen und der Verkehrsverdichtung entgegenzuwirken.

Mit Energiesparmaßnahmen und der Nutzung regenerativer Energiequellen will man den Bedarf an Strom aus fossilen Energiequellen senken.

Auf Flachdächern von Fabrikanlagen und Bürohäusern entstehen Grünanlagen.

Mit dem Slogan „Tomaten statt Tulpen" pflanzt man in Andernach und Mainz in städtischen Grünanlagen Gemüse statt Blumen. Die Bürger der Stadt dürfen sich dann bedienen, sobald das Gemüse reif ist!

M2 *Eine Schülerin hat ihre „Stadt der Zukunft" entworfen.*

M1 *Carsharing-Stationen finden sich vor allem in größeren Städten.*

M3 *Gemüsebeet mitten in Mainz: Hier ist Ernten ausdrücklich erlaubt!*

(Zeichnung von Julia Junior)

Schülerinnen und Schüler des Wiedtal-Gymnasium in Neustadt (Wied) haben sich näher mit dem Thema beschäftigt und konkrete Vorschläge erarbeitet, wie die ideale Stadt der Zukunft aussehen kann. Ein Ergebnis sind verschiedene Zeichnungen, die in den Details die Ideen darstellen.

❶ Entwickelt selbst eine „Stadt der Zukunft", zum Beispiel bezogen auf euren Wohnort oder Schulort:
a) Diskutiert, welche Probleme es aktuell zu den verschiedenen Bereichen (Text) der Stadt gibt. Notiert diese.

b) Gestaltet eine Zeichnung der Stadt der Zukunft und formuliert in einem kurzen Text, was man konkret verändern und verbessern könnte.
c) Präsentiert eure Gruppenergebnisse und diskutiert, welche euch besonders gelungen erscheinen. Begründet eure Meinung!

❷ In jeder Stadt gibt es einen „Stadtplaner". Vielleicht sind auch die Vertreter eurer Stadt an euren Ideen interessiert? Meldet euch an und stellt eure Konzepte vor.

1. Zentraler Neubau mit Aula und Bibliothek
2. Hochschulverwaltung, Hörsaal
3. Hörsäle
4. Informationszentrum für Studierende
5. Büros, Arbeitszimmer von Professoren und ihren Mitarbeitern, Labors, Computerräume
6. Rechenzentrum
7. Betriebstechnik (z. B. Heizungs-, Belüftungs- und Elektroanlage)
8. Kommunikationsgebäude
9. Campus-Restaurant
10. Sporthalle
11. Wohnheim

M1 *Die Hochschule „Umwelt-Campus Birkenfeld" (UCB) in Hoppstädten-Weiersbach*

Öffentliche Gelder – ein wichtiges Mittel der räumlichen Planung

Hochschule statt US-Lazarett

Nach dem Zweiten Weltkrieg (1939–1945), den Deutschland verlor, stationierten die Siegermächte Soldaten in Deutschland – auch im Landkreis Birkenfeld in Rheinland-Pfalz. Der größte Militärstandort der US-Amerikaner mit zeitweise 20 000 Soldaten war die Stadt Baumholder. In Hoppstädten-Weiersbach bei Baumholder richteten die US-Amerikaner 1953 ein 1000-Bettenlazarett ein. Es wurde 1990 geschlossen, weil die Amerikaner Truppen abbauten. Im Kreis Birkenfeld wurden bis 1998 von den Amerikanern 2650 Zivilbeschäftigte entlassen.
1992 kaufte die Landesregierung Rheinland-Pfalz das Grundstück mit dem ehemaligen US-Lazarett in Hoppstädten-Weiersbach für 1,1 Mio. €.

1996 wurde auf diesem Gelände eine neue Hochschule eröffnet. Damit wurden auch Arbeitsplätze in dem **strukturschwachen Raum** im Landkreis Birkenfeld geschaffen.
Finanziert wurde die Hochschule vom Land Rheinland-Pfalz, dem „Zweckverband Birkenfeld" (Stadt Birkenfeld, Verbandsgemeinde Birkenfeld), der Gemeinde Hoppstädten-Weiersbach und der Europäischen Union.
Die Regierung von Rheinland-Pfalz setzte vor allem Gelder aus dem Programm für **Konversion** ein. Das Konversionsprojekt „Umwelt-Campus Birkenfeld" (UCB) wurde im Jahr 2008 abgeschlossen. Die Gesamtkosten betrugen rund 146 Mio. € einschließlich der Baukosten von 55 Mio. €.

„Zahlreiche Einwohner von Hoppstädten-Weiersbach hatten Wohnungen oder Häuser an Soldaten der US-Armee und ihre Angehörigen vermietet. In fast jedem dritten Haus wohnten Amerikaner. Die Vermieter waren auf die Einnahmen angewiesen."

M2 *Der ehemalige Ortsbürgermeister Arnold Meiborg erinnert an das Jahr 1990.*

INFO

Strukturschwacher Raum

Ein strukturschwacher Raum ist ein Gebiet, das mehrere der folgenden Merkmale aufweist: Randlage innerhalb Deutschlands, niedrige Bevölkerungsdichte (Ew/km²), Wegzug vor allem junger Menschen, zu wenig Arbeitsplätze, zahlreiche Arbeitslose.

Möglichkeiten der Raumplanung

Das Land Rheinland-Pfalz hat im Rahmen der Konversion auf zuvor militärisch genutzten Flächen mehrere Hochschulen in strukturschwachen Gebieten neu gegründet (z. B. Birkenfeld, Pirmasens, Zweibrücken). Erst dadurch bekamen auch junge Menschen, die sich ein Studium an einer weit von ihrem Wohnort entfernten Hochschule nicht leisten konnten, die Chance, sich wohnortnah weiter zu qualifizieren. Die Studierendenquote (Zahl der Studierenden pro 1000 Einwohner) ist seitdem gestiegen.

Die Studierenden werden an den Hochschulen praxisnah ausgebildet. Der Umwelt-Campus Birkenfeld etwa arbeitet im Bereich der Forschung und Lehre mit zahlreichen, auch einheimischen, Industriebetrieben zusammen. Den Absolventen der Hochschule werden somit berufliche Perspektiven in der Region Birkenfeld aufgezeigt. Dadurch konnte bereits ein Teil der hoch qualifizierten jungen Menschen in der Region gehalten werden.

Die Wirtschaft im Raum Birkenfeld ist dringend auf Fachkräfte angewiesen, wenn sie wettbewerbsfähig bleiben will. Allein für den Kreis Birkenfeld wurde ein Rückgang der Bevölkerung von derzeit rund 80 000 Einwohnern bis zum Jahr 2035 um mindestens 10 000 Menschen prognostiziert.

M3 *Hochschulen – ein Mittel zur Stärkung strukturschwacher Regionen*

M7 *Lage von Hoppstädten-Weiersbach, 5 km südöstlich von Birkenfeld*

	1996	2015
Studierende	556	2500
Wohnheimplätze	140	777
Beschäftigte	14	215 (85 aus dem Kreis Birkenfeld)
davon: Professoren	8	56

M4 *Entwicklung des UCB*

in Rheinland-Pfalz:	296,0 Mio. €
davon im Kreis Birkenfeld:	65,6 Mio. €
davon für den Aufbau und Betrieb des Umwelt-Campus Birkenfeld:	39,7 Mio. €

M6 *Landesmittel für Konversionsmaßnahmen in den Jahren 2004 – 2008*

Goa Shan ist einer von 130 Unternehmern aus China (Stand 2015), die sich auf dem Gelände des ehemaligen US-Lazaretts Hoppstädten-Weiersbach angesiedelt haben. Sie haben im ICCN (International Commerce Center Neubrücke) Appartements gekauft und Büros eingerichtet. Von hier aus organisieren sie den Export von Waren nach China und den Import chinesischer Waren nach Europa. Das ICCN unterstützt sie dabei (z. B. Übersetzungsdienste, Beratung bei Steuerfragen).

Die Gründung des ICCN geht auf eine private Initiative zurück. Insgesamt wurden rund 8 Mio. € ohne finanzielle Unterstützung des Landes Rheinland-Pfalz investiert (z. B. für die Renovierung der Wohngebäude und Installation leistungsfähiger Internetkabel).

M5 *Konversion – privat finanziert*

INTERNET

Weitere Informationen zum Umwelt-Campus Birkenfeld findest du unter:
– www.umwelt-campus.de
– www.swr.de/landesschau-rp/hierzuland/hoppstaedten (Film)

❶ Stelle fest, ob es auf dem UCB-Gelände eine Mensa, eine Aula, Geschäfte, Werkstätten, Sportmöglichkeiten, genug Parkplätze, Wohnmöglichkeiten gibt. (Internet: Stichwort UCB Birkenfeld Campusplan).

❷ ⬅ **Wähle aus:**
A Berichte darüber, was man am UCB studieren kann (Internet).
B Erläutere den Begriff „Umwelt" im Namen des UCB (Internet).

❸ Mit der Gründung des Umwelt-Campus verfolgte die Regierung von Rheinland-Pfalz bildungs- und wirtschaftspolitische Ziele. Erkläre (M3).

❹ a) ◼❓ Stelle das Konversionsprogramm der Landesregierung Rheinland-Pfalz am Beispiel des Umwelt-Campus Birkenfeld dar (M1 – M4, M6).
b) Bewerte die Konversion in Bezug auf die Stärkung der Wirtschaft im Raum Birkenfeld (M1 – M6).

© westermann   23632EX

Nordrhein-Westfalen

Belgien

Region Mittelrhein-Westerwald

Montabaur

Koblenz

Mörsdorf

Region Trier

Mainz

Region Rheinhessen-Nahe

Hessen

Luxemburg

Trier

Kaiserslautern

Region Rheinpfalz

Ludwigshafen

Saarland

Region Westpfalz

Frankreich

☐ Gebiet, das zwei Regionen angehört
☐ Nationalpark Hunsrück-Hochwald

0   20   40 km

Ba-Wü

M1 *Regionen in Rheinland-Pfalz*

Wirtschaftsförderung in Rheinland-Pfalz

Ziel der Landesregierung von Rheinland-Pfalz ist es, im Rahmen der Raumplanung die Voraussetzungen für eine gleichwertige Entwicklung in allen Regionen des Landes zu schaffen. Die Landesregierung unterstützt – zum Teil über die Grenzen des Bundeslandes hinaus – vielfältige Projekte, um die Wirtschaft in den strukturschwachen, meist ländlichen Räumen und deren Wettbewerbsfähigkeit mit den Ballungsräumen zu stärken. Bestehende Arbeitsplätze sollen gesichert und neue Arbeitsplätze geschaffen werden. Allein für die Entwicklung der ländlichen Räume in Rheinland-Pfalz stehen für den Zeitraum 2014 bis 2020 Gelder in Höhe von 661 Mio. € (davon 300 Mio. € von der EU, 140 Mio. € von der Bundesregierung) zur Verfügung.
Die Möglichkeiten der **Wirtschaftsförderung** sind breit gefächert. Die Landesregierung erhofft sich beispielsweise durch den Auf- und Ausbau des Tourismus einen Aufschwung. Er ist ein „Motor" der Wirtschaft, weil von den Touristen nicht nur die Gaststätten, Hotels oder Freizeiteinrichtungen profitieren, sondern auch Bäcker, Tankstellenpächter und viele mehr. Weitere Schwerpunkte der regionalen Wirtschaftsförderung sind die Förderung mehrerer Cluster und der erneuerbaren Energien.

Hängeseilbrücke und Nationalpark

Bei Kastellaun wurde eine Hängeseilbrücke über das Mörsdorfer Bachtal gespannt. Sie ist die längste Hängeseilbrücke nördlich der Alpen. Über die Brücke führt der Fernwanderweg „Saar-Hunsrück-Steig". Aufgrund dieser Investition im Bereich Tourismus profitieren auch andere Teile der Wirtschaft und damit die Bevölkerung in Mörsdorf und Umgebung.
Nicht weit von Mörsdorf entfernt wurde im Jahr 2015 der **Nationalpark** Hunsrück-Hochwald eröffnet. Es wird damit gerechnet, dass er jedes Jahr von 350 000 Touristen (240 000 Tagesausflügler, 110 000 Übernachtungsgäste) besucht wird. Sie sollen langfristig den Umsatz in der Region um 5 Mio. € pro Jahr steigern. 200 bis 240 neue Arbeitsplätze werden in der Region entstehen.

M2 *Wirtschaftsförderung im Hunsrück*

INTERNET

www.haengeseilbruecke.de

www.moersdorf-hunsrueck.de

Zu Clustern in Rheinland-Pfalz mit verschiedenen Schwerpunkten:

www.cvc-suedwest.com

www.metall-keramik-kunststoff.de
(Innovationscluster Metall-Keramik-Kunststoff)

www.storegio.com (Energiespeichersysteme)

M3 *Hängeseilbrücke Mörsdorf*

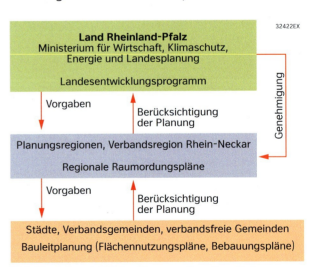

32422EX

Land Rheinland-Pfalz
Ministerium für Wirtschaft, Klimaschutz, Energie und Landesplanung

Landesentwicklungsprogramm

Vorgaben

Berücksichtigung der Planung

Genehmigung

Planungsregionen, Verbandsregion Rhein-Neckar

Regionale Raumordungspläne

Vorgaben

Berücksichtigung der Planung

Städte, Verbandsgemeinden, verbandsfreie Gemeinden
Bauleitplanung (Flächennutzungspläne, Bebauungspläne)

M4 *Rheinland-Pfalz: Ebenen der räumlichen Planung*

Möglichkeiten der Raumplanung

Outlet Montabaur

Montabaur

Am 1. August 2002 wurde der ICE-Bahnhof Montabaur an der neu gebauten Bahnstrecke Köln-Frankfurt am Main eröffnet. Dadurch haben die Stadt Montabaur und die Region einen Imagegewinn erfahren. Seit 2002 sind im Umfeld des Bahnhofs rund 600 neue Arbeitsplätze entstanden.

Die gute Verkehrsanbindung der Stadt Montabaur (Bahn, Bundesautobahn A3) war ein entscheidender Standortfaktor für ein Factory-Outlet-Center, das dort 2015 eröffnet hat. Die Verkaufsfläche des Einkaufszentrums wurde auf 10 000 m² beschränkt, weil der Einzelhandel in den umliegenden Städten erhebliche Umsatzeinbußen befürchtete. (Internet/Stichwort: Stadt Montabaur Fashion Outlet)

M5 *Wirtschaftsförderung im Westerwald*

CVC Südwest

Der „CVC (Commercial Vehicle Cluster) Südwest", wurde 2008 gegründet, um das Know-How im Bereich der Nutzfahrzeuge (Lkw, Bus, Land- und Baumaschinen) zu bündeln. Dem Cluster gehören Firmen an, die Spezialisten auf verschiedenen Gebieten der Nutzfahrzeugindustrie sind.

In der CVC-Zentrale in Kaiserslautern

Zu ihnen gehören zum Beispiel Daimler (Wörth am Rhein, Lkw-Produktion), John Deere (Mannheim, Produktion von Traktoren und Mähdreschern), Wayand (Idar-Oberstein, Spezialist für Kunststoffkarosserieteile).

Sie suchen gemeinsam nach Lösungen unter anderem auf folgende Fragen: Wie müssen Nutzfahrzeuge konstruiert und gebaut werden, damit sie noch zuverlässiger werden? Wie können Sonderfahrzeuge, die nicht in großen Mengen produziert werden, kostengünstiger gebaut werden? Wie kann der Ausstoß von CO_2 bei Nutzfahrzeugen reduziert werden?

Die Firmen arbeiten in ihren Entwicklungsabteilungen eng zusammen, tauschen Informationen aus und kooperieren mit Universitäten, Fachhochschulen und Forschungseinrichtungen.

M6 *Wirtschaftsförderung in der Westpfalz*

❶ Ordne die Beispiele des Kapitels (Windpark, Tierheim, Hausbau) einer Ebene der räumlichen Planung zu (M4). Erläutere.

❷ ◀ **Wähle aus:**
A Berichte am Beispiel der Hängetalbrücke Mörsdorf über mögliche Auswirkungen der Wirtschaftsförderung des Landes Rheinland-Pfalz (M2, Internet).

B Begründe, warum der Nationalpark Hunsrück-Hochwald ein Wirtschaftsförderungsprojekt ist (M2, Internet).

❸ ◀ ?▶ Stelle in einem Bericht eines der Wirtschaftsförderungsprojekte aus M5 oder M6 mithilfe des Internets dar.

❹ Arbeitet in Kleingruppen.
a) Schreibt jeden der folgenden Begriffe auf einen kleinen Zettel: Wirtschaftsförderung, ländlicher Raum, Firmen, Arbeitsplätze, Industrie, strukturschwacher Raum, Infrastruktur, Dienstleistungen.
Stellt Verbindungen und Zusammenhänge zwischen den Begriffen her.

Legt die Zettel dementsprechend hin und klebt sie auf.
b) Präsentiert euer Ergebnis.

Gewusst – gekonnt: Möglichkeiten der Raumplanung

M1 *Das fertiggestellte JuBüZ – Jugend- und Bürgerzentrum Karthause (Koblenz)*

Karthause ist ein Stadtteil von Koblenz. In diesem Stadtteil gab es kein Jugendzentrum, sondern nur ein paar Spiel- und Bolzplätze. Der Stadtrat beschloss, ein Jugend- und Bürgerzentrum zu bauen. Drei mögliche Standorte wurden diskutiert.

M2 *Auf der Suche nach einem Standort für ein Jugend- und Bürgerzentrum*

M3 *Mögliche Standorte des Jugendzentrums*

„Wir begrüßen grundsätzlich den Bau des JuBüZ, haben aber erhebliche Einwände gegen den geplanten Standort. Seien wir doch mal realistisch. Das JuBüZ wird die Zahl der Jugendlichen, die sich schon jetzt im Einkaufszentrum herumlümmeln, noch erhöhen.

Glauben sie bloß nicht, dass die Mehrheit dieser Jugendlichen großes Interesse an den Workshops des JuBüZ hat und sich in diesem Gebäude aufhalten wird. Das ist eine naive, irrige Annahme. Nein, die Geschäfte und die Plätze davor sind die Attraktion.

Wir haben schon jetzt erhebliche Umsatzeinbußen, da viele unserer Kunden lieber in unsere Vorstadtfiliale zum Einkaufen fahren, weil sie dort nicht angepöbelt werden. Meine Meinung ist klar. Das JuBüZ müsste an einem ruhigeren, dezentralen Standort errichtet werden."

M4 *Aussage von Sven Benning, dem Marktleiter im Einkaufszentrum*

Vorgaben im Bebauungsplan:	Planung des Architekten:
Grundstückfläche: 2300 m²	GRZ Grundfläche 860 m² = 0,37
Anzahl der Vollgeschosse: II	GFZ Geschossfläche 800 m² = 0,34
GRZ 0,6	
GFZ 1,0	

M5 *Vorgaben im Bebauungsplan und Planung des Architekten*

Standort A
Lage im Zentrum des Stadtteils. Zentral von allen Seiten gut und zu Fuß erreichbar, zwischen einem Einkaufszentrum und der Bundesbehörde. Kurze Wege vom Schulzentrum zum JuBüZ.

Standort B
Lage am östlichen Rand des Stadtteils. Parkähnliche, ruhige Wohnumgebung. Gute städtische Busverbindung, jedoch dezentrale Lage. Für Jugendliche der westlichen Wohngebiete weiter Fußweg.

Standort C
Lage am südlichen, noch wenig bebauten Rand des Stadtteils. Gute städtische Busverbindung, jedoch dezentrale Lage. Für Jugendliche der nördlich liegenden Wohngebiete weiter Fußweg. „Grüne Lage" in der Nähe des Stadtwalds.

M6 *Beschreibung der möglichen Standorte*

"Wir können die Entscheidung der Stadt, das Bauvorhaben JuBüZ in unmittelbarer Nähe unserer Bundesbehörde zu verwirklichen, überhaupt nicht nachvollziehen. Bitte stellen Sie sich folgende Situation vor: Unsere Behörde wird jeden Tag von einer großen Zahl internationaler Gäste und Besucher aus ganz Deutschland aufgesucht. Praktisch jede Woche finden Fortbildungsseminare mit vielen Teilnehmern statt. Unsere Gäste sind froh, wenn sie sich in der Mittagspause hier im Stadtteilzentrum unbehelligt in den Grünanlagen aufhalten können und nicht gestört werden. Wie kann man bloß die an sich schon schwierige Situation im Umfeld des Schulzentrums durch eine solche Standortentscheidung noch verschärfen?"

M7 *Aussage von Dr. Günter Steckhan, Mitarbeiter der nahe gelegenen Bundesbehörde*

Schülerfrage: „Sind Sie mit der Standortwahl zufrieden?"

Herr Ternes: „Ja, sehr, ich finde den Standort optimal. Schaut, ein Zentrum muss für alle da sein, erreichbar sein, sichtbar sein. Es ist in diesem riesigen Stadtteil wichtig, dass das JuBüZ von überall her gut zugänglich ist und als Gemeinschaftsbau auch in der Mitte der Gemeinschaft steht."

Schülerfrage: „Können Sie uns noch nähere Informationen zum Bau geben?"

Herr Ternes: „Der Bau ist quadratisch und hat eine Seitenlänge von rund 20 Metern. Dabei entstehen 800 m^2 Nutzfläche auf zwei Ebenen. Meine Planung musste natürlich die Auflagen berücksichtigen, die der Bebauungsplan für dieses Gebiet vorgibt."

Schülerfrage: „Konnten Sie also nicht so bauen, wie Sie gern wollten?"

Herr Ternes: „Das kann ein Architekt praktisch nie. Nach den Vorgaben im Bebauungsplan habe ich diesen Bauentwurf gezeichnet, einen zweigeschossigen Bau mit flachem Dach."

M8 *Interview mit dem Architekten des JuBüz*

Schätze dich selbst mit dem **Ampelsystem** ein, das auf Seite 53 erklärt ist. Die Erläuterung der **Kompetenzen** findest du ebenfalls auf Seite 53.

Grundbegriffe
Raumnutzungskonflikt
Flächennutzungsplan
Raumplanung
Grunddaseinsfunktion
Bebauungsplan
ökologische Ausgleichsmaßnahme
strukturschwacher Raum
Konversion
Wirtschaftsförderung
Nationalpark

Fachkompetenz

1 Stelle das Planungsvorhaben JuBüZ sowie die drei möglichen Standorte vor (M3, M6).

2 a) Beschreibe Standort A (M3, M6).

   b) Über diesen Standort wurde heftig diskutiert. Fasse die Argumente der Befürworter und Gegner zusammen (M4, M7, M8).

3 Erkläre, was bei der Erstellung eines Flächennutzungsplans berücksichtigt werden muss. *(Schülerbuch Seiten 266–267)*

Methodenkompetenz

4 a) Stelle fest, welche Vorgaben für den Bau des JuBüZ erfüllt werden mussten (M5).

   b) Überprüfe, ob der Architekt die Vorgaben eingehalten hat (M1, M5, M8). *(Schülerbuch Seite 275)*

5 Eine freie Fläche in deinem Schulort mit den Maßen 40 m x 60 m soll umgestaltet werden. Im Flächennutzungsplan ist sie als Spielplatz ausgewiesen. Gestalte einen maßstabsgerechten Planungsentwurf. *(Schülerbuch Seiten 272–273)*

Kommunikationskompetenz

6 Wähle mindestens drei Grundbegriffe aus der Liste, erkläre sie und wende sie in einem Beispiel an.

7 Präsentiere deinen Planungsentwurf (Aufgabe 5) und diskutiere ihn in der Klasse.

Urteilskompetenz

8 Bewerte die Meinungen für und gegen den Standort A (M4, M7, M8).

9 Bewerte die Standorte B und C, berücksichtige dabei die Eignung aus der Sicht der Menschen und der Umwelt (M3, M6).

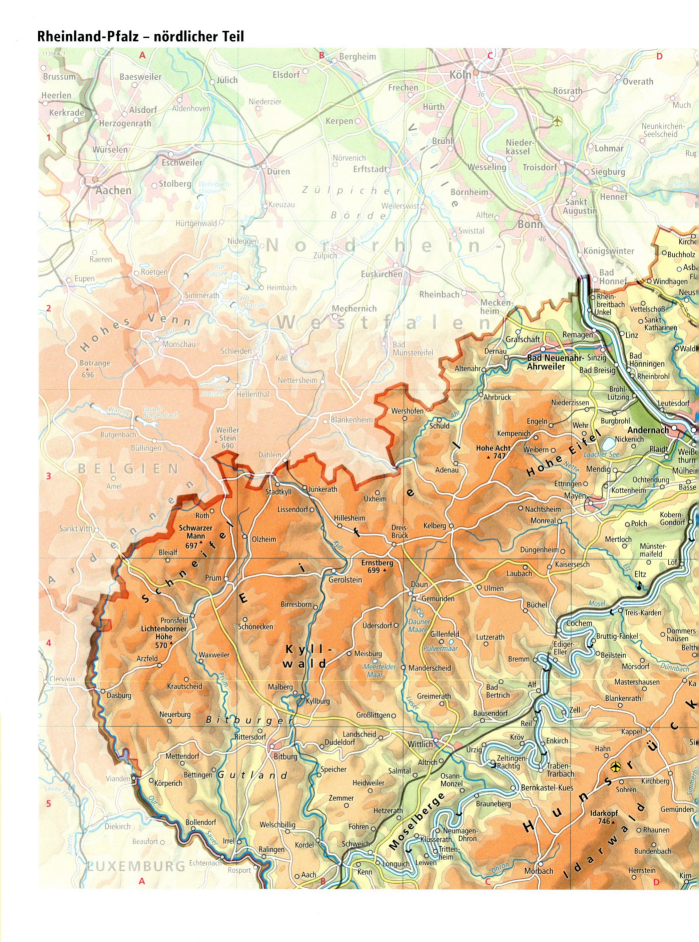

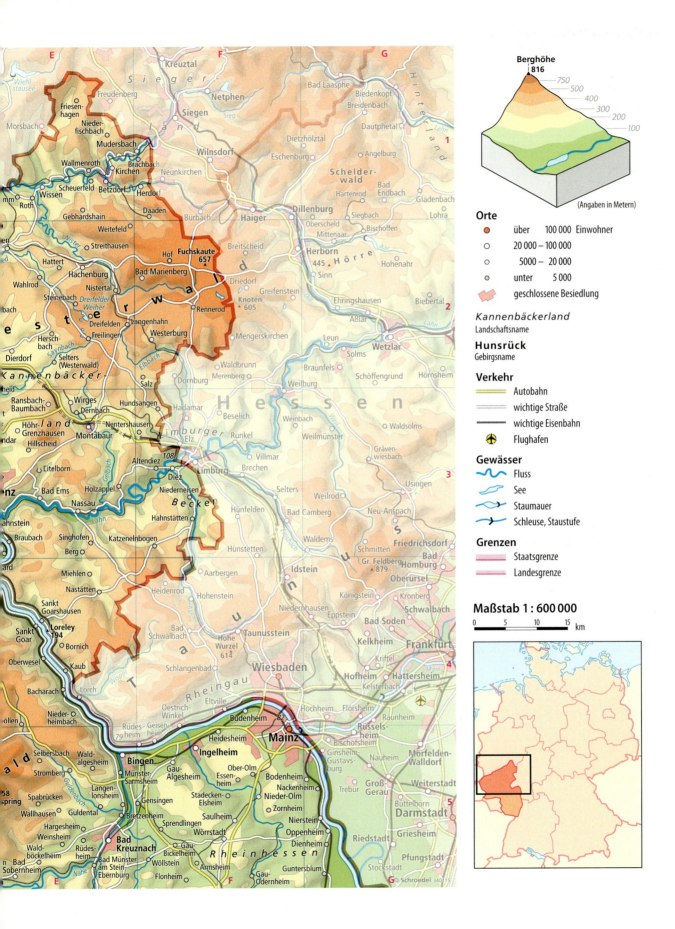

Berghöhe
816
750
500
400
300
200
100

(Angaben in Metern)

Orte

● über 100 000 Einwohner
○ 20 000 – 100 000
○ 5 000 – 20 000
○ unter 5 000

geschlossene Besiedlung

Kannenbäckerland
Landschaftsname

Hunsrück
Gebirgsname

Verkehr

Autobahn
wichtige Straße
wichtige Eisenbahn
✈ Flughafen

Gewässer

〜 Fluss
See
Staumauer
Schleuse, Staustufe

Grenzen

Staatsgrenze
Landesgrenze

Maßstab 1 : 600 000

0   5   10   15   km

© Schroedel 340 15

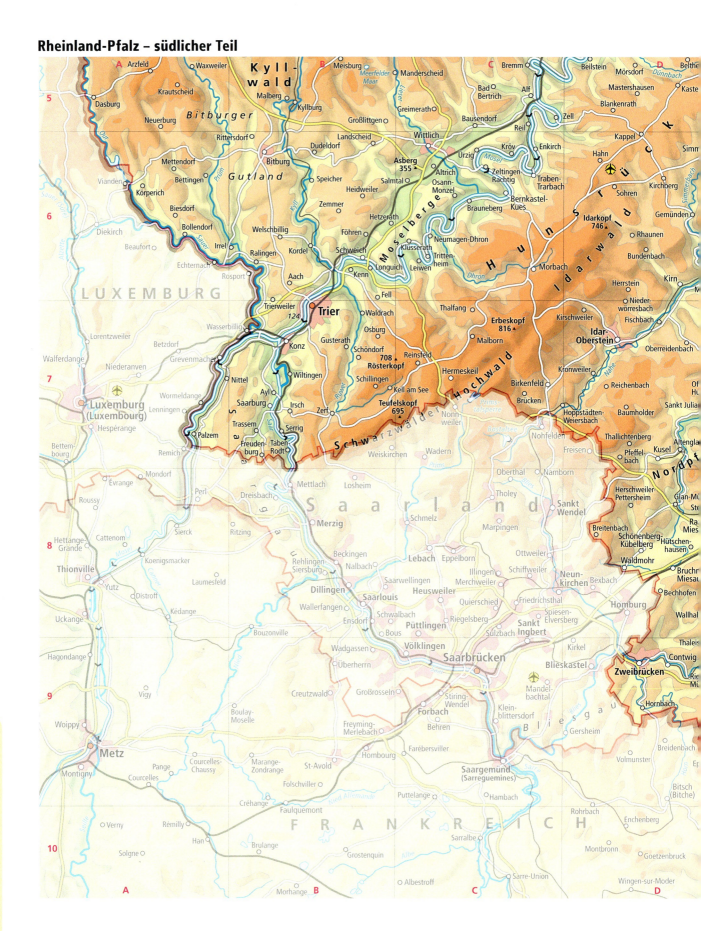

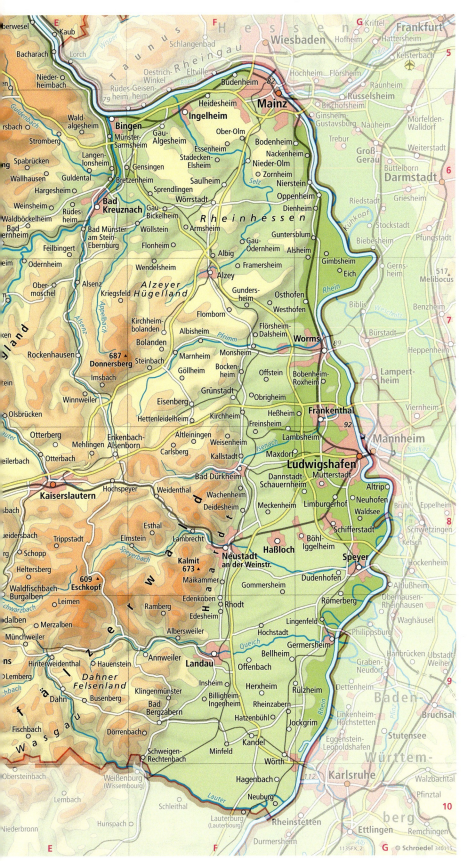

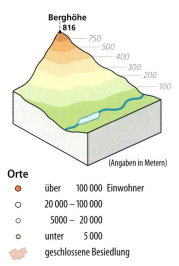

Berghöhe
816

750
500
400
300
200
100

(Angaben in Metern)

Orte

●	über	100 000	Einwohner
○		20 000 – 100 000	
○		5000 – 20 000	
○		unter	5 000
▨	geschlossene Besiedlung		

Kannenbäckerland
Landschaftsname

Hunsrück
Gebirgsname

Verkehr

━━━	Autobahn
═══	wichtige Straße
━━━	wichtige Eisenbahn
✈	Flughafen

Gewässer

～～	Fluss
～	See
～	Staumauer
～	Schleuse, Staustufe

Grenzen

| ▬ | Staatsgrenze |
| ▬ | Landesgrenze |

Maßstab 1 : 600 000

0   5   10   15 km

Hilfen zum Lösen der Aufgaben

Unsere natürlichen Lebensgrundlagen

Seite 11, Aufgabe 3
Lies dir den unteren Abschnitt der Info 1 nochmals durch. Stell dir jetzt vor, ein Stern würde 100 Lichtjahre entfernt sein. Welchen Zustand des Sterns siehst du?

Seite 13, Aufgabe 5
Die Erde dreht sich, wenn du auf den Nordpol schaust, gegen den Uhrzeigersinn.

Seite 15, Aufgabe 4
Gliedere in drei Hauptbeleuchtungszonen. Die 23,5° Erdneigung ist für die Berechnung dieser Zonen wichtig.

Seite 17, Aufgabe 3
Beachte für das Halten eines Vortrags die Seiten 146–147.

Seite 19, Aufgabe 1
Lies die Werte am besten an der rechten Seite der Karte ab.

Seite 21, Aufgabe 5
Denke nicht nur an die direkten Folgen einer Erwärmung. Die Erwärmung hat auch Einfluss auf andere Geofaktoren.

Seite 23, Aufgabe 2
Bedenke: In derselben Region kann eine Folge des Klimawandels für die einen positiv für die anderen negativ sein.

Seite 25, Aufgabe 3
In M5 sind viele Einzelheiten der Prozesse des globalen Wasserkreislaufs dargestellt. Verfasse einen Fließtext mit Beschreibungen dieser Details.

Seite 27, Aufgabe 5
Verwende die Informationen in M5 als Gliederung.

Seite 29, Aufgabe 1 b)
Weitere Hauptaspekte können sein: Wasser, Nährstoffe, Verdunstung.

Seite 30, Aufgabe 3 A
Berücksichtige bei der Erklärung die Temperatur beim Aufsteigen von Luft und die damit verbundenen physikalischen Vorgänge.

Seite 33, Aufgabe 3 a)
Achte darauf, dass die Werte der Niederschlagsskala auf der rechten Seite des Klimadiagramms jeweils doppelt so hoch sind wie die Werte der Temperaturskala auf der linken Seite des Diagramms (20 mm = 10 °C, 40 mm = 20 °C usw.).

Seite 35, Aufgabe 2 a)
Kleiner Tipp: Die Fotos stammen aus den Ländern Dä... (Gr...), De..., Al... und Br...

Seite 37, Aufgabe 2
Man spricht auch von einer „Wärmemangelgrenze" und einer „Wassermangelgrenze" für bestimmte Pflanzen.

Seite 43, Aufgabe 5
Unterscheide am besten Nordsommer, Südwinter, Südsommer usw.

Seite 45, Aufgabe 2
Vergleiche die Temperaturkurven und achte auf die Breitenlage der beiden Klimastationen.

Seite 47, Aufgabe 1
Nutze die Legende der Karte als Gliederungshilfe.

Seite 49, Aufgabe 3 b)
Beachte beispielsweise die mögliche Beeinträchtigung der Schifffahrt, der Fischerei, der Muschelzucht, des Tourismus ...

Seite 51, Aufgabe 2 b)
Der Plastikmüll wird mit der Zeit immer kleiner, dann fressen ihn ...

Endogene Naturkräfte verändern Räume

Seite 57, Aufgabe 3
In M4 werden landwirtschaftliche Nutzungen dargestellt. Dafür ist ein guter Boden notwendig. Wie dieser entsteht, kannst du M5 entnehmen.

Seite 58, Aufgabe 1 a)
Überlege zuerst, ob ein Schildvulkan Lava, Asche und Staub ausspuckt wie der Schichtvulkan Ätna.

Seite 63, Aufgabe 2 A
Berichte über die Auswirkungen direkt nach dem Beben und die Folgen, die heute noch vorhanden sind.

Seite 65, Aufgabe 2

Der Mittelatlantische Rücken verläuft mitten durch den Atlantischen Ozean.

Seite 67, Aufgabe 3 b)

Betrachte für einen direkten Vergleich mit der Theorie Wegeners auf S. 64 M2 und auf S. 65 M3 die Grenze zwischen Südamerikanischer und Afrikanischer Platte.

Seite 69, Aufgabe 2

Eine Großstadt hat 100 000 bis 1 000 000 Einwohner, eine Millionenstadt über 1 Million Einwohner.

Seite 71, Aufgabe 5

Berücksichtige die möglichen Folgen eines schweren Erdbebens, den Katastrophenschutz und die Verhaltensregeln.

Seite 73, Aufgabe 1

Bestimme die Namen der Erdplatten A bis D in M2 und berücksichtige deren Bewegungsrichtung.

Seite 75, Aufgabe 3

Achte darauf, dass die Überschrift das Interesse der Leser weckt. Verwende auch Fotos (S. 72–74 oder Internet).

Seite 77, Aufgabe 5

Gehe auf die im Text genannten Reliefformen ein.

Seite 79, Aufgabe 4

Betrachte zunächst die Karte im Diercke Weltatlas S. 242/243, Karte 3 und schau, welche der in der Aufgabe genannten Namen du als Hot Spots findest. Schlage alle weiteren Namen im Atlasregister nach und vergleiche mit der Karte 3, S. 242/243 im Diercke Weltatlas.

Seite 81, Aufgabe 2

Beachtet folgende Punkte: Wahl des Verkehrsmittels, Reiseroute, Sehenswürdigkeiten (z. B. Laacher See), Freizeitmöglichkeiten (z. B. Museumbesuch).

Seite 83, Aufgabe 1 b)

Zu erläutern sind Geysir, der Austritt des Kohlenstoffdioxids und Maar.

Seite 85, Aufgabe 3

Schlage den Diercke Weltatlas S. 53, Karte 2 auf. Schau mithilfe von S. 52 Karte 1 nach, wo der Pfälzerwald auf der Karte 53.3 liegt. Nutze dann die Legende.

Seite 87, Aufgabe 3

Orientiere dich an der Zeichnung M3.

Exogene Naturkräfte verändern Räume

Seite 93, Aufgabe 4 b)

Beschrifte die Hauptäste der Mindmap mit exogenen Naturkräften und die Nebenäste der Mindmap jeweils mit den dazugehörigen Oberflächenformen.

Seite 95, Aufgabe 3 B

Denke zum Beispiel an die möglichen Auswirkungen des Verkehrs, die Qualität des Trinkwassers oder die Bedürfnisse/Wünsche von Naherholungsuchenden und Urlaubern.

Seite 99, Aufgabe 3

Beachte, dass die Höhenlinien auf der linksrheinischen Seite in fünfziger Schritten und auf der rechtsrheinischen Seite in fünfer Schritten angegeben sind. Zeichne die Höhenachse mit 2 cm Höhe pro 50 m. 5 m Höhe machen dann 2 mm aus.

Seite 101, Aufgabe 3 A

Nutze als Hilfsmittel einen Bindfaden und ein Lineal.

Seite 103, Aufgabe 3

Verorte das Beispiel in Rheinland-Pfalz. Verwende auch Bilder.

Seite 105, Aufgabe 3

Berücksichtige die Perspektive der Reporter sowie die der Zeitungsleser bzw. der Fernsehzuschauer.

S. 107, Aufgabe 4

Schreibe dir aus jedem Abschnitt die drei wichtigsten Begriffe heraus. Finde dann für diese drei einen Überbegriff. In Abschnitt 1 könnten z. B. Trockenraum, Wüstenregion und Grand Canyon wichtige Begriffe sein. Beachte, dass es bei dieser Aufgabe mehrere sinnvolle Lösungen gibt.

S. 108, Aufgabe 1 A

Je nach Fließgeschwindigkeit und Beschaffenheit des mitgeführten Materials des Flusses und der Widerstandskraft der Gesteine im Flussbett gibt es unterschiedliche Richtungen der Erosion. Damit die Talform einer Klamm entsteht (S. 96 M1), muss eine starke Tiefenerosion und eine geringe Seitenerosion vorkommen. Beschreibe mit diesen Begriffen auch die Talform des Canyon.

S. 111, Aufgabe 3

a) Klicke auf der Internet-Seite die Jahreszahl an. Klicke danach auf „Rheinland-Pfalz".Schreibe die Orte mit bestätigten Tornados des letzten Jahres heraus. Notiere sie. b) Vorlage für die Karte: Google Bilder – Rheinland-Pfalz Karte.

S. 113, Aufgabe 1

Suche vier US-Bundesstaaten in der Tornado Alley. Suche dann vier US-Bundesstaaten in der Dust Bowl-Region (Atlas, Karte: Vereinigte Staaten von Amerika (USA)/Kanada – physisch). Was fällt dir auf?

S. 115, Aufgabe 4

Denke daran, woher das Wasser im unterirdischen Höhlensystem stammt.

Seite 117, Aufgabe 3

Land-schaft	Börde	Urstromtal	San-der	Endmoräne	Grund-moräne
Relief	flach-wellig				
Material		Flussab-lagerungen			
Qualität der Böden					fruchtbar
landwirt-schaft-liche Nutzung				Wald, Wiesen und Weiden, Ackerbau an nicht zu steilen Bereichen	

Seite 119, Aufgabe 1 a)

Die Bildinformationen können durch das Internet ergänzt werden; Stichwort: Graswarder Heiligenhafen-Unsere Ostsee.

Seite 121, Aufgabe 1 b)

Wichtige Argumente sind:

1. Inseln und Halligen sind vor allem bei Sturmfluten wichtige natürliche ...

2. Die Deiche müssen die Inseln ... Das verursacht sehr große ...

3. Die Bewohner ...

4. Die Touristen ...

Grenzen der Raumnutzung

Seite 127, Aufgabe 1

Tipp: Mit der Formulierung „Je ... desto..." kannst du das Wesentliche gut erfassen.

Seite 128, Aufgabe 3

Überlege, an welchen Daten die Sonne am Wendekreis und in Äquatornähe im Zenit steht.

Seite 133, Aufgabe 2 b)

Durch Desertifikation wird die nutzbare Ackerfläche geringer, dadurch ...

Seite 135, Aufgabe 1

Denke an ökologische, ökonomische und soziale Aspekte.

Seite 141, Aufgabe 3 B

Berichte über die Staudämme, die Ausdehnung des Bewässerungslandes in der Türkei, die Gewinnung von Elektrizität, den Stand der Arbeiten und die Positionen von Syrien und dem Irak.

Seite 143, Aufgabe 4

Überprüfe die Position des Kok-Aral-Damms in M7 und finde den Damm auch im Atlas. Überprüfe den unterschiedlichen Salzgehalt des kleinen und des großen Aralsees und ziehe daraus Rückschlüsse.

Seite 151, Aufgabe 1

In einem Wertequadrat sollst du deine eigene Meinung formulieren und begründen können. Dazu notierst du zunächst die zentrale Frage als Überschrift am oberen Rand des Blattes. Nun zeichnest du das Wertequadrat, indem du in der Mitte der Seite eine 10 Zentimeter lange horizontale Linie ziehst und dann durch deren Mitte eine 10 Zentimeter lange vertikale Linie einträgst. Schreibe die folgenden, gegensätzlichen Meinungen an die Enden der horizontalen Linie: „Rohstoffe konsequent nutzen" (links) und „Rohstoffnutzung einstellen" (rechts). Die vertikale Linie wird an den Endpunkten mit „Wirtschaft" (oben) und „Umwelt" (unten) beschriftet. Zuletzt wird für die einzelnen Rohstoffe eine Position im gesamten Wertequadrat gefunden.

Welternährung – zwischen Überfluss und Mangel

Seite 157, Aufgabe 7 a)

Hypothesen sind erste Vermutungen, die im Verlauf einer Untersuchung bestätigt oder widerlegt werden. Beachte Punkte wie: Wo liegt das Land? Wie sieht die Lebenssituation dort aus?

Seite 159, Aufgabe 4
Du kannst dein Schaubild in drei Bereiche gliedern: Zahlen zum Hunger, Folgen des Hungers, Hilfe

Seite 161, Aufgabe 2
Verorte Kenia in den Karten. Beachte bei deiner Beschreibung, dass das Land klimatische Unterschiede (z. B. Küstenregion im Vergleich zum Westen) aufweist.

Seite 163, Aufgabe 4
Statt Cash Crops könnten auf den Flächen auch Produkte angebaut werden, die für den täglichen Bedarf wichtig wären. Betrachte aber andererseits die Art und Bedeutung der Exportprodukte Kenias.

Seite 165, Aufgabe 2
Erstelle zunächst eine Tabelle mit Maßnahmen und Folgen, mit Vor- und mit Nachteilen der Grünen Revolution.

Seite 167, Aufgabe 2 f)
Überlege, welche wichtigen landwirtschaftlichen Produkte es noch gibt. Denke auch daran, dass Karten „generalisiert" sind.

Seite 169, Aufgabe 1
Unterscheidungsmerkmale können zum Beispiel sein: Arbeitsaufwand, Zeitaufwand, Fangmenge, Qualität, Beifang...

Seite 171, Aufgabe 2
Beachte die Bedeutung der Soja-Produktion für Deutschland und die Verwendung (M5, M7).

Seite 173, Aufgabe 5 b)
Achte auf den Preis der Produkte und denke auch an die Verfügbarkeit.

Seite 175, Aufgabe 5
Überlege, welche Gruppen hier argumentieren und welche Ziele die einzelnen Gruppen verfolgen – auch im Hinblick auf den Verbraucher.

Seite 177, Aufgabe 2
Beachte die Größe und Lage des Landes und die Folgen des Erdbebens für die Infrastruktur, zum Beispiel Straßen.

Seite 179, Aufgabe 1 c)
Um zu einer Bewertung zu kommen, stelle zunächst die Fakten stichpunktartig zusammen. Wäge dann Erfolge und Misserfolge begründet ab. Du kannst dir dazu das Bild einer Waage zu Hilfe nehmen.

Seite 185, Aufgabe 5
Berücksichtige sowohl den Anbau in Kenia als auch die Händler und die Gärtnereien mit beheizten Gewächshäusern in Deutschland. Der Valentinstag ist im Februar.

Seite 187, Aufgabe 1
Beachte die Fläche von Berlin und den tatsächlichen ökologischen Bedarf – auch mit Blick auf die Bedürfnisse der Einwohner von Hamburg oder Prag.

Seite 189, Aufgabe 2 b)
Berücksichtige den Verbrauch von Haushaltswasser und virtuellem Wasser.

Seite 191, Aufgabe 1
Trenne zwischen dem Verbrauch von Haushaltswasser und virtuellem Wasser aus dem In- und Ausland.

Seite 192, Aufgabe 2
Denke z. B. an den CO_2-Ausstoß, an Müll oder virtuelles Wasser.

Grenzen der Raumnutzung

Seite 195, Aufgabe 3
Berücksichtige die Ursachen, den Umfang und die Folgen des Fleischkonsums.

Seite 197, Aufgabe 3
Beachte: Fairer Handel ist nachhaltiger Handel – in allen drei Bereichen (siehe S. 192 M1).

Seite 201, Aufgabe 3
Gehe auf folgende Aspekte ein: Wer hat das Label vergeben? Wie ist es aufgebaut? Wie kann es einem Käufer bei seiner Kaufentscheidung helfen?

Seite 203, Aufgabe 5 c)
Die Gewichtung könnt ihr durch Punktevergabe vornehmen: 1 Punkt = „nicht so wichtig" bis maximal 3 Punkte = „sehr starkes Argument".

Seite 207, Aufgabe 4

Vergleiche einen Stadtstaat mit dem Flächenland Rheinland-Pfalz. Worin bestehen die wesentlichen Unterschiede? Bedenke weiter, welche besondere geographische Lage unser „Transitland" Rheinland-Pfalz hat.

S. 209, Aufgabe 2 c)

Weitere Merkmale könnten z. B. sein: Bequemlichkeit der Nutzung (Wie einfach ist die Benutzung?), Nachhaltigkeit (Welche Ressourcen werden bei der Herstellung und Nutzung verbraucht? Welche Stoffe und welcher Müll entstehen während und nach der Nutzung?), tatsächliche Auslastung (Wie viel Prozent des Verkehrsmittels sind während der Nutzung ausgelastet, also voll besetzt bzw. beladen?) oder Sicherheit (Wie viele Tote und Verletzte gibt es bei Unfällen mit diesem Verkehrsmittel?).

S. 219, Aufgabe 3

Denke an die Nachhaltigkeit beim Einkauf: bei der Auswahl und Menge. Denke auch an die Auswirkungen in anderen Ländern.

Europa – Einheit und Vielfalt

Seite 225, Aufgabe 4 a)

Fertigt zu euren Überlegungen am besten eine Mindmap an. Denkt z. B. an Gaststätten, Restaurants und Geschäfte, die Menschen aus anderen europäischen Ländern in Deutschland betreiben, an das Angebot von Zeitungen und Zeitschriften oder an die Fernsehprogramme, die in Deutschland empfangen werden können. Denkt auch an die vielen Vereine, die es bei uns gibt – und natürlich auch an die Schule.

Seite 227, Aufgabe 2 a)

Achte darauf, welche Gründe Winston Churchill für eine europäische Zusammenarbeit anführt. Berücksichtige auch, welche Rolle Churchill Deutschland und Frankreich zuweist.

Seite 231, Aufgabe 3

Skizziere einen Stamm mit Wurzeln. Die Wurzeln kannst du wie bei einer Mindmap mit Begriffen versehen.

Seite 233, Aufgabe 2 B

Nutze die Diercke-Karten: Europa – Physische Übersicht, Erde – Klimazonen: Klima der Erde; Erde – Potenzielle natürliche Vegetation:
Großlandschaften: Tiefland: ...; Mittelgebirgsräume (500–1500 m): ...; Hochgebirge (über 1500 m): ...
Klimazonen (von Norden nach Süden): drei Zonen
Vegetationszonen (von Norden nach Süden): sieben Zonen

Seite 235, Aufgabe 3

Löse die Aufgabe in einer Tabelle:

Programm-beispiele	persönliche Vorteile	wirtschaft-liche Vorteile	politische Vorteile
Städtepart-nerschaft			
ESA (Welt-raumpro-gramm)			
Umwelt-agentur			

Seite 237, Aufgabe 3

Überlege Vergleichspunkte zur Unterscheidung (Art des Aufenthaltes, Dauer, Gründe) und stelle Gemeinsamkeiten und Unterschiede fest.

Seite 239, Aufgabe 1 a)

Luxemburg: Ein- und Auspendler

Einpendler aus ...	Auspendler nach ...
Lothringen (Lorraine): 75 500	Lothringen: 400
Wallonie: ...	Wallonie: ...
Insgesamt: ...	Insgesamt: ...

Seite 241, Aufgabe 3

Beachte die Entwicklung der Arbeitslosigkeit bei den beiden ersten und den älteren Altersgruppen.

Seite 243, Aufgabe 2 B

Mithilfe der geographischen Lage der Länder kannst du das Wort „Gürtel" erläutern.

Seite 245, Aufgabe 3

Denke an die Lebensbedingungen und -chancen der Menschen und die drei Bereiche der Wirtschaft.

Seite 247, Aufgabe 4
Stelle zunächst eine Liste auf mit Pro- und Kontra-Argumenten. Welche Argumente wiegen schwerer?

Seite 249, Aufgabe 1 b)
Bei der biologischen Gewässergüte geht es um die biologisch in Kläranlagen abbaubaren Verschmutzungen. Bei der Gewässerstrukturgüte geht es um die Veränderungen am Ufer und im Flussbett, z. B. Begradigung, Kanalisierung.

Seite 251, Aufgabe 4
Denke an die drei Bereiche der Nachhaltigkeit: (Schutz der) Umwelt, (Wohlergehen für die) Gesellschaft und (gute Geschäfte und Gewinne für die) Wirtschaft.

Seite 253, Aufgabe 2
Lesebeispiel: Um aus dem Raum Neapel (Süditalien) nach London zu kommen, benötigte man 1991 etwa 25 Stunden, im Jahr 2010 nur noch ungefähr 15 Stunden.

Seite 255, Aufgabe 2
Berücksichtige: Belieferung, Beratung, gemeinsame Forschungseinrichtungen, Ausbildungsstätten, Banken.

Seite 257, Aufgabe 3
Mögliche Methoden zur Dokumentation sind beispielsweise Anfertigung einer Fotocollage, eines Informationsplakats, einer Nutzungskarte mit Legende, eines Videofilms mit Kommentar.

Seite 259, Aufgabe 1 A
Schau dir Bilder und Anzeigen für Afrikareisen von Reiseveranstaltern in Reisekatalogen und im Internet an. Welche Gefühle wecken diese Anzeigen in dir? Vergleiche dies mit der Berichterstattung über afrikanische Länder in Zeitungen und Nachrichten sowie den Fotos in M1.

Möglichkeiten der Raumplanung

Seite 265, Aufgabe 2 B
Bedenke, dass du mit dem Plakat die Bevölkerung für deine Meinung überzeugen willst. Du solltest deine Meinung also durch verschiedene stichhaltige Argumente untermauern und die Gefahren der Gegenmeinung aufzeigen. Gestalte das Plakat mit Fotos, Zeichnungen und kurzen Texten.

Seite 267, Aufgabe 2
Überlege, auf welcher Farbe im Flächennutzungsplan sich die Einrichtungen befinden. Nutze dazu die Legende. Anschließend entscheide dich für eine der möglichen Flächen im Flächennutzungsplan.

Seite 269, Aufgabe 1 b)
Überlegt gemeinsam, wer sich beim Bau eines neuen Möbelmarktes noch zu Wort melden würde. Wie sieht es mit dem Oberbürgermeister von Mainz aus? Oder der Ortsvorsteherin von Mainz-Hechtsheim? Welche Position würde der Landwirt vertreten, der sein Feld an die Besitzerin des Möbelmarktes verkauft? Und wie findet der Besitzer eines nahegelegenen Baumarktes die Idee?

Seite 271, Aufgabe 1 b)
Orientiere dich an den vorgegebenen Bedingungen für die Standortwahl in M4.

Seite 273, Aufgabe 1 a)
Rechenbeispiel: Die größte Außenwand des Neubaus soll 40 Meter lang sein. Teile 40 Meter durch 200 Zentimeter (40 m : 200 cm = 4000 cm : 200 cm = 20 cm. Die Zeichnung der 40 Meter langen Außenwand muss auf dem Papier 20 cm lang sein.

Seite 275, Aufgabe 1
Vergleiche jede der sieben Bauvorschriften für dieses Grundstück in M3 mit dem gebauten Haus in M1.

Seite 279, Aufgabe 4 a)
Stelle das Konversionsprogramm mithilfe folgender Stichwörter dar: strukturschwacher Raum, Zuschüsse, neue Arbeitsplätze, wohnortnahes Studium.

Seite 281, Aufgabe 3
Der Bericht sollte kurze Texte, kann aber auch Fotos enthalten. Gehe vor allem darauf ein, wie die Wirtschaft durch das Projekt gestärkt wird.

Minilexikon

A

absolute Zahl (Seite 242)
Positive natürliche Zahlen, die ohne Rest teilbar sind.

Agenda 21 (Seite 192)
Agenda (lateinisch) bedeutet sinngemäß „Was zu tun ist". Die Agenda 21 ist eine 1992 getroffene Willenserklärung der Regierungen von 172 Staaten der Erde, die Zukunft der Menschheit umweltschonend, sozial gerecht und nachhaltig zu gestalten. (→ nachhaltige Entwicklung)

Aktivraum (Seite 242)
Ein Aktivraum ist ein Gebiet mit hoher wirtschaftlicher Leistung. Es ist ein Zuwanderungsgebiet. Menschen ziehen hierher, weil in modernen Industrien gut bezahlte Arbeitsplätze angeboten werden. Anspruchsvolle Dienstleistungsberufe wie z. B. Rechtsanwälte oder Architekten sind häufig vertreten. Der Lebensstandard der Bevölkerung ist höher als in anderen Gebieten. (→ Passivraum)

anthropogener Treibhauseffekt (Seite 20)
Anteil des gesamten Treibhauseffekts, der auf menschliche Aktivitäten zurückzuführen ist. Hauptsächlich wird dieser durch anthropogene Freisetzung von Spurengasen ausgelöst und nimmt seit der Industrialisierung immer weiter zu.

Aquakultur (Seite 168)
Industrielle Mast und Zucht von Fischen oder Muscheln in Käfigen, meist in Küstennähe zur anschließenden Vermarktung.

arid (Seite 126)
Bezeichnung für die Besonderheiten des Klimas in Trockengebieten: die mittlere jährliche Gesamtverdunstung übersteigt die mittlere jährliche Gesamtniederschlagssumme (V>N). Flüsse in Gebieten mit aridem Klima verdunsten häufig in ihrem Lauf oder enden in abflusslosen Seen bzw. Binnendeltas. (Gegenteil: → humid)

Atmosphäre (Seite 10)
Lufthülle, welche die Erde umgibt. Sie besteht aus verschiedenen Gasen und ist in mehreren Schichten aufgebaut.

Aufforstung (Seite 135)
Planmäßiges und gezieltes Anpflanzen junger Bäume.

B

Bebauungsplan (Seite 274)
Der Bebauungsplan legt verbindlich die Nutzungsart der Grundstücke fest. Er wird von der Gemeinde beschlossen.

Bewässerungslandwirtschaft (Seite 136)
Landwirtschaftlicher Anbau mit künstlicher Bewässerung, z. B. durch Grund- oder Flusswasser. Bewässerung ermöglicht den Anbau in → ariden Gebieten und trägt auch zur Steigerung der Erträge bei (→ Intensivierung).

Biokraftstoff (Seite 174)
Biokraftstoffe werden aus Biomasse (Ölpflanzen, Getreide, Zuckerrüben usw.) hergestellt und dienen als gasförmiger oder flüssiger Kraftstoff zur Verbrennung, z. B. im Automotor.

Blaue Banane (Seite 243)
Ein Modell zur Darstellung des wirtschaftlichen → Aktivraums in der → Europäischen Union. Das Gebiet der Blauen Banane erstreckt sich vom Nordwesten zum Südosten Mitteleuropas: von Mittelengland über die Rheinmündung, Frankfurt/Main und München bis nach Mailand und Rom.

Boden (Seite 26)
Die oberste lockere Erdschicht, die durch → Verwitterung des Gesteins entstanden ist, in der sich die Wurzeln der Pflanzen befinden und aus der sie sich mit Nährstoffen versorgen.

Bodenversalzung (Seite 138)
Durch hohe Verdunstung resultiert aufsteigendes Bodenwasser und befördert im Bodenwasser gelöste Salze in den oberen Teil des Bodens. Dies führt schließlich zu dessen Unfruchtbarkeit. Besonders verbreitet ist die Bodenversalzung in → ariden Trockenräumen, in denen → Bewässerungsfeldbau betrieben wird.

Bodenversiegelung (Seite 102)
Das Asphaltieren und Betonieren von Flächen bezeichnet man als Bodenversiegelung. Dabei wird der natürliche Boden z. B. durch Gebäude, Straßen und Plätze zugebaut; Wasser kann nicht mehr versickern.

borealer Nadelwald (Seite 148)
Artenarme, langsam wüchsige Nadelwälder auf der Nordhalbkugel (Bezeichnung in Russland: Taiga).

Bruttoinlandsprodukt (BIP) (Seite 242)
Es ist die Summe aller volkswirtschaftlichen Leistungen (Produktion und Dienstleistungen), die innerhalb eines Landes in einem Jahr erbracht werden.

C

Carsharing (Seite 206)
Organisierte gemeinschaftliche Nutzung eines oder mehrerer Autos ergänzend zu öffentlichen Verkehrsmitteln mit dem Ziel der Kostenersparnis des Einzelnen.

Cash Crop (Seite 162)
Cash Crop ist eine Feldfrucht, die für den Export angebaut wird wie Bananen, Kaffee oder Tabak. Cash Crops sind höherpreisig als → Food Crops

Cluster (Seiten 255, 280)
Netzwerk von Wirtschaftsbetrieben und Verwaltungs- und Forschungseinrichtungen zur Herstellung bestimmter Produkte. Die beteiligten Betriebe siedeln sich in räumlicher Nähe zueinander an und arbeiten bei Forschung, Entwicklung, Produktion und Vertrieb zusammen. Es gibt Cluster in der Automobilindustrie (z. B. Raum Stuttgart), der Finanzwirtschaft (z. B. Raum Frankfurt), der Hightech-Industrie (z. B. Raum Dresen) aber auch in der industriellen Landwirtschaft (z. B. Raum Oldenburg). Ein sehr bekanntes Beispiel für ein Cluster ist das Silicon Valley in Kalifornien.

D

Dauerfrostboden (Seiten 44, 149)
Ein ganzjährig bis in große Tiefen gefrorener Boden, der in den Sommermonaten nur oberflächlich auftaut, typisch für die → Tundra oder das Hochgebirge.

Deich (Seite 120)
Künstlich aufgeschütteter Damm an Meeresküsten oder Flussufern zum Schutz vor Überflutungen.

Delta (Seite 136)
Eine Flussmündung mit einem Netz von Seitenarmen. Ein Delta bildet sich dadurch, dass ein Fluss viele Stoffe (z. B. Schlamm) mitführt und im Mündungsgebiet ablagert. So entstehen Aufschüttungen, die den Fluss in viele Arme teilen. Diese bahnen sich ihren Abfluss ins Meer.

Desertifikation (Seite 133)
Die Ausbreitung von Trockenräumen durch menschliche Eingriffe; z. B. Umwandlung der → Savanne in Wüste durch → Überweidung, Grundwasserabsenkung oder → Bodenversalzung

Dürre (Seite 126)
Zeitraum lange anhaltender Trockenheit mit negativen Auswirkungen auf das Pflanzenwachstum.

E

Eiszeit (Seite 116)
Abschnitt der Erdgeschichte, in dem es durch weltweiten Rückgang der Temperaturen zum Vorrücken von Gletschern im Norden Europas und in den Hochgebirgen kam. Die letzte Eiszeit endete vor etwa 10 000 Jahren.

Emission (Seite 20)
Abgabe von Stoffen, die die Umwelt belasten (z. B. Rauch, Abwasser, Wärme, Geräusche). Verursacher (Emittenten) sind z. B. Industriebetriebe, Kraftwerke und Kraftfahrzeuge.

endogene Kraft (Seite 62)
Endogene Kräfte kommen aus dem Erdinneren und führen zu Veränderungen der Erdoberfläche, z. B. zu Spannungen in der → Erdkruste oder Strömen von → Magma.

Energieträger (Seite 201)
(Roh-)Stoffe, z. B. Kohle, Erdöl, Erdgas, die Energie in sich speichern, und durch Verbrennen in Wärme umgewandelt und genutzt werden können. Mit ihrer Hilfe kann man Strom gewinnen, heizen oder Auto fahren.

Energiewende (Seite 201)
Grundsätzliche Umorientierung in der Energienutzung Deutschlands, weg von nicht erneuerbaren Energien (z. B. aus Kohle, Erdöl, Uran) hin zu erneuerbaren Energien (z. B. aus Wasser, Wind, Sonne).

Entwicklungsland (Seite 184)
Land, das im Vergleich zu einem → Industrieland weniger entwickelt ist. Die Grundbedürfnisse der meisten Menschen sind hier nicht befriedigt. Es weist typische Merkmale auf, z. B. absolute Armut weiter Bevölkerungsteile, unzureichende Nahrungsmittelversorgung oder auch Kinderarbeit.

Erdachse (Seite 14)
gedachte Verbindungslinie zwischen → Nord- und → Südpol.

Erdbeben (Seite 62)
Erschütterung der Erdoberfläche, die durch Kräfte im Erdinneren verursacht wird. Ein Erdbeben entsteht meist durch die ruckartige Verschiebung der Erdplatten. (→ Plattentektonik)

Erdzeitalter (Seite 83)
Unterteilung der Erdgeschichte von der Entstehung bis heute in verschiedene Zeitabschnitte.

Erosion (Seite 92)
Die Abtragung von Boden und Gestein durch fließendes Wasser, Eis oder Wind.

EU-Binnenmarkt (Seite 246)

EU-Binnenmarkt (Seite 246)
gemeinsamer Markt der EU-Länder, in dem alle Handelshemmnisse untereinander (Zölle, unterschiedliche Vorschriften, unterschiedliche Steuern) beseitigt sind.

Euregio (Seite 254)
Regionen an den Binnen- und Außengrenzen der EU, in denen grenzüberschreitende Zusammenarbeit vereinbart und praktiziert wird, z. B. auf dem Gebiet des Tourismus, der Umwelt, des Sports, der Kultur u.a.

Europäische Union (EU) (Seite 226)
Zusammenschluss von europäischen Staaten mit dem Ziel der wirtschaftlichen und zum Teil auch politischen Vereinigung.

exogene Kraft (Seite 92)
Exogene Kräfte, z. B. Wasser, Wind oder Eis, wirken von außen auf die Erde ein und gestalten dadurch die Erdoberfläche (→Verwitterung, → Erosion, → Sedimentation).

Export (Seite 166)
Die Ausfuhr von Waren in ein anderes Land. (→ Import)

F

fairer Handel (Seite 197)
(auch Fair Trade). Gemeint ist damit ein Handel ohne benachteiligende Handelsbeschränkungen (Quoten, Zölle, Einfuhrbestimmungen) oder übervorteilende Preise. Die Erzeuger erhalten so einen angemessenen Preis, der ihnen menschenwürdige Lebensbedingungen sichert.

Fastfood (Seite 172)
Speisen, die sich durch eine kurze Zubereitungszeit auszeichnen. Wie z. B. Hamburger, Pommes frites.

Fehlernährung (Seite 156)
Mangelhafte Zusammensetzung der Ernährung, die langfristig zu gesundheitlichen Schäden führen kann.

Findling (Seite 116)
Gesteinsblock, der von → Gletschern der → Eiszeit zum Teil über eine weite Strecke transportiert wurde. Die Findlinge Norddeutschlands stammen aus Nordeuropa.

Flächennutzungsplan (Seite 266)
Im Flächennutzungsplan wird für das gesamte Gemeindegebiet die voraussichtliche Flächennutzung in den Grundzügen dargestellt. (→ Bebauungsplan)

Fluss (Seite 94)
Linienhaft fließendes Gewässer.

Flussoase (Seite 136)

Flussoase (Seite 136)
In einer Wüste an einem Fluss gelegenes Gebiet, das immer wieder von Hochwasser überschwemmt wird und daher fruchtbar und landwirtschaftlich gut nutzbar ist.

Food Crop (Seite 162)
Food Crop ist ein landwirtschaftliches Erzeugnis, das dazu dient, die Bevölkerung einer Region oder eines Landes mit Grundnahrungsmitteln wie Mais oder Getreide zu versorgen. Dabei fallen nur Agrarprodukte ohne industrielle Verarbeitung unter diese Kategorie. (→ Cash Crop)

Freihandelsabkommen (Seite 246)
Gemeinschaftlicher Zusammenschluss zweier oder mehrerer Länder, durch den beim → Import und → Export keine Zölle oder andere Abgaben voneinander verlangt werden.

G

Geofaktor (Seite 16)
sehr allgemeine Bezeichnung für geographische Sachverhalte, die in ihrer Wechselwirkung die charakteristischen Merkmale der einzelnen geographischen Regionen und Landschaften bestimmen. Darunter fallen bestimmte Erscheinungen des Klimas, des Wassers auf der Erde, der Böden, der Tier- und Pflanzenwelt (Bios) sowie des Reliefs und des geologischen Baus. Überwiegend werden unter dem Begriff Geofaktor nur die von der Natur vorgegebenen und bestimmten Landschaftsfaktoren verstanden (Klima, Boden, Wasser, Vegetation, Fauna), gelegentlich jedoch auch die Faktoren, die in der Landschaft vom Menschen geschaffen worden sind.

Geologie (Seite 82)
Wissenschaft vom Aufbau, der Zusammensetzung, den Eigenschaften und den vergangenen und gegenwärtigen Prozessen der → Lithosphäre.

Geothermie (Seite 86)
Forschung und Nutzung der Erdwärme z. B. zu Heizzwecken (Wärmepumpenheizung).

Geozone (Seite 36)
Modellhafte Einteilung der Erdoberfläche in Zonen nach naturgeographischen Merkmalen mit einem unmittelbaren Bezug zu den klimatischen Gegebenheiten.

glaziale Serie (Seite 116)
Abfolge von typischen Landschaften, die in → Eiszeiten durch die Gletscher geschaffen wurden. Dazu gehören Grundmoräne, Endmoräne, Sander, Urstromtal.

Gletscher (Seite 116)
Eine aus Schnee entstandene Eismasse, die sich eigenständig über den Untergrund bewegt und dabei zur Ausbildung einer → glazialen Serie führt.

Grenzpendler (Seite 238)
Arbeitnehmer, die annähernd täglich auf dem Weg zur ihrer Arbeit regelmäßig die nationale Grenze überschreiten und wieder zu ihrem Wohnsitz zurückkehren.

Grunddaseinsfunktion (Seite 266)
(auch Daseinsgrundfunktion). Dieser Begriff aus der Raumplanung bezeichnet die Mindestanforderungen an das Leben in der Gesellschaft: wohnen, arbeiten, sich versorgen, sich bilden, sich erholen (nach anderen Definitionen zusätzlich: am Verkehr teilnehmen, kommunizieren).

Grüne Revolution (Seite 164)
In den 1960er Jahren beginnende Entwicklung von Hochleistungssaatgut und Hochertragssorten zur Steigerung der Flächenproduktivität vor allem in den Entwicklungsländern. (→ Hochleistungssorte, → Intensivierung)

H

Hochleistungssorte (Seite 164)
Sorte einer Nutzpflanze, die unter bestimmten Bedingungen (Bewässerung, Düngung, Einsatz von Insektiziden, Pestiziden) besonders hohe Erträge liefert. Solche Hochleistungssorten von Getreide finden weltweit seit der → Grünen Revolution große Verbreitung.

Hochwasser (Seite 100)
Wenn der Wasserstand von Flüssen, Bächen, Seen, Meeren über das Normalmaß ansteigt, spricht man von Hochwasser. Manchmal kommt es dann zu Überschwemmungen, die zu → Naturkatastrophen werden können

Hochwasserschutz (Seite 103)
Sammelbegriff aller Maßnahmen zum Schutz der Bevölkerung und Sachgüter vor Hochwasser.

Hot Spot (Seite 78)
„Heiße Flecken" sind lokal begrenzte, relativ heiße Bereiche der Asthenosphäre.

humid (Seite 129)
bezeichnet Besonderheiten des Klimas in Gebieten mit Niederschlagswasserüberschuss; für Gebiete mit humidem Klima gilt somit, dass der Niederschlag größer ist als die → Verdunstung. (Gegenteil: → arid)

Humus (Seite 26)
Bodenschicht aus abgestorbenen pflanzlichen und tierischen Organismen, die im → Nährstoffkreislauf von Bodenlebewesen zersetzt werden. Humus ist sehr nährstoffreich, bei uns meist im obersten Bodenhorizont.

Hunger (Seite 157)
Körperliche Empfindung, die Menschen und Tiere dazu veranlasst, Nahrung aufzunehmen.

Hungergürtel (Seite 158)
Zone beiderseits des Äquators, in der die Nahrungsmittelversorgung sehr vieler Menschen unzureichend ist. Hier liegen vor allem die meisten und ärmsten Entwicklungsländer

I

Import (Seite 166)
Die Einfuhr von Sachgütern aus fremden Wirtschaftsgebieten in das inländische Wirtschaftsgebiet. (→ Export)

Industrieland (Seite 184)
(Industriestaat, Industrienation) Im Vergleich zu einem → Entwicklungsland weit entwickeltes Land mit einem hohen Pro-Kopf-Einkommen, die Grundbedürfnisse der weitaus meisten Menschen sind befriedigt. Ein hoher Anteil an Beschäftigten in der Industrie und im Dienstleistungssektor sowie eine gut ausgebaute Infrastruktur sind weitere Merkmale eines Industrielandes.

Infrastruktur (Seite 166)
Materielle Ausstattung eines Raumes, z.B. Energieversorgung, Verkehrsnetz, Bildungseinrichtungen

Intensivierung (der Landwirtschaft) (Seite 164)
Durchführung von Maßnahmen, damit auf derselben Fläche mehr Nahrungsmittel produziert werden können, z.B. durch Düngung, Bewässerung, Schädlingsbekämpfung. (→ Grüne Revolution)

J

Jahreszeit (Seite 14)
Einteilung des Jahres in vier Zeitabschnitte in unseren Breiten (Frühling, Sommer, Herbst, Winter), die durch die Umdrehung der Erde um die Sonne im Laufe eines Jahres und die Neigung der Erdachse um 23,5° bedingt sind.

K

Kältegrenze (Seite 148)
Die durch die Temperatur bedingte natürliche Grenze des Ackerbaus in den nördlichen Breiten oder im Gebirge (Höhengrenze).

Karst (Seite 114)
Ein Gebiet mit Hohl- und Auswaschungsformen, die im löslichen Gestein (Kalk, Gips, Salz) entstanden sind.

Katastrophenhilfe (Seite 176)
Materielle Hilfe von Hilfsorganisationen nach einer → Naturkatastrophe, z.B. in Form von Nahrungsmitteln oder Kleidung.

Kliff (Seite 118)
steiler Küstenabschnitt, der durch die Brandung des Meeres geformt wird.

Klimawandel (Seiten 22, 45)
Seit über 100 Jahren lässt sich auf der Erde ein Anstieg der globalen Temperatur feststellen. Damit verbunden sind auch Veränderungen anderer Klimaelemente, z.B. der Niederschläge oder des Windes.

Klimazone (Seite 34)
Ungefähr parallel zu den Breitenkreisen liegende Gebiete mit ähnlichem → Klima. Durch die unterschiedliche Erwärmung kann die Erde in Klimazonen eingeteilt werden.

Konsumgut (Seite 184)
Ware oder Dienstleistung, die von einer Person (Konsument) verbraucht wird.

Kontinentalverschiebung (Seite 66)
auch Kontinentaldrift) Die von Wegener angenommene langsame Verschiebung der Kontinente. Später erkannte man, dass sich nicht die Kontinente, sondern die Platten der → Lithosphäre bewegen (→ Plattentektonik).

Konversion (Seite 278)
Umwandlung ehemals militärischer in zivile Einrichtungen (z.B. Gebäude, Flächen).

Krill (Seite 46)
Ein kleiner Krebs, der in den Meeren um die → Antarktis herum lebt. Er ist die Hauptnahrung der Wale des südlichen Polargebiets.

L

Lebensstandard (Seite 184)
Der Lebensstandard stellt das Niveau des Besitzes und Konsumierens von Gütern und Dienstleistungen als messbare Größe dar.

Lithosphäre (Seite 58)
Gesteinshülle der Erde. Zur Lithosphäre gehören die Erdkruste und die obere, feste Schicht des Erdmantels.

Lössboden (Seite 29)
In den Eiszeiten gebildetes schluffiges durch Wind abgelagertes Sediment. Es trägt erheblich zur Bodenfruchtbarkeit bei.

Lösungsverwitterung (Seite 114)
Zersetzung von Gestein durch Wassereinwirkung, vor allem unter dem Einfluss der im Wasser enthaltenen organischen und anorganischen Säuren; in reinem Wasser, das in der Natur nur selten vorkommt, lösen sich verschiedene Salze.

M

Mäander (Seite 96)
Schlinge, die Bäche und Flüsse bei mäßiger Fließgeschwindigkeit ausbilden können. Typisch für einen Mäander sind Prall- und Gleithang.

Maar (Seite 80)
Einsenkung, die durch eine vulkanische Explosion entstanden ist. Solche runden vulkanischen Explosionstrichter gibt es z.B. in der Eifel und in der Schwäbischen Alb. Maare haben sich häufig mit Wasser gefüllt (Maarseen).

Mangelernährung (Seite 156)
Unzureichende Ernährung infolge fehlender oder in nicht ausreichender Menge vorhandener lebensnotwendiger Stoffe, z.B. Eiweiß und Vitamine. Die Bewohner vieler → Entwicklungsländer leiden unter Mangelernährung. (→ Unterernährung)

Millenniumsentwicklungsziel (Seite 178)
Konkrete Zielsetzung zur Verbesserung der Lebensbedingungen der Menschen in den → Entwicklungsländern bis 2015. Die Millenniumsziele wurden von den Staats- und Regierungschefs aus 150 Ländern im Jahr 2000 verabschiedet.

Mittelbreiten (Seite 30)
Auch: Gmäßigte Zone. Geozone zwischen Wendekreisen und Polarkreisen.

mittelozeanischer Rücken (Seite 64)
Langgestreckte untermeerische Erhebung, die in den Ozeanen an den Plattengrenzen vorkommt. Driften zwei Platten auseinander, steigt Magma aus dem Erdinneren auf und erstarrt zu untermeerischen Gebirgen, den Mittelozeanischen Rücken. (→ Plattentektonik)

Monokultur (Seite 162)
Langjährige Nutzung einer Fläche durch eine einzige Kulturpflanze (z.B. Kakao, Bananen). Monokulturen bestimmen den Anbau auf Plantagen.

N

nachhaltige Entwicklung (Seite 192)
Eine Entwicklung ist nachhaltig, wenn immer darauf geachtet wird, dass keine Schäden (z.B. ökologische oder wirtschaftliche) entstehen, die zukünftigen Generationen das Leben auf unserem Planeten erschwert.

Nahrungskette (Seite 48)
Eine Reihe von Lebewesen, bei der jeweils eine Art die hauptsächliche Nahrungsgrundlage der nächsten Art ist, z.B. Alge, Krebs, kleiner Fisch, Raubfisch. Letztes Glied der Nahrungskette ist oft der Mensch.

Nationalpark (Seite 280)
Nationalparks sind große Gebiete mit besonders schönen oder seltenen Naturlandschaften. Es gelten Schutzbestimmungen, um die hier lebenden Tiere und Pflanzen in ihren Lebensräumen zu erhalten. Die Schutzbestimmungen sind in den verschiedenen Staaten allerdings sehr unterschiedlich. In den USA werden die Parks durch den regen Touristenverkehr in ihrem Zustand verändert.

Naturkatastrophe (Seite 62)
Naturereignis, das vielen Menschen Schaden zufügt, wie z.B. ein → Erdbeben, ein Vulkanausbruch, ein Wirbelsturm, eine Überschwemmung oder Dürre. Wenn große Zerstörungen und Menschenleben zu beklagen sind, wird das Naturereignis zur Naturkatastrophe.

natürlicher Treibhauseffekt (Seite 20)
Anteil des Treibhauseffekts, der an natürlich vorkommenden Spurengasen (CO_2, Lachgas, Methan) abläuft und nicht auf menschliches Handel zurückzuführen ist.

Niederschlagsvariabilität (Seite 126)
Schwankungsbreite des Niederschlags in Abweichung vom langjährigen Mittel für den jeweiligen Raumausschnitt.

Nomade (Seite 126)
Angehörige eines Volkes, das mit seiner Viehherde regelmäßig Weideplätze wechselt. Ihren gesamten Besitz nehmen die Nomaden dabei mit. Eine Sonderform ist der Halbnomadismus, bei dem die Viehhirten zu bestimmten Zeiten in festen Behausungen leben.

O

ökologische Ausgleichsmaßnahme (Seite 274)
Naturerhaltende Maßnahme zum Ausgleich eines Eingriffs in den Naturhaushalt, z.B. Aufforstung nach dem Bau einer Bahntrasse.

ökologischer Fußabdruck (Seite 186)
Messgröße um den Verbrauch an natürlichen Ressourcen (Nahrungsmittel, Energie, Wasser, ...) durch den Menschen zu berechnen. Die Angabe erfolgt in Hektar pro Person. Dies ist dann die Fläche, die nötig ist, um einen einzelnen Menschen in einem bestimmten Raum ein Jahr lang mit allen Gütern und Dienstleistungen zu versorgen.

Ökosystem (Seiten 48, 132)
System, in dem die → Geofaktoren Klima, Tiere, Pflanzen, Wasser, Boden und Menschen in enger Wechselwirkung stehen.

Overshoot Day (Seite 187)
Es ist der Tag, an dem die Menschen durch ihren Konsum genau das an natürlichen Ressourcen verbraucht haben, was sich in der Natur innerhalb eines Jahres regenerieren kann: zum Beispiel Holz, sauberes Wasser, Fische, Getreide und saubere Luft.

Ozonschicht (Seite 47)
Natürliche Schicht der → Atmosphäre in einer Höhe von 18 bis 50 km. Hier kommt das Gas Ozon (O3) in höchster Konzentration vor. Die Ozonschicht schützt die Erde vor der gefährlichen ultravioletten Strahlung der Sonne.

P

Passivraum (Seite 242)
Ein Passivraum ist ein Gebiet mit geringer wirtschaftlicher Leistung. Vor allem junge Menschen wandern aus Passivräumen ab, weil sie kaum Arbeitsplätze bieten. (→ Aktivraum)

Pazifischer Feuerring (Seite 76)
Ein Vulkangürtel, der den pazifischen Ozean von drei Seiten umgibt.

Peripherie (Seite 242)
Umgebung oder Umfeld, z.B. um eine Stadt. Peripherie ist auch die Bezeichnung für ein infrastrukturell und wirtschaftlich abgelegenes Gebiet, einen → Passivraum.

Planet (Seite 10)
Bezeichnung für einen Himmelskörper, der sich auf einer Umlaufbahn um die Sonne bewegt. Er leuchtet nicht selbst, sondern nur im Licht der Sonne. Unsere Sonne hat acht Planeten.

Plankton (Seite 46)
Gesamtheit aller Kleinstlebewesen in Süß- und Salzwasser, die frei im Wasser schweben. Unterschieden werden Phytoplankton (pflanzlich: winzige Algen) und Zooplankton (tierisch: Kleinlebewesen, Fischeier, Larven von Meerestieren). Plankton ist für viele Fische wichtigste Nahrungsquelle.

Plattentektonik (Seite 64)
Lehre über den Aufbau der → Lithosphäre. Die Lithosphäre ist in einzelne Platten zerbrochen, die sich auf dem zähflüssigen Teil des Erdmantels bewegen. An den Plattenrändern kommt es häufig zu → Erdbeben und Ausbrüchen von → Vulkanen.

polare Kältewüste (Seite 44)
Landschaftstyp der globalen Maß-stabsebene, gekennzeichnet durch eine steinige, sandige und vegetations-lose Landschaft.

R

Raumnutzungskonflikt (Seite 264, 270)
Konflikte, die durch unterschiedliche (konkurrierende) Ansprüche an den Raum entstehen, z.B. Landschafts-schutz und Industrie.

Raumplanung (Seite 266)
zusammenfassende Bezeichnung für Landesplanung, Regionalplanung und Orts- bzw. Stadtplanung. Die Raum-planung, die in der Kompetenz der Län-der und Gemeinden liegt, füllt plane-risch den Rahmen aus, den die Raum-ordnung vorgibt.

Regenzeit (Seite 126)
Zeitraum mit besonders ergiebigen Niederschlägen, im Gegensatz zur → Trockenzeit. In den → Savannen z.B. wird das Jahr in Regenzeit und Trockenzeit eingeteilt.

regionale Disparität (Seite 244)
Ungleichheit von zwei Räumen. Diese unterscheiden sich z.B. in einem unter-schiedlichen Angebot an Arbeitsplät-zen, in der Ausstattung mit → Infra-struktur und in der Art der Lebensbe-dingungen (→ Aktivraum, → Passiv-raum, → strukturschwacher Raum).

Regionalpolitik (Seite 244)
Der Teil der Politik, der sich verstärkt um regionalspezifische Belange küm-mert. Bei der Regionalpolitik der EU geht es vor allem darum, die großen → räumlichen Disparitäten innerhalb Europas abzubauen.

relative Zahl (Seite 242)
Gibt den Anteil an einer Menge an, z.B. als Bruch oder in Prozent.

Renaturierung (Seiten 103, 248)
Rückführung von Kulturlandschaften in einen naturnahen Zustand.

Ressource (Seite 24)
Natürliches Produktionsmittel und Hilfsquelle. Dies sind z.B. Rohstoffe, aber auch Umweltgüter wie Luft und Wasser, die für die wirtschaftliche Tä-tigkeit des Menschen erforderlich sind.

Richter-Skala (Seite 69)
Messskala, die bei einem → Erdbeben die Stärke der Erschütterungen misst. Sie ist nach ihrem Erfinder Charles Francis Richter benannt.

S

Sandsturm (Seite 112)
Trockener, heftiger → Wind in einem → ariden Raum, der feinstes Bodenma-terial aufwirbelt (→ Erosion), mitführt und oft erst nach vielen hundert oder gar tausend Kilometern irgendwo abla-gert.

Savanne (Seite 126)
tropische Grasländer zwischen der Wüste und dem tropischen Regenwald. Je nach Dauer der → Regenzeit und der Niederschlagsmenge ändert sich die Vegetation. Die Savannen werden un-terteilt in Dornstrauch-, Trocken- und Feuchtsavanne.

Schalenbau der Erde (Seite 58)
Modellvorstellung, nach der die Erde aus verschiedenen Schalen besteht. Diese unterscheiden sich zum Beispiel in der Mächtigkeit, der Temperatur und der Zusammensetzung.

Schichtvulkan (Seite 58)
Meist kegelförmiger → Vulkan mit steilen Flanken. Er besteht aus abwech-selnden Lava- und Ascheschichten (z.B. Ätna).

Schildvulkan (Seite 58)
→ Vulkan mit flach gewölbten, weit auslaufenden Flanken. Er entsteht durch Ausströmen dünnflüssiger Lava (z.B. Mauna Loa auf Hawaii).

Sedimentation (Seite 92)
allgemeine Bezeichnung für die Ablagerung von Gesteinsmaterial.

Seebeben (Seite 72)
Erschütterung der Erde (→ Erdbeben), deren Herd unter einem Meeresgebiet liegt.

Seltene Erden (Seite 248)
Bezeichnung für eine Gruppe von besonders seltenen und daher teuren metallischen Rohstoffen (z.B. Lanthan, Cer, Yttrium, Neodym). Die meisten die-ser wertvollen Metalle stammen aus China, aber auch aus Russland, den USA und Australien. Bei der Produktion von modernen Kommunikationsmitteln, wie etwa Laptops oder Handys sind Seltene Erden ein unverzichtbarer Be-standteil.

soziale Disparität (Seite 244)
Räumliche Ungleichheiten in Bezug auf sozioökonomische und demographi-sche Merkmale. Häufig erfolgt eine Klassifizierung durch die Beschreibung unterschiedlicher sozialer Schichten.

strukturschwacher Raum (Seite 278)
Gebiet, in dem sich wegen schlechter Standortfaktoren, wie z.B. schlechter Infrastruktur, kaum Wirtschaftsunter-nehmen ansiedeln bzw. angesiedelt ha-ben. Daher gibt es dort nur wenige Ar-beitsplätze und zahlreiche Arbeitslose. Es resultiert eine hohe Abwanderung.

Sturmflut (Seite 120)
Eine Sturmflut ist eine Flut, die durch besonders starke Winde (Stürme) höher an der Küste aufläuft als gewöhnlich. Bei Sturmflut können die Halligen über-flutet werden. Bei besonders schweren Sturmfluten können → Deiche brechen. Dann wird das Hinterland überflutet.

Subduktionszone (Seite 64)
(„Verschluckungszone") Gebiet mit ab-steigender Magmaströmung, in dem die Kontinentalplatten aufgelöst wer-den. Dabei entstehen Tiefseegräben, → Vulkane und → Erdbeben.

Subsistenzproduktion (Seite 158)
Produktionsform, die nur der Eigenver-sorgung dient. Sie ist in den Entwick-lungsländern verbreitet.

T

Tal (Seite 92)
Eine langgestreckte, mindestens an einer Seite offene Vertiefung in der Landschaft. Von der Talsohle steigt das Gelände an.

Tornado (Seite 110)
Wirbelsturm in Nordamerika, der sich durch das Aufeinandertreffen warmer und kalter Luft bilden kann.

Tragfähigkeit (Seite 135)
Die Aufnahmemöglichkeit eines natür-lichen Raumes für die menschliche Nutzung und die davon ausgehenden Belastungen. Die Tragfähigkeit setzt voraus, dass der Raum sich von diesen Belastungen wieder erholen kann. Tragfähigkeit beschreibt auch die Men-ge an Menschen, die auf längere Sicht unter menschenwürdigen Lebensum-ständen in einem Raum leben kann. (→ Nachhaltigkeit)

Treibhausgas (Seite 20)
Ein Gas, das in der Atmosphäre wie die Glasscheibe eines Treibhauses wirkt. Es lässt einerseits Sonnenstrahlen zur Erde durch, ist andererseits aber ein fast unüberwindliches Hindernis für die von der Erde ausgehende Wärmestrah-lung.

Trockenzeit (Seite 126)
Zeitraum, in dem keine Niederschläge fallen, im Gegensatz zur → Regenzeit. In den → Savannen wird das Jahr in Re-genzeit und Trockenzeit eingeteilt.

Tropfstein (Seite 114)
Steine, die durch tropfendes kalkhaltiges Wasser entstanden ist, wenn dieses mit der Umgebungsluft in Kontakt kommt.

Tsunami (Seite 72)
Extrem hohe Welle von großer Energie und Zerstörungskraft an den Küsten (Killerwelle). Er wird am Meeresboden durch Vulkanausbruch oder → Erdbeben ausgelöst.

Tundra (Seiten 44, 149)
Baumlose Kältesteppe mit Flechten, Moosen, Gräsern und → Dauerfrostboden. Waldtundra (Krüppelkiefern, -birken) als Überfangsaum zur Taiga.

U

Überweidung (Seite 133)
Zerstörung der Pflanzendecke im Weidegebiet durch zu viel Vieh (Überstockung). Die Überweidung ist eine verbreitete Erscheinung in der Sahelzone.

Unterernährung (Seite 157)
Unzureichende Versorgung mit Nahrungsmitteln; der tägliche Joule-/Kalorienbedarf kann nicht gedeckt werden.

V

Vegetationszeit (Seite 32)
Die Zeitdauer im Verlauf eines Jahres, in der es so warm ist, dass Pflanzen wachsen können. Auch Trockenheit kann die Vegetationszeit eingrenzen.

Vegetationszone (Seite 36)
Mehr oder weniger breitenparallel verlaufende Gürtel charakteristischer Pflanzengesellschaften und Wuchsformen, die sich unter den jeweiligen großklimatischen Verhältnissen herausbilden.

Verdunstung (Seite 138)
Übergang einer Flüssigkeit in den gasförmigen Zustand, z.B. von Wasser in Wasserdampf.

Vereinte Nationen (UNO) (Seite 192)
(auch UNO, engl. United Nations Organization) Die Vereinten Nationen wurden 1945 gegründet. Ihr Hauptsitz ist in New York. Heute gehören ihr nahezu alle Staaten der Erde an. Die wichtigsten Aufgaben der UNO sind die Sicherung des Weltfriedens, die Förderung der Entwicklungszusammenarbeit und der Schutz der Menschenrechte.

Verwitterung (Seiten 57, 92)
Zerfall von Gesteinen an der Erdoberfläche unter Einwirkung physikalischer und chemischer Kräfte. Die Verwitterung ist die Voraussetzung für die Abtragung und beeinflusst damit wesentlich die Formung der Erdoberfläche, außerdem lockert sie diese und ermöglicht somit die Bodenbildung.

virtuelles Wasser (Seite 188)
Wasser, das zur Erzeugung eines Produktes direkt und indirekt aufgewendet wird. Beispielsweise wird bei der Erzeugung von Rindfleisch nicht nur das Trinkwasser der Tiere, sondern auch das Bewässerungswasser für die Futterpflanzen eingerechnet.

Vulkan (Seite 56)
Ein Vulkan ist eine kegel- oder schildförmige Erhebung, die durch den Austritt von → Magma, Asche, Gesteinsbrocken und Gasen aus dem Erdinneren entsteht.

W

Wasser-Fußabdruck (Seite 190)
Wassermenge, die insgesamt von den Menschen eines Raumes verbraucht wird. Es kann in den internen und externen Wasser-Fußabdruck unterteilt werden.

Wasserkreislauf (Seite 24)
Ständiger Kreislauf des Wassers vom Meer zum Land und von dort wieder zurück ins Meer. Wesentliche Teile des Kreislaufes sind: → Verdunstung, Niederschlag und Abfluss.

Weltagrarmarkt (Seite 162)
Der weltweite Handel mit landwirtschaftlichen Produkten aller Art.

Welternährung (Seite 158)
Gesamtheitliche globale Ernährungsbilanz.

Wendekreis (Seite 14)
Wendekreise nennt man die beiden Breitenkreise der Erde, über denen die Sonne ein Mal im Jahr senkrecht steht, danach scheinbar „wendet" und sich wieder dem Äquator nähert. Der nördliche Wendekreis liegt auf 23,5° nördlicher Breite und der südliche Wendekreis auf 23,5° südlicher Breite. Im Bereich zwischen den beiden Wendekreisen steht die Sonne zwei Mal im Jahr senkrecht.

Wirtschaftsförderung (Seite 280)
Hilfen für Unternehmen, z.B. Zuschüsse zu Investitionen oder zinsgünstige Darlehen, durch den Staat, die Länder oder die Gemeinden zur Schaffung von Arbeitsplätzen.

Z

Zeitzone (Seite 12)
Eine international festgelegte Zone, in der an allen Orten dieselbe Uhrzeit herrscht.

Zenitstand (Seite 14)
Sonnenstand, der sich senkrecht über einem Punkt auf der Erde befindet. Zwischen den beiden → Wendekreisen steht die Sonne zweimal im Jahr im Zenit, d.h. ihre Strahlen treffen senkrecht auf die Erdoberfläche.

Zentrum (Seite 242)
Infrastrukturell und wirtschaftlich zentral gelegenes Gebiet, ein → Aktivraum.

Klimawerte aus allen Kontinenten

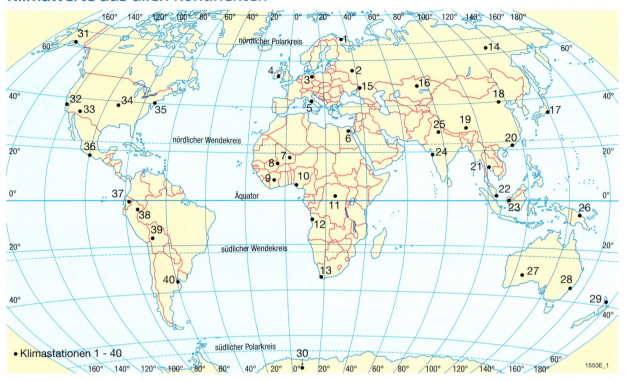

M1 *Lage der Klimastationen*

				J	F	M	A	M	J	J	A	S	O	N	D	Jahr
Europa																
1	Murmansk	46 m ü. M.	°C	-10,9	-11,4	-8,1	-1,4	3,9	10,0	13,4	11,1	6,9	0,9	-3,8	-7,9	0,2
	(Russland)	68° 58' N / 33° 03' O	mm	19	16	18	19	25	40	54	60	44	30	28	33	386
2	Moskau	156 m ü. M.	°C	-10,3	-9,7	-5,0	3,7	11,7	15,4	17,8	15,8	10,4	4,1	-2,3	-8,0	3,6
	(Russland)	55° 45' N / 37° 34' O	mm	31	28	33	35	52	67	74	74	58	51	36	36	575
3	Berlin	51 m ü. M.	°C	-0,6	-0,3	3,6	8,7	13,8	17,0	18,5	17,7	13,9	8,9	4,5	1,1	8,9
	(Deutschland)	52° 28' N / 13° 18' O	mm	43	40	31	41	46	62	70	68	46	47	46	41	581
4	Dublin	68 m ü. M.	°C	4,5	4,8	6,5	8,4	10,5	13,5	15,0	14,8	13,1	10,5	7,2	5,8	9,6
	(Irland)	53° 26' N / 6° 15' W	mm	71	52	51	43	62	55	66	80	77	68	67	77	769
5	Rom	46 m ü. M.	°C	6,9	7,7	10,8	13,9	18,1	22,1	24,7	24,5	21,1	16,4	11,7	8,5	15,5
	(Italien)	41° 54' N / 12° 29' O	mm	76	88	77	72	63	48	14	22	70	128	116	106	880
Afrika																
6	Kairo	95 m ü. M.	°C	13,3	14,7	17,5	21,1	25,0	27,5	28,3	28,3	26,1	24,1	20,0	15,0	21,7
	(Ägypten)	30° 08' N / 31° 34' O	mm	4	5	3	1	1	0	0	0	0	1	1	8	24
7	Gao	270 m ü. M.	°C	22,0	25,0	28,8	32,4	34,6	34,5	32,3	29,8	31,8	31,9	28,4	23,3	29,6
	(Mali)	16° 16' N / 0° 03' W	mm	<1	0	<1	<1	8	23	71	127	38	3	<1	<1	270
8	Mopti	280 m ü. M.	°C	22,6	25,2	29,0	31,6	32,8	31,2	28,6	27,3	28,3	28,8	26,8	23,1	27,9
	(Mali)	14° 30' N / 4° 12' W	mm	<1	<1	1	5	23	56	147	198	94	18	1	<1	543
9	Bouaké	365 m ü. M.	°C	27,1	28,0	28,4	27,9	27,2	26,1	24,8	24,5	25,5	26,1	26,7	26,7	26,6
	(Elfenbeinküste)	7° 42' N / 5° 00' W	mm	13	46	92	140	154	135	99	108	225	140	35	23	1210
10	Douala	11 m ü. M.	°C	26,7	27,0	26,8	26,6	26,3	25,4	24,3	24,1	24,7	25,0	26,0	26,4	25,8
	(Kamerun)	4° 01' N / 9° 43' O	mm	57	82	216	243	337	486	725	776	638	388	150	52	4150
11	Yangambi	487 m ü. M.	°C	24,7	25,3	25,5	25,2	24,9	24,5	23,6	23,9	24,3	24,5	24,3	24,3	24,6
	D. R. Kongo (Zaire)	0° 49' N / 24° 29' O	mm	85	99	148	150	177	126	146	170	180	241	180	126	1828
12	Luanda	45 m ü. M.	°C	25,6	26,3	26,5	26,2	24,8	21,9	20,1	20,1	21,6	23,6	24,9	25,3	23,9
	(Angola)	8° 49' S / 13° 13' O	mm	26	35	97	124	19	0	0	1	2	6	34	23	367
13	Kapstadt	17 m ü. M.	°C	21,2	21,5	20,3	17,5	15,1	13,4	12,6	13,2	14,5	16,3	18,3	20,1	17,0
	Südafrika	33° 54' S / 18° 32' O	mm	12	8	17	84	82	85	85	71	43	29	17	11	506

Asien

			J	F	M	A	M	J	J	A	S	O	N	D	Jahr
14	Jakutsk	100 m ü. M.	°C	-43,2	-35,8	-22,0	-7,4	5,6	15,4	18,8	14,8	6,2	-7,8	-27,7	-39,6	-10,2
	(Russland)	62° 05' N / 129° 45' O	mm	7	6	5	7	16	31	43	38	22	16	13	9	213
15	Rostow	77 m ü. M.	°C	-5,3	-4,9	-0,1	9,4	16,8	20,9	23,5	22,3	16,4	9,0	2,4	-2,7	9,0
	(Russland)	47° 15' N / 39° 49' O	mm	38	41	32	39	36	58	49	37	32	44	40	37	483
16	Karaganda	537 m ü. M.	°C	-15,2	-14,0	-8,9	2,4	13,0	18,5	20,6	18,3	11,8	3,2	-6,9	-9,4	2,8
	(Kasachstan)	49° 48' N / 73° 08' O	mm	11	11	15	22	28	41	43	28	21	24	15	14	273
17	Tokio	4 m ü. M.	°C	3,7	4,3	7,6	13,1	17,6	21,1	25,1	26,4	22,8	16,7	11,3	6,1	14,7
	(Japan)	35° 41' N / 139° 46' O	mm	48	73	101	135	131	182	146	147	217	220	101	61	1562
18	Peking	52 m ü. M.	°C	-4,7	-1,9	4,8	13,7	20,1	24,7	26,1	24,9	19,9	12,8	3,8	-2,7	11,8
	(China)	39° 57' N / 116° 19' O	mm	4	5	8	17	35	78	243	141	58	16	11	3	619
19	Lhasa	3685 m ü. M.	°C	-1,7	1,1	4,7	8,1	12,2	16,7	16,4	15,6	14,2	8,9	3,9	0,0	8,3
	(China)	29° 40' N / 91° 07' O	mm	2	13	8	5	25	64	122	89	66	13	3	0	410
20	Hongkong	33 m ü. M.	°C	15,6	15,0	17,5	21,7	25,6	27,5	28,1	28,1	27,2	25,0	20,9	17,5	22,5
	(China)	22° 18' N / 114° 10' O	mm	33	46	74	292	394	381	394	361	247	114	43	30	2409
21	Bangkok	2 m ü. M.	°C	26,0	27,8	29,2	30,1	29,7	28,9	28,5	28,4	28,0	27,7	27,0	25,7	28,1
	(Thailand)	13° 45' N / 100° 28' O	mm	9	30	36	82	165	153	168	183	310	239	55	8	1438
22	Singapur	10 m ü. M.	°C	26,4	27,0	27,5	27,5	27,8	27,5	27,5	27,2	27,2	27,0	27,0	27,0	27,2
	(Singapur)	1° 18' N / 103° 50' O	mm	251	173	193	188	173	173	170	196	178	208	254	256	2413
23	Pontianak	3 m ü. M.	°C	27,0	28,1	27,8	27,8	28,1	28,1	27,5	27,8	28,1	27,8	27,5	27,2	27,7
	(Indonesien)	0° 01' S / 109° 20' O	mm	274	208	241	277	282	221	165	203	229	339	389	323	3151
24	Mumbai (Bombay)	11 m ü. M.	°C	23,9	23,9	26,1	28,1	29,7	28,9	27,2	27,0	27,0	28,1	27,2	25,6	26,9
	(Indien)	18° 54' N / 72° 49' O	mm	3	3	3	2	18	485	617	340	264	64	13	3	1815
25	Neu-Delhi	218 m ü. M.	°C	13,9	16,7	22,5	28,1	33,3	33,6	31,4	30,0	28,9	26,1	20,0	15,3	25,0
	(Indien)	28° 35' N / 77° 12' O	mm	23	18	13	8	13	74	180	173	117	10	3	10	642
26	Madang	6 m ü. M.	°C	27,3	27,0	27,3	27,2	27,5	27,2	27,2	27,2	27,2	27,5	27,5	27,5	27,3
	(Papua-Neuguinea)	5° 14' S / 145° 45' O	mm	307	302	378	429	384	274	193	122	135	254	338	368	3484

Australien

			J	F	M	A	M	J	J	A	S	O	N	D	Jahr
27	Kalgoorlie	380 m ü. M.	°C	25,7	24,9	23,0	18,7	14,7	12,0	10,8	12,3	15,3	18,2	21,4	24,3	18,4
	(Australien)	30° 45' S / 121° 30' O	mm	24	27	24	18	22	25	24	23	13	14	15	13	244
28	Sydney	42 m ü. M.	°C	22,0	21,9	20,8	18,3	15,1	12,8	11,8	13,0	15,2	17,6	19,5	21,1	17,4
	(Australien)	33° 51' S / 151° 31' O	mm	104	125	129	101	115	141	94	83	72	80	77	86	1207
29	Auckland	49 m ü. M.	°C	19,2	19,6	18,4	16,4	13,8	11,8	10,8	11,3	12,6	14,3	15,9	17,7	15,2
	(Neuseeland)	36° 51' S / 174° 46' O	mm	84	104	71	109	122	140	140	109	97	107	81	79	1243

Südpol/Antarktis

			J	F	M	A	M	J	J	A	S	O	N	D	Jahr
30	Südpol	2800 m ü. M.	°C	-28,8	-40,1	-54,4	-58,5	-57,4	-56,5	-59,2	-58,9	-59,0	-51,3	-38,9	-28,1	-49,3
		90° S	mm	0	0	0	0	0	0	1	1	0	0	0	0	2

Amerika

			J	F	M	A	M	J	J	A	S	O	N	D	Jahr
31	Anchorage	27 m ü. M.	°C	-10,9	-7,8	-4,8	2,1	7,7	12,5	13,9	13,1	8,8	1,7	-5,4	-9,8	1,8
	(USA)	61° 10' N / 149° 59' W	mm	20	18	13	11	13	25	47	65	64	47	26	24	373
32	San Francisco	16 m ü. M.	°C	10,4	11,7	12,6	13,2	14,1	15,1	14,9	15,2	16,7	16,3	14,1	11,4	13,8
	(USA)	37° 47' N / 122° 25' W	mm	116	93	74	37	16	4	0	1	6	23	51	108	529
33	Phoenix	340 m ü. M.	°C	10,4	12,5	15,8	20,4	25,0	29,8	32,9	31,7	29,1	22,3	15,1	11,4	21,4
	(USA)	33° 26' N / 112° 01' W	mm	19	22	17	8	3	2	20	28	19	12	12	22	184
34	Kansas City	226 m ü. M.	°C	-0,7	1,6	6,0	12,9	18,4	24,1	27,2	26,3	21,6	15,4	6,7	1,6	13,4
	(USA)	39° 07' N / 94° 35' W	mm	36	32	63	90	112	116	81	96	83	73	46	39	867
35	New York	96 m ü. M.	°C	0,7	0,8	4,7	10,8	16,9	21,9	24,9	23,9	20,3	14,6	8,3	2,2	12,5
	(USA)	40° 47' N / 73° 58' W	mm	84	72	102	87	93	84	94	113	98	80	86	83	1076
36	Acapulco	3 m ü. M.	°C	26,7	26,5	26,7	27,5	28,5	28,6	28,7	28,8	28,1	28,1	27,7	26,7	27,7
	(Mexiko)	16° 50' N / 99° 56' W	mm	6	1	<1	1	36	281	256	252	349	159	28	8	1377
37	Quito	2818 m ü. M.	°C	13,0	13,0	12,9	13,0	13,1	13,0	12,9	13,1	13,2	12,9	12,8	13,0	13,0
	(Ecuador)	0° 13' S / 78° 30' W	mm	124	135	159	180	130	49	18	22	83	133	110	107	1250
38	Iquitos	104 m ü. M.	°C	27,4	26,6	26,5	26,4	26,0	25,6	25,6	26,3	26,6	26,7	26,9	27,5	26,5
	(Peru)	3° 46' S / 73° 20' W	mm	256	276	349	306	271	199	165	157	191	214	244	217	2845
39	La Paz	3632 m ü. M.	°C	17,5	16,2	15,5	14,1	11,7	10,1	9,8	10,9	14,4	15,5	17,5	17,9	14,3
	(Bolivien)	16° 30' S / 68° 08' W	mm	92	89	62	26	11	2	4	7	34	28	48	85	488
40	Buenos Aires	25 m ü. M.	°C	23,7	23,0	20,7	16,6	13,7	11,1	10,5	11,5	13,6	16,5	19,5	22,1	16,9
	(Argentinien)	34° 35' S / 58° 29' W	mm	104	82	122	90	79	68	61	68	80	100	90	83	1027

Wichtige Arbeitsmethoden im Überblick

✏ Mit Karten und dem Atlas arbeiten

Im Atlas unterscheidet man zwischen physischen und thematischen Karten.

	A	B	C	D	E	F	G
1							
2						F2	
3							
4							
5							
6							
7							7682E

Physische Karten zeigen vor allem die Lage von Städten und Dörfern, den Verlauf von Flüssen und Grenzen sowie Höhen und Tiefen (dargestellt mit Höhenlinien und Höhenschichten).
Thematische Karten enthalten Angaben zu einem bestimmten Thema. Jede Karte hat bestimmte *Signaturen* und einen *Maßstab* (z. B. 1: 1000000 bedeutet: 1 cm auf der Karte ≙ 1000000 cm in der Natur = 10000 m = 10 km).
Orte findet man im Atlas mithilfe des *Registers* und der in den Karten eingezeichneten *Planquadrate*.

✏ Thematische Karten auswerten

Willst du eine Karte lesen, musst du folgende Fragen an sie stellen:

1. Wie ist das Thema der Karte?
   (→ Abbildungsunterschrift)
2. Welches Gebiet wird dargestellt?
3. Wie groß ist das dargestellte Gebiet?
   (→ Maßstab, Maßstabsleiste)
4. Was bedeuten die eingetragenen Signaturen? (→ Legende)
5. Wie ist der Karteninhalt? – Sind die Signaturen über die Karte verstreut oder an einigen Punkten konzentriert?

✏ Tabellen auswerten

Tabellenkopf	
Zeile	
S p a l t e	

Schritt für Schritt: sich einen Überblick verschaffen, dann beschreiben.

1. Wie ist das Thema der Tabelle? (→ Abbildungsunterschrift, Tabellenkopf)
2. Auf welchen Zeitraum beziehen sich die Aussagen (z. B. ein Jahr oder mehrere Jahre)? Lassen sich Entwicklungen ablesen?
3. Welches sind die Extremwerte? Wie ist die Verteilung der anderen Zahlen zwischen den Extremwerten?
4. Kann man die einzelnen Zahlen vergleichen? In welchem Verhältnis stehen die Werte zueinander?
5. Gibt es Zusammenhänge zwischen den Zahlen der einzelnen Spalten?
6. Wie ist die Gesamtaussage der Tabelle?

✏ Eine Mindmap erstellen

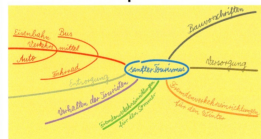

1. Schreibe das Hauptthema in die Mitte des Blattes und umkreise es.
2. Zeichne, von dort ausgehend, die Hauptäste und benenne sie mit übergeordneten Schlüsselwörtern.
3. Trage dünnere Nebenäste ein und bezeichne sie mit dazugehörenden untergliedernden Schlüsselwörtern.
4. Trage nach Bedarf von den Nebenästen weitere untergeordnete Nebenäste ein.

Diagramme auswerten

Wir unterscheiden Säulendiagramme,
Balkendiagramme und Liniendiagramme.

1. Zu welchem Thema werden Aussagen gemacht?
2. Wie sind die einzelnen Werte verteilt?
   (→ Extremwerte, Verteilung der anderen Werte)

3. Wie ist die Gesamtaussage des Diagramms?
   Fasse die Ergebnisse zusammen.

Klimadiagramme beschreiben

1. Nenne den Namen des Ortes, seine Höhe über
   dem Meeresspiegel und beschreibe seine Lage
   (Land, Kontinent, im Gebirge, am Fluss usw.).
2. Beschreibe den Verlauf der Temperaturkurve
   (Maximum, Minimum).
3. Beschreibe die Verteilung der Niederschläge
   (Maximum, Minimum).
4. Nenne die Werte für die Jahresmitteltemperatur
   und den Jahresniederschlag.

Ein Luftbild auswerten

1. Sich orientieren (Ort, Raum, Aufnahmezeit).
2. Nach Einzelheiten suchen (Seen, Flüsse,
   Gebäude, Verkehrslinien).
3. Wichtigste Aussage formulieren.

4. Das Gesehene in wenigen Sätzen zusammenfas-
   sen, Zusammenhänge herstellen.
   Was kann man über den Raum sagen?
   Was ist bekannt? Was ist neu?

Arbeitsergebnisse präsentieren

Eine Präsentation muss anschaulich sein:
Welches Medium ist zur Präsentation sinnvoll?
Plakat? Folie? Präsentationsprogramm?

Vorbereitung:
Stichwörter auf Karteikarten schreiben.
Bei Vorträgen in Gruppen: vorher genau
absprechen, wer welchen Teil übernimmt.

Durchführung:
Thema und Gliederung vorstellen.
Zuhörerinnen und Zuhörer anschauen.

5-A-Technik verwenden:
1. Ansehen,
2. Aufsehen,
3. Ansprechen,
4. Aufrecht stehen,
5. Abwechslungsreiche Sprache.

Bewertung der Präsentation durch die Zuhörer:
Fragen stellen und Feedback geben.

Der Band enthält einen Beitrag von Dieter Engelmann.

Bildquellen

A1PIX - Your Photo Today, Taufkirchen: 4 oben; ADFC Allgemeiner Deutscher Fahrrad-Club, Berlin: 218 M2 rechts unten; adpic, Bonn: 112 M2 (Maranso GmbH), 188 M1 Mitte links unten (E. Romanov); akg-images, Berlin: 66 M1, 100 M3; alamy images, Abingdon/Oxfordshire: 134 M2 (Andrew McConnell), 134 M3 (Charles O. Cecil), 242 M2 (Ace Stock Limited); Amet, Jean Pierre, F-Nice: 56 M3; Andernach.net GmbH, Andernach: 218 M2; Anthony Verlag, Starnberg: 34 M2 (Kneisel); Ärzte ohne Grenzen, Berlin: 160 M2 (Sofie Stevens), 218 M2 Mitte unten; Astrofoto, Sörth: 6, 223; Basketball Bundesliga GmbH, Köln: 257 M7; Bettermann, Wendhausen: 226 M1; Bildagentur Huber, Garmisch-Partenkirchen: 22 M1; bildunion, Ladenburg: 109 M2 g (Jan-Dirk Hansen); Bohle, H.-G., Bonn: 258 M1 d; Bolesch, S., Berlin: 129 unten; Brants, E., Paderborn: 245 M5; Breitbach, S., Boppard: 102 M3; Bricks, W., Erfurt: 27 M5, 118 M1; BUND Landesverband Hessen, Frankfurt: 229 M7; Bundesforschungszentrum für Wald, Wien: 26 M2 (Florian Winter); Cnr-Ivalsa Trees and Timber Institute, San Michele a/Adige: 71 M7 (Romano Magrone); Colourbox.com, Odense: 106 M4, 107 M5, 107 M7, 108 M1, 166 M2 c (Oleksandr Prykhodko), 206 M3; Corbis, Berlin: 42 M2 b (Souders), 69 M5, 70 M1 (Roger Ressmeyer), 132 M3 (Remi Benali), 133 M5 (Remi Benali), 164 M1 (Redlink); Das Luftbild-Archiv, Wennigsen: 120 M2; ddp images, Hamburg: 200 M2 (Stefan Simonsen); Demmrich, Berlin: 109 M2 a; Deutsche Bundesbank, Frankfurt/Main: 234 M1 Mitte rechts (Matthias Endres); Deutsche Gesellschaft für Internationale Zusammenarbeit, Eschborn: 135 M4 unten (Unkel); Deutsche Stiftung Weltbevölkerung, Hannover: 180 M1; Deutscher Bundestag, Berlin: 226 M4 (Achim Melde); Diercke Globus online: 60 M1, 60 M2; Dimpfl, H., Erlangen: 84 M3; DLR Deutsches Zentrum für Luft- und Raumfahrt, Weßling: 78 M1 groß (National Geophysical Data Center/NGDC, University of Maryland, Global Land Cover Facility/GLCF, United States Geological Survey/USGS), 253 M3; Döpke, G., Osnabrück: 93 M4 B; dreamstime.com, Brentwood: 3 Mitte unten (Tichonj), 6 oben (Minh Tang), 24 M2 (Adastraperaspera), 93 M4 C (Kunterbunt), 93 M4 F (Digbyross), 106 M2 (Off), 109 M2 d (Radu Razvan Gheorghe), 109 M2 e (Anne Power), 119 M6 (Waeske), 149 M5 (Stphoto), 171 M9 (Li Fang), 173 M5 (Lion1st), 177 M5 (Concetta Zingale), 259 M5 links (Dennis Dolkens); Druwe & Polastri, Weddel: 188 M1 links unten, 188 M1 rechts Mitte; EDEKA ZENTRALE AG, Geschäftsbereich Unternehmenskommunikation/Public Affairs, Hamburg: 196 M1; EG-SOLAR e.V., Altötting: 135 M5; Elvenich, E., Hennef: 144 M1 Schritt 2-4; Esslinger Verlag J. F. Schreiber, Esslingen: 115 M6 (Hermann Fay); EUREGIO, Gronau: 255 M7; Fabian, M., Hannover: 188 M1 Mitte links oben; Fiedler, Güglingen: 35 M6, 40 4; Filmzeugs, Regensburg: 10 M1; Focus, Hamburg: 152 M1 (Amos Schliack); Förster, H., Nieder-Olm: 207 M4, 211 M6; fotolia.com, New York: 3 oben (crimsoncrow), 3 unten (Carola Vahldiek), 7 263 topic, 16 M3 links (maldesowhat), 16 M3 rechts (Reinhard Marscha), 16 M4 links (Christian Pedant), 24 M1 (styleuneed), 24 M3 (webartworks.de), 28 M2 (pb press), 29 M5 (Gina Sanders), 37 M3 (Ammit), 44 M2 (Jens Ottoson), 44 M5 (erectus), 45 M8 (hperry), 46 M3 (PawelG Photo), 78 M1 unten links (EpicStockMedia), 80 M2 (bbsferrari), 81 M6 links Mitte (anoli), 81 M6 links unten (maho), 92 M1 (felixbruno), 96 M2 rechts (bill_17), 109 M2 c (iofoto), 110 M1 (Minerva Studio), 113 M7, 119 M8 (Angelika Bentin), 126 M3 (chattange), 135 links oben (Voyant), 139 M3 d (Henry Schmitt), 139 M3 f (Denis), 139 M3 g (Ckap), 139 M3 h (forcdan), 140 M1 (Kushnirov Avraham), 148 M1 (Alx_Yago), 152 M2 (Renate W.), 156 M1 (Erwin Wodicka), 166 M2 a (bbbar), 166 M2 d (thongsee), 167 M2 e (Cornelia Kalkhoff), 167 M2 f (Ben), 168 M1 (Phimak), 175 M7, 188 M1 Mitte rechts unten (Firma V), 188 M1 rechts unten (detailblick), 192 M1 (piamuc), 194 M1 (Syda Productions), 196 M1 (weekender120), 201 M5 (VRD), 201 M6 (E. Schittenhelm), 204 M1 (Christian Schwier), 205 M8 (Wolfisch), 206 M1, 207 M7, 207 M8, 207 M9, 208 M6 (celianestudio), 220 M2 (Corinna Gissemann), 232 unten (Bianka Hagge), 237 M7 (Claboss), 238 M2 (Yuri Arcurs), 244 M1 (David Iliff), 245 M4 (skatzenberger), 249 M3 (randimal), 251 M4 (VRD), 251 M5 (fotomek), 251 M6 (rcfotostock), 256 M3, 259 M5 rechts (Franz Pfluegl), 260 M1 links (dmitimaruta), 265 M4, 272 M2 (Jürgen Fälchle), 281 M6 (Kzenon); Gaffga, P., Eggenstein: 40 3; GEPA - The Fair Trade Company, Wuppertal: 218 M2 Mitte; GERB GmbH, Essen: 71 M8; Gesellschaft für ökologische Forschung, München: 21 M6 links u. rechts (Grosse); Getty Images, München: 22 M3 (Peter Essick), 74 M4 (AFP/Shimbun), 163 M4 (AFP/Tony Karumba), 185 M4 (AFP), 212 M3 (Bronstein); Grabl, W., Hutthurm: 218 M1; Greenpeace Deutschland, Hamburg: 151 M5, 151 M6 (Gleizes), 170 M1 (Daniel Beltrá); GTZ, Eschborn: 135 M4 oben; Hafen Hamburg Marketing, Hamburg: 246 M3 (Sperber); Haitzinger, München: 181 M4; Hampp, R., Baden-Baden: 217 M5; Hell, Essen: 19 M5; Herbert, Ch. W., USA-Tucson: 69 M8; HIT RADIO FFH, Bad Vilbel: 210 M1 (Marc Wilhelm); Hochschule Trier - Umwelt-Campus Birkenfeld, Neubrücke: 278 M1; Hofemeister, U., Diepholz: 59 M5, 59 M6, 98 M1; Hoferick, F., Radebeul: 92 M3; i.m.a - Information.Medien.Agrar, Berlin: 166 M2 b; Info-Zentrum Schokolade, Leverkusen: 197 M6; Initiative Fairtrade-Town Ingelheim, Ingelheim: 218 M2 (Zwiebelfischchen - Nicole Kreye); INTERFOTO, München: 187 M6; iStockphoto.com, Calgary: 3 Mitte oben (guenterguni), 16 M1 links (InkkStudios), 16 M1 rechts (CreativeGraphicArts), 16 M2 links (jean frooms), 16 M2 rechts (venturecx), 16 M4 rechts (Noluma), 18 M1 (Manuel Gutjahr), 27 M6 (Carlo Fiumana), 64 M1 (fbxx), 79 M3 (mikeuk), 82 M1 (bbsferrari), 93 M4 A (mirrormere), 93 M4 E (gorsh13), 93 M4 G (Joel Carillet), 109 M2 f (Andrew Zarivny), 109 M2 h, 111 M6 (Figure8Photos), 119 M4 (RicoK69), 127 M5 (dasbild), 127 M7 (AnitaOakley), 127 M8 (namibelephant), 132 M2 (Guenter Guni), 139 M3 e (Peter Malsbury), 142 M3 (David Sucsy), 152 M3 (ranplett), 170 M2 (ranplett), 171 M6 (Mayumi Terao), 217 M3 (ntmw), 221 M6 (shalamov), 229 M5 (Grafissimo), 231 M6 (rusm), 244 M3 (bizoo_n), 254 M3 links (RapidEye), 254 M3 rechts (Christopher Futcher), 270 M3 (w-ings); Jilg, W., Auetal: 59 M4; Junior, J.: 277; Karasu, K., Essen: 257 M5; Karto-Grafik Heidolph, Dachau: 148; Keßler, T. M., Kettig: 282 M1; Kiefer, K.-H., Saarlouis: 28 M4; Kreuzberger, N., Lohmar: 220 M3; Kübelbeck, A., Bensheim: 101 M5; Lachmeyer, K.-H., München: 139 M3 c, 161 M4; laif, Köln: 150 M2 (Arcticphoto), 157 M3 (Christophe Calais); Landesamt für Geologie und Bergwesen Sachsen-Anhalt, Halle: 116 M2; Landesamt für Umwelt, Wasserwirtschaft und Gewerbeaufsicht Rheinland-Pfalz, Mainz: 103 M4 (Struktur- und Genehmigungsdirektion Süd Rheinland-Pfalz); Landesamt für Vermessung und Geobasisinformation Rheinland-Pfalz, Koblenz: 271 M5 (©GeoBasis-DE/LVermGeoRP2015-11-04), 271 M7 (©GeoBasis-DE/LVermGeoRP2015-11-04); Landesarchiv Berlin, Berlin: 224 M4; Landeshauptarchiv Koblenz, Koblenz: 82 M2 (Annette Rieke); Landeshauptstadt Mainz: 216 M2 (Öffentlichkeitsarbeit); Latz, W., Linz: 33 M6, 216 M1; Liesenfeld, R., Mülheim-Kärlich: 50 M1; Lineair Fotoarchief, Berlin: 132 M1 (Ron Giling); MairDumont, Ostfildern: 209 M7; Marckwort, U., Kassel: 171; Marx, U., Offenburg: 87 M4; Mauritius, Mittenwald: 4 unten (Photononstop), 68 M3, 138 M1 (age fotostock), 138 M1 (Photri), 174 M1 (Mehlig); Mayenfels, J., Kirn: 204 M3, 276 M1, 276 M3; medienDenk, Passau: 105 M6; Mette, T., Hamburg: 250 M3; Mittank, M., Salzwedel: 265 M6; Mohr, B., Königswinter: 226 M3; NABU Naturschutzbund Deutschland, Berlin: 218 M2 Mitte 2; NASA, Houston/Texas: 3 oben rechts (Visible Earth, Stockli/Nelson/Hasler), 12 M3, 42 M3, 143 M10; NASA Johnson Space Center, Houston/Texas: 143 M6, 143 M7; Naturland - Verband für ökologischen Landbau, Gräfelfing: 169 M6; Nebel, J., Muggensturm: 137 M4; Nitz Fotografie, Montabaur: 281 M5; Ökumenischer Vorbereitungsausschuss zur Interkulturellen Woche, Frankfurt: 217 M4; Ortsgemeinde Mörsdorf, Mörsdorf: 280 M3 (Ingo Börsch); Panther Media (panthermedia.net), München: 30 M3 (Anna Reinert), 31 M6 (Gerald Kiefer), 49 Info 2 (Kay Augustin), 51 M4 (fedemarsicano), 81 M6 rechts unten (serenethos), 94 M2, 96 M2 links (Daniel Loretto), 139 M3 a (Ingrid H.), 151 M7 (Nadezhda Bolotina), 193 links oben (Beate Tuerk); Pauly, F., Erfurt: 184 M3, 188 M1 rechts oben; Peter Wirtz Fotografie, Dormagen: 269 M5; photothek.net, Radevormwald: 162 M1 (Ute Grabowsky); Picture-Alliance, Frankfurt/M.: 5 unten (Marcus Prior), 23 M4, 35 M5 (epa/Bothma), 40 2 (KPA/Transglobe Agency), 63 M4, 74 M1 links (Google GeoEye), 74 M1 rechts (Google GeoEye), 104 M2 (Jens Wolf), 114 M3 (ITAR-TASS/Matytsin Valery), 121 M6 (Cor Mulder), 202 M2 (Tittel), 211 M4 (Uwe Zucchi), 212 M4 (Dimas Ardian/Bloomberg News /Landov), 213 M5 (WWF/M. Radday), 220 M4, 227 M6 (epa Elta), 234 M1 Mitte links (Niedringhaus), 235 M1 rechts (Robert Anic/PIXSELL), 240 M3 (Salvador Sas), 247 M7, 260 M1 rechts (Zentralbild), 269 M3 (euroluftbild.de/Oliver Münzer); Piroth, W., Argenthal: 262 links unten; Presse- und Informationsamt der Bundesregierung - Bundesbildstelle, Berlin: 228 M1 (B 145 Bild-00012937/E. Schwahn); Presseamt Stadt Münster, Münster: 208 M1; Protze, N., Halle/Saale: 42 M2 c; Rettet den Regenwald, Hamburg: 214 M2 (aus dem Film: Die Nachhaltigkeitslüge), 215 M6 Nr 5 (aus dem Film: Die Nachhaltigkeitslüge"), 218 M2 Mitte oben; Reuters, Berlin: 62 M1 (Jorge Silva), 72 M3 (Ho New); Roberts, G. R., Nelson: 42 M2 d; ROBIN WOOD, Bremen: 218 M2; Sakurai, N., Köln: 260 M4; Sander, W., Leimbach: 99 M7, 219 M3, 274 M1, 274 M1 rechts; Schönauer-Kornek, Sabine, Wolfenbüttel: 12 M1, 67 M6, 130 rechts, 131 links, 144 M3, 212 M1; Seeber, C., Berlin: 42 M2 a; Shutterstock.com, New York: 23 M7 (R. McIntyre), 24 M4 (D. Hammonds), 46 M5 (Dmytro Pylypenko), 51 M6 (Rich Carey), 51 M7 (wk1003mike), 61 M3 (luigi nifosi), 61 M4 (villorejo), 81 M6 links oben (Ti Santi), 93 M4 D (clearlens), 94 M4 (Christian Kohler), 106 M3, 109 M2 i (Christopher Boswell), 112 M1, 140 M3 (ChameleonsEye), 158 M2 (demidoff), 164 M2 (Tippa-Patt), 165 M3 (SasinT), 173 M4, 189 M6 (Pressmaster), 190 M2 (antoniodiaz), 197 M4 (Free Wind 2014), 199 M4 (Albert H. Teich), 226 M5 (Inna Sokolovska), 228 M2 (Botond Horvath), 232 oben (Petroos), 248 M1 (Tumarkin Igor - ITPS), 272 M1; Siemens AG, München: 203 M3; Six, R., Karlsruhe: 65 M4; Soldner, Christian, Dentlein: 81 M6 rechts oben; Speth, Frank, Quickborn: 184 M2; SPIEGEL-Verlag Rudolf Augstein, Hamburg: 198 M1; Stephan, T., Munderkingen: 57 M7; Strohbach, D., Berlin: 109 M2 b; SWR Media Services GmbH, Stuttgart: 238 M3; Tegen, H., Hambühren: 188 M1 links oben; Tekülve, R., Essen: 236 M1, 236 M2; The Washington Post Writers Group, Washington, D.C.: 139 M3 b (Chikwendiu, Jahi); Thomas Frey Fotografie und Videoproduktion, Niederwerth: 271 M6; Tiziana & Gianni Baldizzone, Turin: 124 oben; Tomicek/www.tomicek.de, Werl-Westönnen: 175 M5; Tourismusverein Altes Land, Jork: 31 M4 (Diana Asbeck); TransFair e.V., Köln: 218 M2, 219 M4 (Barbara Dünkelmann); transit - Fotografie und -Archiv, Leipzig: 245 M6 (Peter Hirth); U.S. Geological Survey/Cascades Volcano Observatory, Washington: 76 M1; U.S. Navy, Washington D.C.: 176 M1; ullstein bild, Berlin: 234 M1 links (dpa); UN World Food Programme (WFP) - Welternährungsprogramm der Vereinten Nationen, Berlin: 179 M4 (Isabel Pike); UNHCR Germany, Berlin: 134 M1 (P. Taggart); UNICEF Deutschland, Köln: 258 M1 b, 258 M1 c; Visum, Hannover: 142 M2 (Ludwig); Westermann Schulbuchverlag, Braunschweig: 115 M7; wikipedia.org: 26 M2 (Alupus), 88 M4 (Claus Ableiter), 180 M3, 254 M1 (ArnoldPlaton), 254 M1 (ArnoldPlaton); World Food Programme, Rome: 176 M2, 178 M2; WWF Deutschland, Berlin: 218 M2 rechts Mitte; Zimmermann, S., Göttingen: 188 M1 Mitte rechts oben.

Europa

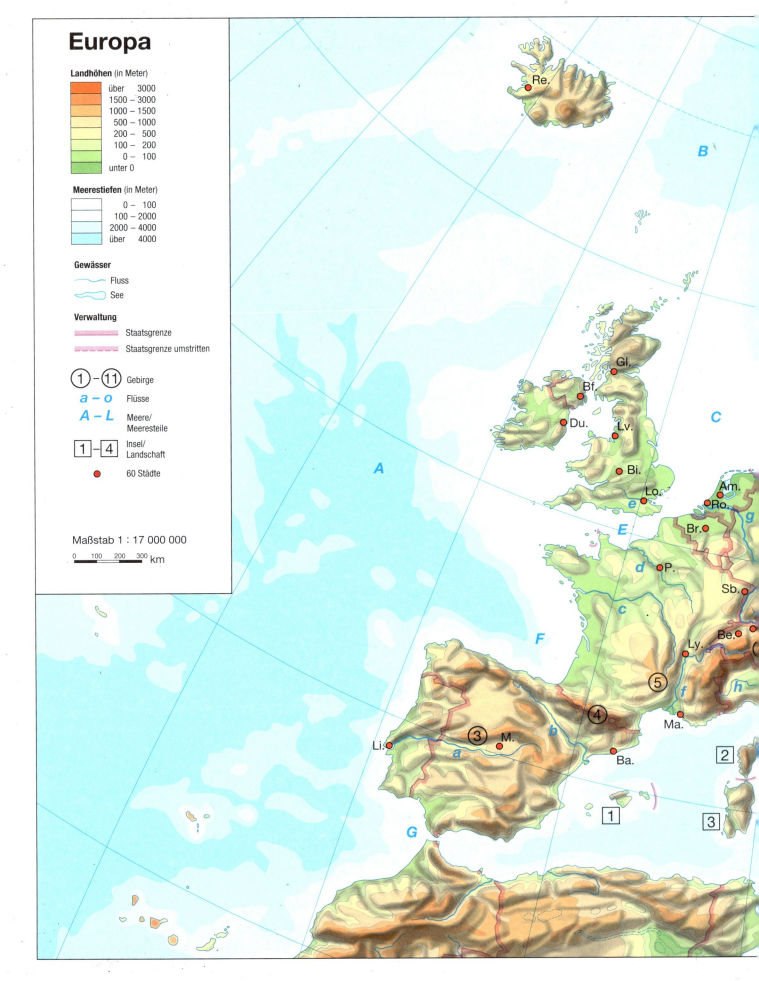

Re.

B

Gl.
Bf.
Du.
Lv.
Bi.
Lo.
C

Am.
Ro.
Br.
g

e
E

d P.

c

Sb.

Ly.
Be.

F

⑤ f

h

④

Ma.

③ M.

b

Li.

a

Ba.

2

1

3

G